Jazz & Fotografia

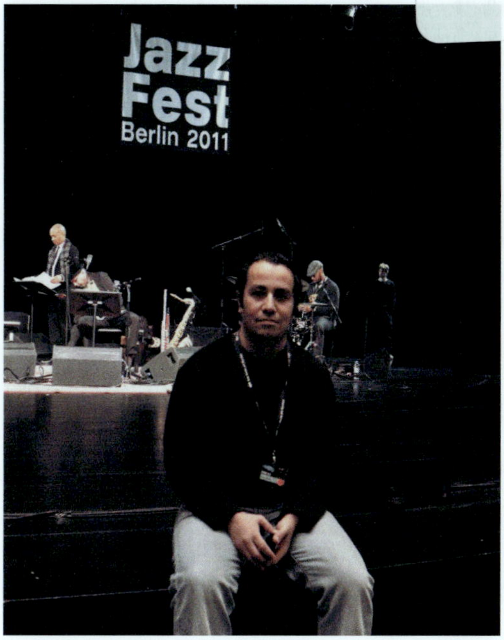

Quando suono, penso a quei momenti del passato e dentro di me nasce una visione. Una citta', una ragazza lontani nella memoria... I suoni che escono dalla tromba di un uomo, sono parte di lui (Louis Armstrong)

FSC
www.fsc.org
MIX
Papier aus verantwortungsvollen Quellen
Paper from responsible sources
FSC® C105338

Emilio Esbardo
Jazzfest Berlin - Passeggiata nel panorama jazzistico internazionale

Trelleborger Straße 17, 13189 Berlin
ISBN: 978-3-948473-36-5
Stampato da BoD - Norderstedt, Germania

www.pensierieconfronti.com
www.emilioesbardo.com
www.esbardophotopress.com
www.ilnuovoberlinese.com

Jazzfest Berlin

Passeggiata nel panorama jazzistico internazionale

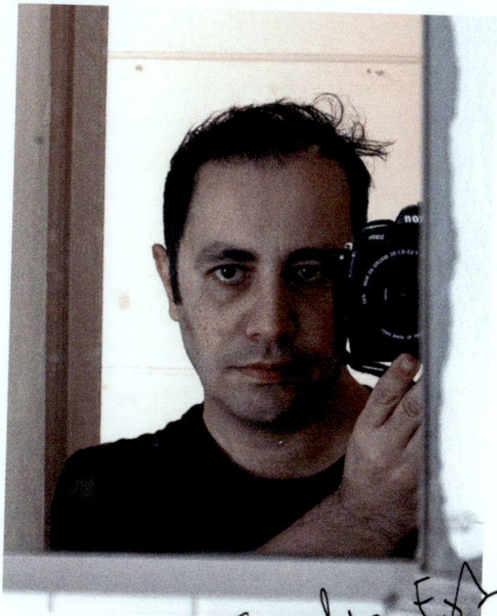

Fotografie e testi
di
EMILIO ESBARDO

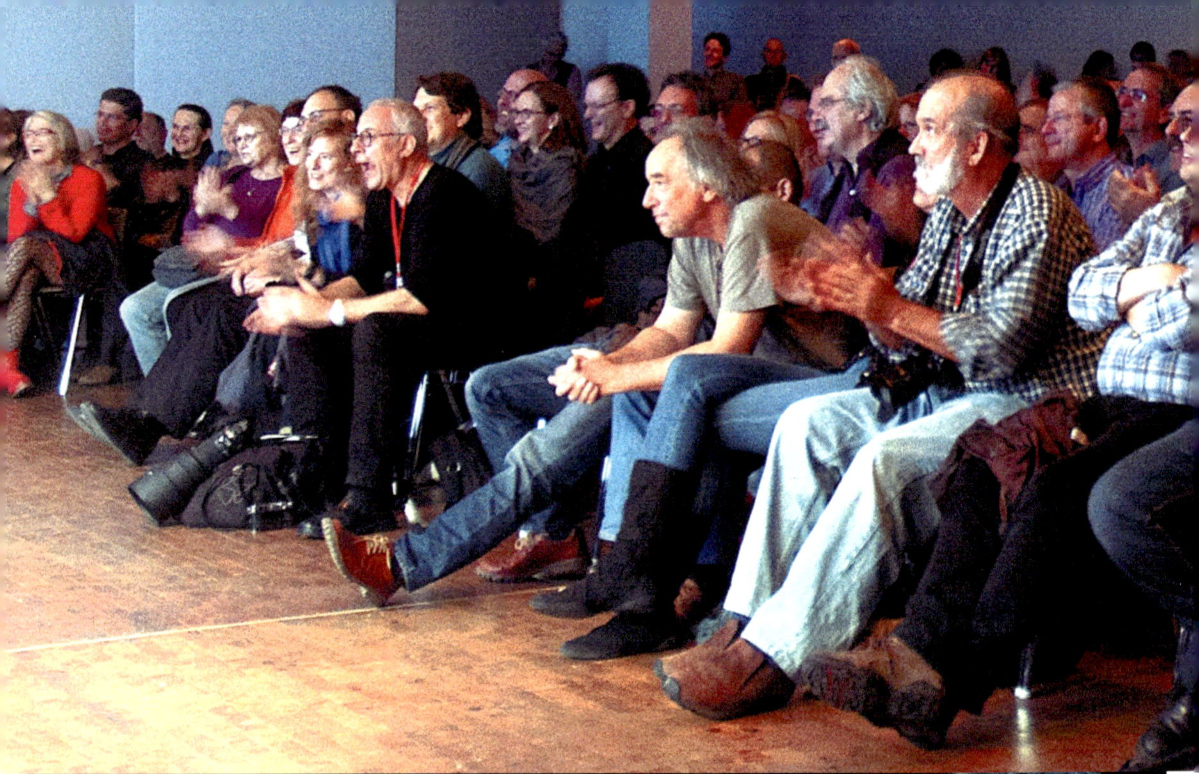

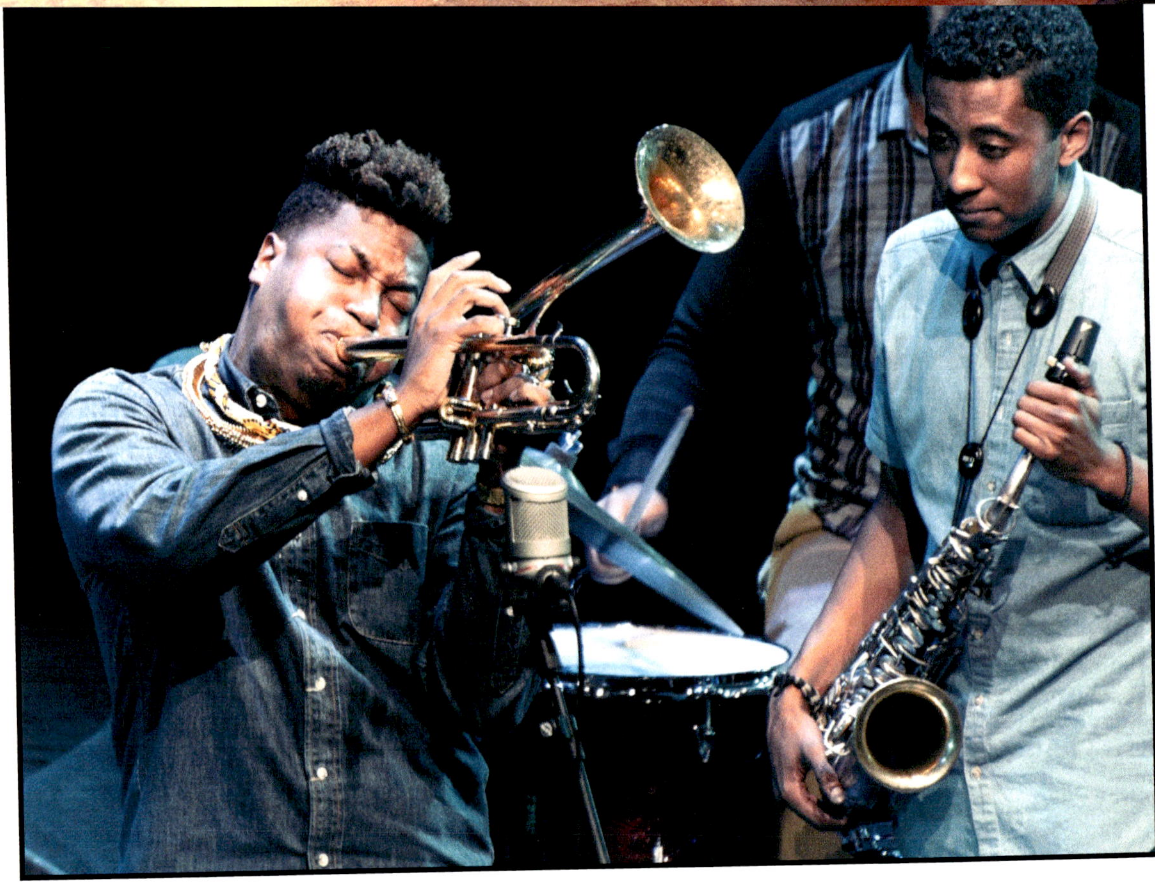

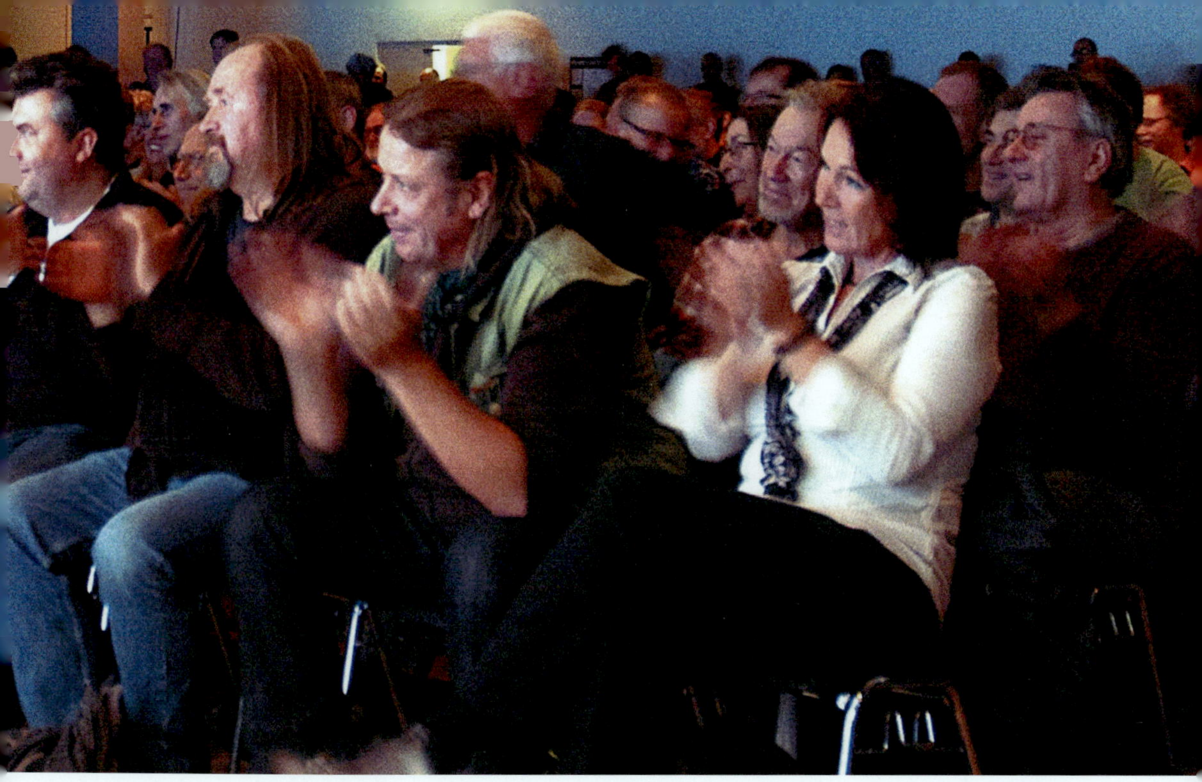

I jazzisti utilizzano una grammatica fatta di sequenze di suoni, di un lessico e di una strategia narrativa. Noi reagiamo ai momenti salienti dei loro racconti, gridiamo e applaudiamo e vogliamo rispondere ai solisti (Hans-Jürgen Schaal)

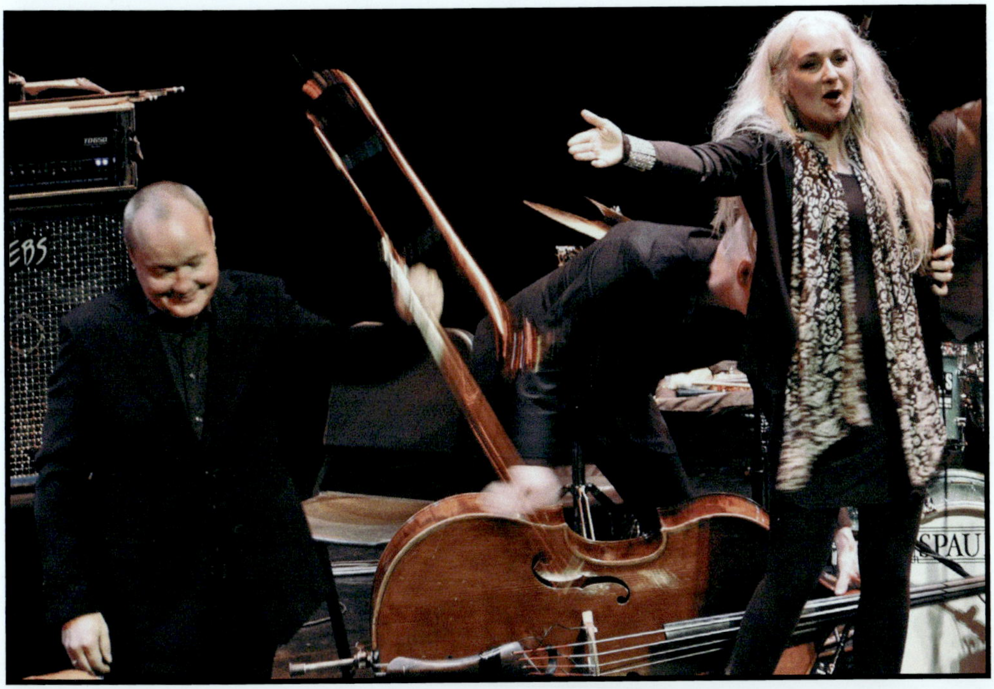

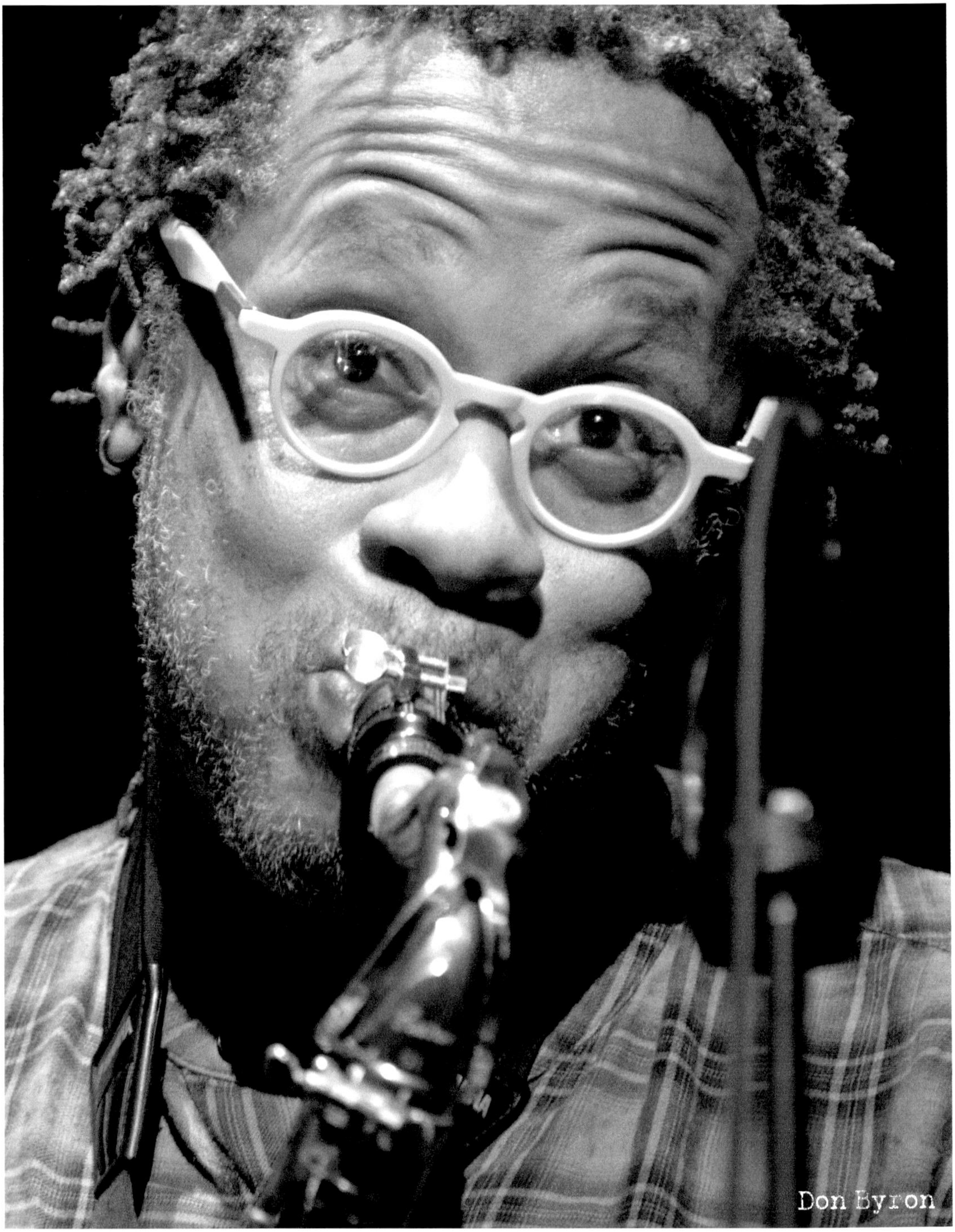
Don Byron

INDICE

Jazzfest 2018: Importanza delle tradizioni e delle proprie radici culturali. Intervista a Jason Moran 8

Jazzfest 2017. Apertura ed inclusione: "In tutte le lingue" 22

Intervista a René Urtreger 62

Jazzfest 2016. Sei giorni della migliore musica con piu' spazio alle donne 72

Jazzfest 2015. Ingiustizie e speranze del mondo 104

Jazzfest 2014. Il festival compie 50 anni: Martin Luther King, i 25 anni dalla caduta del Muro, il suono della libertà 138

Jazzfest 2013. Stili, culture ed espressioni differenti, uniti tra loro dal caratteristico suono del jazz 162

Jazzfest 2012. Fotoreportage 194

Jazzfest 2011. Fotoreportage. Ultimo da direttore artistico di Nils Landgren 206

Indice dei nomi 226

Importanza delle tradizioni e delle proprie radici culturali

Noi persone di colore abbiamo la nostra propria musica, che e' parte di noi. E' il prodotto delle nostre anime; e' il risultato delle sofferenze e delle miserie subite dalla nostra razza...

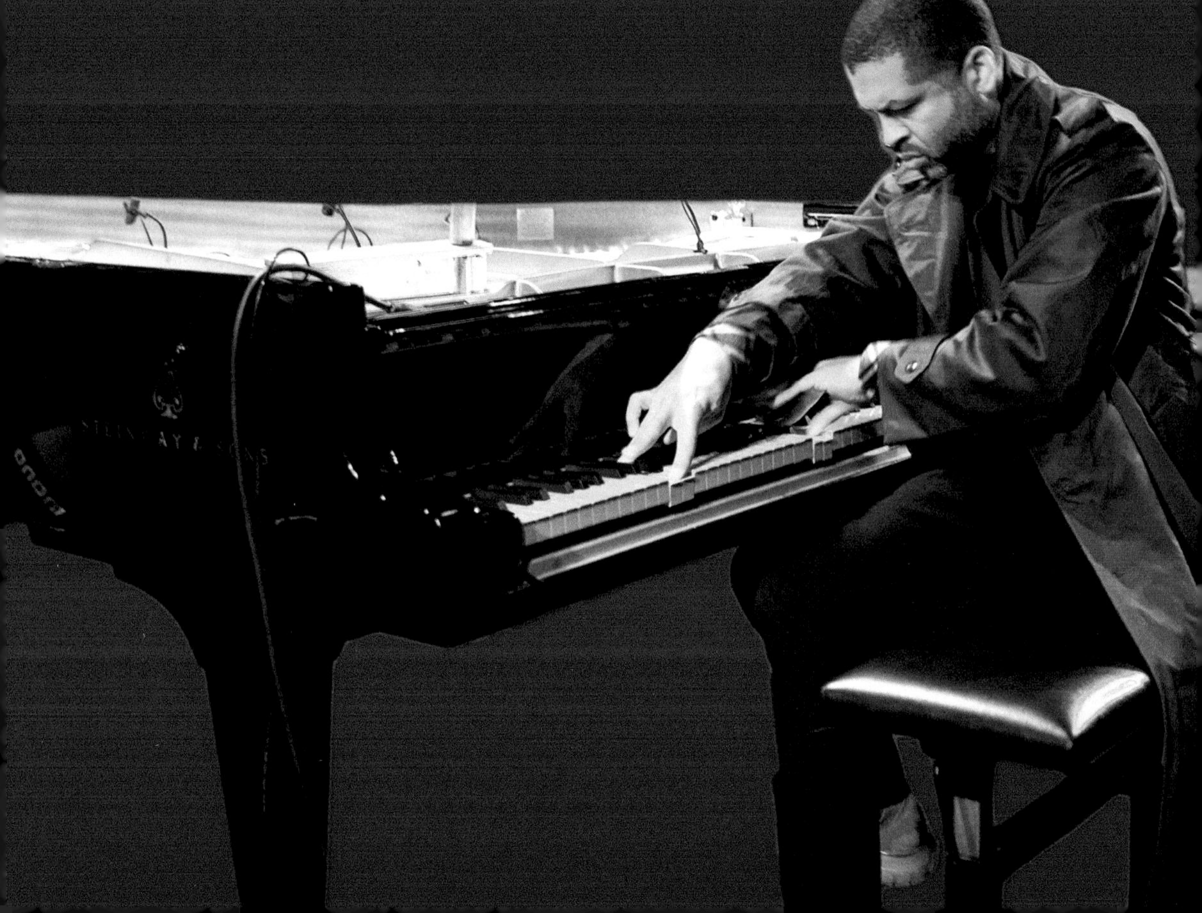

Jazzfest 2018

The Harlem Hellfighters
Intervista a Jason Moran

Berlino, 3 novembre 2018

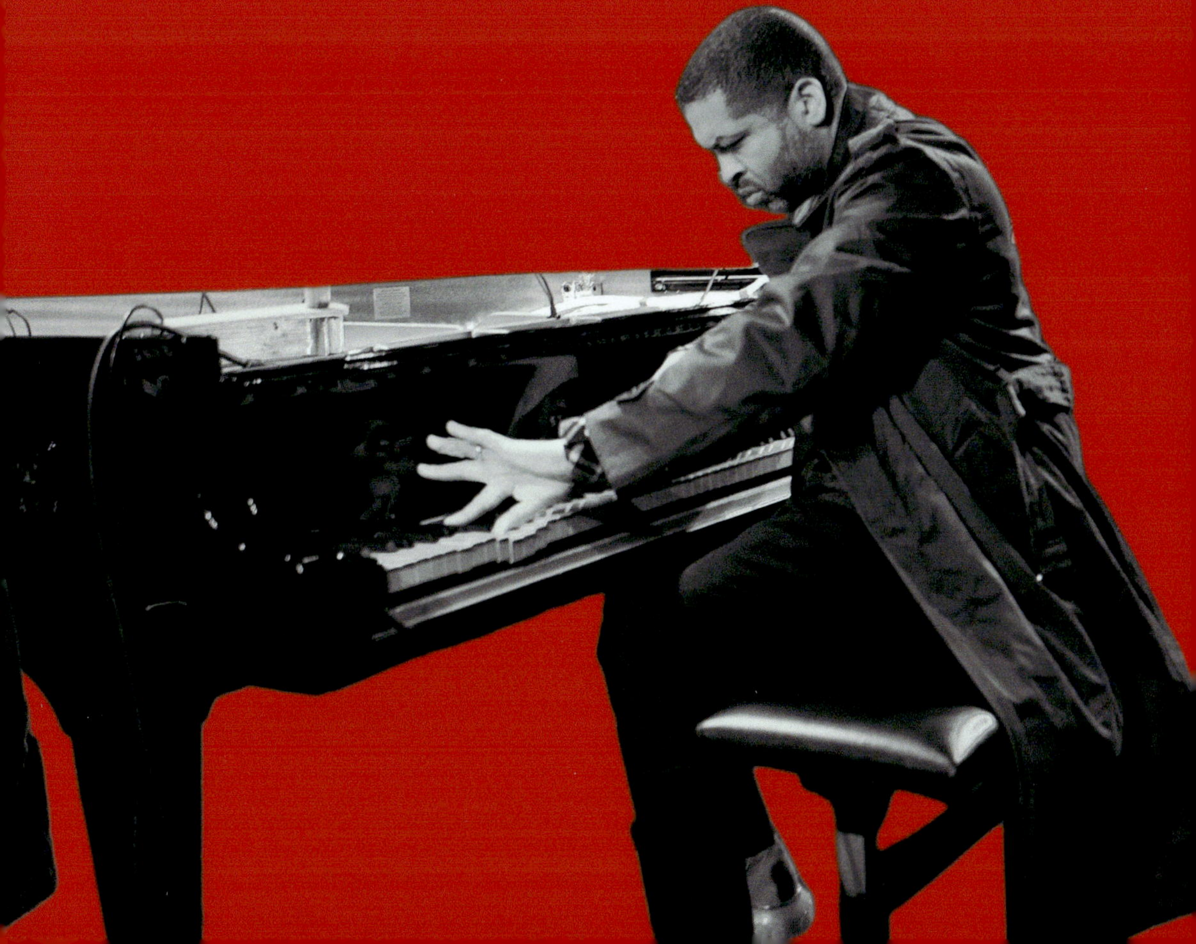

Jason Moran

The Harlem Hellfighters

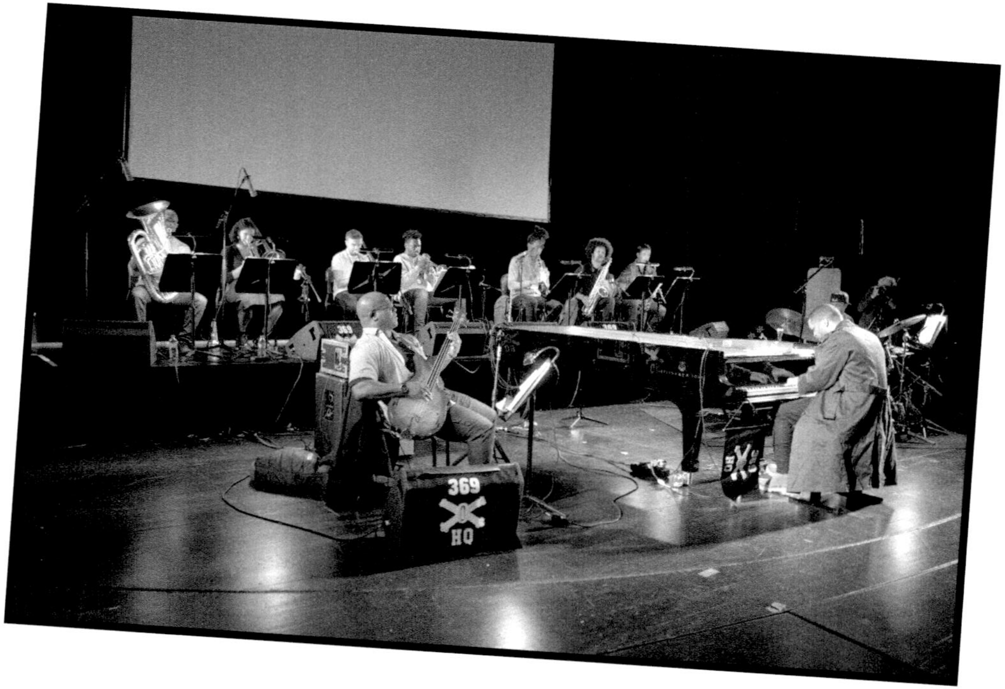

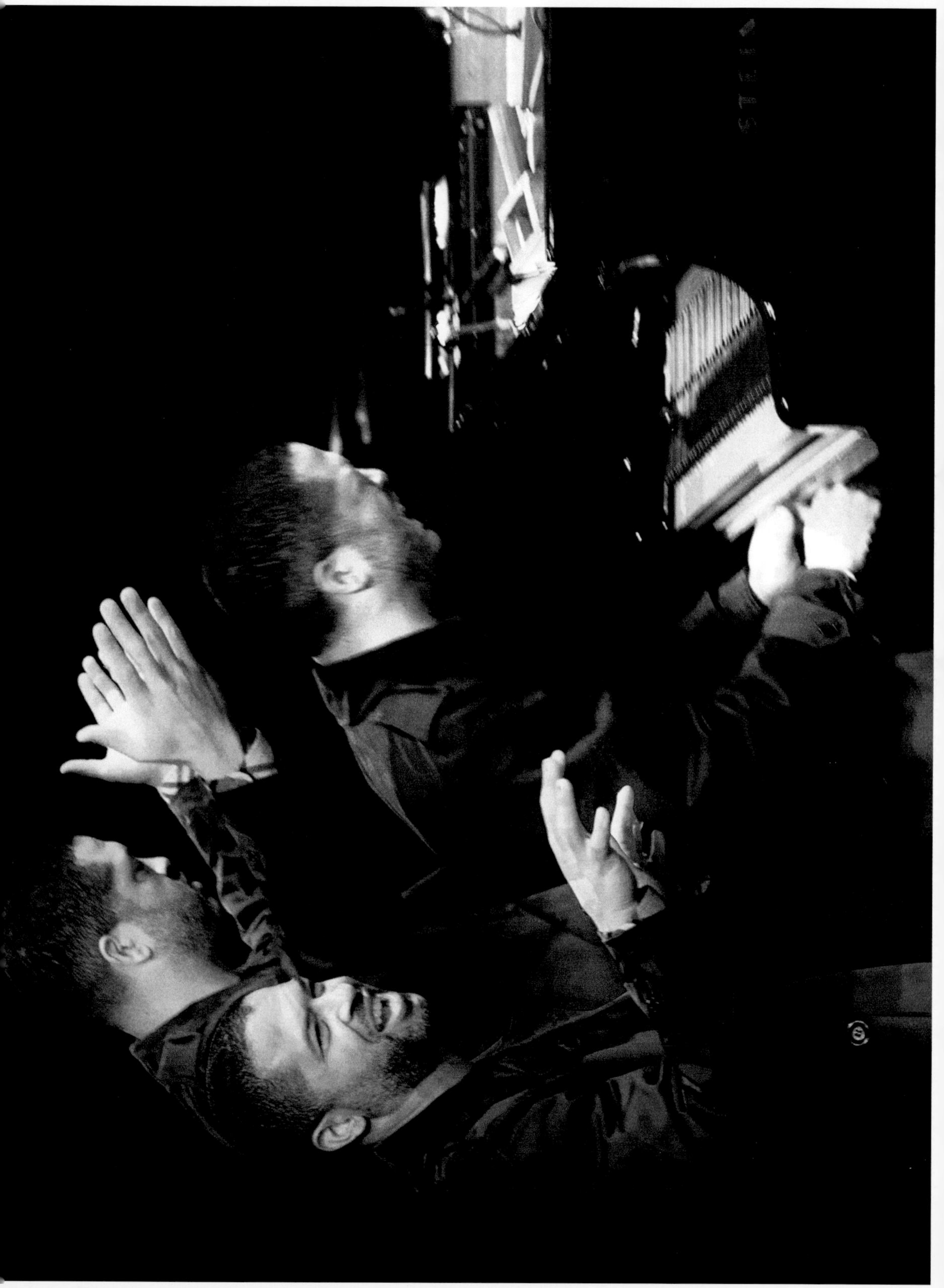

Il concerto clou del Jazzfest 2018, dal mio punto di vista, e' stato quello di Jason Moran intitolato *The Harlem Hellfighters*, realizzato su richiesta di una commissione transatlantica in onore del musicista e soldato afroamericano James Reese Europe, il quale, grazie al suo carattere visionario, e' riuscito, agli inizi del 1900, a sviluppare e a diffondere il jazz a livello internazionale. Oggi il suo nome e' scivolato nel dimenticatoio e non viene neanche evidenziato nelle migliori antologie.

James Reese faceva parte del 369° reggimento di fanteria, passato alla storia come *Hellfighters di Harlem*, appartenente alla Guardia Nazionale dell'Esercito di New York e formato prevalentemente da afroamericani arruolati nell'aprile 1917 durante la prima guerra mondiale, ma non come forze di combattimento a causa della segregazione razziale. Cio' nonostante, furono utilizzati al fronte nelle milizie francesi, dando prova del loro coraggio. Essi furono tra i primi a sostenere le lotte per i diritti civili, per l'uguaglianza razziale e per il riconoscimento del contributo culturale della comunita' afroamericana apportato alla giovane societa' statunitense, di cui il jazz e' una delle espressioni culturali piu' alte: qui gioca un ruolo fondamentale la figura geniale di James Reese Europe, - un vero e proprio pioniere, che gia' nel 1910 aveva fondato a New York il *Clef Club*, un'organizzazione di musicisti di colore. James Reese aveva costituito un'orchestra militare del 369° reggimento, che sollevo' il morale di truppe e civili in Francia, dove approdarono per la prima volta a Brest. Questi musicisti lasciarono tracce molto profonde in ambito musicale europeo e americano, soprattutto grazie ai concerti con le loro interpretazioni sincopate di brani famosi.

Una curiosita': il 369° reggimento premiato con la *Croix de Guerre* - ha subito il maggior numero di perdite di tutte le unita' americane con un totale di 1500 uomini - fu denominato *Men of Bronze* dai francesi e *Hell-fighters* dai tedeschi. Ritornati in patria, i soldati rimasero delusi nel constatare, che nonostante i loro sforzi dimostrati in guerra per la loro nazione, la condizione della popolazione di colore negli Stati Uniti non miglioro' di molto. Infatti bisognera' attendere il 1964, prima che la segregazione venisse abolita ufficialmente.

Durante il Jazzfest, e' stato mostrato anche il documentario *The Great War of the Harlem Hellfighters*, che racconta la storia del 369° reggimento.

James Reese Europe, denominato dal pianista Eubie Blake il Martin Luther King della musica, e' nato il 1880 a Mobile (Alabama) e morto il 1919 a soli 39 anni a Boston. James Reese e' stato il protagonista, la figura chiave della scena jazzistica della New York degli anni '10 del novecento. Era una figura poliedrica: bandleader, arrangiatore e compositore.

Europe e' stato un precursore, un visionario, perche' ha rifiutato di adattarsi alle convenzioni musicali del periodo, creando un proprio stile che lo distinse dagli altri e che promuoveva la musica degli afroamericani. Alcune sue dichiarazioni celebri e piu' volte citate, sono:

Abbiamo sviluppato una specie di musica sinfonica che, a prescindere da cio' che se ne pensi, e' diversa e distintiva e si adatta ai tratti peculiari della musica della nostra razza (...)

Noi persone di colore abbiamo la nostra propria musica, che e' parte di noi. E' il prodotto delle nostre anime; e' il risultato delle sofferenze e delle miserie subite dalla nostra razza (...)

Sono ritornato dalla Francia convinto piu' che mai che le persone di colore debbano scrivere musica di persone di colore. Abbiamo un nostro personale sentimento razziale e se tentiamo di copiare i bianchi diventeremo solo una cattiva imitazione (...)

Abbiamo conquistato i cuori dei francesi suonando la nostra musica e non una pallida imitazione di altri, e se vogliamo svilupparci anche in America dobbiamo seguire le nostre linee (...)

James Reese prima di rientrare negli Stati Uniti e' entrato in studio di registrazione in Francia per la Pathé Records. Il 9 maggio 1919, durante un concerto, ebbe un diverbio con il batterista Herbert Wright, il quale lo colpi' al collo con un temperino, procurandogli un'emorragia, che gli provoco' la morte. Tutto cio' che ho raccontato finora ha fatto parte del progetto audio-visivo *The Harlem Hellfighters* di Jason Moran al Jazzfest, a cui hanno partecipato i musicisti: John Akomfrah, Bradford Young, Ife Ogunjobi, Joe Bristow, Andy Grappy, Hanna Mubya, Mebrakh Johnson, Kaidi Akinnibi, Alam Nathan, Tarus Mateen, Nasheet Waits.

Sabato 3 novembre, immediatamente dopo le prove pre-concerto, Jason Moran mi ha concesso una bella ed interessante intervista. La sua esibizione e quella del suo gruppo non hanno disilluso le mie aspettative. Moran e', secondo il mio parere, uno dei migliori musicisti del jazz contemporaneo.

INTERVISTA A JASON MORAN

Come ti e' venuta l'idea di trattare un argomento che ha come tema il jazz e la guerra?

A dir la verita', non e' stata un'idea mia. Sono stato contattato da un'organizzazione inglese che si chiama 14-18 NOW, la quale promuove artisti a livello internazionale.

Essi volevano che si realizzasse un'opera incentrata su James Reese Europe, perche' avevano intuito la sua cruciale importanza per la diffusione del jazz a livello nazionale ed internazionale durante il periodo della prima guerra mondiale. James Reese Europe e' stato un ottimo compositore, arrangiatore, bandleader ed attivista. E' stato una personalita' poliedrica. Purtroppo il suo fondamentale contributo alla musica jazz non e' stato riconosciuto, nonostante sia stato lui a diffonderne il fascino in tutto il globo. Sotto alcuni punti di vista, e' stato lui stesso ad avviare la moda del jazz. Ecco perche' quando ho ricevuto la proposta di realizzare un pezzo a ricordo di questo grande artista, ho esclamato spontaneamente: "sara' una cosa divertente". Per me e' stato importante non solo scrivere la musica ma investigare e meditare su cio' che questo personaggio e' stato e su cosa rappresenta oggi.

Piu' dettagliatamente di cosa tratta la tua composizione?

Il brano racconta anche di come James Reese Europe sia stato rimosso dalla storia: piu' che altro, dunque, si parla della sua assenza storica piuttosto che della sua presenza. Non e' studiato nei conservatori come pilastro della comunita' jazz. In alcuni casi, non si conosce neppure il suo nome: eppure ha dedicato la sua intera esistenza per la sua missione. Com'e' possibile che sia accaduto tutto cio'? La mia opera ha come soggetto lui, la sua musica e una meditazione su di noi come band. E' stato come ritornare indietro nel tempo, al 1918, per cercare di immaginarci che cosa significasse per gli afroamericani arruolarsi per la guerra, visto che allora non era ancora consentito combattere sul fronte insieme agli altri soldati. E poi c'e' il problema della schiavitu'. Abbiamo dovuto meditare a lungo per riuscire a comprendere lo stato d'animo di quelle

“Il nostro pezzo è una meditazione

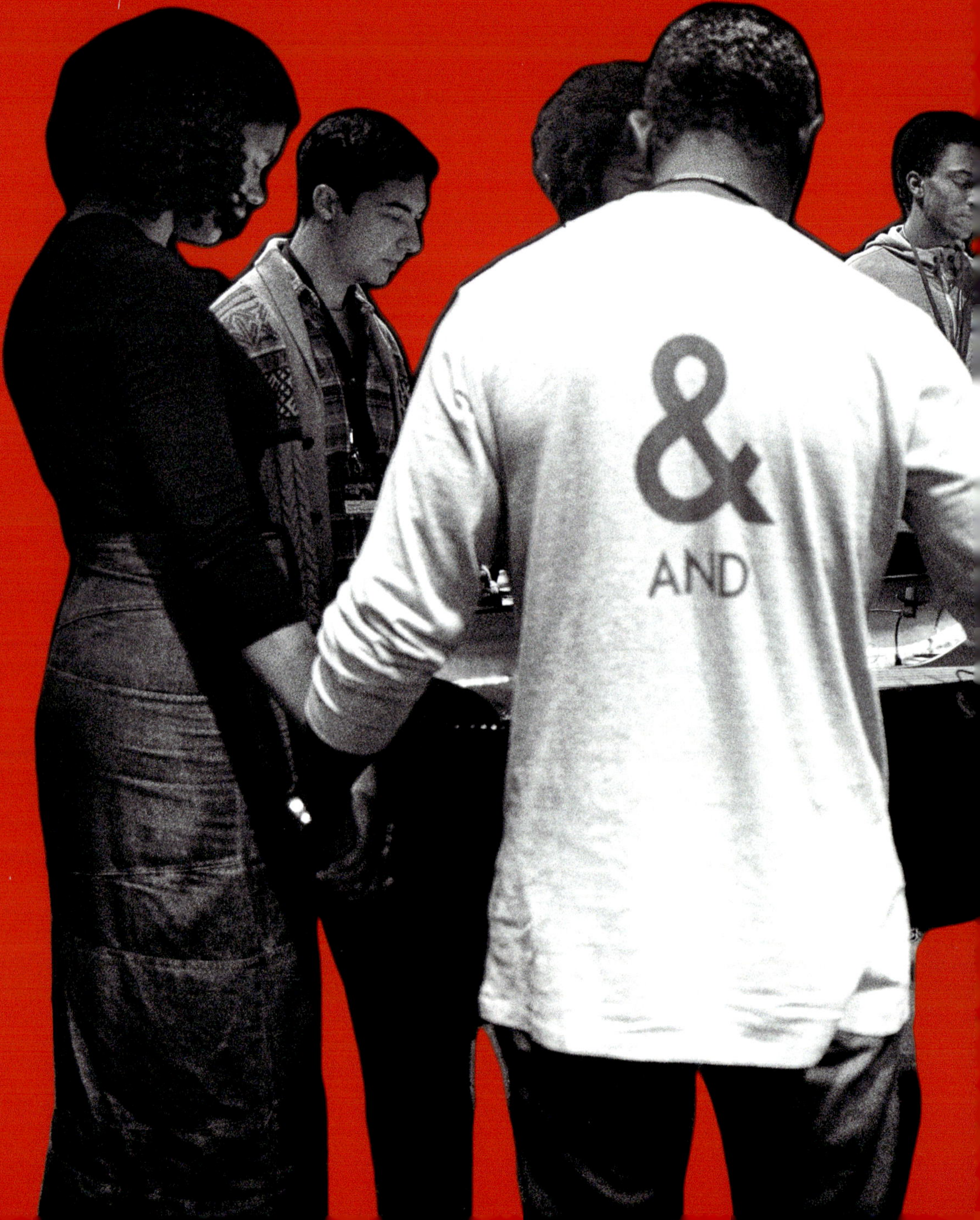

sonora su James Reese Europe”

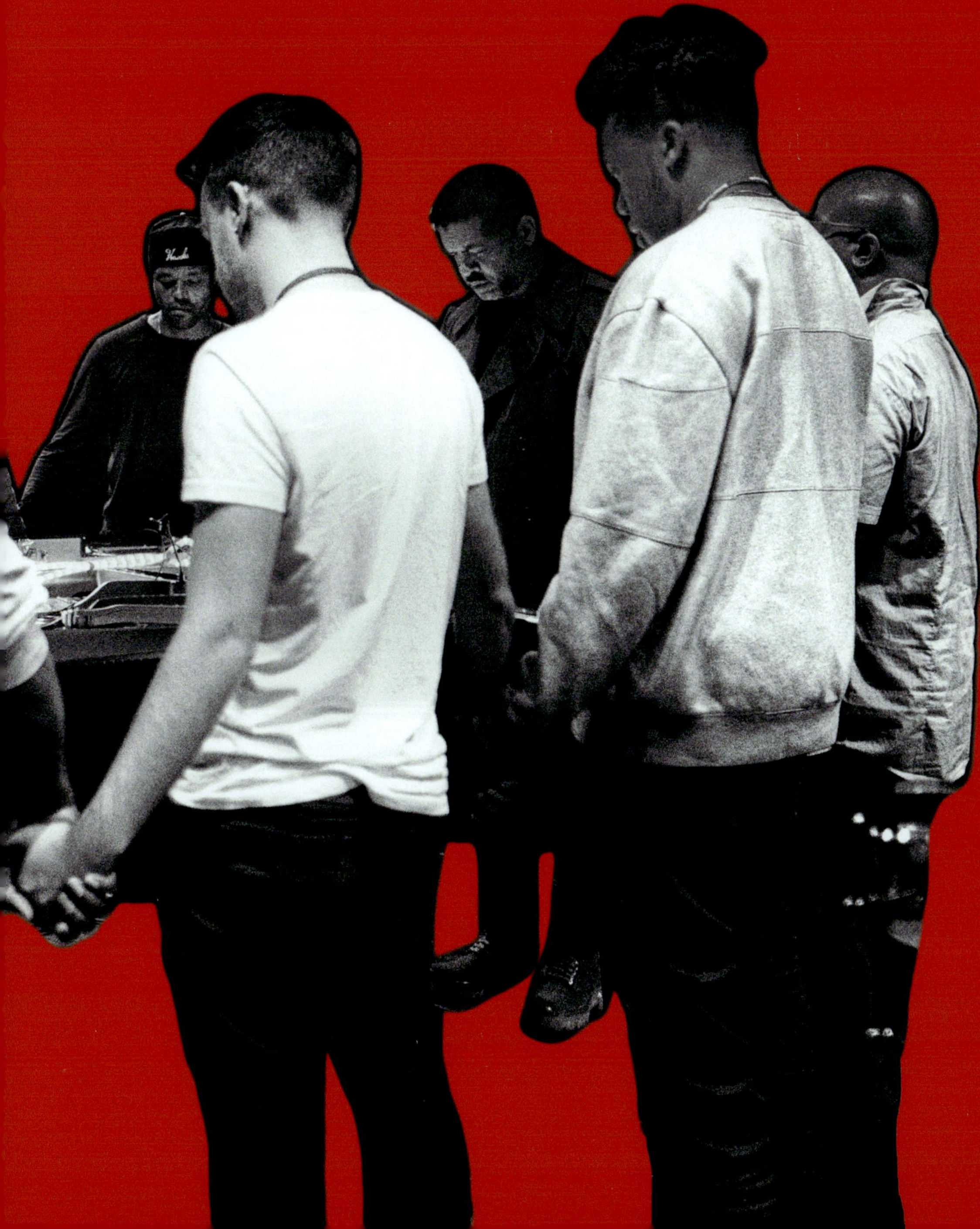

persone che hanno deciso di mettere a rischio la loro vita per una nazione, che ha tenuto la gente di colore in cattivita' per secoli: gli afroamericani per generazioni e generazioni e generazioni sono stati schiavizzati... e per generazioni e generazioni e generazioni i bambini strappati via dalle loro famiglie per essere venduti... secoli e secoli e secoli

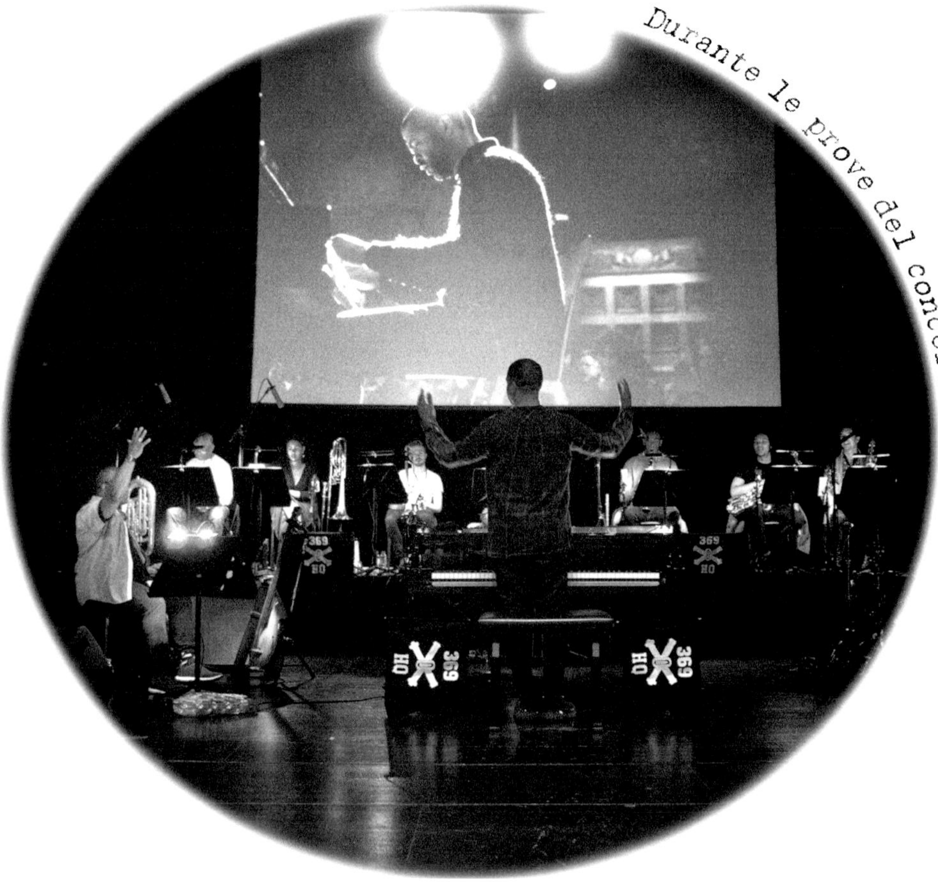

Durante le prove del concerto

di tutto cio'! Poi giunse l'abolizione della schiavitu' e gli afroamericani, disabituati alla liberta', si sono sentiti abbandonati come ragazzini che si sarebbero dovuti sostenere da soli! Avrebbero dovuto apprendere a marciare con le proprie gambe. Una situazione davvero bizzarra. Ad un certo punto della storia sbuca un pensatore come James Reese Europe, che viaggia instancabilmente da sud a nord per promuovere la caratteristica musica della gente di colore. Per questo motivo io considero James Reese Europe meglio di un supereroe.

Jazz e guerra. Pensi realmente che i due temi abbiano qualcosa in comune?

No. Ma il jazz e' stato utilizzato allora per far appassionare la gente alla guerra. Il gruppo di James Reese, inconsapevole di questo ruolo, si dirigeva nei quartieri neri degli Stati Uniti, per suonare all'aperto. Le persone si avvicinavano, esclamando: "Sai che amiamo questa canzone? Tu sei quello che dirigera' la band del reggimento? Allora vogliamo arruolarci anche noi". La musica e' stata utilizzata come un'arma a doppio taglio.

Mi e' piaciuto tantissimo il tuo "Fats Waller Dance Party" all'edizione 2013 del Jazzfest. Dal tuo punto di vista, qual e' il maggior contributo che Fats Waller ha apportato alla musica? Come ti e' venuta questa idea?

E' un progetto di molti anni fa. Debbo precisare che durante la mia carriera, all'inizio mi sono interessato a Thelonious Monk, poi a Fats Waller e invecchiando a James Reese. Europe ha avuto il merito di intuire il concetto di sincope aprendo una nuova tradizione: dopo di lui vi sono stati Eubie Blake e Noble Sissle. E successivamente Duke Ellington e James P. Johnson, il quale ha avuto come suo seguace Fats Waller. Vi e' dunque un'invisibile linea unificatrice nel mio percorso professionale. Per quanto riguarda Fats Waller in particolare, posso dire che ha rallegrato la vita delle persone, ai suoi concerti si ballava. Al contempo pero' la sua musica rifletteva le sue difficolta' nella vita come ad esempio la sua lotta contro l'alcolismo. Queste sue intense emozioni si percepivano nelle sue composizioni. Waller possedeva una tecnica impeccabile al piano. Infine gli eccessi della sua vita privata lo condussero alla morte a soli 39 anni. Alla stessa eta' e' deceduto anche James Reese Europe. Queste sono state persone che hanno avuto una vita breve, ma che hanno lasciato un'eredita' fondamentale nel mondo della musica.

Ti ricordi quando e perche' hai deciso di diventare un musicista?

Si'. All'eta' di sei anni ho iniziato a studiare piano Suzuki ma non mi piaceva per niente. Poi a tredici anni ho sentito per la prima volta la musica di Thelonious Monk, che proveniva dal giradischi nella camera da letto dei mei genitori. Il mio primo pensiero e' stato: "chi e' questo musicista? Voglio apprendere a suonare il piano come lui". Da quel momento ho messo anima e corpo per raggiungere il mio obiettivo.

Alla fine del concerto, tu e i componenti del tuo gruppo vi radunate attorno al piano, vi prendete per mano respirando. Che significato ha?

Io e il mio gruppo volevamo trovare la maniera di "respirare" la nostra musica, facendola diventare parte di noi, del nostro corpo, come se l'avessimo divorata. Questo tipo di esercizio ci e' stato insegnato da una grande donna di nome Pauline, deceduta un paio di anni fa. Esistono dei video che mostrano Pauline guidandoci nella meditazione come un gruppo in cerchio, i cui partecipanti comunicavano inviandosi impulsi tra di loro. Il nostro pezzo e' una meditazione sonora su James Reese Europe.

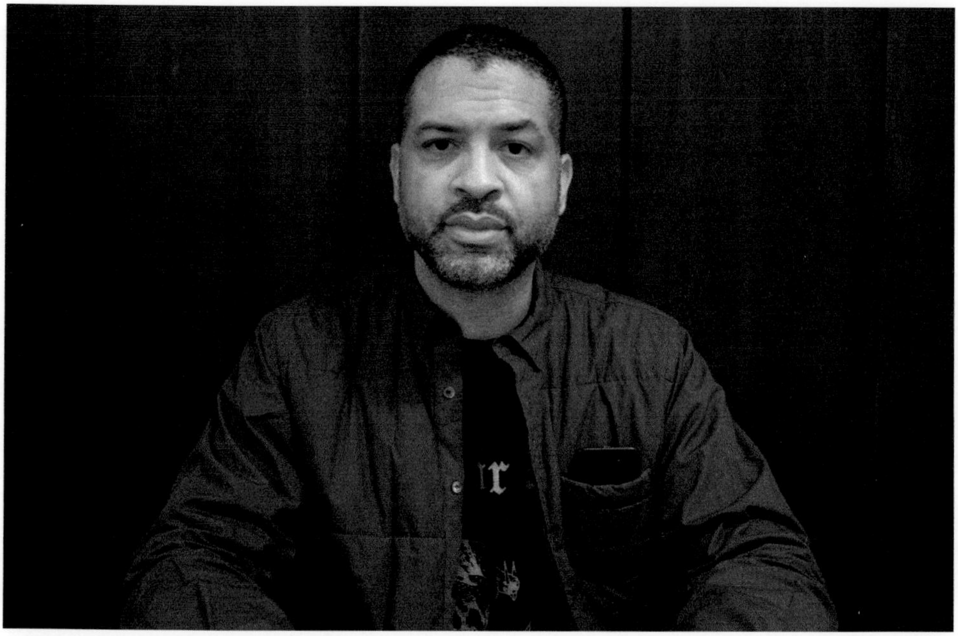

"A sei anni ho iniziato a studiare piano ma non mi piaceva per niente. Un giorno a tredici anni ho sentito per la prima volta Thelonious Monk..."

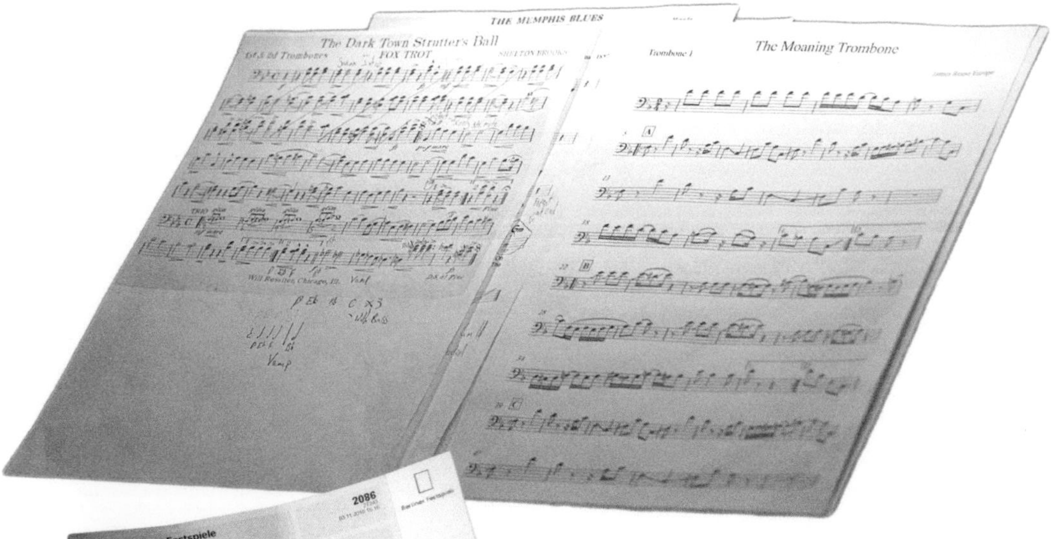

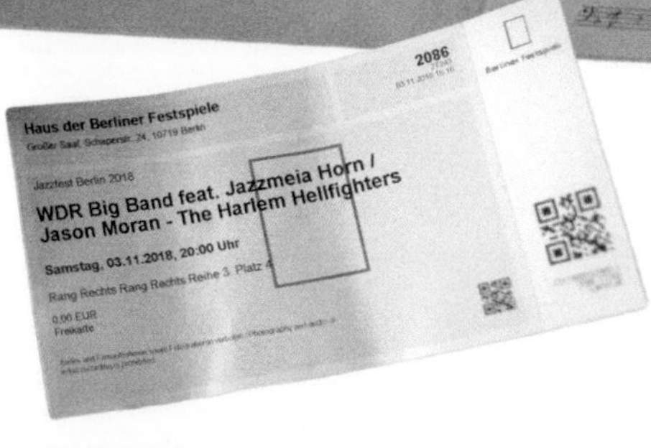

Il mio biglietto del concerto ed uno spartito durante le prove

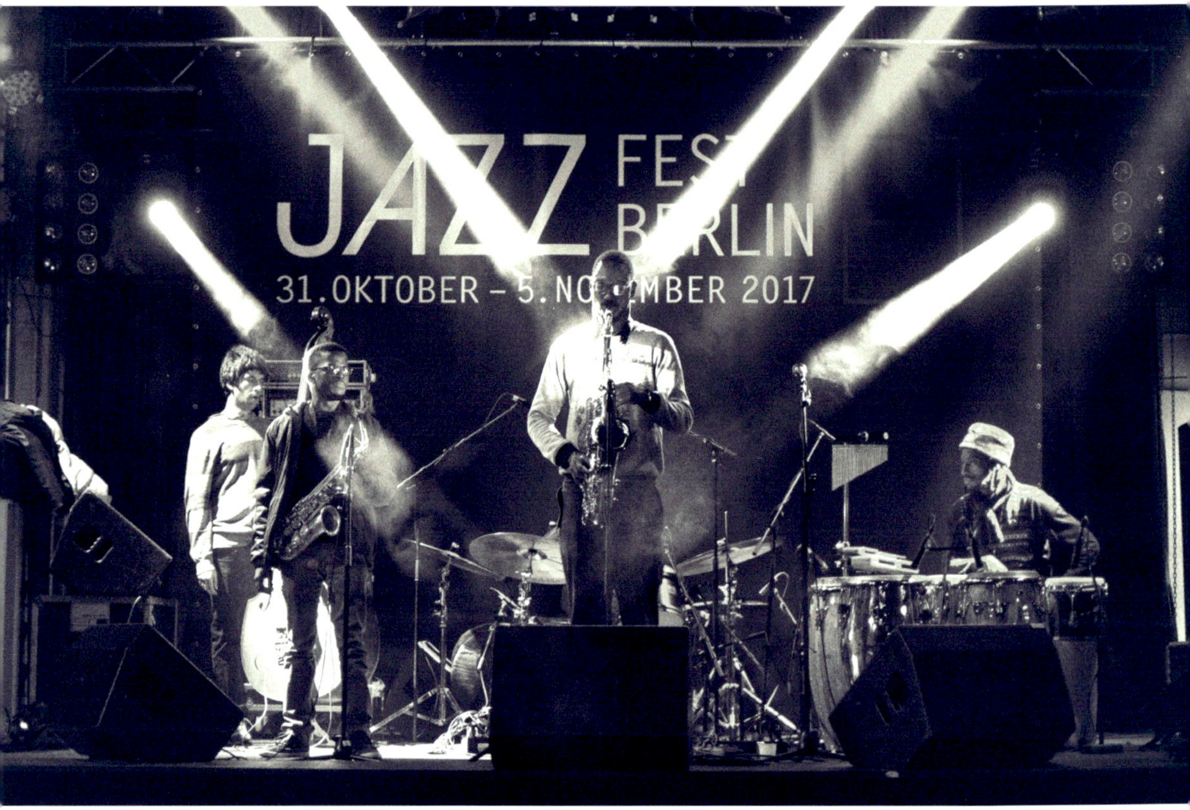
JAZZ FEST
31.OKTOBER

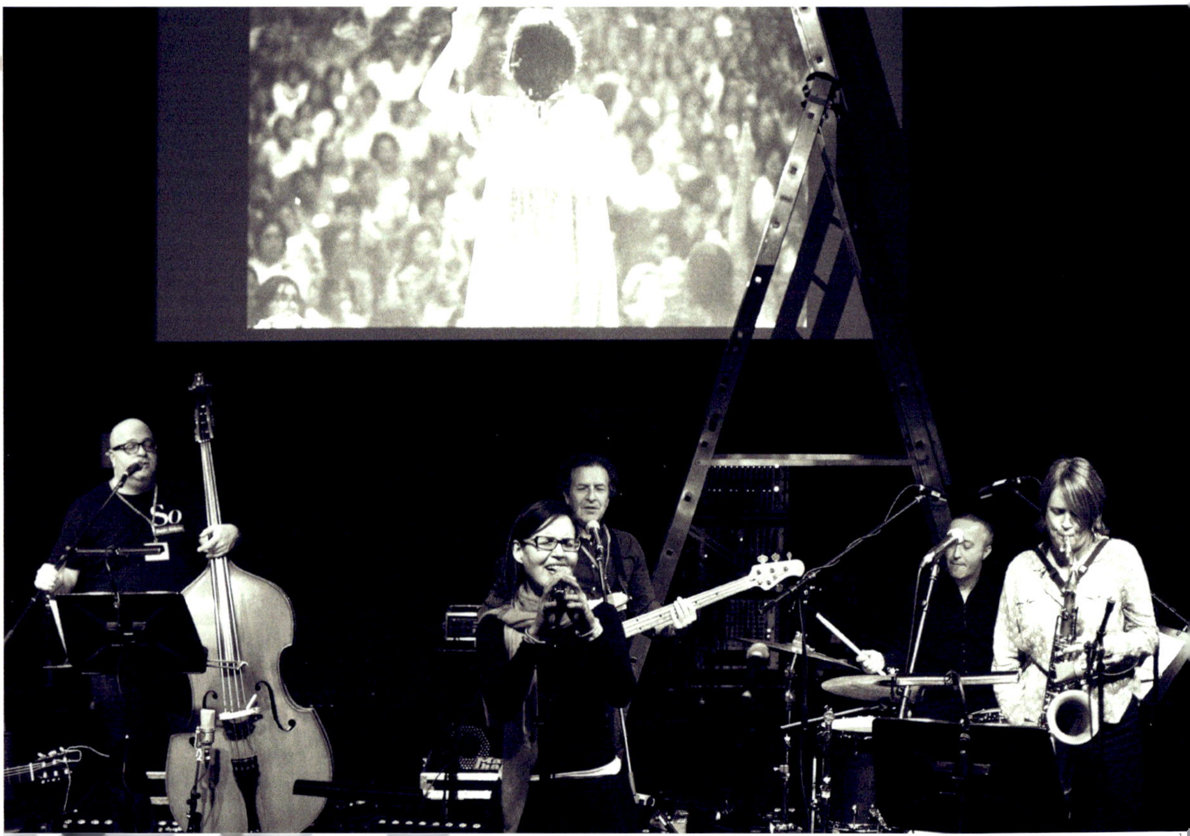

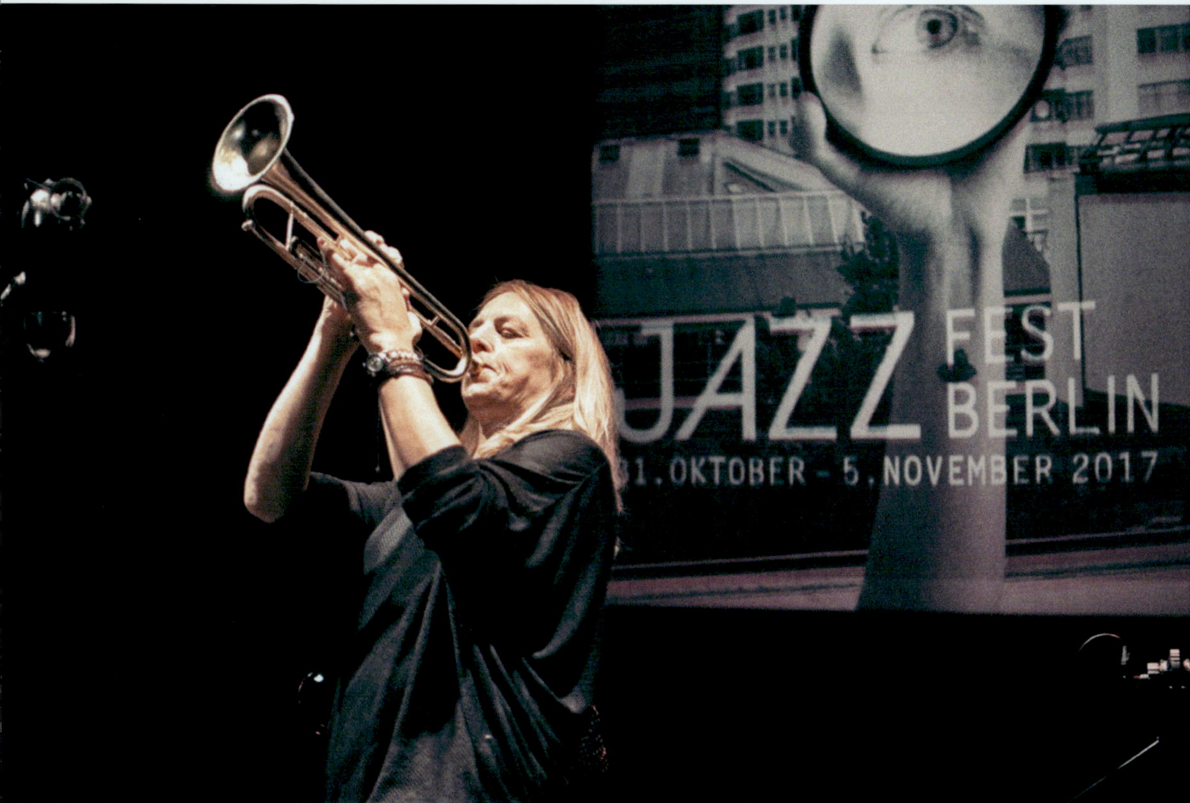

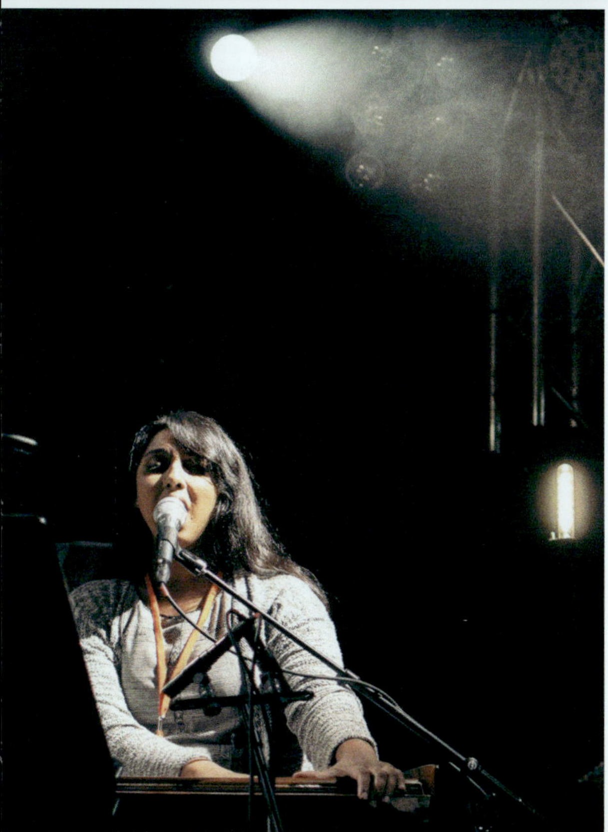

Jazzfest 2017

Blue in Green

Il collage e' un personale omaggio a "Kind of Blue" di Miles Davis. "Blue in Green" e' un pezzo all'interno dell'album...

JAZZFEST 2017

Apertura ed inclusione: "In tutte le lingue"

30.11.2017

René conserva un ricordo mitigato di quest'avventura. "Mi ha portato alla gloria, sicuramente. Ed e' una musica sacra che in qualche modo prefigura il jazz modale; questo jazz piu' astratto del bop si sviluppa di piu' su un colore che su una tonalita'. Kind of Blue, per esempio. E' una meraviglia (...)" (1)

Prima di iniziare l'articolo vero e proprio, il mio personale omaggio va ad un album bellissimo e fondamentale nella storia del jazz: "Kind of Blue" di Miles Davis, ricordato con la sopracitata frase di René Urtreger. "Blue in Green" e' un pezzo all'interno dell'album. Il mio collage di foto vuole essere anche un tributo al Jazzfest Berlin, grazie al quale, nel corso degli anni, ho potuto fotografare molti musicisti che facevano parte della cerchia di Miles Davis, come ad esempio, Jack DeJohnette, Wayne Shorter e lo stesso Urtreger.

- JAZZFEST BERLIN: "IN TUTTE LE LINGUE" -

In un mondo nel quale quotidianamente vengono costruiti dei Muri e fortificati i confini, nel quale i leader promuovono l'isolazionismo culturale ed escludono le minoranze e nel quale ai bambini viene insegnato che debbono temere le diversita', il jazz ci ricorda un fatto semplice: persone

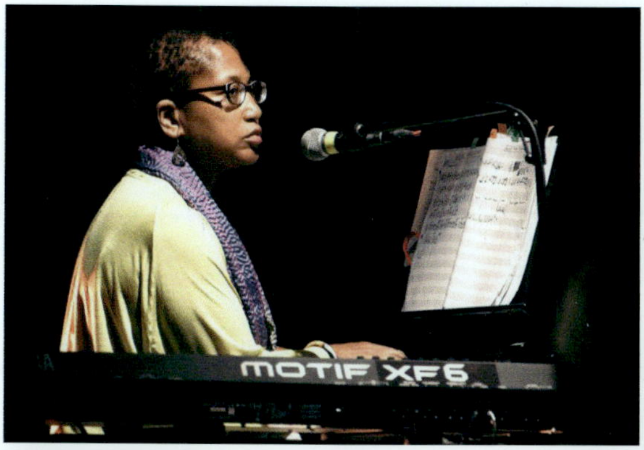

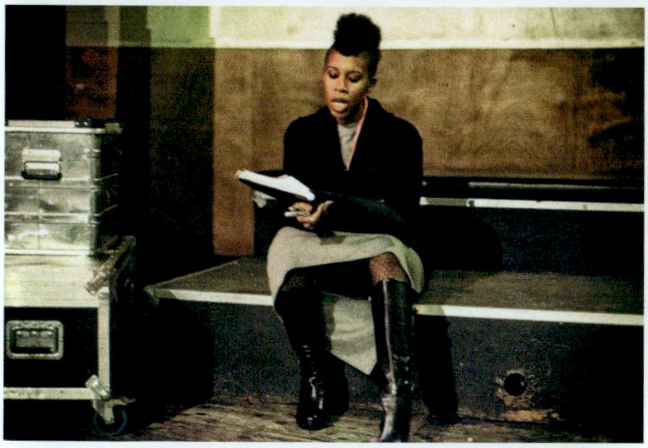

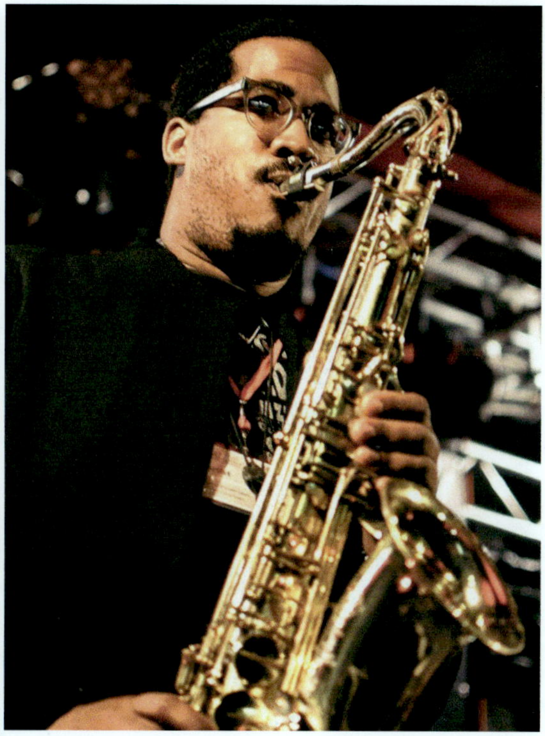

Alcuni momenti del festival 2017...

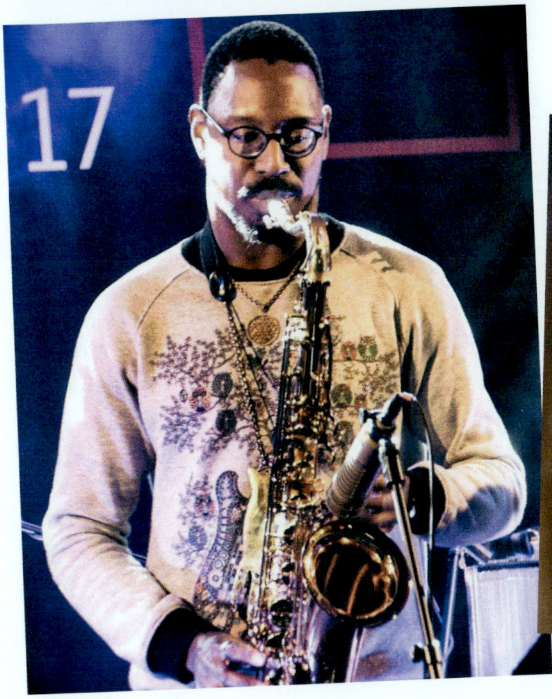

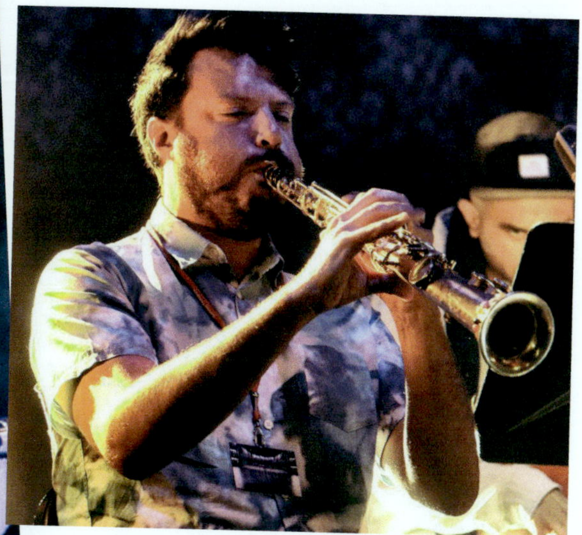

e societa' sono strutturate al meglio se lavorano in uno spirito di apertura ed inclusione. (2)

Come ogni anno il festival di jazz berlinese, uno dei piu' rinomati a livello internazionale, ha avuto una grande affluenza di pubblico. In sei giorni, dal 31 ottobre al 5 novembre 2017, sono stati venduti piu' di 7000 biglietti, registrando il pieno assoluto.

I concerti si sono tenuti nella sede dei *Berliner Festspiele*, presso il *Lido*, presso la Maison de *France / Cinema Paris*, nel club *A-Trane*, nella chiesa *Kirche Am Hohenzollernplatz* e nella *Kaiser-Wilhelm-Gedächtnis.* Per la prima volta, il concerto di apertura non ha avuto luogo nella sede dei *Berliner Festspiele*, bensi' presso il locale *Lido* nel quartiere di Kreuzberg in coerenza con il messaggio che gli organizzatori del festival volevano comunicare. Kreuzberg, infatti, essendo il quartiere piu' multiculturale di Berlino, e' il luogo ideale per un incontro di culture differenti e per l'apertura alle minoranze. "In tutte le lingue" e' stato il motto del festival ed una miriade di idiomi si possono ascoltare passeggiando tra le strade di Kreuzberg.

Il jazz d'altronde, dal mio personalissimo punto di vista, e' un'espressione artistica internazionale, senza barriere e confini, che esprime la maniera di concepire la vita dei musicisti, di comprendere e di migliorare il mondo.

Sin dagli albori, i jazzisti con le loro composizioni hanno avuto la possibilita' di esternare le proprie esperienze; da un lato per alleviarsi dalle proprie sofferenze; dall'altro per far conoscere la loro realta' alla societa' intera: ad esempio, le ingiustizie e le sopraffazioni che la gente di colore subisce ad ha dovuto subire negli Stati Uniti d'America.

Ma in seguito il jazz e' anche divenuto una voce a favore dell'emancipazione sessuale e contro le discriminazioni di classe, e cosi' via...

I jazzisti trasportano nella loro musica le loro emozioni personali, le loro passioni, che scaturiscono dalla loro quotidianita'. Amore, odio, tristezza, gioia si tramutano in note che si propagano attraverso ritmo, melodia e ballo: sentimenti che non hanno confini e barriere ma che accomunano persone di tutto il mondo.

Partendo dal loro piccolo, i jazzisti non fanno altro che darci un dipinto dettagliato e fedele della societa' intera e di come le storie della gente comune si inseriscono nella grande storia; di come la gente comune reagisce alle decisioni delle politiche nazionali ed internazionali.

La musica in generale racconta fatti storici epocali.

Ad esempio, come ben descritto nel volume di S. Frederick Starr, *Jazz in Rußland 1917-1990*, il valzer, espressione della élite, ne ha narrato anche il suo declino:

Il 19° secolo non termino' in Europa nel 1900, bensi' nel 1914 (..) Marcel Ravel (che successivamente, tra le altre cose, e' stato influenzato dal jazz) ha creato nella sua composizione "La Valse" un ricordo musicale sul declino della vecchia Europa. Durante il secolo, che inizio' con il "Congresso danzante" di Vienna (...) Dovunque la civilta' europea festeggiava, vi era il valzer... (3)

Dopo la fine del primo conflitto mondiale, anche in Europa si e' propagato un altro tipo di musica, questa volta di tipo popolare, il jazz, che non rappresentava piu' la classe dirigente:

Tuttavia nel 20° secolo vi e' una forma di espressione, che ha lasciato le altre dietro di se' nella sfera d'influenza sulla vita sociale e sulle relazioni private e praticamente su qualsiasi altro campo artistico: il jazz. Questa forma

Tyshawn Sorey

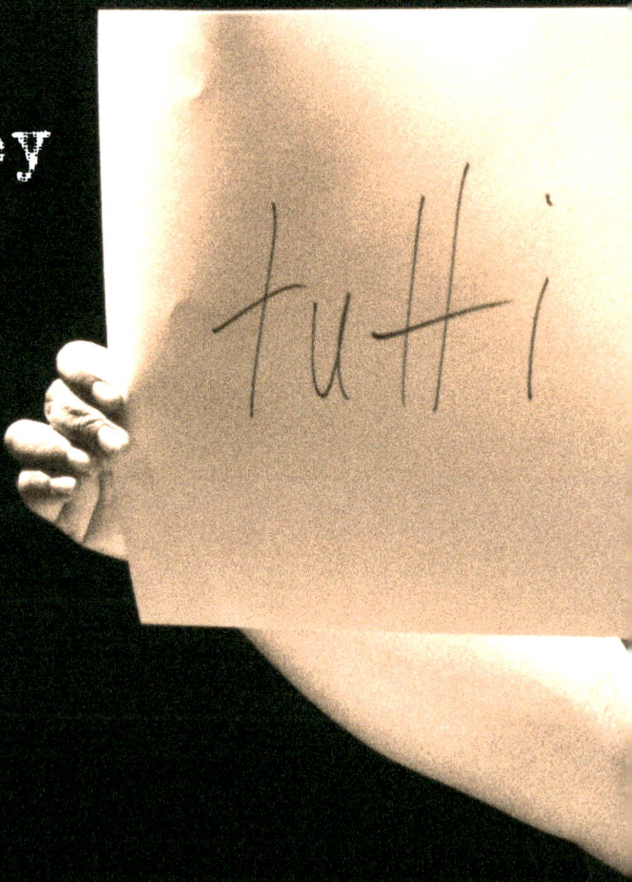

Green...

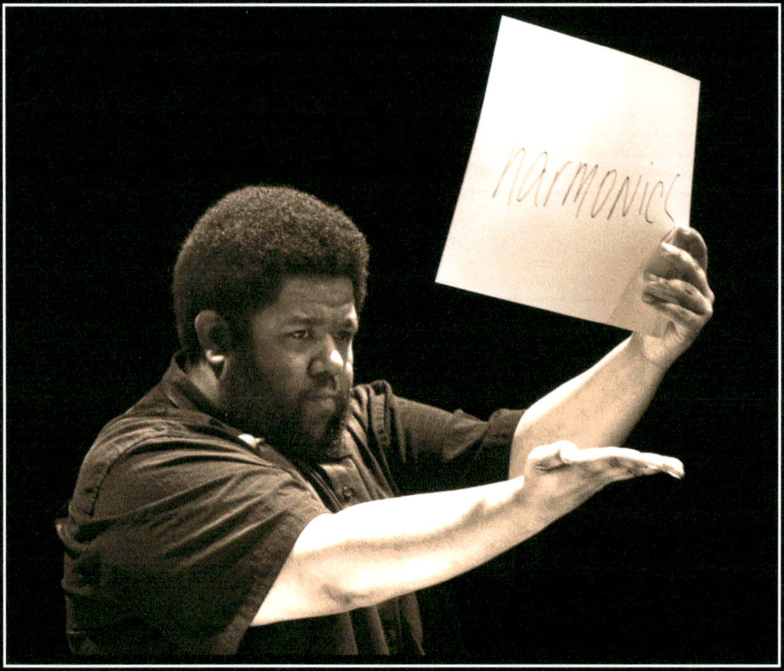

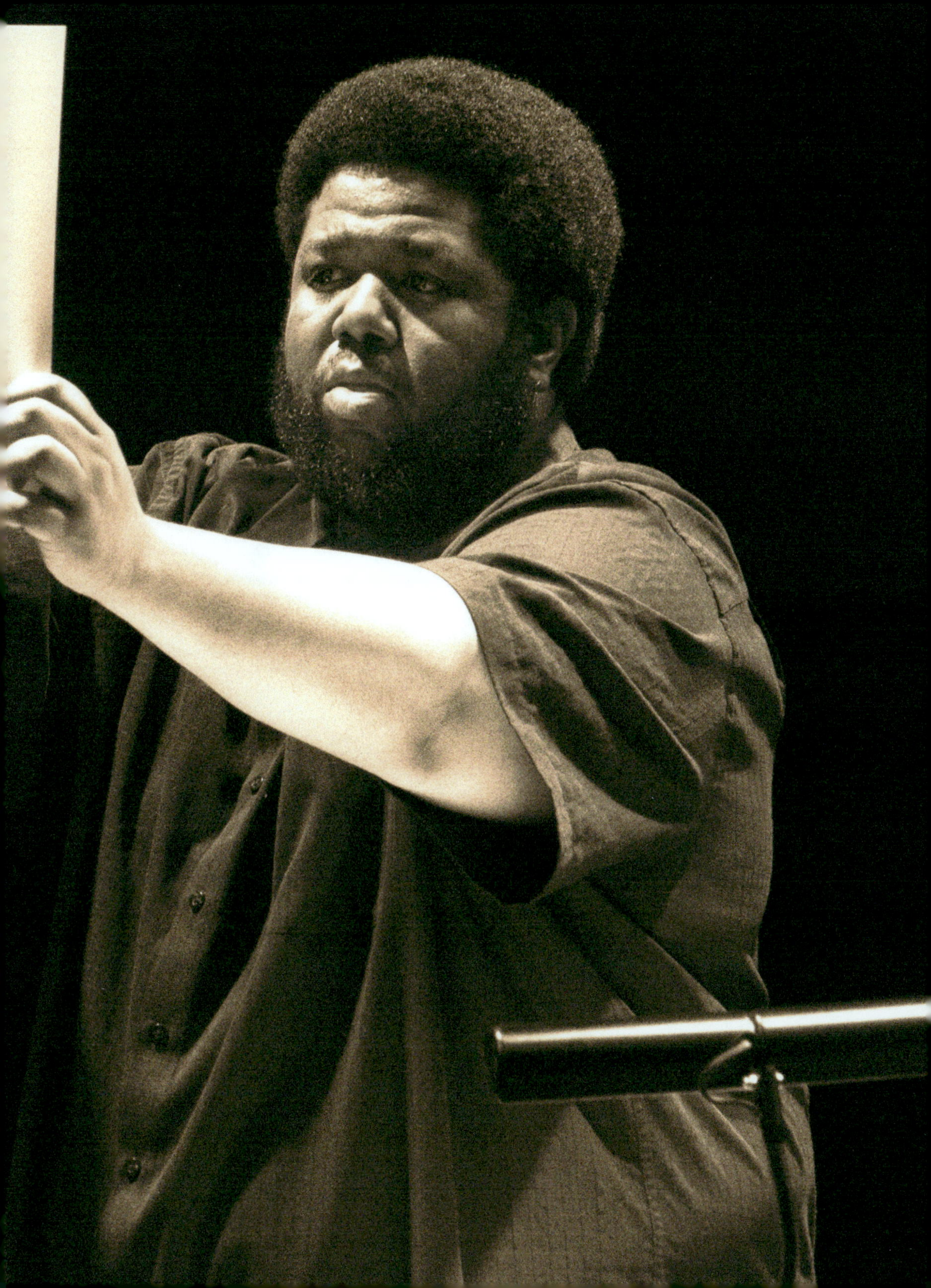

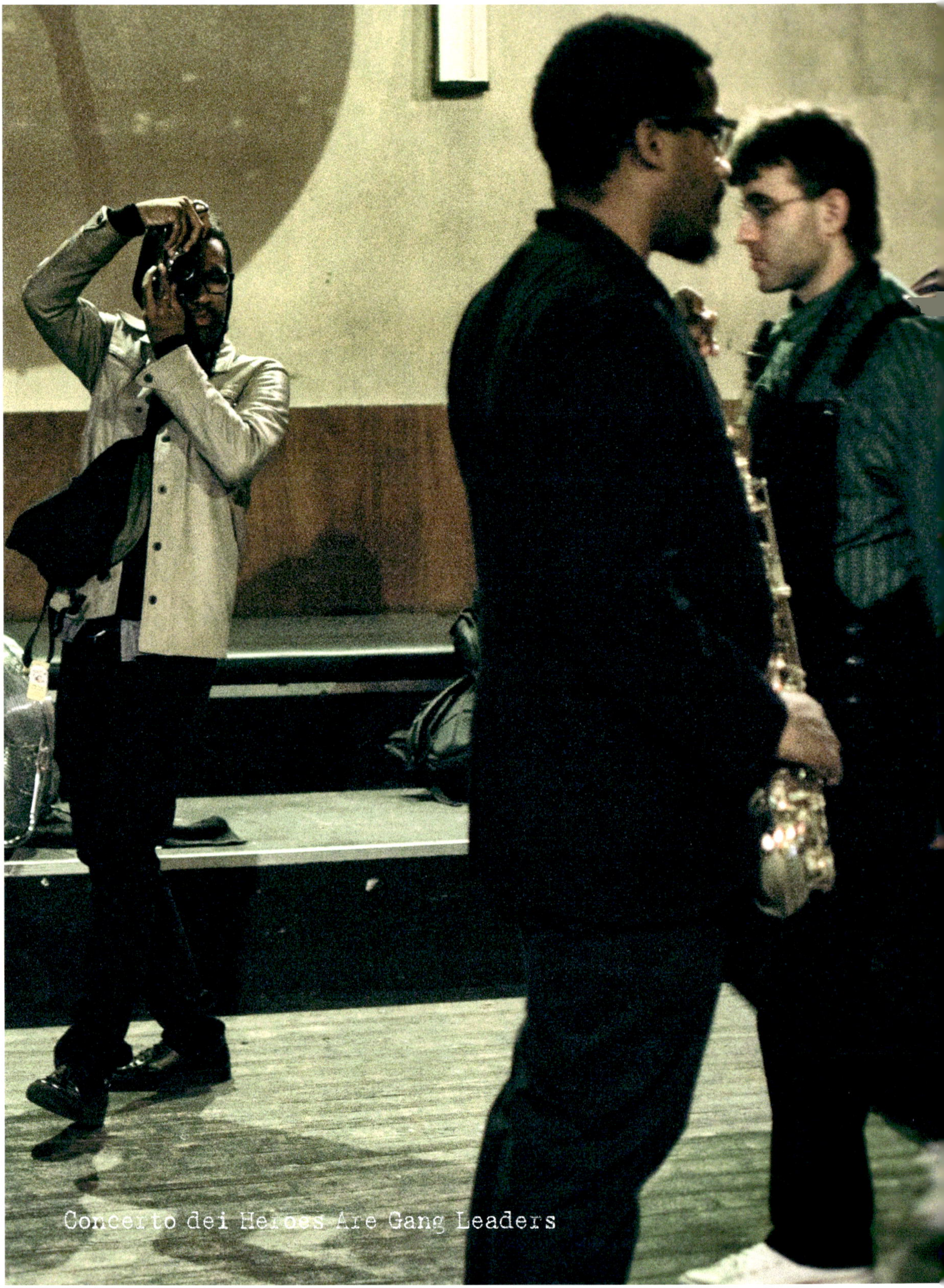

Concerto dei Heroes Are Gang Leaders

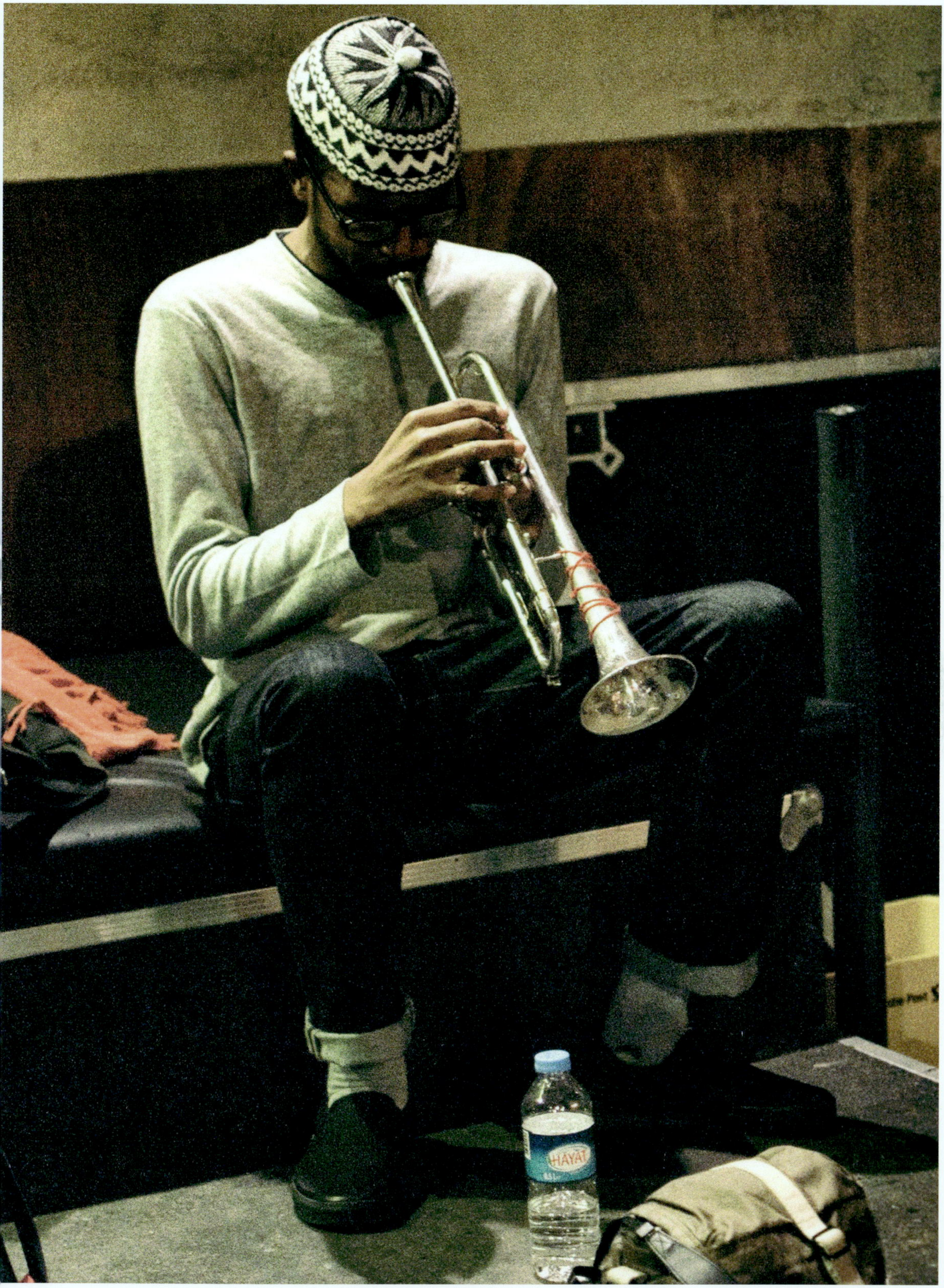
HAYAT

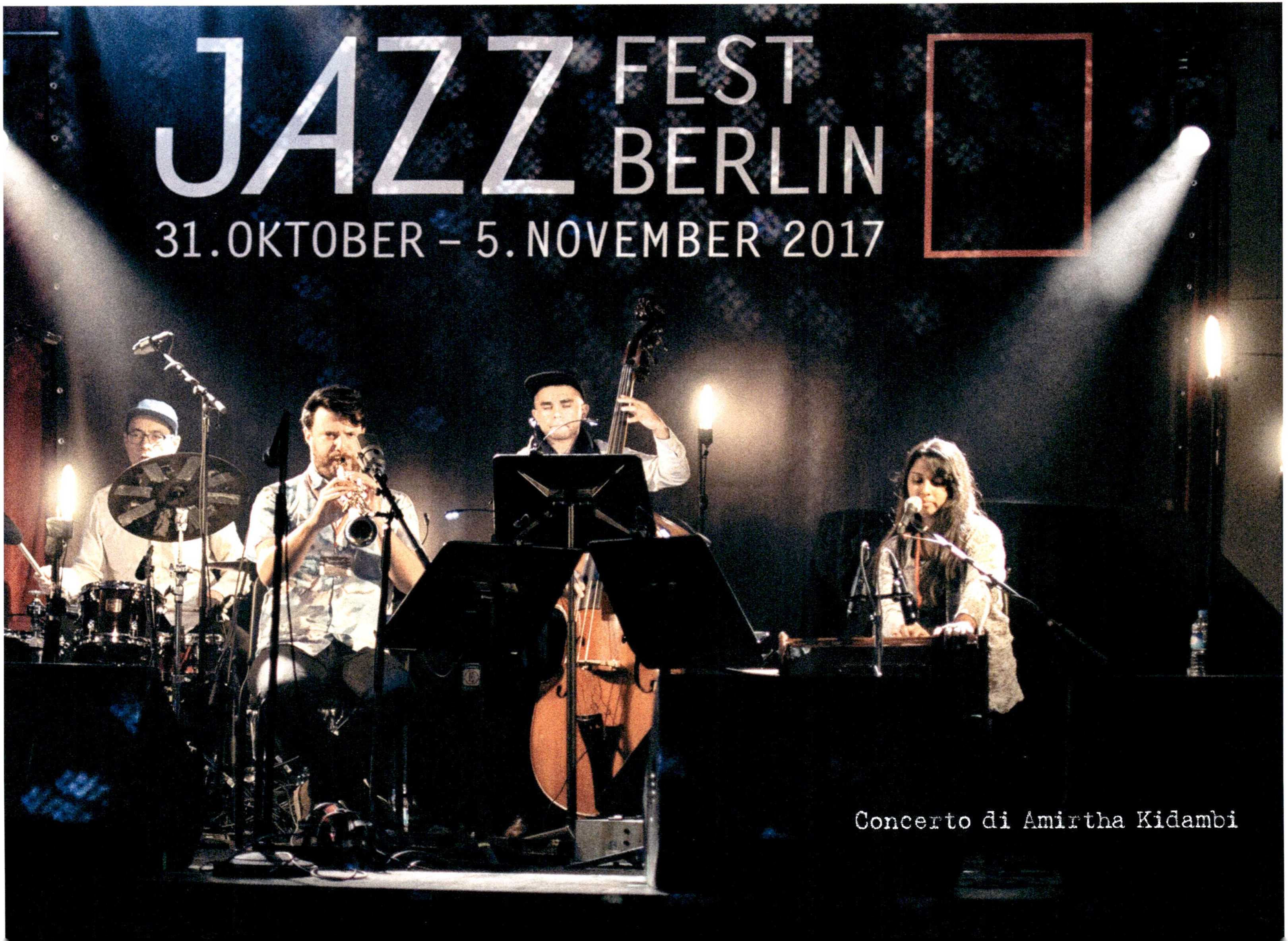

Concerto di Amirtha Kidambi

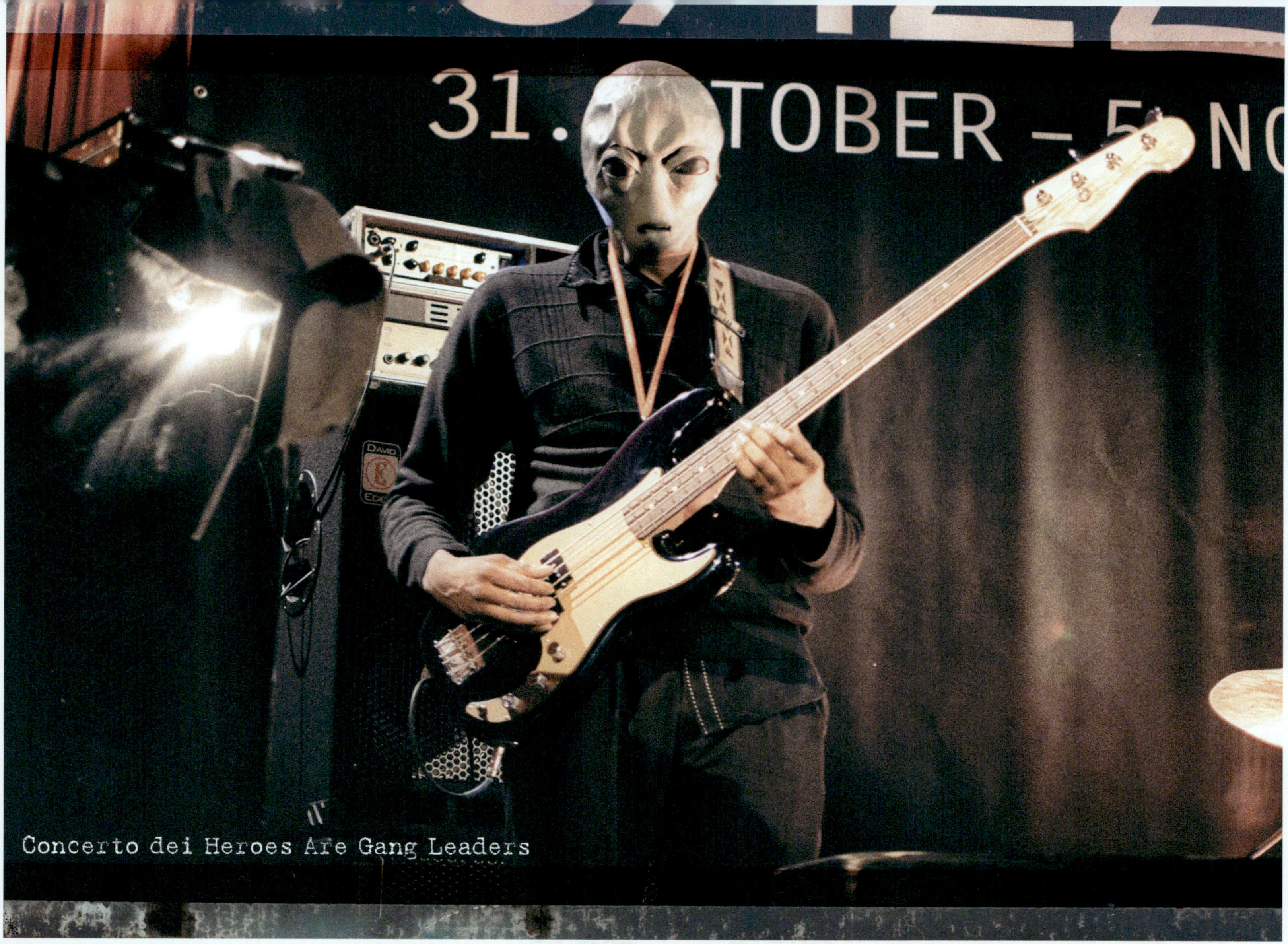

Concerto dei Heroes Are Gang Leaders

d'espressione ha rappresentato talmente appieno i valori del periodo dopo la prima guerra mondiale, che quegli anni sono passati alla storia con il nome "dell'epoca del jazz"... (4)

Kreuzberg e' il quartiere simbolo berlinese che accoglie ed accetta il nuovo cambiamento epocale, che indica un mondo che tende al multiculturalismo come negli Stati Uniti, le cui fondamenta si basano sul melting pot, ossia sul crogiolo di culture e di razze differenti. E il jazz che ha gia' raccontato questo processo di unione nelle diversita' avvenuto negli USA e' il mezzo piu' adatto a raccontare anche oggi i mutamenti radicali che stanno ridisegnando i tratti caratteristici non solo europei ma internazionali.

I sentimenti personali dei jazzisti, che scaturiscono dalla loro quotidianita', come d'abitudine, sono ancora uno specchio dei fatti positivi o delle tragedie della gente comune, che scaturiscono durante la formazione di questa nuova epoca, che e' ancora nella sua fase iniziale. Correttamente, secondo il parere di Richard Williams, il direttore artistico che ha chiuso alla grande il suo ultimo anno alla guida del festival, Steve Lehman & Selebeyione e Amirtha Kidambi & Elder Ones "rappresentano la capacita' del jazz di raggiungere altre forme e linguaggi", mentre *Shakaba and the Ancestors* fondono stili e culture di Gran Bretagna e Sudafrica.

Il primo concerto in assoluto e' stato proprio quello dei *Shakaba and the Ancestors* il martedi' 31 ottobre alle ore 20.00. Shabaka sta per *Shabaka Hutchings*, sassofonista tenore e clarinettista britannico di origini caraibiche, nato il 1984 a Londra. Dopo una breve parentesi sulle isole Barbados, dai sette fino ai sedici anni, dove ha iniziato ad apprendere a suonare il clarinetto, e' ritornato in Inghilterra per completare la sua formazione di musicista classico. Tra i suoi compagni di studi vi era anche Soweto Kinch, presente all'edizione 2014 del Jazzfest. Nel corso della sua carriera ha collaborato con altri tre musicisti, che si sono egualmente esibiti a Berlino, ossia Louis Moholo, Alexander Hawkins, Jack DeJohnette. Lo stesso Shababa aveva tenuto il concerto finale del Jazzfest 2013 con il suo gruppo *Sons of Kemet*. Il suono di Hutchings - considerato uno dei maggiori rappresentanti della scena jazz britannica contemporanea - riassume in se' le caratteristiche principali del jazz del passato e odierno; con un sguardo proiettato, pero', nel futuro. Nel 2016 ha conosciuto il gruppo sudafricano *The Ancestors*, con il quale ha registrato l'album *Wisdom of Elders*. Con esso ha arricchito il suo stile jazz con i ritmi e le armonie sudafricani.

Nella stessa serata, successivamente, si e' esibito il gruppo di avant-garde Jazz *Heroes Are Gang Leaders*, fondato dal poeta e fotografo Thomas Sayers Ellis e dal sassofonista James Brandon Lewis. Il loro concerto, che ho trovato molto positivo, un misto di musica e letteratura, mi ha ricordato in qualche modo le serate degli scrittori della *Beat Generation*. I loro testi riflettono la societa' statunitense contemporanea.

Mercoledi' primo novembre sempre alle 20.00 e sempre presso il *Lido* si e' svolto il concerto di *Amirtha Kidambi & Elder Ones*. Amirtha Kidambi, nata il 1985 a Buffalo, di origini indiane, e' una musicista specializzata in canto, composizione e armonio, che e' "un tipo di organo costituito da una (o piu') tastiera, manuale, e da due pedali per azionare i mantici per l'aria; - uno strumento a serbatoio d'aria". Insieme ai *Elder Ones* ha organizzato uno spettacolo basato su improvvisazione e musica carnatica. Inoltre Amirtha e' componente del gruppo *Code Girl*, del quale fanno parte il trombettista e compositore statunitense Ambrose Akinmusire, anche lui esibitosi al Jazzfest (edizione 2015) e Mary Halvorson, chitarrista presente, invece, all'edizione 2016.

Amirtha e' un membro attivo del movimento internazionale *Black Lives Matter.* Il linguaggio di Amirtha Kidambi e' influenzato fortemente dalle qualita' di improvvisazione di John Coltrane, che l'ha condotta verso il jazz e la musica carnatica (genere prevalentemente religioso). La sua ricerca musicale e' una ricerca della verita':

I miei obiettivi con l'improvvisazione non sono necessariamente di natura religiosa, ma spirituale, nel senso che considero l'attivita' della musica come una ricerca della verita'. Questo mondo e' complesso e brutto, la musica e' un modo per eliminare le interferenze e giungere al cuore delle cose. Nella filosofia indu' abbiamo un concetto secondo cui l'ego o il se' hanno bisogno di essere distrutti per realizzare verita' universali. Una di queste verita' e' di intravedere la connessione e l'universalita' di tutte le cose. Attraverso una ricerca interiore possiamo iniziare a separarci dall'ego e diventare piu' uno con l'universo. La musica e' uno dei modi per raggiungere la distruzione dell'ego. Quando sei sul palco, c'e' una strana separazione che si verifica tra la tua mente cosciente e te stesso. Non sto dicendo di aver raggiunto l'illuminazione attraverso la musica, ma di aver percepito rari momenti ultraterreni, cantando e improvvisando. (5)

Altra conoscenza del Jazzfest e' *Steve Lehman*, che si era gia' esibito l'anno precedente con il suo ottetto nella sala principale dei *Berliner Festspiele*. Questa volta invece con i *Sélébéyone*. Utilizzando la descrizione ufficiale:

Formato nel 2015 da Steve Lehman, HPrizm, Maciek Lasserre e Bamar Ndoye, Sélébéyone e' un nuovo progetto collaborativo che attinge al rap senegalese, alla musica spettrale francese, al modern jazz, all'hip-hop underground, all'elettronica interattiva e oltre...(6)

Il termine *Sélébéyone* deriva dal *wolof*, la lingua parlata in Senegal, che sta ad indicare la sfera onirica dove due entita' si incontrano e si uniscono, trasformandosi in qualcosa di finora sconosciuto.

Il concerto di apertura presso la sala principale dei *Berliner Festspiele* si e' tenuto giovedi' 2 novembre con il *Trio di Tyshawn Sorey*, che aveva gia' partecipato all'edizione 2016 con il progetto *Myra Melford's Snowy Egret*. Tyshawn Sorey e' inoltre il primo ad essere stato invitato come "artist in residence" (artista in residenza) nei 54 anni della storia del Jazzfest. Come tale, oltre ad esibirsi con la propria band ha suonato anche con altre formazioni. Sorey e' un musicista polivalente: compositore, batterista e bandleader. Nato il 1980 a Newark nel New Jersey, ha collaborato con numerosi musicisti, tra i quali Wadada Leo Smith, anch'egli presente all'edizione 2016.

Con il suo trio, applaudito dal pubblico presente, ha gia' registrato due album: *Alloy* nel 2014 e *Verisimilitude* nel 2017. Il concerto e' stato un sunto della loro carriera: la loro musica e' influenzata da personalita' quali Xenakis e Feldman, ed e' guidato da un leader, che e' stato descritto dal *Wall Street Journal* come un "compositore di idee radicali e apparentemente inesauribili". Tyshawn Sorey con le sue composizioni rispecchia lo stato d'animo dei musicisti - "il punto e' come la musica faccia sentire i musicisti", ha dichiarato. La sua musica e' anche espressione di un jazz, che esso stesso sta subendo mutamenti epocali, di una musica divenuta essa stessa inclusiva, che si lascia influenzare da stili differenti, come confessa lo stesso Sorey:

Non sono un musicista jazz; ne' un musicista d'avanguardia del XX secolo; ne' un musicista funk. In realta' sono uno studente

Tyshawn Sorey

Black & White...

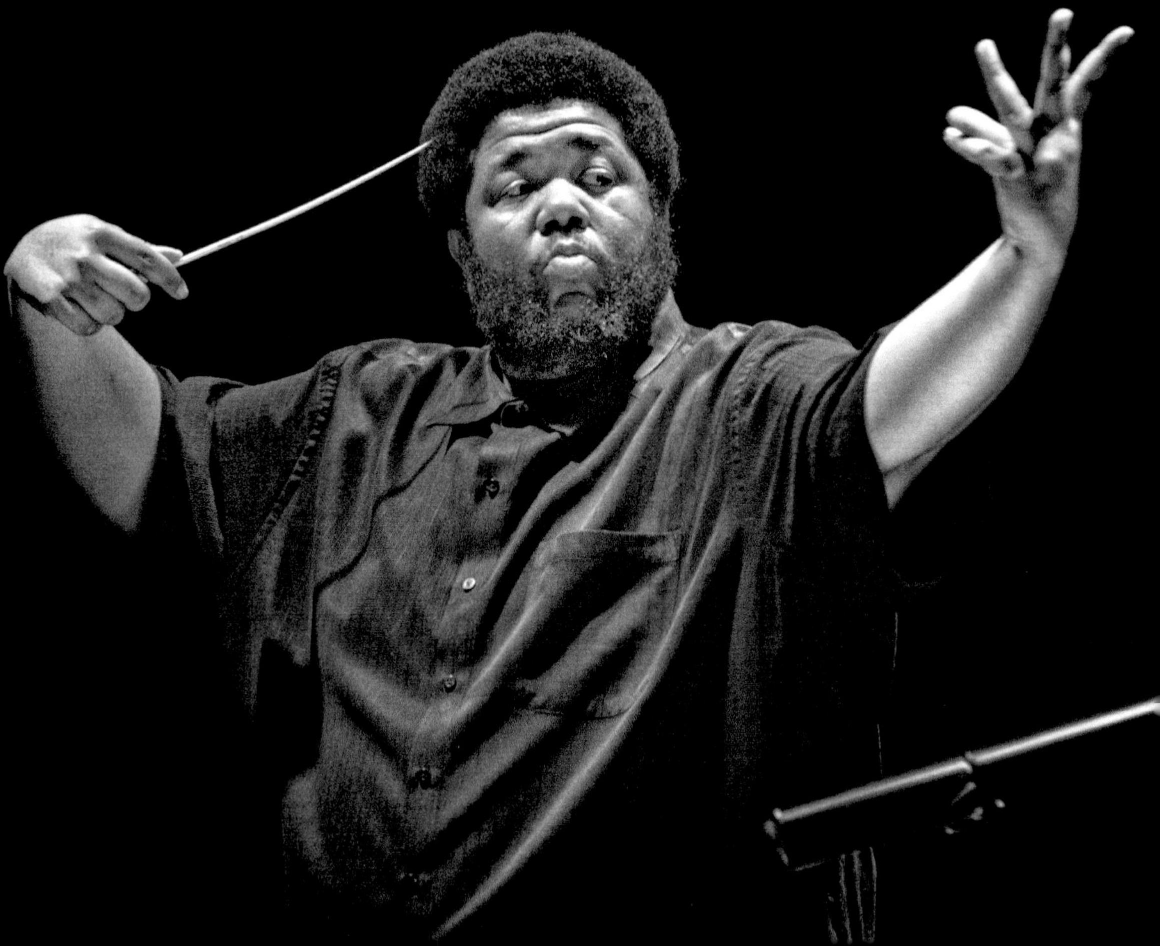

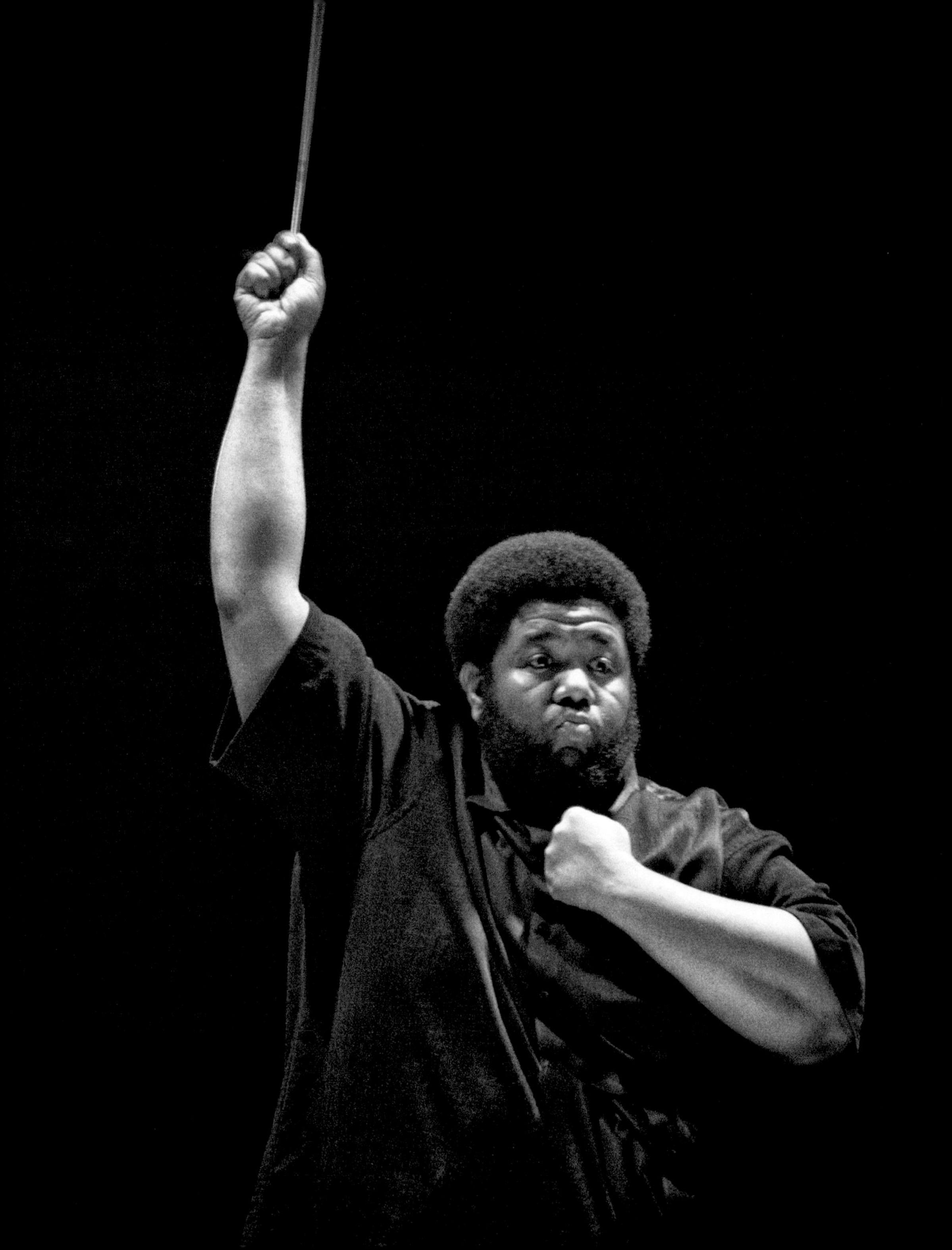

Angelika Niescier (2017)

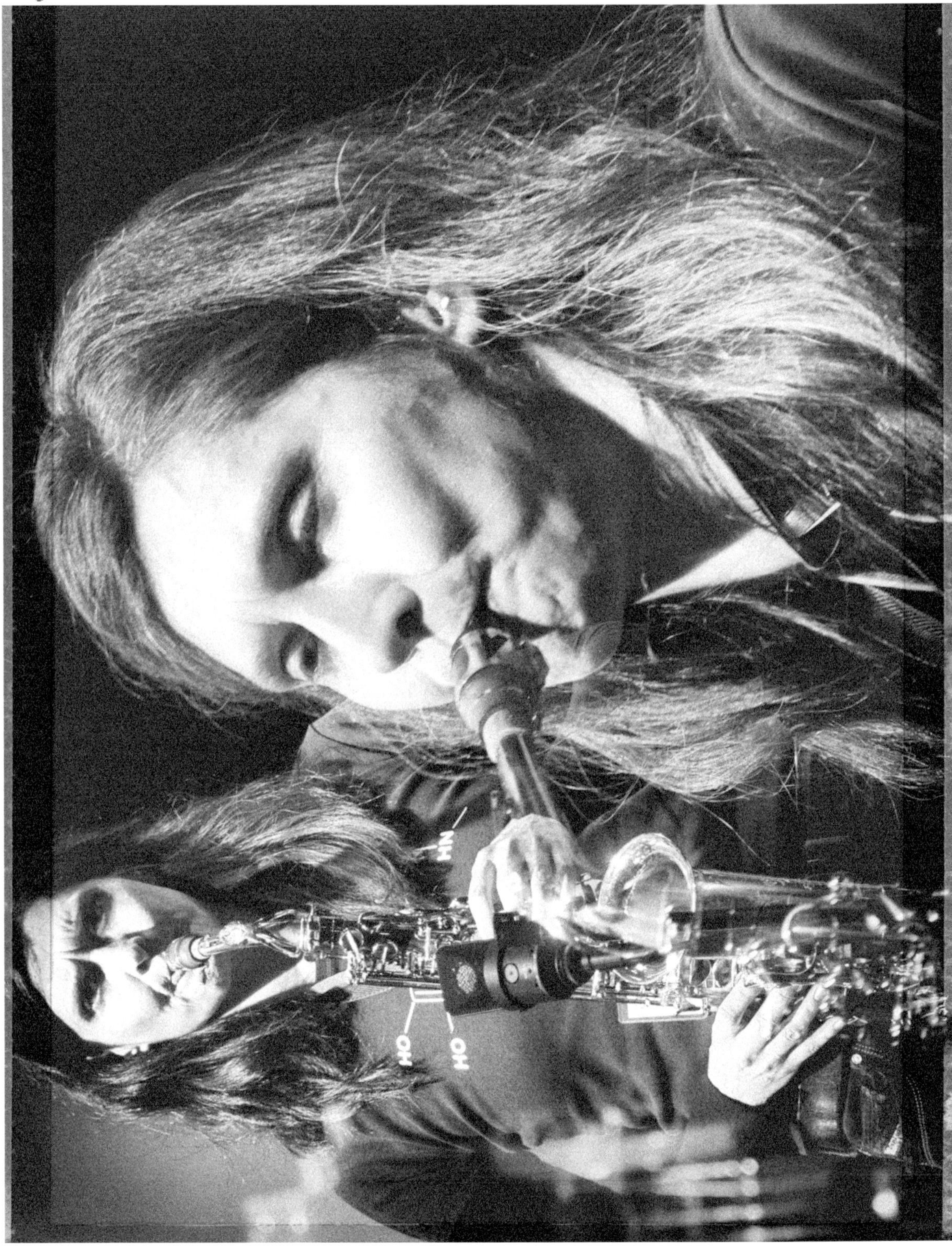

Angelika Niescier & Florian Weber (2016)

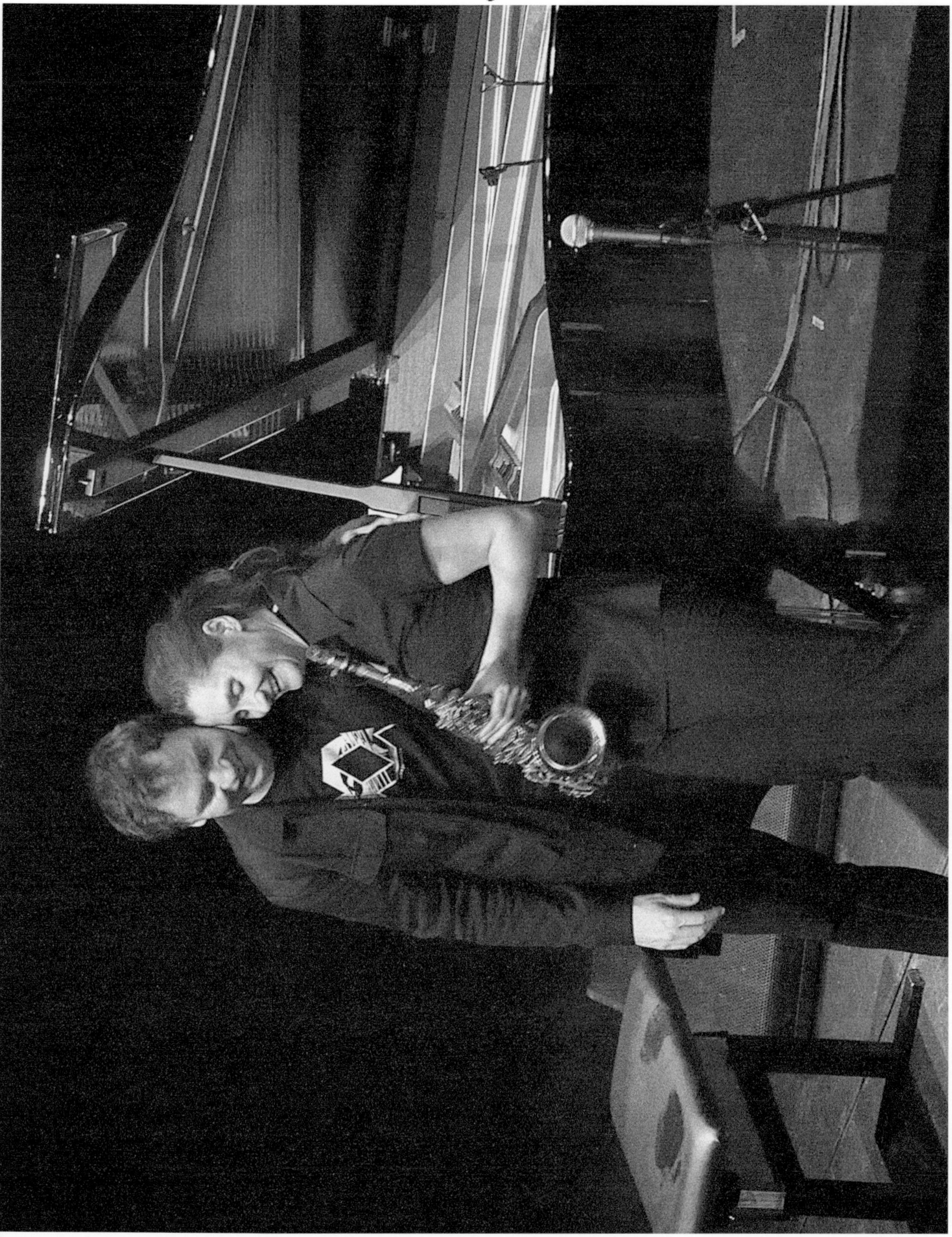

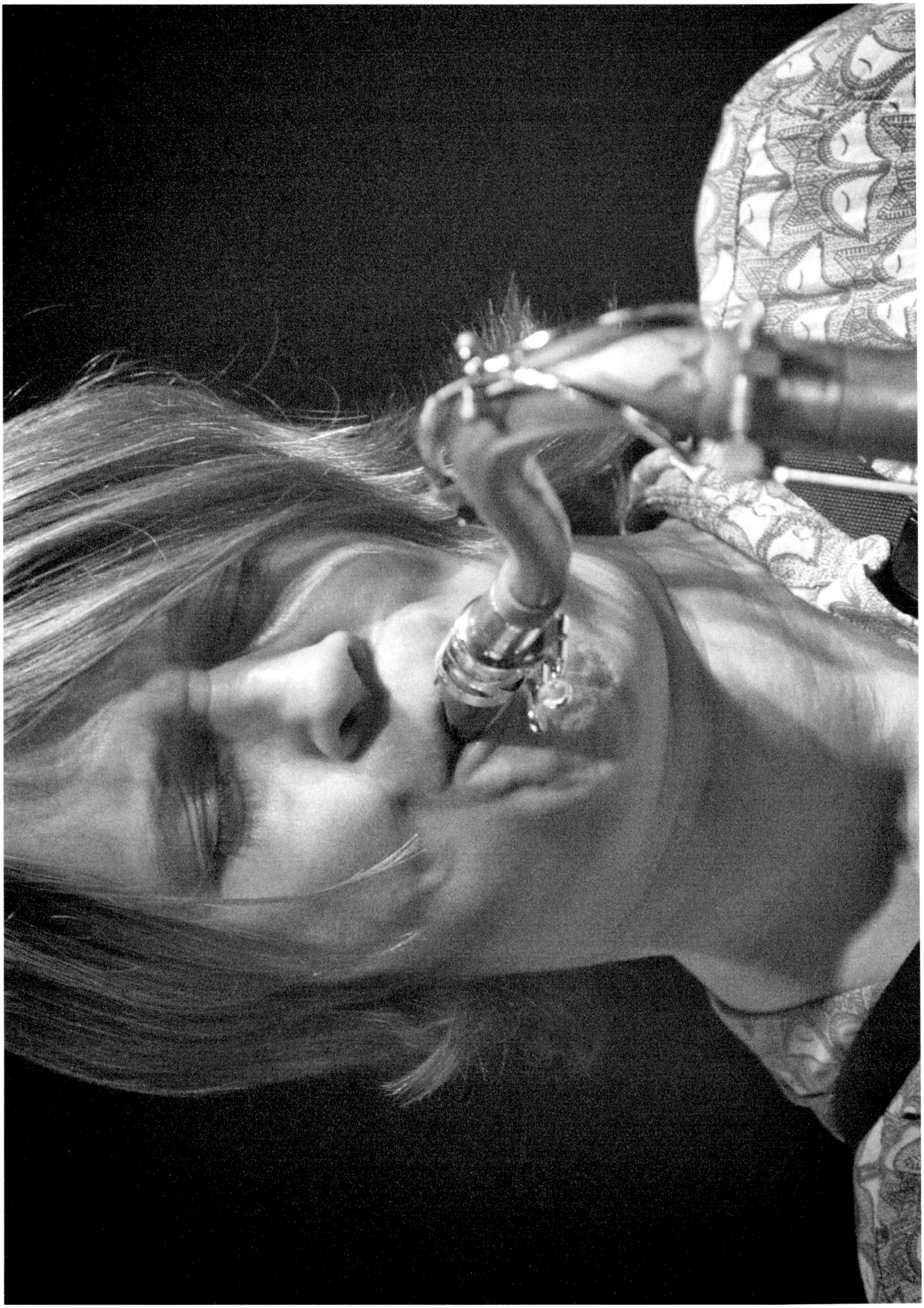

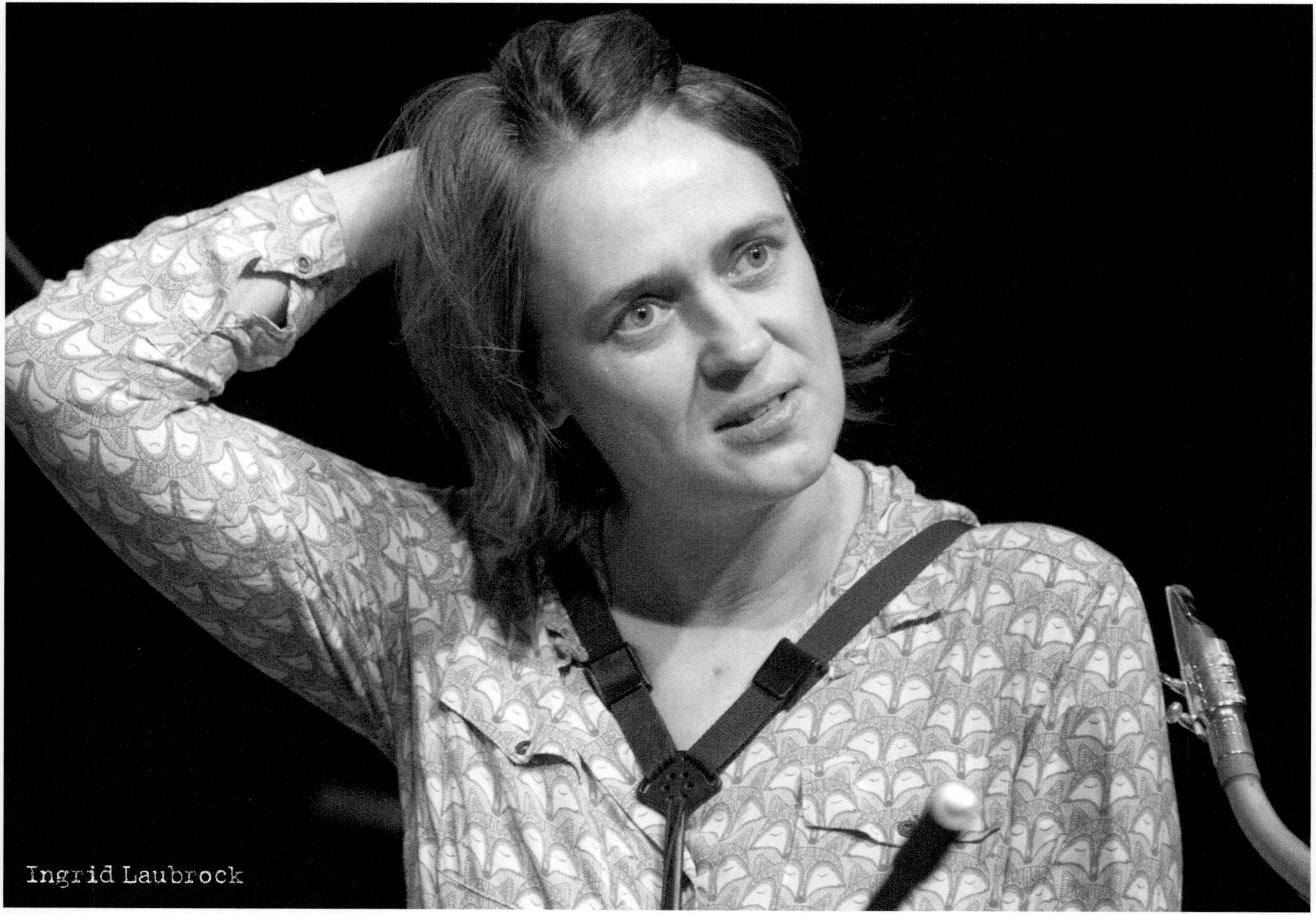

Ingrid Laubrock

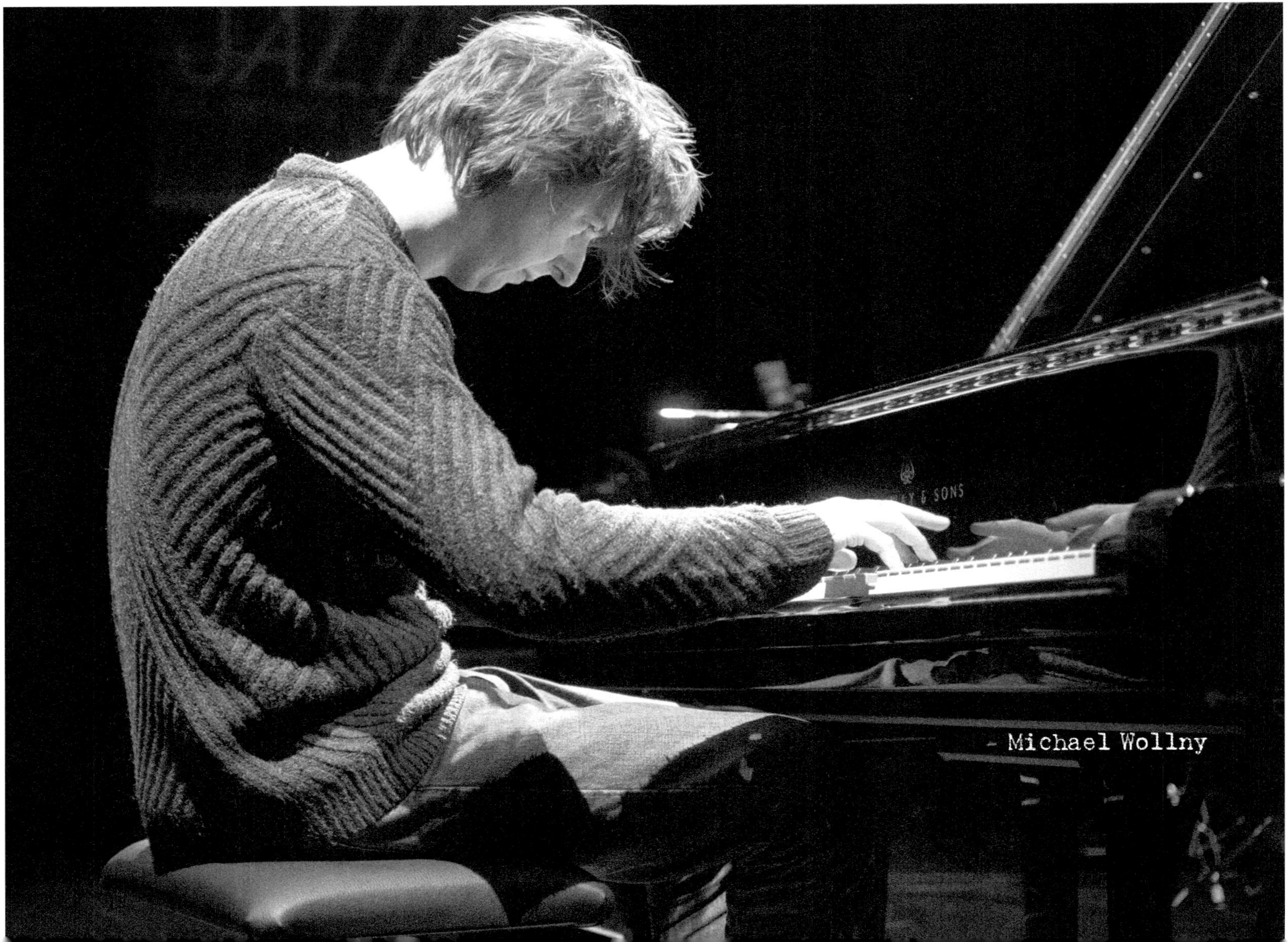

– Michael Wollny

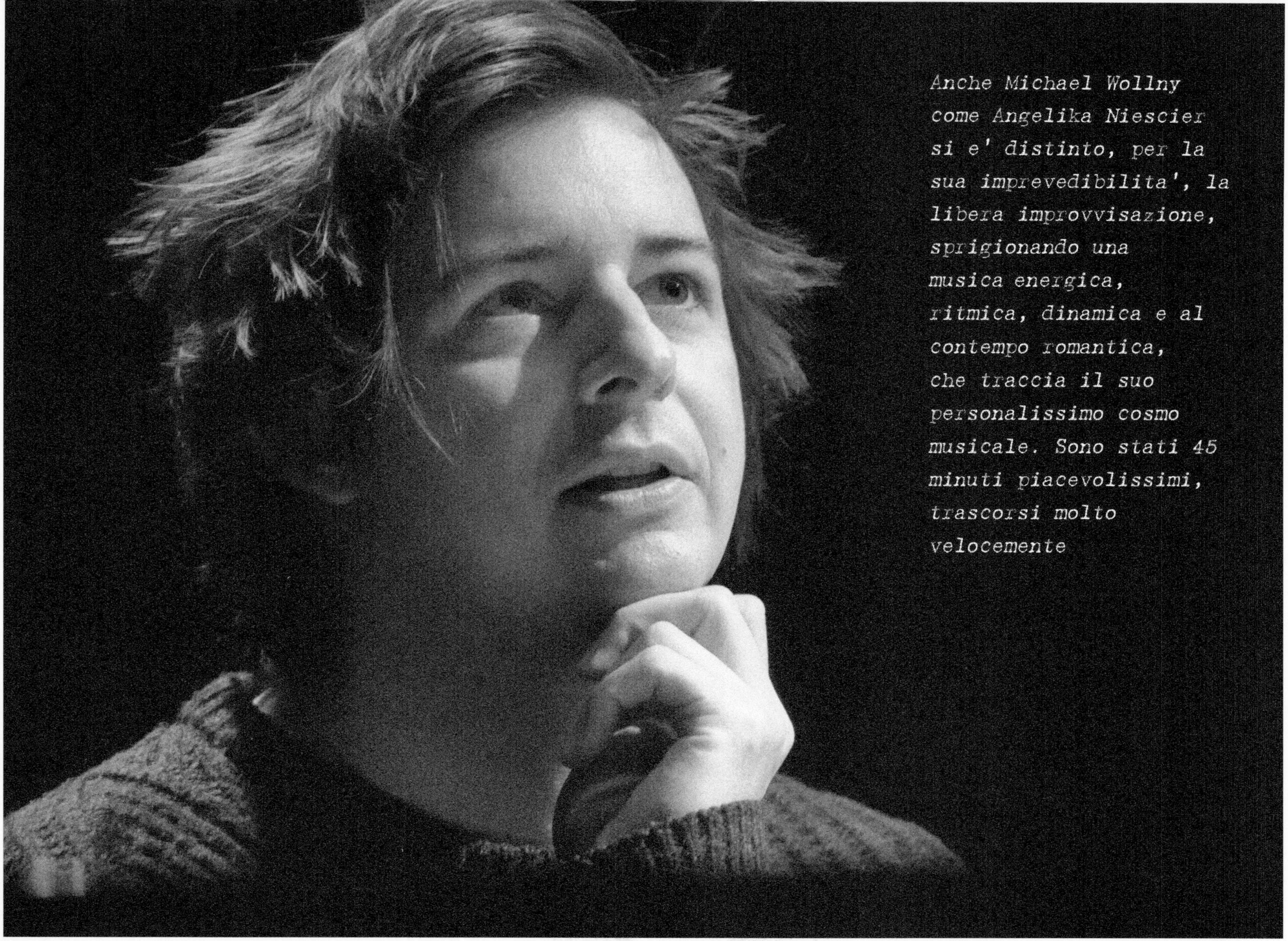
Anche Michael Wollny
come Angelika Niescier
si e' distinto, per la
sua imprevedibilita', la
libera improvvisazione,
sprigionando una
musica energica,
ritmica, dinamica e al
contempo romantica,
che traccia il suo
personalissimo cosmo
musicale. Sono stati 45
minuti piacevolissimi,
trascorsi molto
velocemente

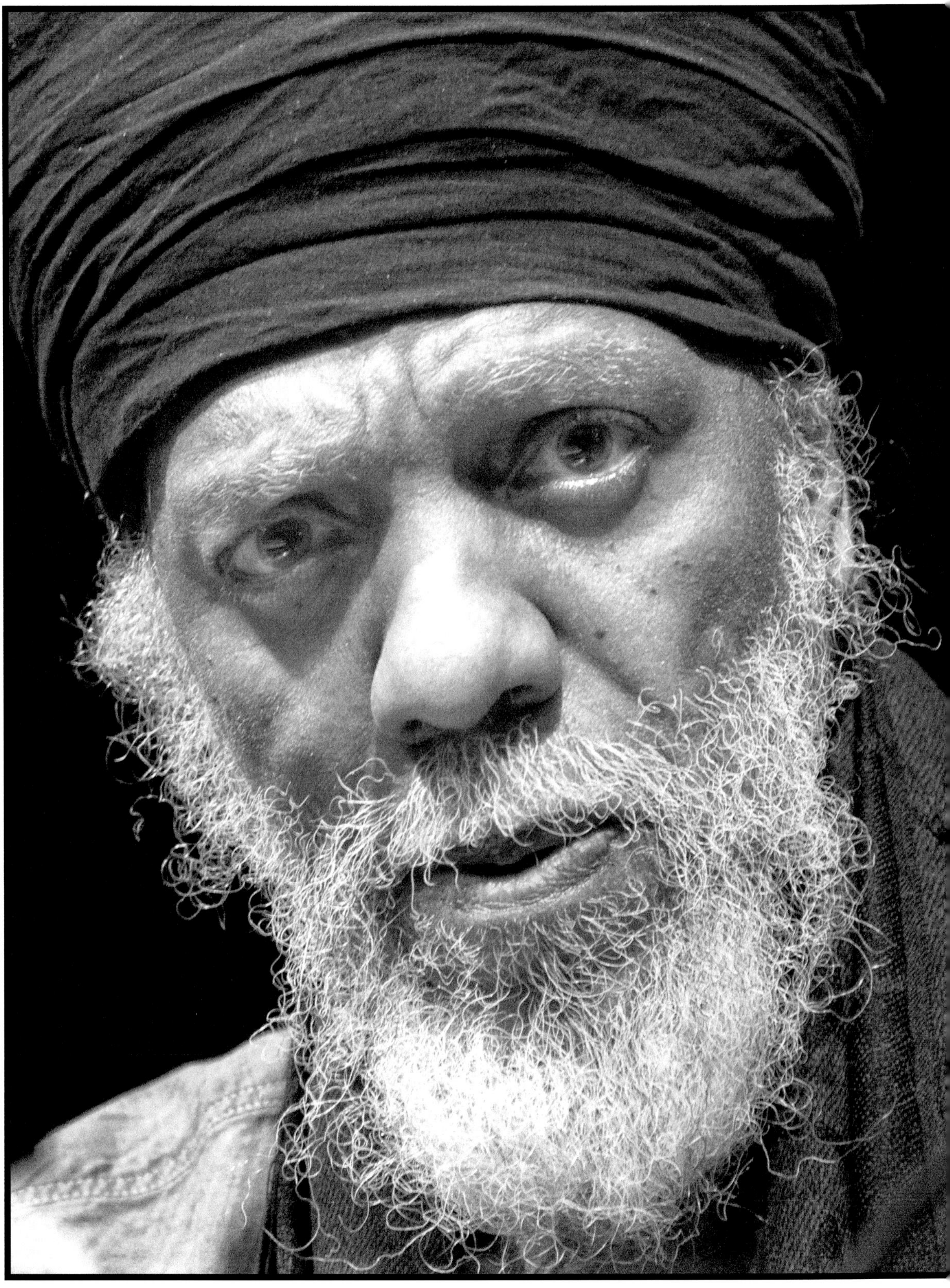

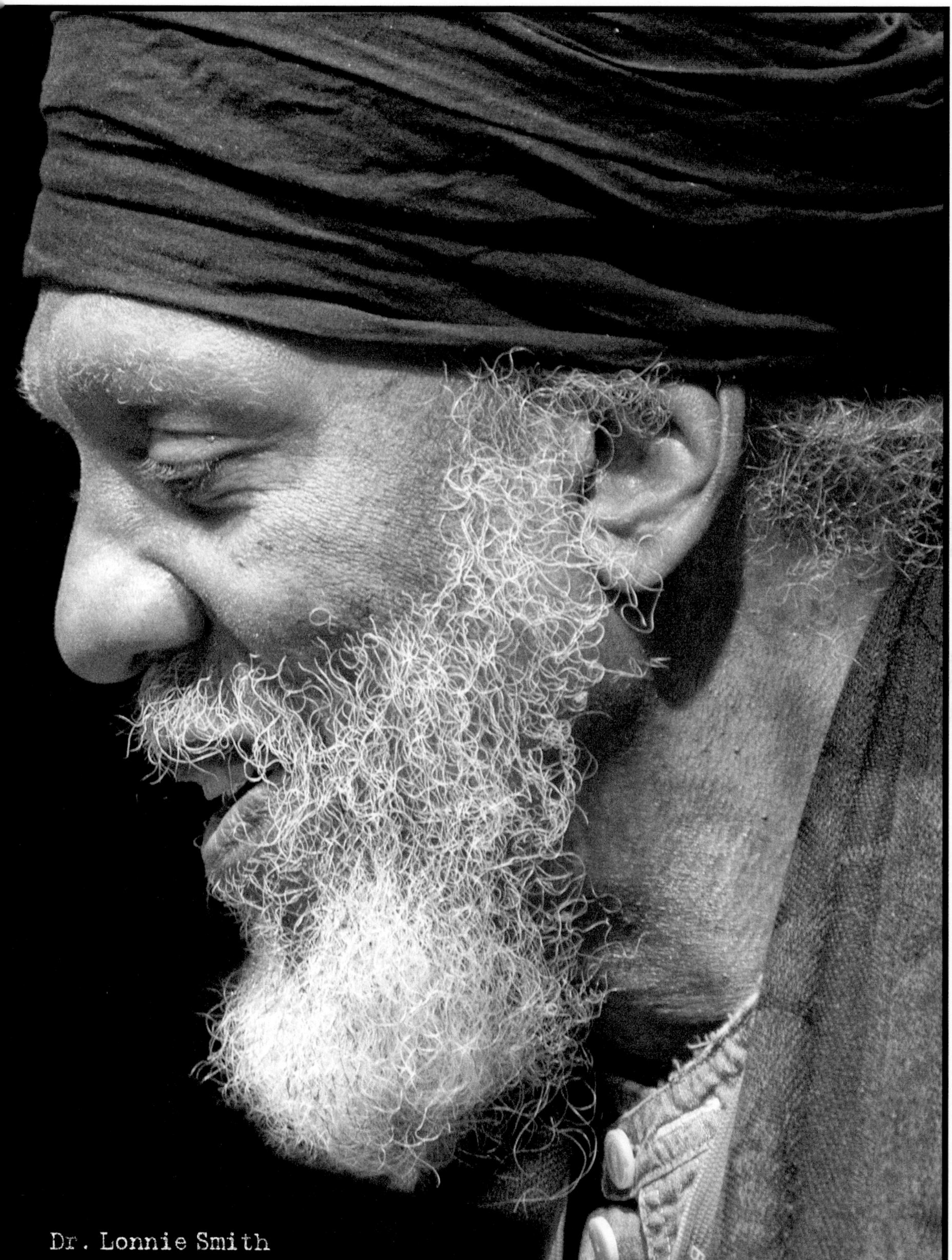

Dr. Lonnie Smith

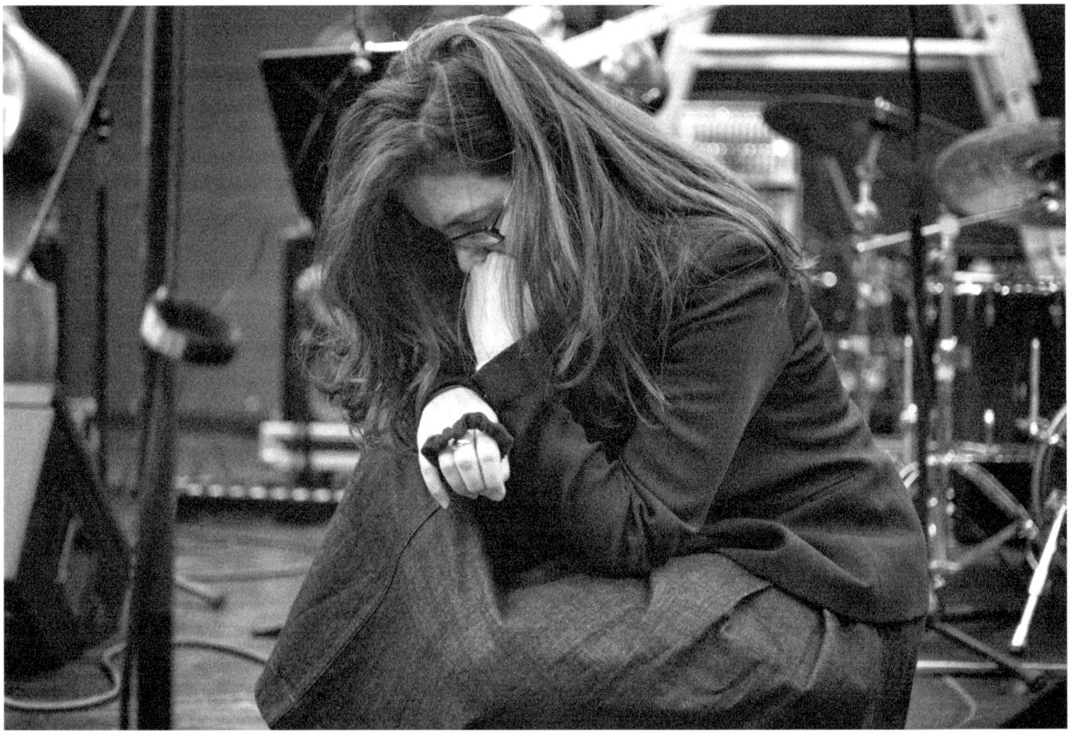

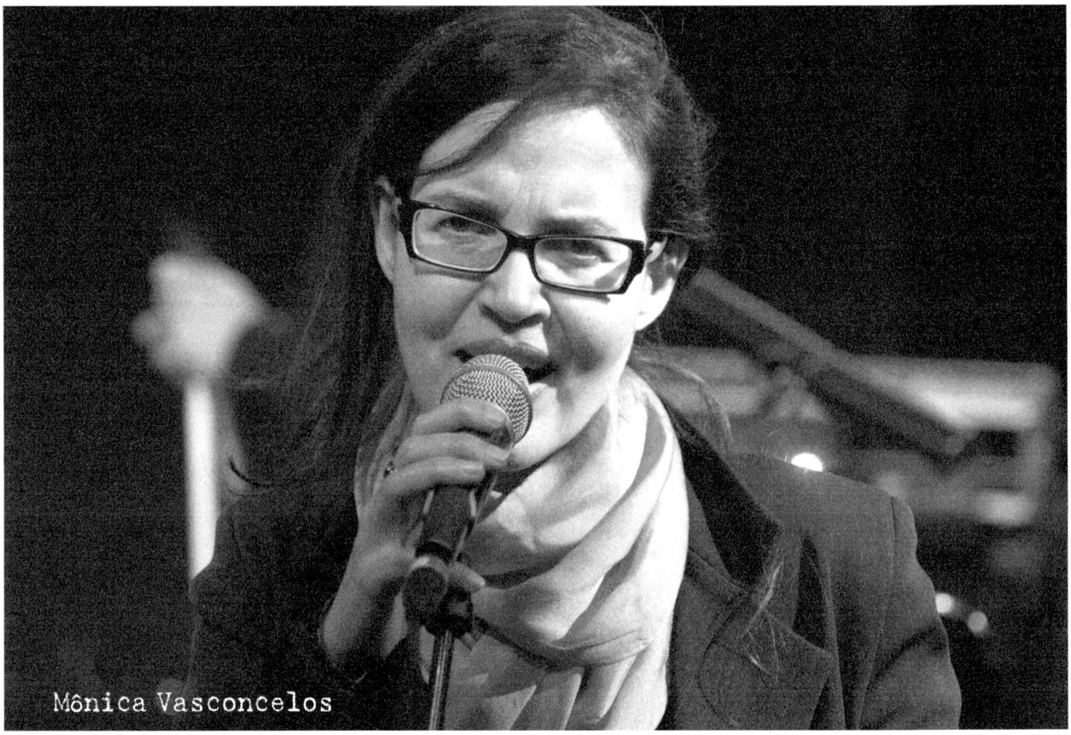
Mônica Vasconcelos

di musica che ama tutti i tipi di musica con background e culture differenti (...) Consiglio di non aspettarvi ai miei concerti semplicemente dello swing e del jazz nel senso piu' stretto della parola (...) la mia filosofia e' di non avere discriminazioni di stili... (7)

Al termine, dopo una breve pausa, vi e' stato il concerto *NDR Bigband: Geir Lysne's Abstracts from Norway*. La *NDR Bigband*, dal mio punto di vista, e' una meravigliosa grande orchestra, composta da 17 musicisti fissi con sede ad Amburgo. NDR, abbreviazione di *Norddeutsche Rundfunk*, e' l'emittente radiotelevisiva pubblica degli stati federali del nord della Germania.

Geir Lysne e' il neo direttore dell'orchestra (dal 2017) e musicista polivalente - sassofonista, compositore, arrangiatore e direttore - che nel 2013, insieme al pianista italiano Stefano Bollani, ha ricevuto il riconoscimento tedesco *ECHO*. Il concerto, un lavoro in anteprima, e' una conferma dell'internazionalita' del festival berlinese, grazie al quale il pubblico puo' conoscere la situazione del jazz nei differenti Paesi del mondo. L'esibizione infatti ha mostrato il grande contributo apportato al jazz in Norvegia, una nazione a bassa densita' di popolazione; piccola ma importante.

La serata del 2 novembre si e' "conclusa in bellezza", per utilizzare il linguaggio parlato, presso la *Seitenbühne* dei *Berliner Festspiele*. Il concerto di *Mônica Vasconcelos* e della sua band, uno dei miei favoriti, ha mescolato musiche con immagini d'epoca molto belle e dal valore storico importante. Nativa di San Paolo, vive da oltre un decennio nel Regno Unito, dove lavora come redattrice e moderatrice per la BBC, producendo trasmissioni radiofoniche sulla storia della Bossa Nova e sulla vita in Brasile durante la dittatura militare dal 1964 al 1985. Ha registrato finora 7 album. Tra le sue collaborazioni da citare sono quelle con Robert Wyatt, Gilberto Gil, Flora Purim, Bryan Ferry, Airto Moreira. Le canzoni del concerto si sono rifatte al *São Paulo Tapes*, album che contiene testi che descrivono i 21 anni di repressioni durante il regime e di grandi cantautori come Caetano Veloso, João Bosco, Ivan Lins e Chico Buarque. Anche nel gruppo di Vasconcelos vi era un'artista che aveva gia' partecipato al Festival ossia il pianista Steve Lodder (edizione 2015). Di questo bellissimo ed interessante concerto vorrei inoltre segnalare la partecipazione straordinaria di *Ingrid Laubrock* (soprano, sassofono tenore), che aveva suonato nel 2016 insieme alla chitarrista Mary Halvorson sempre nella *Seitenbühne*. Ingrid Laubrock, tedesca, classe 1970, ha all'attivo molte incisioni. Ha accumulato molte esperienze all'estero, vivendo 19 anni a Londra e successivamente a Brooklyn. Ha ricevuto numerosi riconoscimenti, tra cui il *BBC Jazz Award for Innovation* e il *SWR-Jazzpreis*.

Il concerto di Mônica Vasconcelos e Ingrid Laubrock e' stato importante perche' ha sottolineato ancora una volta l'importanza delle donne nello sviluppo futuro del mondo jazzistico. La loro esibizione ha preceduto la premiazione di Angelika Niescier, un'altra donna e aggiungerei una grande virtuosa dell'improvvisazione:

La voce femminile nel jazz e' mutata significativamente nel corso degli anni (...) "Cio' che e' cambiato e' il ruolo delle donne nella societa'; i ruoli di genere e gli stereotipi. Sono alla ricerca di canzoni con le quali posso raccontare le mie storie. E vi sono anche temi naturalmente che accompagnano le persone da secoli", afferma Lucia Cadotsch. Detti mutamenti hanno fatto si' anche, ad esempio, che una dichiarata musicista jazz lesbica come la batterista, compositrice e produttrice Terri Lyne Carrington sia stata in grado di registrare un album ben riuscito con sole donne nel 2015 intitolato "The

Mosaic Project: Love And Soul" (...) Mai prima d'ora temi come la giustizia sociale, i diritti delle donne e di genere, la politica dei rifugiati, l'imprigionamento di massa o le questioni ambientali sono stati cosi' fortemente riflessi nella musica attuale, specialmente nel jazz. Piu' che mai, i cantanti sono chiamati a prendere posizione ed esprimersi... (8)

La giornata di venerdi' 3 novembre e' iniziata con un altro grande concerto, probabilmente il mio preferito in assoluto, quello di *Angelika Niescier*, in occasione della consegna del premio *Albert-Mangelsdorff-Preis*: un importante riconoscimento assegnato ogni due anni a personalita' "che con eccezionali risultati musicali giocano un ruolo significativo nello sviluppo del jazz in Germania". Niescier, nata il 1970 a Stettino, in Polonia, si e' trasferita in Germania nel 1981. Nel 2000 ha fondato il suo primo gruppo (quartetto) denominato *Angelika Niescier-sublim*. Ha suonato insieme a musicisti di rilievo come Joachim Kühn, uno dei piu' importanti pianisti jazz tedeschi. E' fondatrice della *German Women Jazz Orchestra* (Orchestra di donne tedesche del jazz); collabora volentieri con scrittori e artisti visuali. Ha ricevuto numerosi premi. Angelika Niescier suona il sassofono contralto con molta energia e passione. I suoi brani sono melodiosi. Durante il concerto sono rimasto estremamente colpito dalla capacita' di liberta' di improvvisazione - dote molto difficile da riscontrare nei giovani musicisti - da cui scaturisce una voce femminile spontanea, autentica e piena di energia, che si propaga sul palcoscenico e coinvolge infine gli spettatori.

Al termine, dopo una breve pausa, vi e' stato il concerto del pianista *Michael Wollny*, descritto dagli organizzatori come "uno degli artisti di punta del jazz europeo contemporaneo", che in effetti e' solito esibirsi con numerosi artisti del

Tyshawn Sorey

Blue...

Il concerto di apertura presso la sala principale dei *Berliner Festspiele* si e' tenuto giovedi' 2 novembre con il *Trio di Tyshawn Sorey*. Tyshawn Sorey e' il primo ad essere stato invitato come "artist in residence" (artista in residenza) nei 54 anni della storia del Jazzfest.

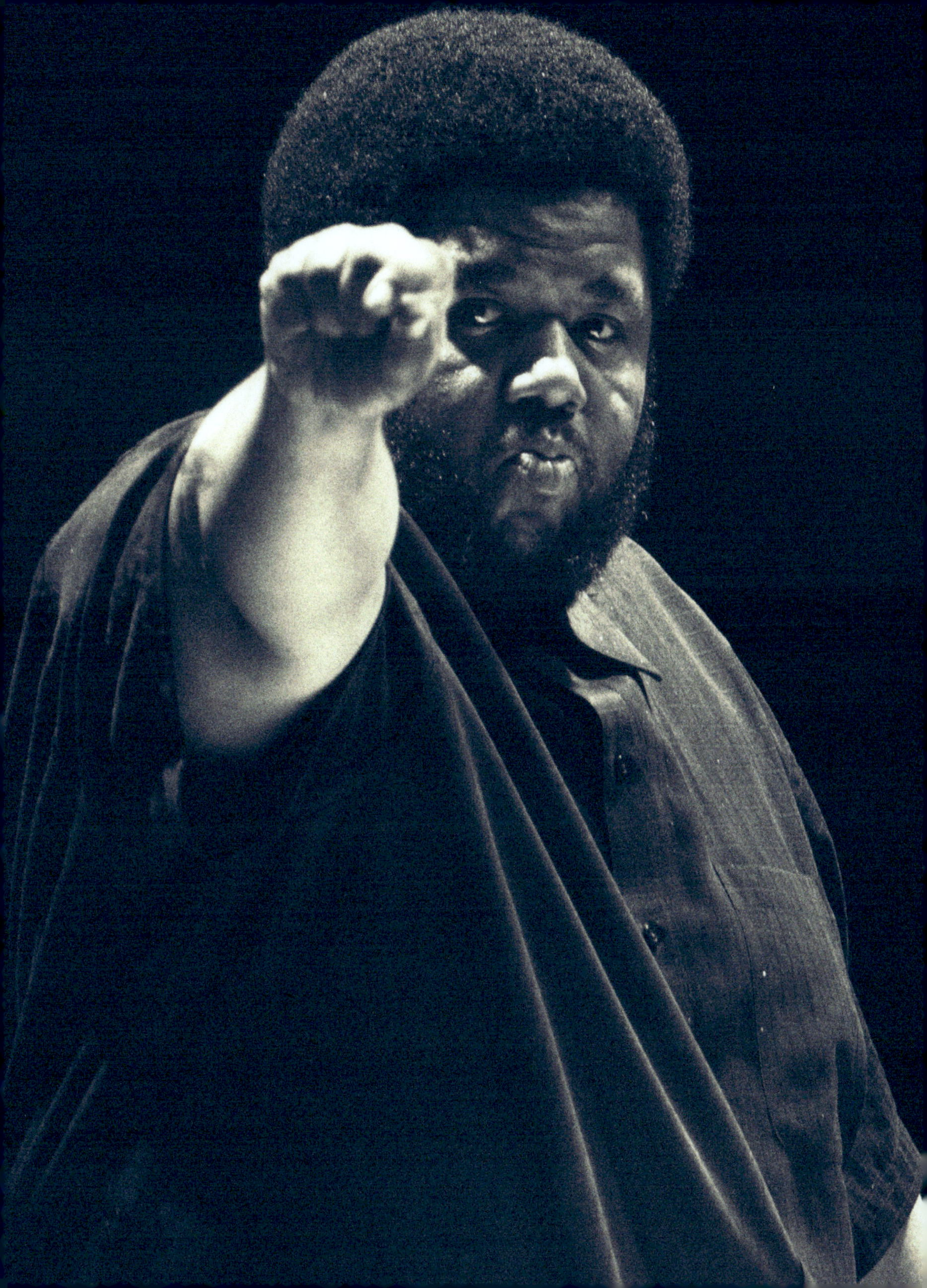

vecchio continente: tra i tanti cito il fisarmonicista francese Vincent Peirani, presente alle edizioni 2014 e 2015 del festival. Il quotidiano *Süddeutsche Zeitung* lo ha definito "l'unico jazzista tedesco con il fascino di una star internazionale". Wollny, nato il 1978 a Schweinfurt, ha seguito una formazione classica - ha studiato anche violino - presso il Conservatorio *Hermann-Zilcher*, prima di divenire un pluripremiato musicista jazz. Da citare sono: *Bayerischen Kunstförderpreis* (2005), *Choc de l'année* (2006), *SWR-Jazzpreis* (2008) e *ECHO Jazz* (2010). Molti di questi riconoscimenti li ha ricevuti insieme al sassofonista Heinz Sauer (85 anni), considerato un'icona nel panorama jazz tedesco, con il quale collabora da tantissimi anni. Anche Michael Wollny come Angelika Niescier si e' distinto, per la sua imprevedibilita', la libera improvvisazione, sprigionando una musica energica, ritmica, dinamica e al contempo romantica, che traccia il suo personalissimo cosmo musicale. Sono stati 45 minuti piacevolissimi, trascorsi velocemente. Molto bello e' stato anche l'ultimo concerto della serata, quello del trombettista *Ambrose Akinmusire*, esibitosi a Berlino gia' nel 2015. Per l'occasione ha realizzato un pezzo, scritto appositamente per il Jazzfest.

La composizione e' molto particolare: essa e' stata ispirata da quattro canzoni di Mattie Mae Thomas, una donna di cui si sa solo che e' stata rinchiusa nella prigione di stato del Mississippi dal 1936 al 1939, dove la maggioranza dei detenuti sono gente di colore. Precisamente nel carcere femminile del cosiddetto territorio di *Parchman Farm*. Qui Mattie Mae ha scritto quattro canzoni: il suo pezzo "Dangerous Blues" ha risvegliato i ricordi d'infanzia di Ambrose Akinmusire, la cui nonna proveniva proprio dal Mississippi. Il trombettista ha dischiarato:

Dal momento che non mi e' stato permesso di condurre

interviste con gli attuali detenuti di Parchman Farm, ho chiesto ai miei parenti. Ed ho notato che le condizioni odierne non sono affatto diverse rispetto al passato, almeno non in Mississippi. Dalla fine della segregazione, il tempo si e' fermato in alcune parti dello stato. Il razzismo e' onnipresente.

Ambrose Akinmusire si e' esibito con il suo sestetto, formato da: Dean Bowman (voce), Gerald Clayton (piano), Marvin Sewell (chitarra), Joe Sanders (contrabbasso), Kendrick Scott (batteria). Nato il 1982 a Oakland, citta' californiana, Akinmusire ha debuttato sin da giovanissimo collaborando con sassofonisti di primo rilievo come Steve Coleman, Joe Henderson e Joshua Redman. Ha frequentato il *Thelonious Monk Institute of Jazz*, dove e' stato allievo di vere e proprie icone del jazz, tra cui Herbie Hancock e Wayne Shorter. Non e' dunque un caso se sia considerato uno dei piu' importanti musicisti jazz del 21simo secolo.

Sabato pomeriggio 4 novembre, presso la *Maison de France*, ho avuto l'onore di incontrare ed assistere al concerto del pianista francese *René Urtreger* in occasione dai sessanta anni del film *Ascensore per il patibolo* e della sua leggendaria colonna sonora composta da Miles Davis e interpretata dal suo quintetto composto da: Barney Wilen (sassofono), Pierre Michelot (bassista), Kenny Clarke (batteria) e appunto René Urtreger (pianoforte). Il film che in originale si intitola *Ascenseur pour l'échafaud* ha portato fortuna sia al suo regista Louis Malle sia ai musicisti. Per un'analisi piu' approfondita sull'argomento consiglio di leggere la mia intervista a Urtreger, il quale al termine del suo concerto ha raccontato al pubblico di quella sua memorabile esperienza con Miles Davis nella Parigi fine anni cinquanta.

Successivamente ho seguito il concerto del Trio di Dr. Lonnie Smith (organo Hammond), composto da Jonathan

Kreisberg (chitarra) e Xavier Breaker (batteria). Una curiosita': Smith non e' dottore bensi' "dottore" e' il suo nome d'arte affibbiatogli dai suoi musicisti colleghi per le sue capacita' virtuosistiche all'organo. Il direttore artistico Richard Williams ha spiegato cosi' il concerto del trio: "un festival di jazz senza organo Hammond e' come una salsiccia senza salsa al curry". Dr. Lonnie Smith, il cui segno distintivo sono barba bianca e turbante, fa parte della scena jazz che conta da cinquant'anni e della celeberrima casa discografica Blue Note. Fedele al suo detto "il Groove e' parte della mia vita" il 75cinquenne musicista ha tenuto un concerto che non potrebbe descriversi al meglio come "groove". Sempre sorridente, con il suo rinomato virtuosismo ha tramutato il suo organo in un'estensione della sua voce, del suo linguaggio: con esso ha comunicato come se stesse dialogando con il pubblico. Dr. Lonnie Smith e' nato il 1942 a Lackawanna, citta' dello Stato di New York. Ha iniziato a suonare giovanissimo prendendo lezioni di tromba.

Domenica 5 novembre ha visto l'esibizione delle sorelle *Ingrid & Christine Jensen*, che sono state definite nel flyer ufficiale del Jazzfest come "il piu' recente regalo del Canada al mondo del jazz, seguendo cosi' le orme di Gil Evans, Oscar Peterson, Paul Bley, Maynard Ferguson, Kenny Wheeler e Diana Krall". Con il concerto, insieme alla loro band e con il supporto del chitarrista Ben Monder, hanno introdotto il nuovo loro album intitolato *Infinitude*. Ingrid Jensen, trombettista, nata a Vancouver nel 1966, ha fatto parte dell'orchestra femminile *Diva* ed ha collaborato con numerosi musicisti, tra cui Dr. Lonnie Smith prima di unirsi a sua sorella. Dalla rivista *Down Beat Magazine* e' stata nominata tra i "25 piu' importanti musicisti di improvvisazione del futuro". Sua sorella minore Christine, sassofonista, e' nata nel 1970. Fino a 12 anni ha studiato pianoforte. Durante i suoi studi universitari ha iniziato anche a comporre. L'album di debutto con sua sorella intitolato *Vernal Fields* le ha fatto ottenere l'importante premio canadese *Juno Award*. Gli altri due componenti della band sono: Fraser Hollin (contrabbasso) e Jon Wikan (batteria).

Per concludere questo articolo, vorrei menzionare, che nello spirito di inclusione del festival, nonostante la *Brexit*, nel locale *A-Trane*, si sono organizzate tre serate intitolate *Berlin-London Conversations* (Conversazioni Berlino-Londra), durante le quali "i musicisti delle due citta' si sono incontrati per dimostrare che gli scambi di idee musicali tra di loro proseguira'".

NOTE

(1) Agnès Desarthe, Le Roi René, Odile Jacob, Parigi, 2016, pag. 139/140

(2) Articolo di Richard Williams e Thomas Oberender in: Flyer Jazzfest Berlin, Berliner Festspiele, Berlino, 2017, pag. 4

(3) S. Frederick Starr, RED AND HOT Jazz in Rußland 1917-1990, Robert Azderball Hannibal-Verlag, Wien, 1990, pag. 13

(4) Ibidem, pag. 17

(5) Dall'articolo "Improvising Across Worlds" di Amirtha Kidambi della rivista ufficiale, Berliner Festspiele, Berlino, 2017, pag. 15

(6) Frase dalla homepage di Steve Lehman: http://www.stevelehman.com/projects

(7) Dall'articolo "Tyshawn Sorey: A Portrait" di John Murph della rivista ufficiale, Berliner Festspiele, Berlino, 2017, pag. 5

(8) Dall'articolo "Die weibliche Stimme im Jazz - zwischen Tradition und Moderne)" di Matthias Kirch della rivista ufficiale, Berliner Festspiele, Berlino, 2017, pag. 17-18

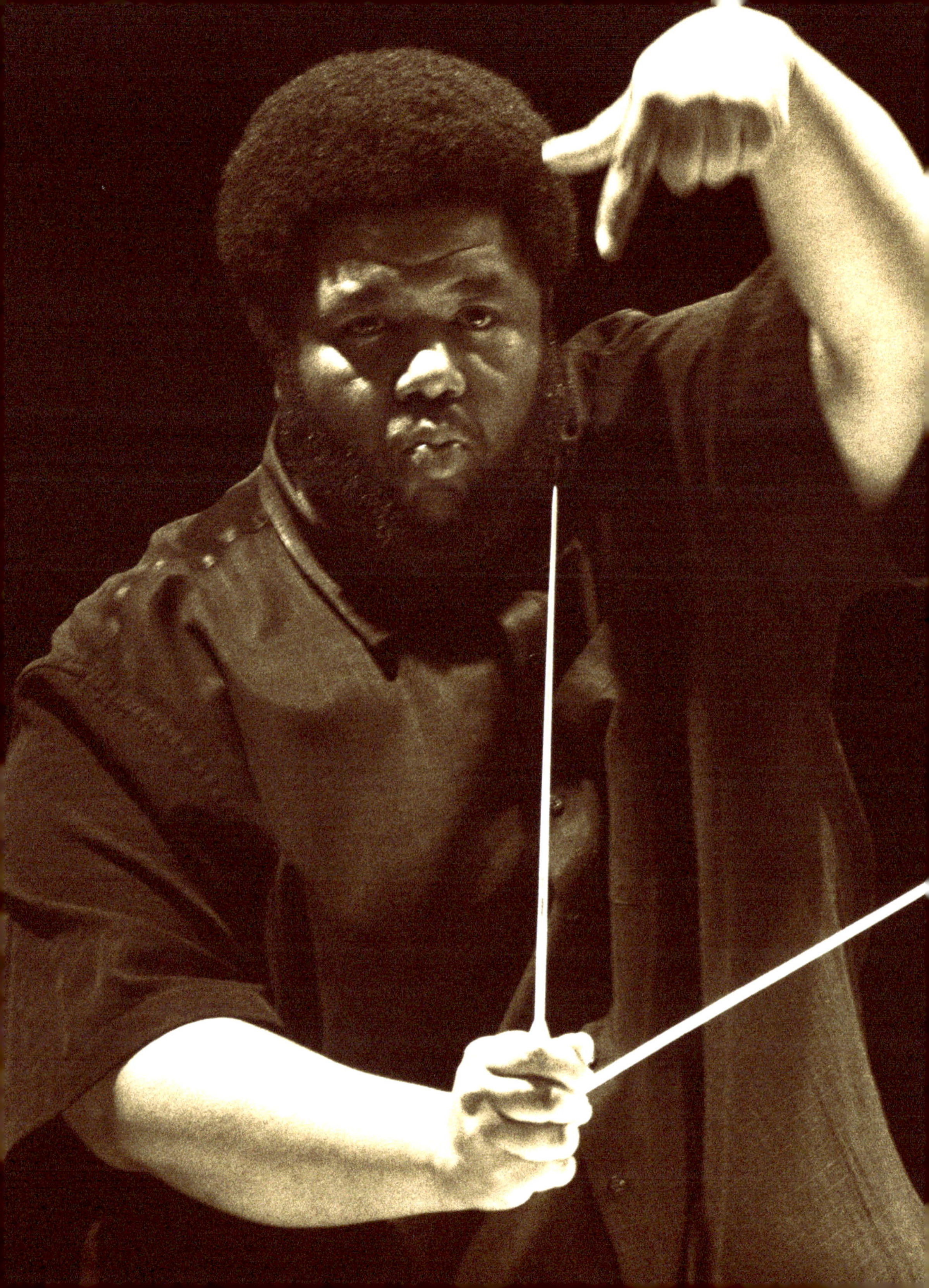

Tyshawn Sorey

Red...

Tyshawn Sorey con le sue composizioni rispecchia lo stato d'animo dei musicisti - "il punto e' come la musica faccia sentire i musicisti", ha dichiarato. La sua musica e' anche espressione di un jazz, che esso stesso sta subendo mutamenti epocali, di una musica divenuta essa stessa inclusiva, che si lascia influenzare da stili differenti...

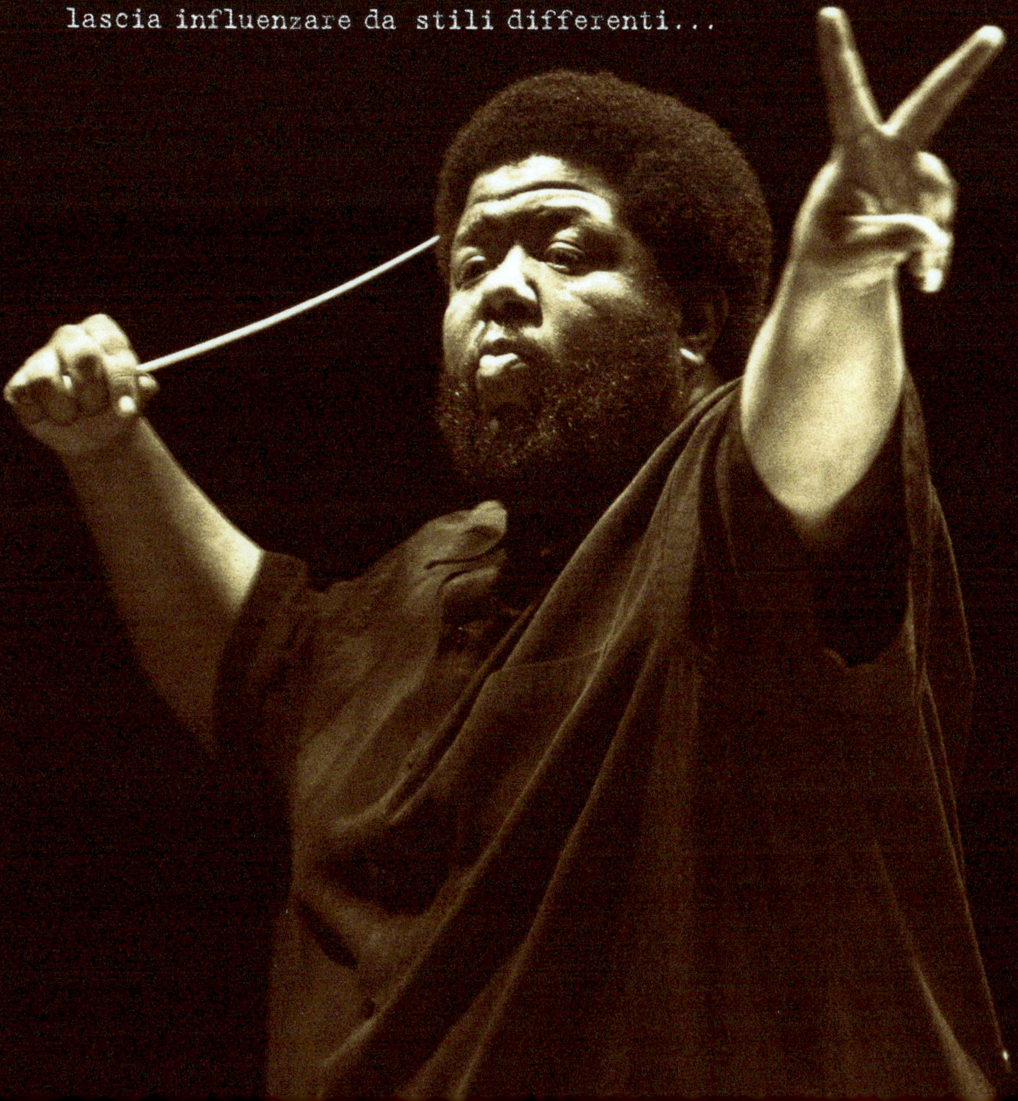

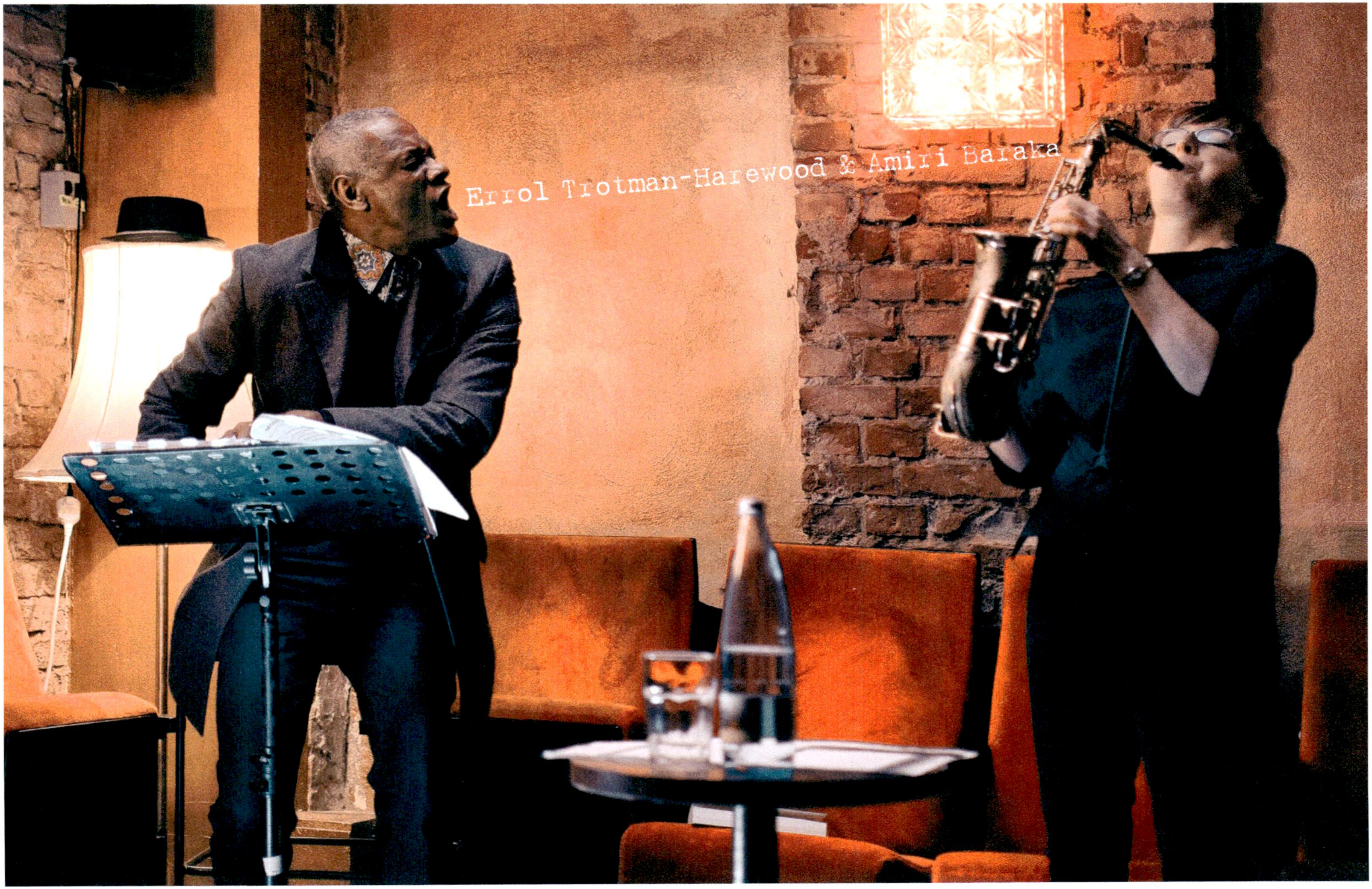
Errol Trotman-Harewood & Amiri Baraka

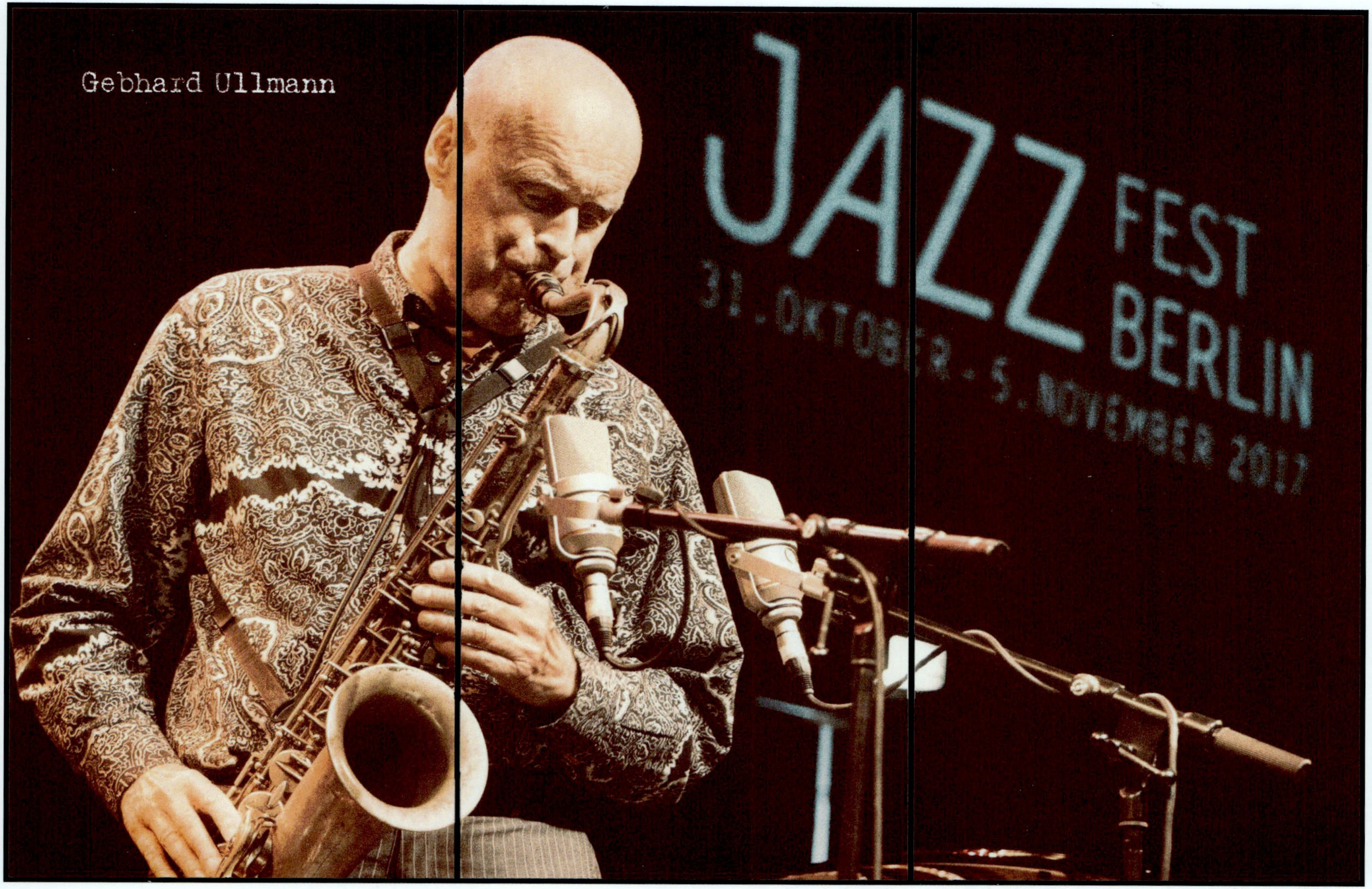

Gebhard Ullmann

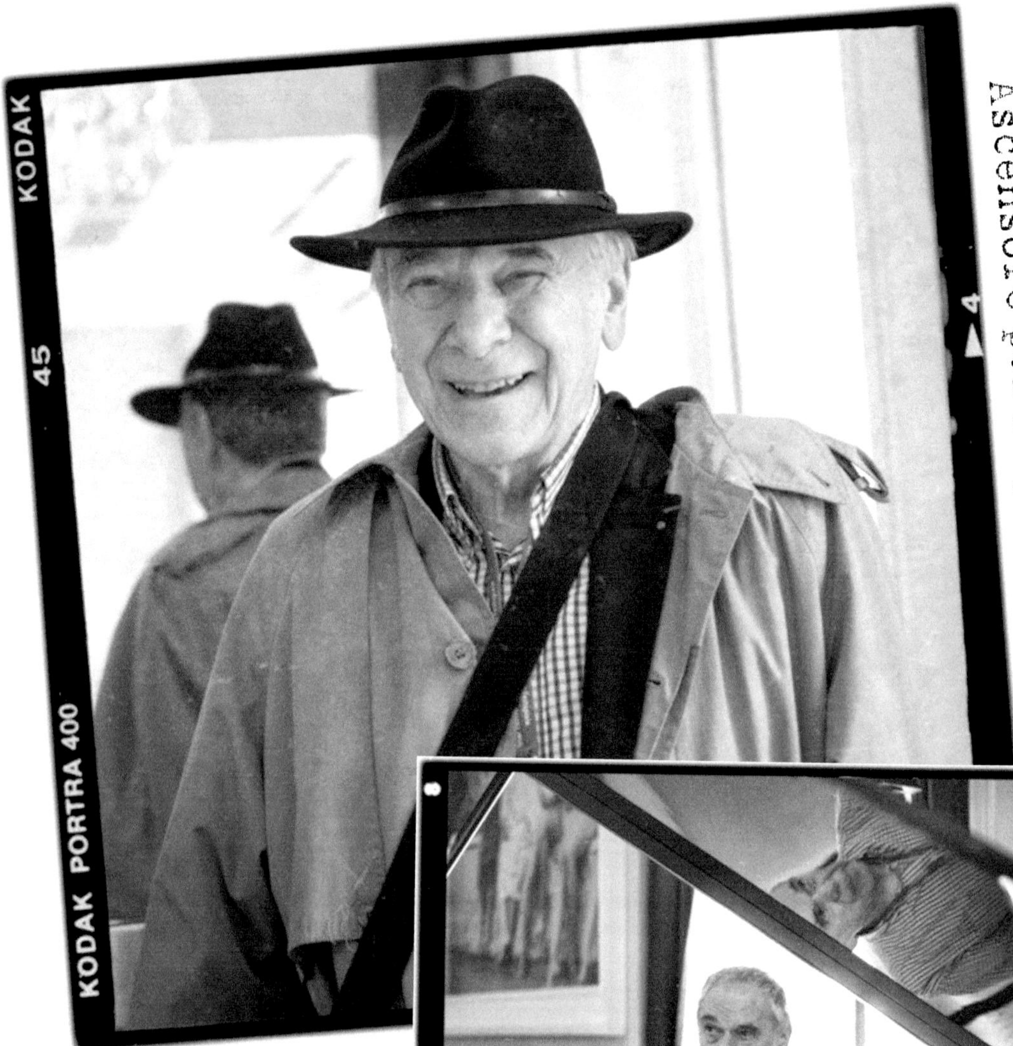

Ascensore per il patibolo

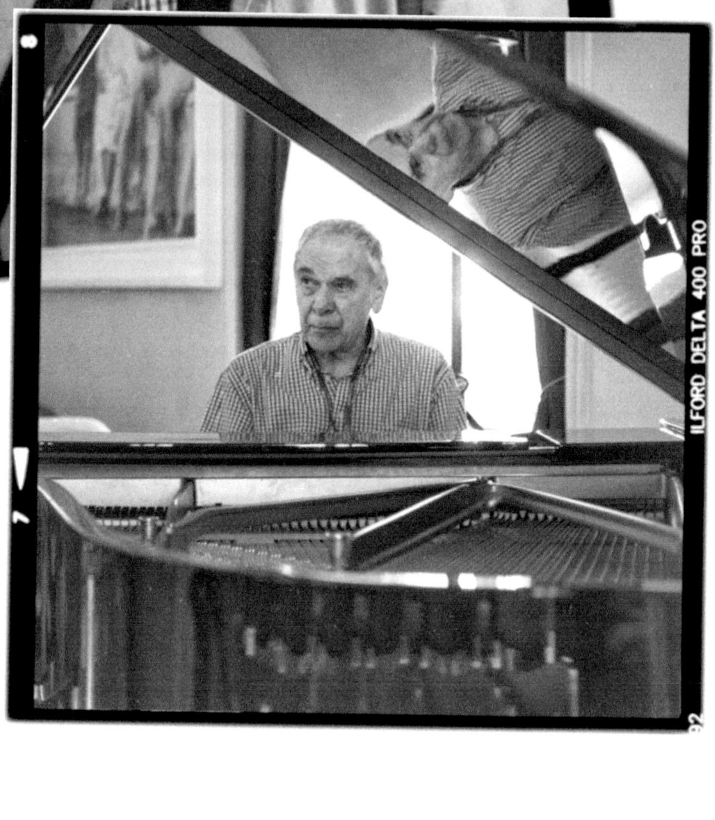

Parigi anni '50

Miles Davis

Jazz

Intervista a
RENÉ URTREGER

30.11.2017

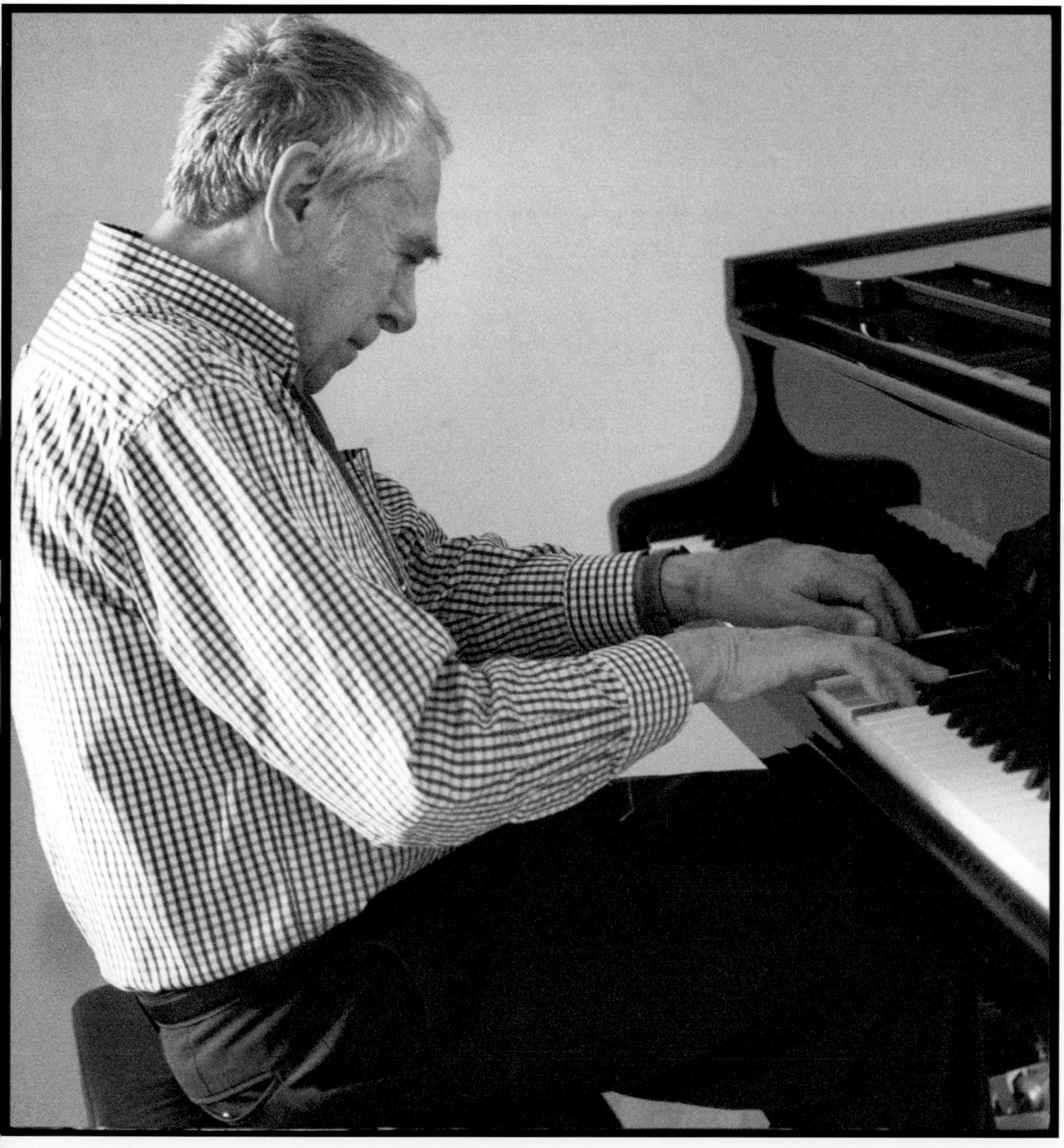

Durante l'edizione del 2017 del *Jazzfest Berlin*, presso la Maison de France, si e' tenuto il concerto del pianista René Urtreger in occasione del sessantesimo anniversario del celeberrimo film *Ascensore per il patibolo* e dell'altrettanto celeberrima colonna sonora del quintetto guidato da Miles Davis. La band era formata da: Miles Davis (tromba), René Urtreger (pianoforte), Barney Wilen (sassofono tenore), Pierre Michelot (contrabbasso) e Kenny Clarke (batteria). René Urtreger, unico del gruppo ancora in vita, 83nne, e' stato invitato per parlare anche dei suoi ricordi di quella leggendaria registrazione a termine della sua esibizione. Nato il 6 luglio 1934 a Parigi, e' un'istituzione del mondo jazzistico francese.

La scrittrice Agnès Desarthe ha pubblicato la sua biografia con il titolo *Le Roi René* ossia "Il re René". Conosciuto come pianista bebop ha suonato con i piu' grandi jazzisti americani dell'epoca: il gia' citato Miles Davis, Lester Young, Chet Baker, Stan Getz, Dexter Gordon, Sonny Rollins, Lionel Hampton, etc. Nel 1955 ha pubblicato il suo primo album *René Urtreger Plays Bud Powell*, dedicandolo ad una figura chiave del bebop: al grande pianista Bud Powell come suggerisce il titolo. Nel 1961 Urtreger ha ricevuto il *Prix Django Reinhardt*, il piu' prestigioso riconoscimento jazz francese. Prima del suo concerto, mi ha concesso un'interessante intervista presso un hotel nel centro di Berlino.

INTERVISTA

Signor Urtreger, come descriverebbe a parole sue il Jazz?

Il jazz e' un tipo di musica molto specifico. E' come un idioma. Tutti i jazzisti - anche se suonano con stili differenti e appartengono a generazioni differenti, vecchi

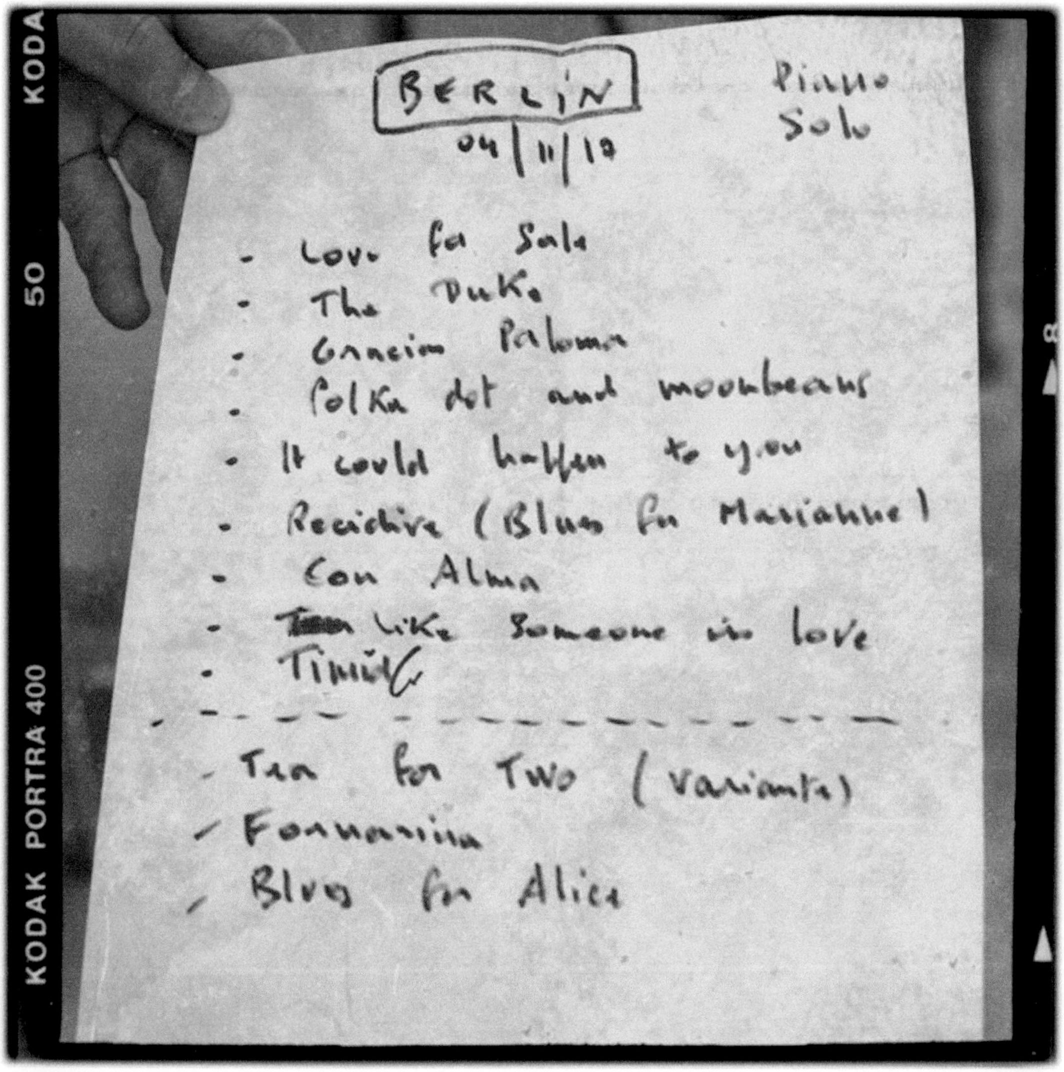

e giovani - utilizzano lo stesso linguaggio; hanno basi in comune nelle quali vi si riconoscono. Con il tempo il modo di intendere il jazz e' mutato moltissimo: originariamente vi era un'interazione tra i musicisti ed il pubblico. Si era uniti. Si suonava per gli amici. Oggigiorno la situazione e' cambiata in modo radicale perche' il jazz e' progredito: tutti sono diventati dei virtuosi, delle persone dal carattere serioso. I concerti di jazz si svolgono come quelli di musica classica. Ad esempio, i pianisti suonano in ambienti confortevoli con un pubblico seduto in modo disciplinato, immerso nell'ascolto. Se qualcuno applaude al momento sbagliato, viene immediatamente zittito. Questo e' cio' che io rimpiango: Quando ho iniziato la mia carriera, il mondo del jazz era come quello del pop. Gli ascoltatori erano parte dello spettacolo. Mi piaceva tantissimo quando le persone ballavano mentre suonavo. Sempre un paragone con la musica classica: quando si suona musica classica, si esegue una composizione di un altro. Nel jazz, invece, si suonano le note scritte e al contempo s'improvvisa. I musicisti rischiano, si mettono in gioco; si e' al contempo interprete e compositore, ovvero si e' un compositore istantaneo. Oggigiorno i giovani jazzisti tendono a suonare in modo irreprensibile senza il minimo rischio proprio alla maniera dei musicisti classici. Il jazz si suona con il cervello, il cuore e i testicoli.

Com'era la Parigi degli anni '50?

Ho avuto la fortuna di vivere nella Parigi degli anni '50 da ventenne. E' stata un'epoca eccitante e influenzata dallo stile di vita americano. Lusso, musica, cinema, auto, etc., entrarono di colpo a far parte dei nostri costumi. Il mio amore per il jazz e' nato grazie ai miei cognati, che mi facevano ascoltare i loro dischi e mi portavano al cinema con loro. Quel jazz proveniente dagli Stati Uniti e i loro grandi artisti - Chet Baker, Miles Davis, Lester Young - mi sono entrati nel sangue. Essi erano il top. La stessa florida scena jazz parigina si sarebbe potuta sviluppare in tutte le capitali, in tutte le grandi citta' europee. Si sarebbe potuta sviluppare a Londra, ma li' vi erano i sindacati, che rendevano difficile l'esibizione dei musicisti americani: essi pretendevano in cambio l'ingaggio di band britanniche le quali all'epoca non erano all'altezza di giganti come Duke Ellington o Louis Armstrong. Cosi' Parigi e' divenuta il centro di ritrovo non solo dei jazzisti americani ma di tutta Europa; Italia, Germania, Svezia, etc. E' stato un periodo dorato per Parigi. Ricordo ancora alla fine degli anni '50 quando si entrava nei club del quartiere di Saint-Germain-des-Prés ad ascoltare jam session improvvisate, con icone americane che si mescolavano ai musicisti europei. Io, al termine del servizio militare nel 1957, ho suonato spesso nel famoso locale *Club Saint-Germain*, situato sulla riva destra della Senna. Vi erano numerosi concerti in altrettanto numerosi locali come *Pleyel* e *Alhambra*, dove si potevano incontrare artisti del calibro di Ella Fitzgerald, Dizzy Gillespie, Stan Kenton. In quel periodo e' stato inaugurato un nuovo posto chiamato *Blue Note*, che aveva come ospiti regolari Marlene Dietrich e Yves Montand. Nel 1959 l'editore Maurice Girodias ha inaugurato *La Grande Séverine* uno stabilimento con locali differenti al numero 7 di Rue Saint-Séverin: al primo piano vi era *Le Blues-Bar*, un locale di jazz gestito dall'attrice americana Mae Mercer, dove si sono esibiti grandissimi musicisti come Chet Baker. Cosi' Parigi e' divenuta la capitale del jazz. I grandi jazzisti americani si erano trasferiti nel vecchio continente, perche' preferivano il nostro modo di vivere. Poi erano lusingati dal fatto che in Europa venivano accolti come delle vere e proprie star, dei geni, a differenza del loro Paese di origine. Si ritrovavano di fronte ad un pubblico eccitato e caloroso, che non provava disprezzo per gli uomini di colore e che non li discriminava come negli Stati Uniti. Il jazz era stato ben recepito ed era entrato a far parte del vocabolario dei Paesi europei. Trascorrevamo delle serate spensierate e all'insegna del divertimento. Realmente un periodo interessante. Io giravo spesso da un locale all'altro situati nelle "caves" (cantine), perche' inaugurate durante il conflitto mondiale. Si era piu' al riparo negli scantinati nel caso ci fosse stato un attacco aereo. Nel dopoguerra tutti questi club - *The Three Mailletz*, *La Huchette*, *Club Saint-Germain*, etc. - non si sono trasferiti in altri locali. Ecco perche' la tradizione delle "cantine di jazz" a Parigi.

Un aneddoto divertente di questo periodo?

Ce ne sono tantissimi... Quando ho iniziato a suonare con delle vere e proprie icone come Miles Davis non mi lasciavo impressionare, perche' sapevo gia' di chi si trattasse. Differente invece era la situazione quando incontravo dei grandissimi musicisti ancora sconosciuti. Una sera al Blue Note ci ha raggiunti Lionel Hampton con tre ragazzi della sua orchestra di cui non si sapeva nemmeno che esistessero. Apparivano talmente giovani da sembrare degli scolari. Io ero intento a suonare insieme a Jimmy Gourley, Kenny Clarke e a Jimmy Woode. Nella sala vi era una sola tromba. Il primo ci chiese se avesse potuto suonare. Kenny Clarke rispose: "naturalmente". Appena inizio' ci guardammo esterrefatti. Il suo nome era Art Farmer. Poi fu il turno del secondo sconosciuto il cui nome era Quincy Jones ed infine il terzo: bum! Clifford Brown! Stavamo suonando con dei ragazzi che sarebbero divenuti a breve famosi. Siamo rimasti stupiti. Per noi e' stato come uno shock, un brillante, magnifico shock!

Lei e' considerato un pianista Bebop. Crede che vi sia un legame tra il Bebop e gli scrittori della Beat Generation?

Non credo che vi siano molti legami tra musica e letteratura. Naturalmente vi sono stati giovani artisti, creatori, poeti dello stesso periodo, ad esempio Jack Kerouac divenuto famoso per il suo libro "Sulla strada". Forse ci potrebbero essere punti d'unione tra il jazz e la letteratura, ma non sono sufficientemente istruito per rilevarne alcuni. Il Bebop e' un fenomeno nato alla fine degli anni '30, che ha stravolto tutto, dall'armonia al ritmo, grazie a personalita' come Charlie Parker e Dizzy Gillespie. Essi soppiantarono lo Swing, che era durato fin troppo. Ogni tipo d'arte deve progredire. Alcune volte i cambiamenti non sono positivi ma si arriva sempre ad un punto che la rottura con il passato si rende necessaria ed e' inevitabile.

Lei ha suonato con Miles Davis, una leggenda del jazz. Che ricordi ha?

A proposito di aneddoti: durante un concerto al locale Pleyel, Miles Davis noto' una donna molto bella alla quale chiese immediatamente chi fosse. Lei rispose: "sono la sorella del pianista", facendo segno verso di me. Inizio'cosi' una relazione con mia sorella, di cui non si sa molto, perche' lei non era famosa come Juliette Gréco, l'altra sua amante. Tra me e Davis vi e' stata una profonda e sincera amicizia oltre alla fruttuosa collaborazione professionale, concretizzatasi in concerti e in dischi. Miles era uno dei miei eroi: una persona intelligente, brillante e calorosa. Musicalmente era in permanente evoluzione. Tra il 1949 ed il 1950 insieme al geniale pianista e compositore Gil Evans ha registrato *Birth of Cool*, che diventera' leggendario dopo il 1957, l'anno di pubblicazione. Continuando il suo periodo evolutivo nel 1959 dara' vita a *Kind of Blue*, che personalmente e' il disco che io mi porterei su un'isola deserta se dovessi fare una scelta. *Kind of Blue* e' l'espressione di un jazz piu' astratto che si basa piu' su un colore che su una tonalita'. Miles voleva diventare anche una star popolare ai livelli di Michael Jackson. Era un musicista fantastico e completo. Tale carriera era pero' difficilissima da raggiungere con un percorso incentrato esclusivamente sul jazz.

Quali sono i suoi ricordi sulla realizzazione della colonna sonora del film Ascensore per il patibolo?

E' stata un tipo di esperienza assolutamente nuova perche' eravamo neofiti in campo cinematografico. Il regista Louis Malle era quello che in Francia definiamo un *figlio di papa'*: apparteneva ad una famiglia di nobili origini, che aveva fatto fortuna durante il periodo napoleonico con il commercio dello zucchero. Era pero' un grande artista, che ha girato film bellissimi. Noi musicisti ci siamo ritrovati una sera presso la Poste parisien ed abbiamo improvvisato sulle scene del film che venivano proiettate. Questo progetto mi ha portato la gloria. E' un progetto importante, i cui ricordi, pero', personalmente non sono tutti cosi' belli, perche' non vi e' molto pianoforte ed io ho trascorso molta parte del tempo sulle scale.

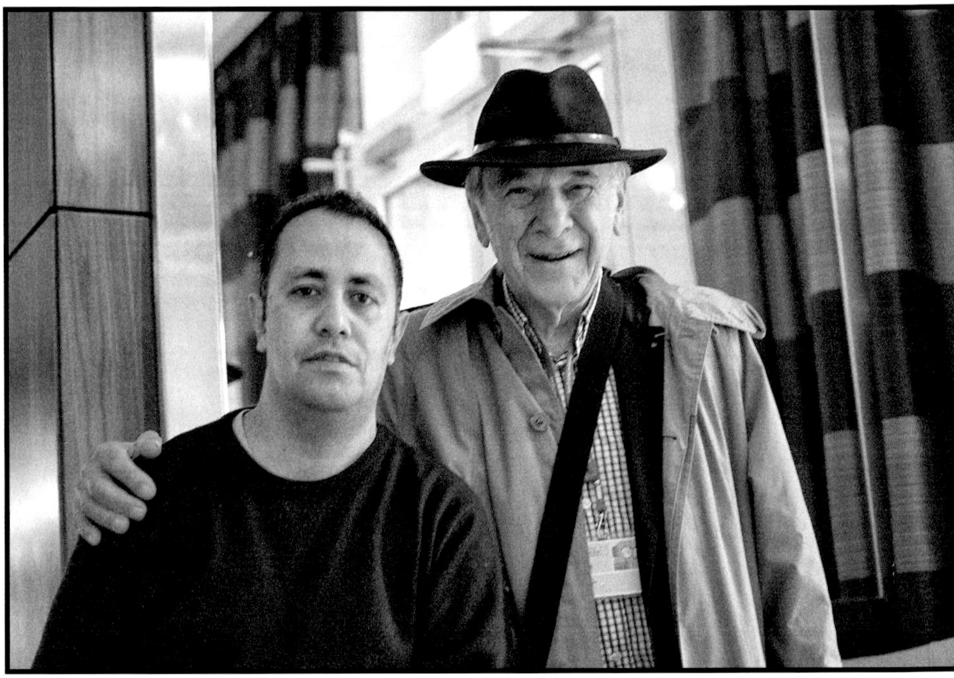

Con René Urtreger nel suo hotel dopo l'interessante intervista

Maison de France

Berlino, 04.11.2017

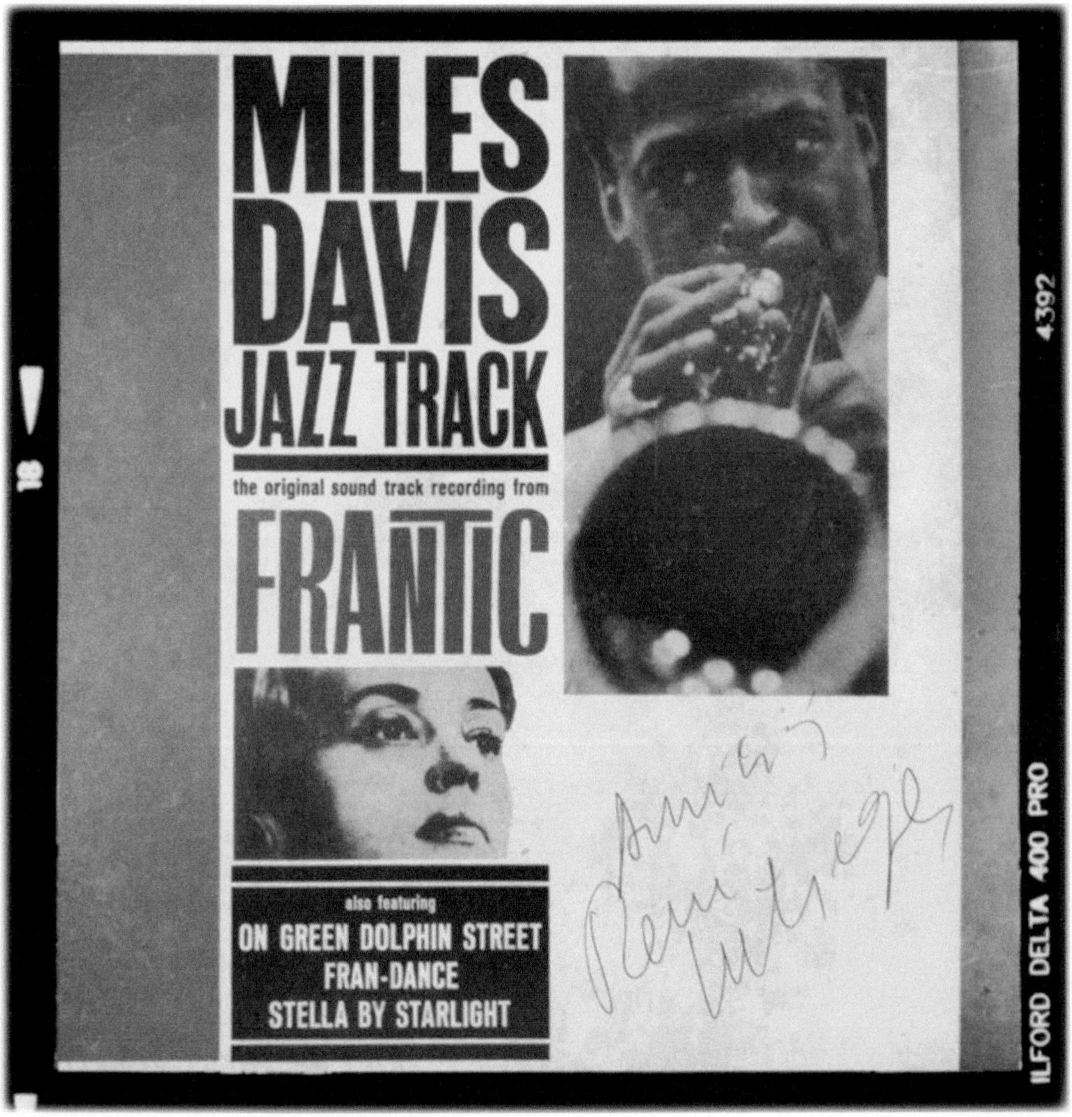

Copia del disco autografato da René Urtreger durante le prove del concerto nell'edificio dell'Instituto di cultura

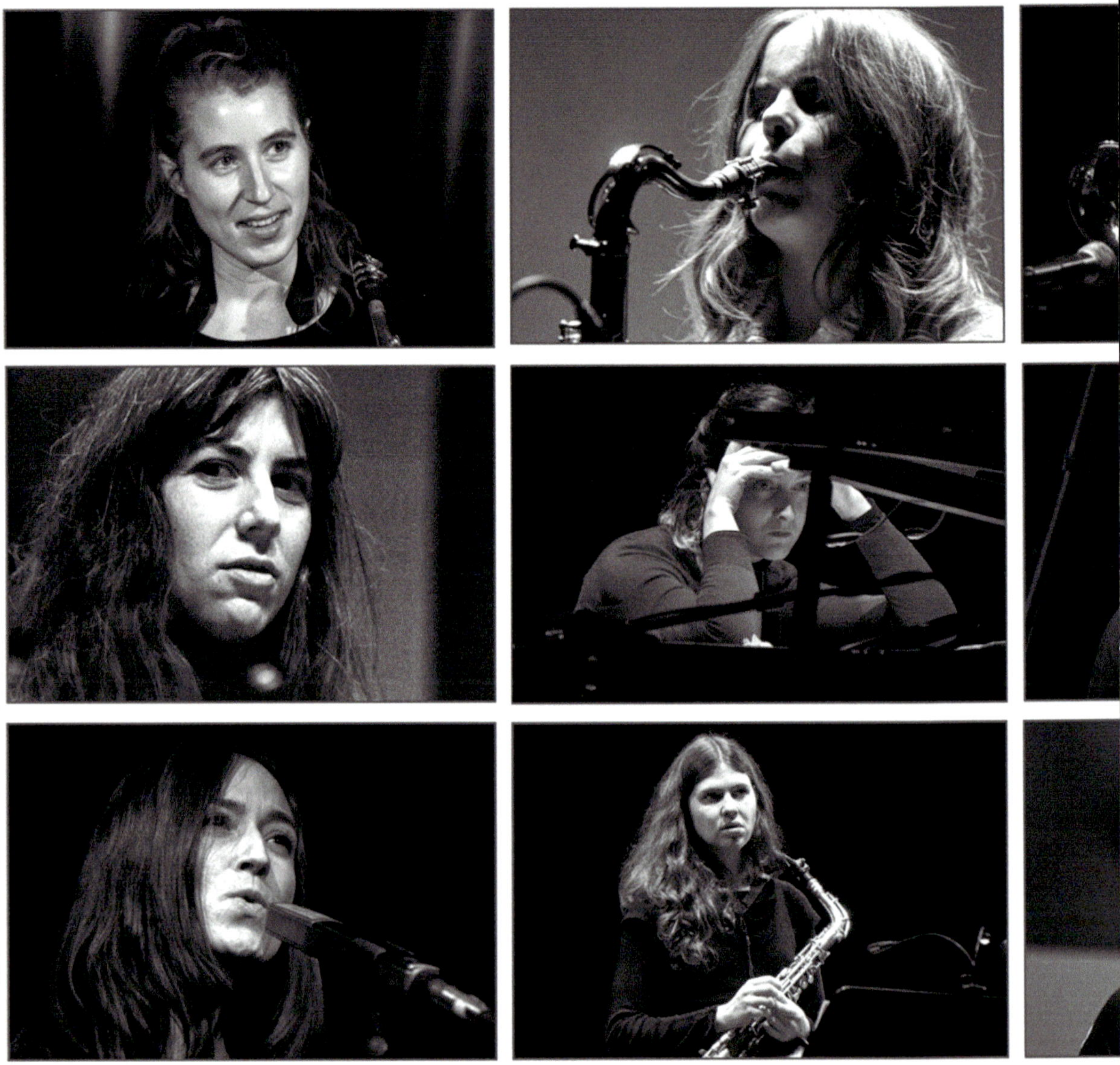

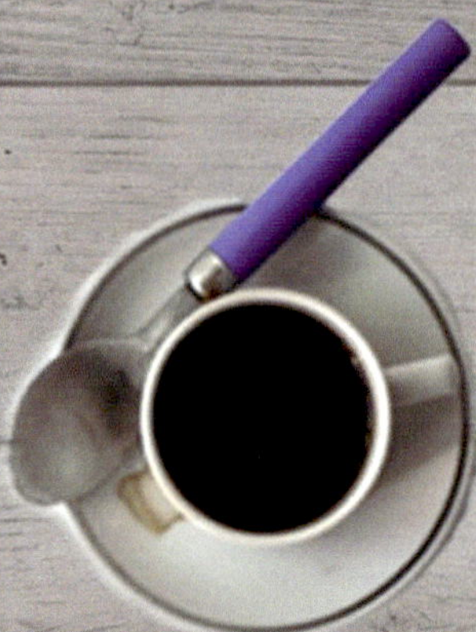

Donne al centro

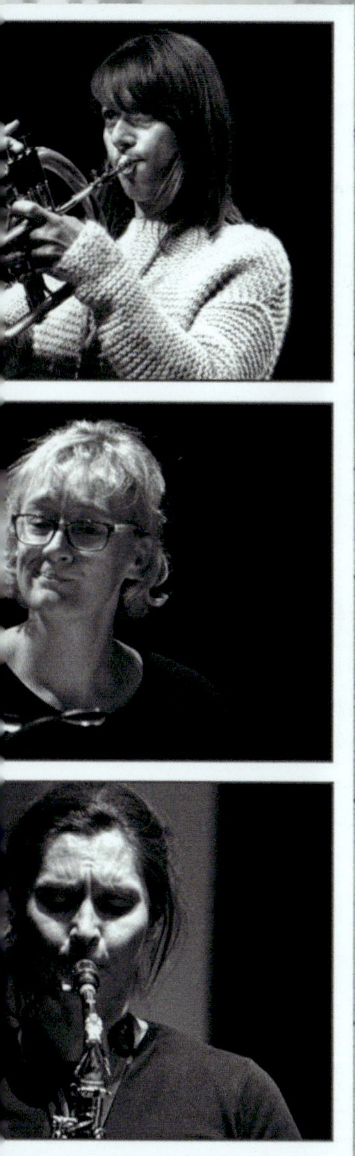

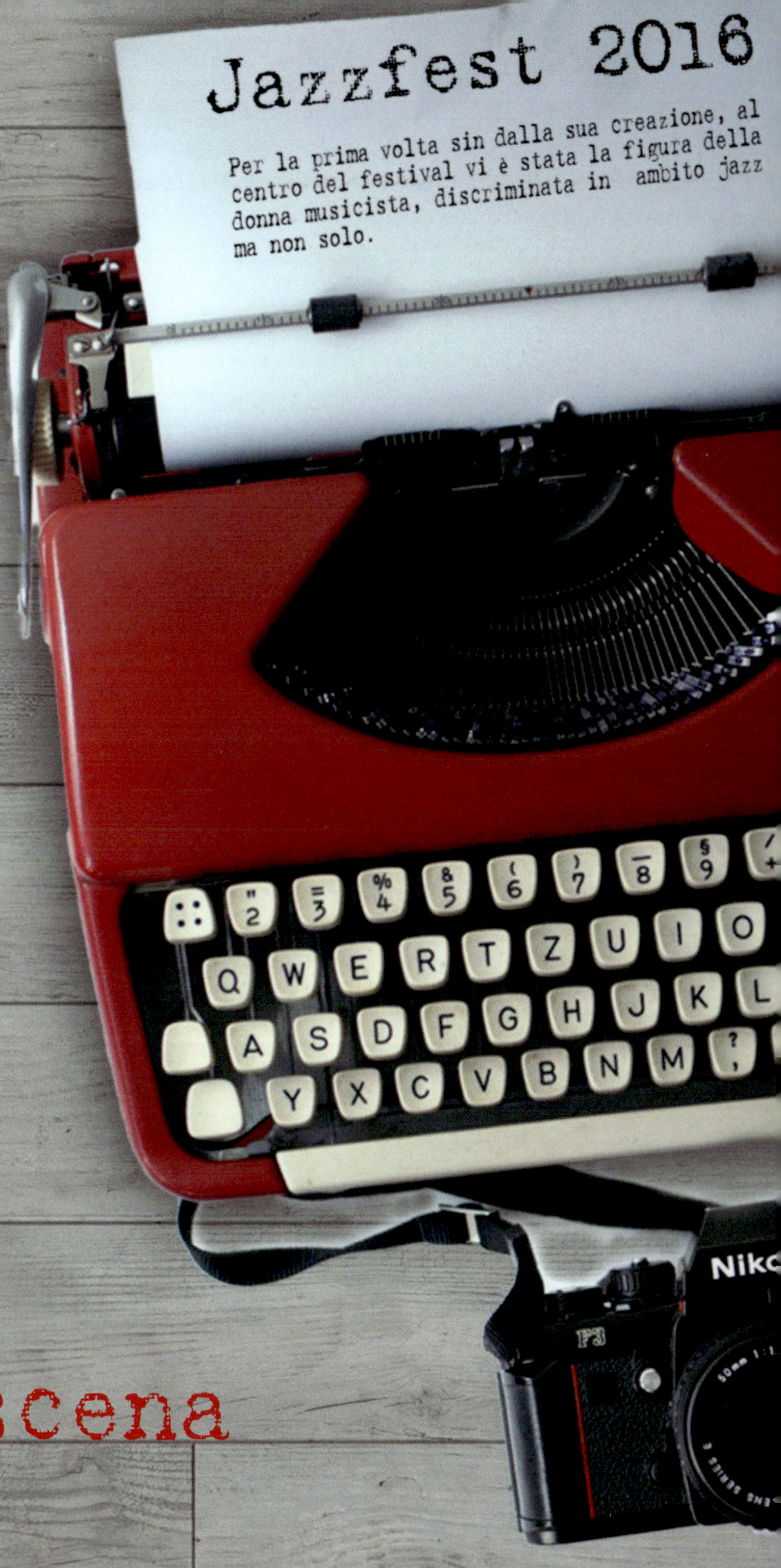
Jazzfest 2016
Per la prima volta sin dalla sua creazione, al centro del festival vi è stata la figura della donna musicista, discriminata in ambito jazz ma non solo.

della scena

Sei giorni della migliore musica con piu' spazio alle donne

30.11.2016

When the infinite servitude of woman is broken, when she lives for herself and by herself, the man, - hitherto abominable, - having given her her freedom, she too will be a poet! The woman will find some unknown! Will her worlds of ideas be different from ours? - She will find strange, unfathomable, repulsive, delicious things; we shall take them, we shall understand them.
- Arthur Rimbaud: letter of the visionary (Charleville, May 15th, 1871)

Just don't give up trying to do what you really want to do. Where there is love and inspiration, I don't think you can go wrong
- Ella Fitzgerald

Jazz is not just music, it's a way of life, it's a way of being, a way of thinking
- Nina Simone

Come ogni anno il festival di jazz berlinese, uno dei piu' rinomati a livello internazionale, ha registrato una grande affluenza di pubblico. In sei giorni, dal 1 al 6 novembre 2016, sono stati venduti piu' di 6000 biglietti, registrando il pieno assoluto. I concerti si sono tenuti

Yazz Ahmed

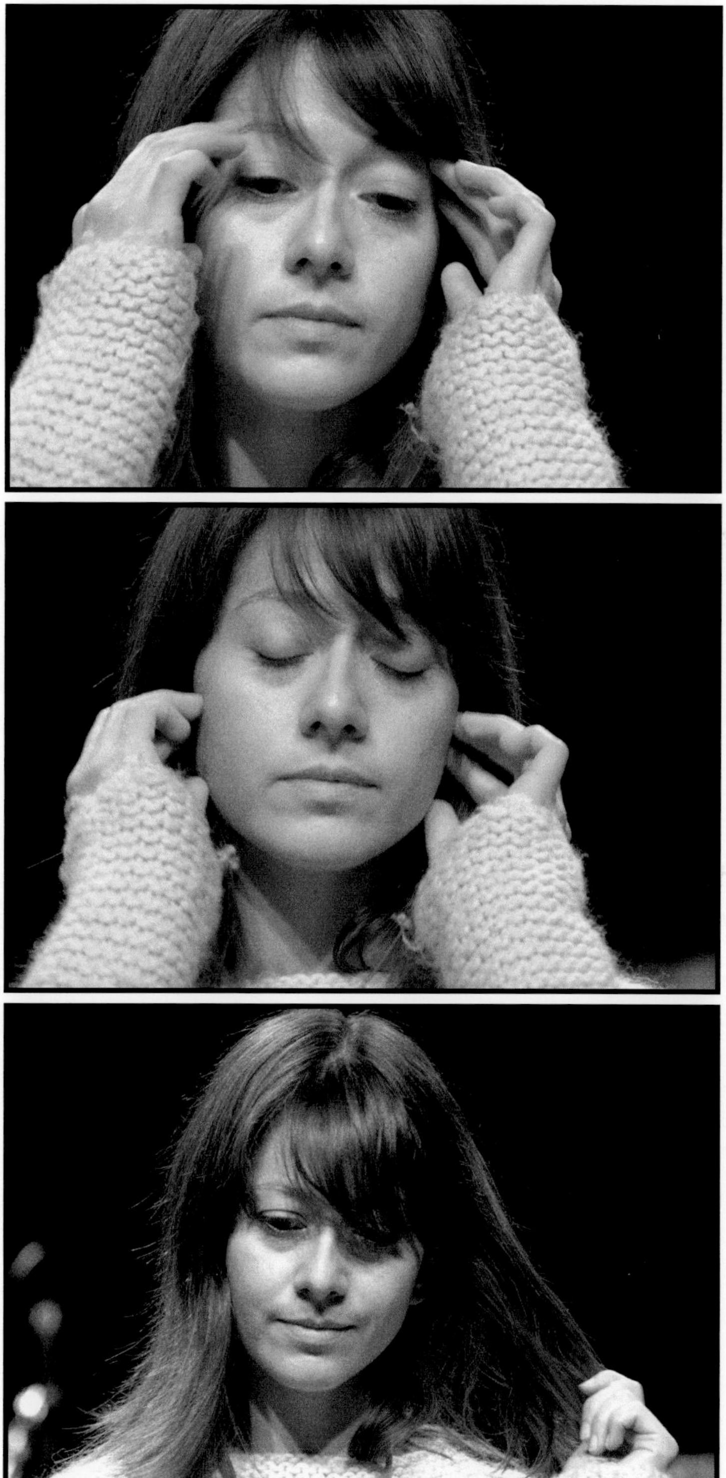

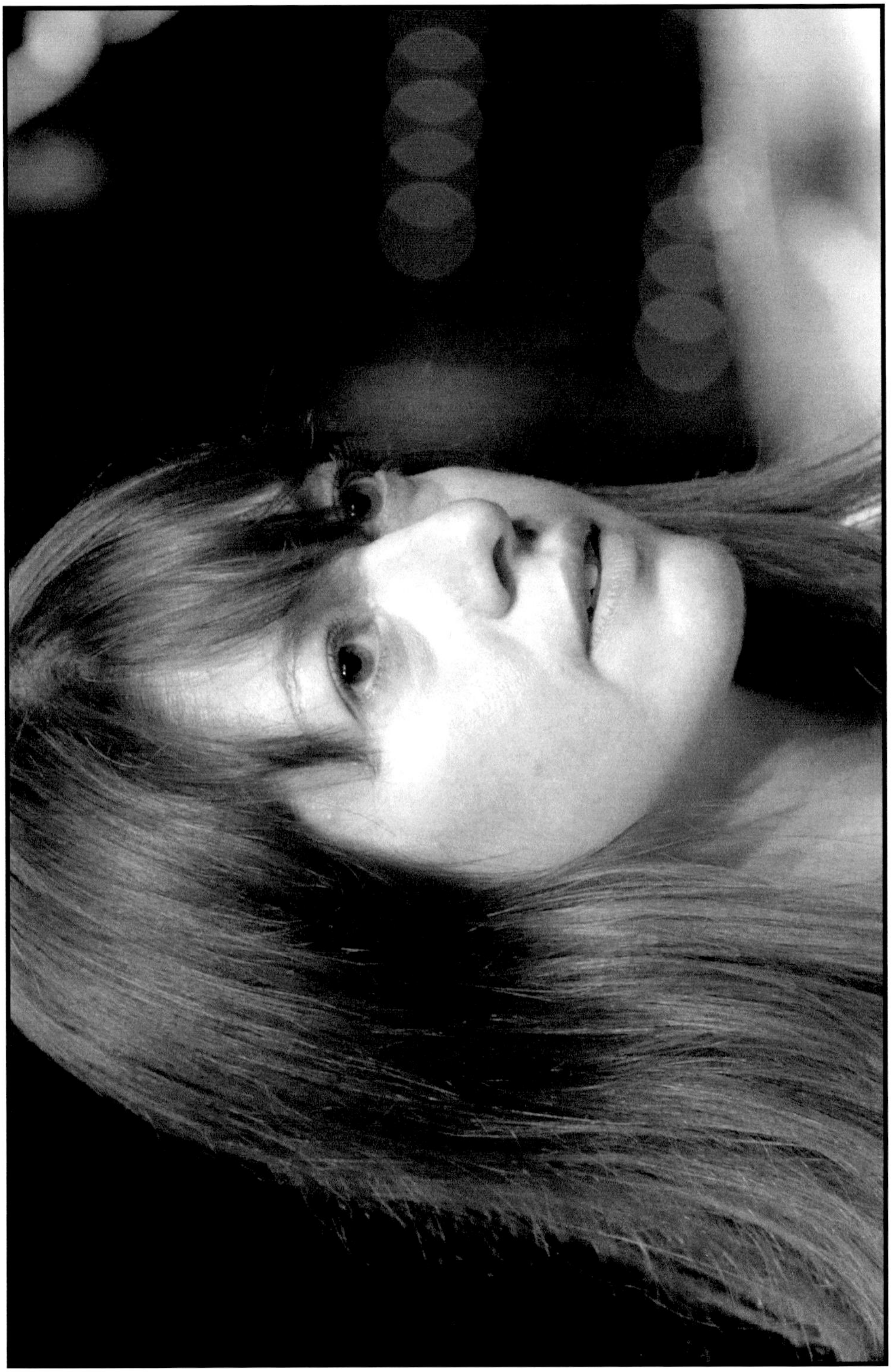

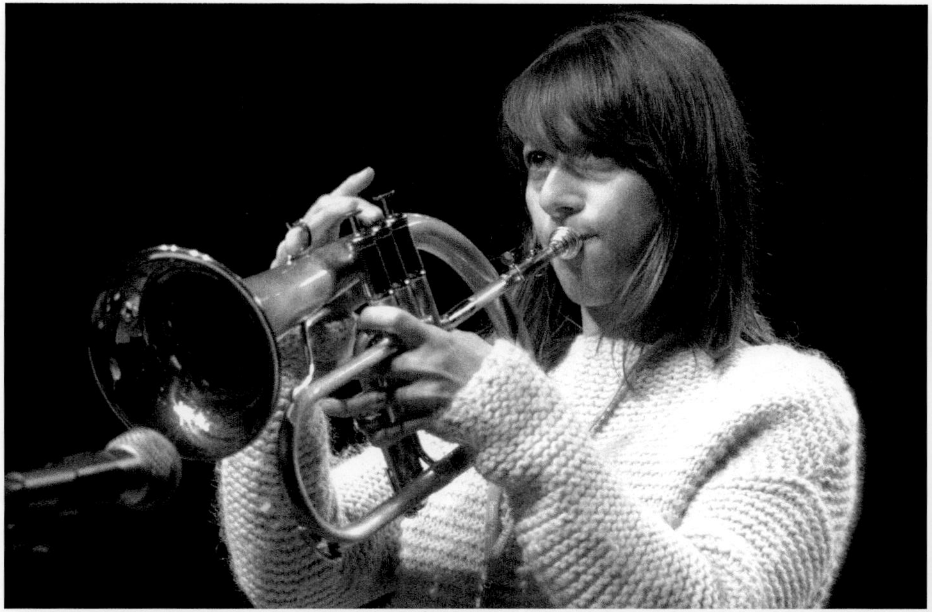

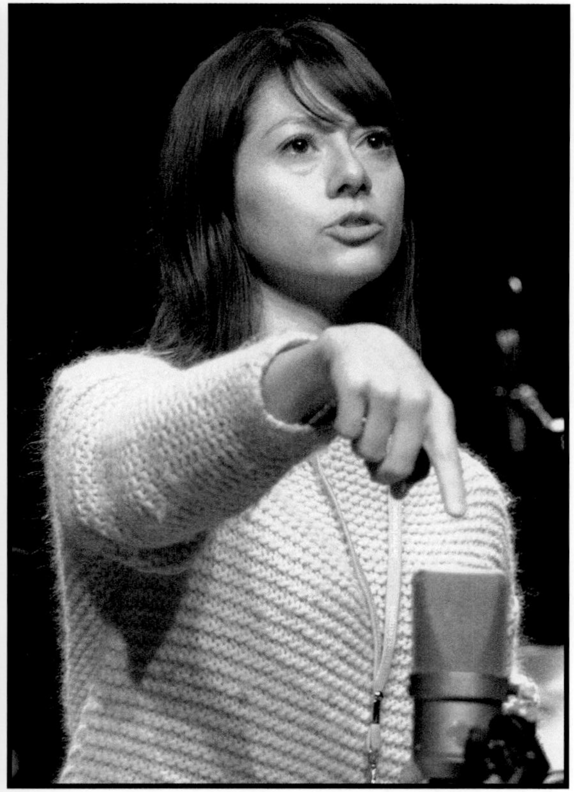

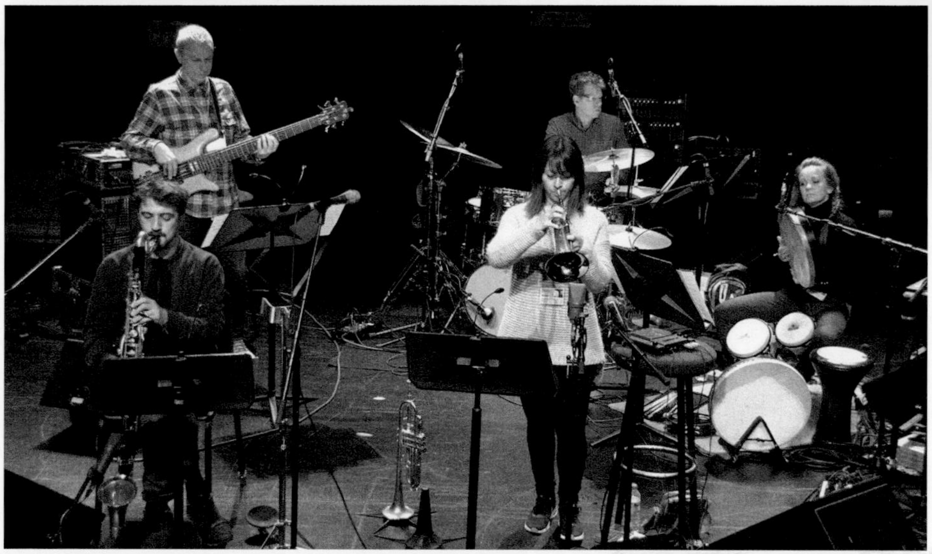

Ahmed e' una giovane ma gia' affermata compositrice e musicista jazz, che durante il suo concerto nella dei Berliner Festspiele ha interpretato opere proprie, che mescolavano il jazz con musiche etniche arabe, dando vita a suoni che ricreavano atmosfere avvolgenti e accattivanti.

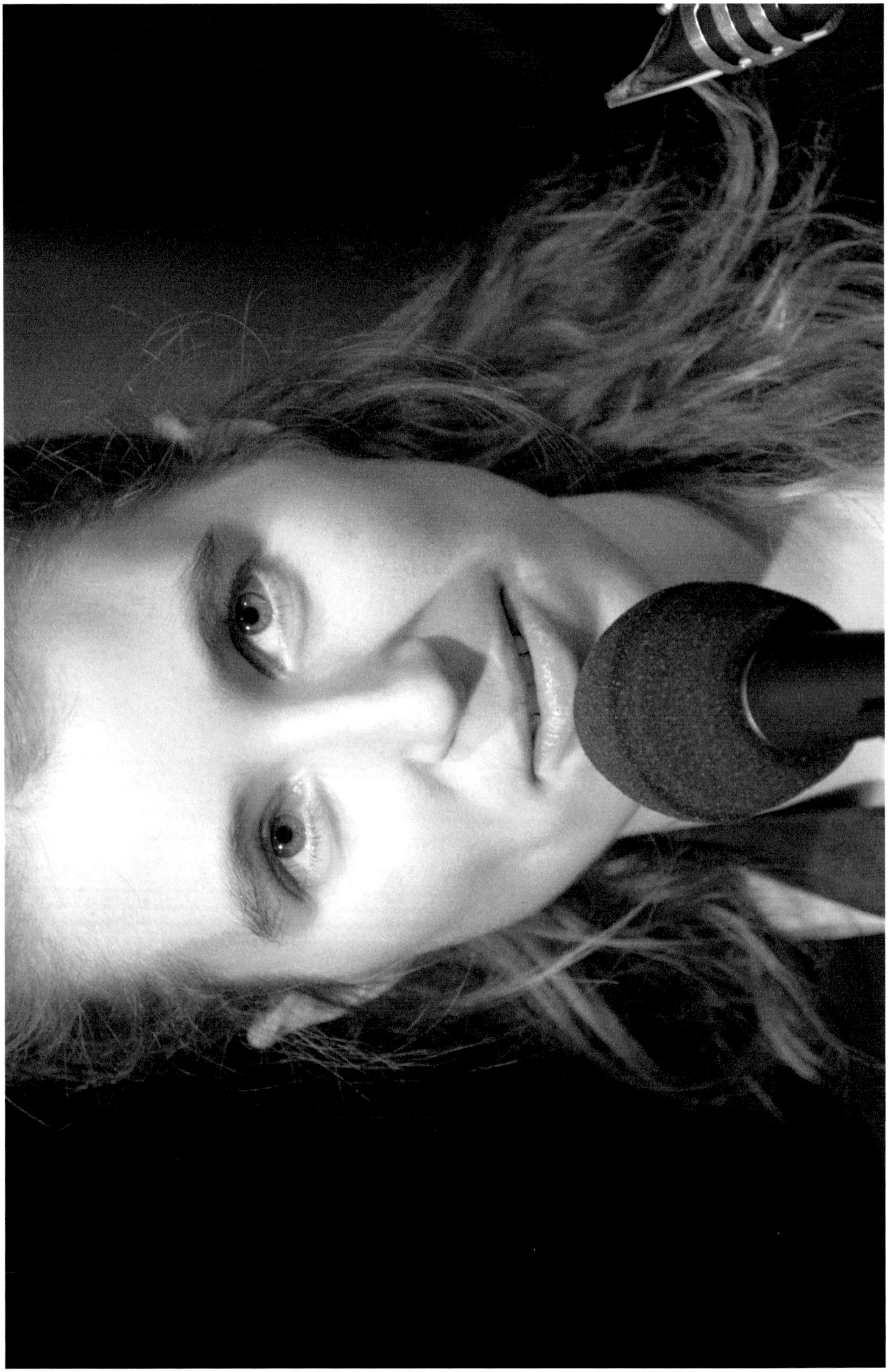

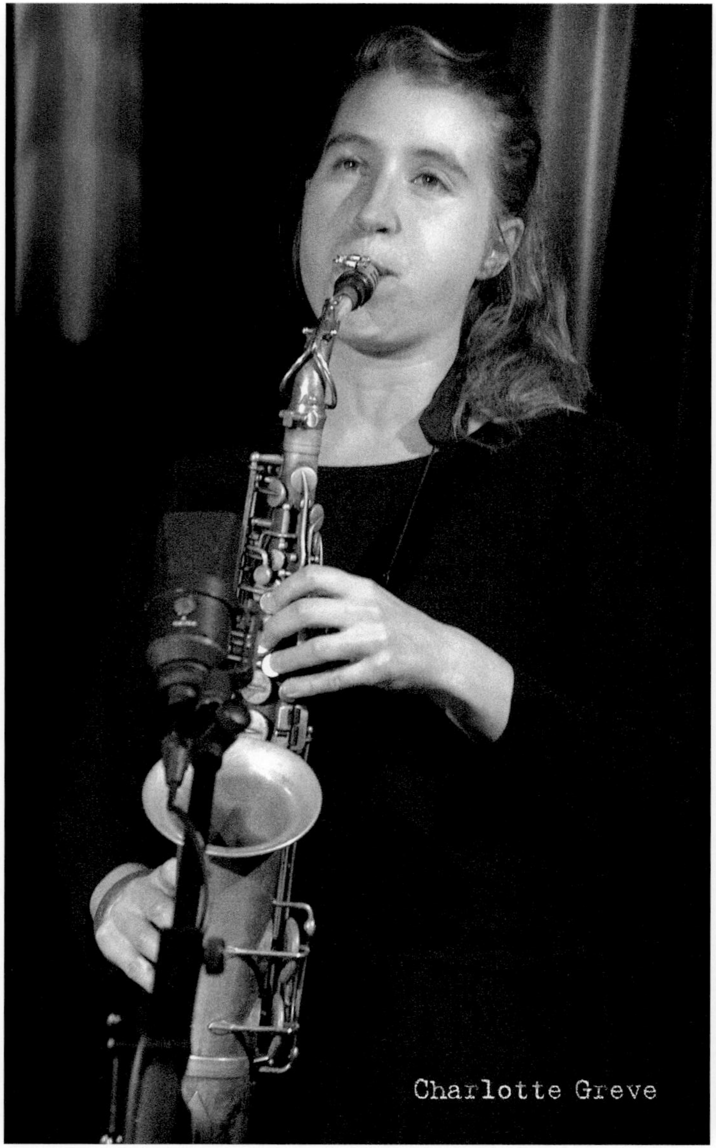

Charlotte Greve

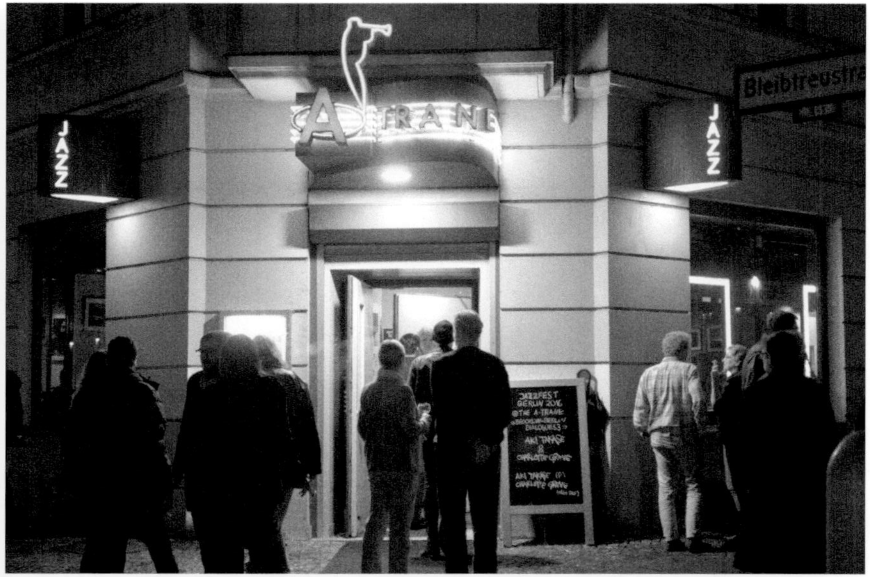

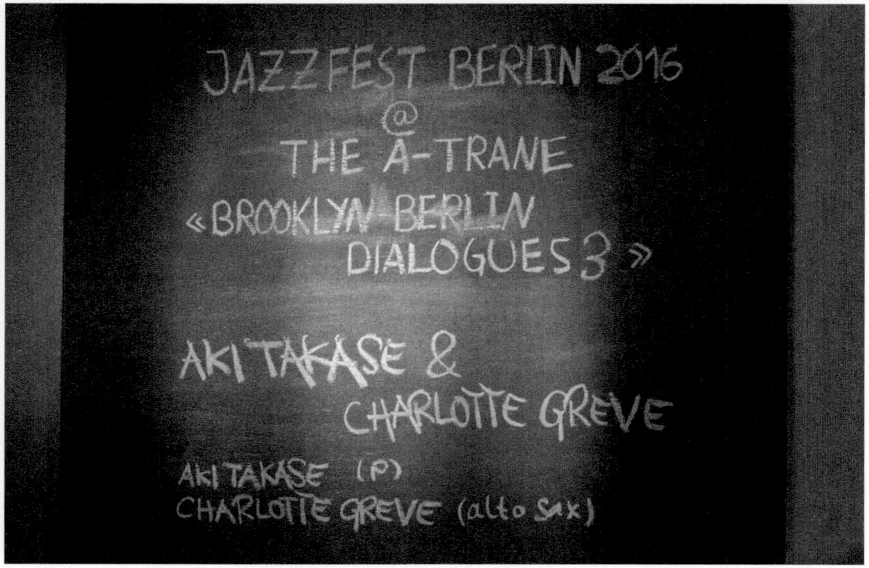

nella sede dei Berliner Festspiele, nel Martin-Gropius-Bau, presso l'Istituto francese, nel club A-Trane e nella chiesa Kaiser-Wilhelm-Gedächtnis, dove si sono esibiti Wadada Leo Smith e Alexander Hawkins. Il 53simo Jazzfest di Berlino (secondo anno con Richard Williams alla direzione artistica) e' stato inaugurato il 3 novembre da Monika Grütters, Ministro tedesco per la Cultura e i Media, presso la sede dei Berliner Festspiele.

L'edizione 2016 e' stata progettata in una "versione estesa", dal primo al sei novembre, con due concerti prefestival: Il primo novembre, *Matana Roberts* ha presentato la performance "For Pina" nella ricostruzione della famosa sala prove "Lichtburg" all'interno della mostra corrente del "Martin-Gropius-Bau". Il 2 novembre si e' esibito il cantante *Michael Schiefel* con *Wood & Steel Trio*, interpretando i "Songs out of Exile" di Hanns Eisler.

Coerente con l'edizione precedente, al centro del Festival 2016 vi sono stati stili, culture ed espressioni totalmente differenti, uniti tra loro dal caratteristico suono del jazz: un suono che si basa sull'improvvisazione, sull'imprevedibilita', che sorprende costantemente l'ascoltatore; un suono con un proprio singolare linguaggio, in costante mutazione e sviluppo, come risulta dalla descrizione ufficiale del programma.

Per la prima volta sin dalla sua creazione, al centro del festival vi e' stata la figura della donna musicista, discriminata in ambito jazz ma non solo. Il tema dell'emarginazione delle donne e' stato dibattuto, accuratamente, durante la conferenza stampa del 19 ottobre con Fransziska Buhre, Wolfram Knauer, Nikolaus Neuser e Lucia Cadotsch. Knauer ha dichiarato: "Io credo che l'introduzione di una quota obbligatoria di presenza rosa in un programma concertistico possa essere problematica, ma necessaria, per garantire una maggiore partecipazione di musiciste e far si'

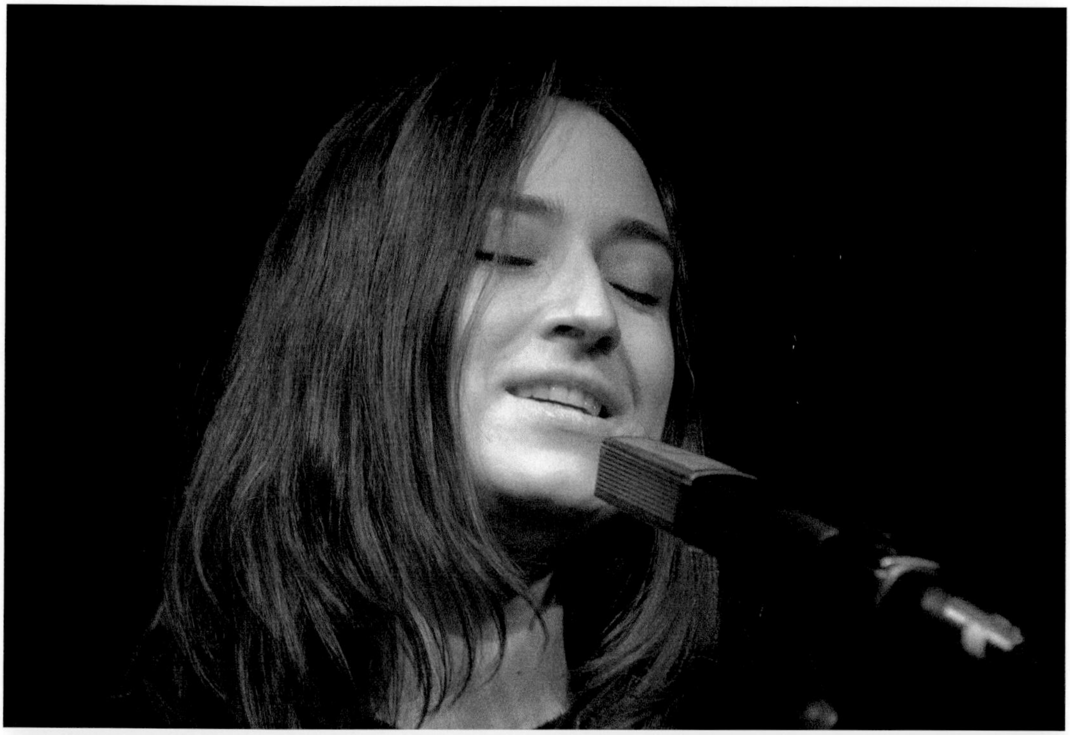

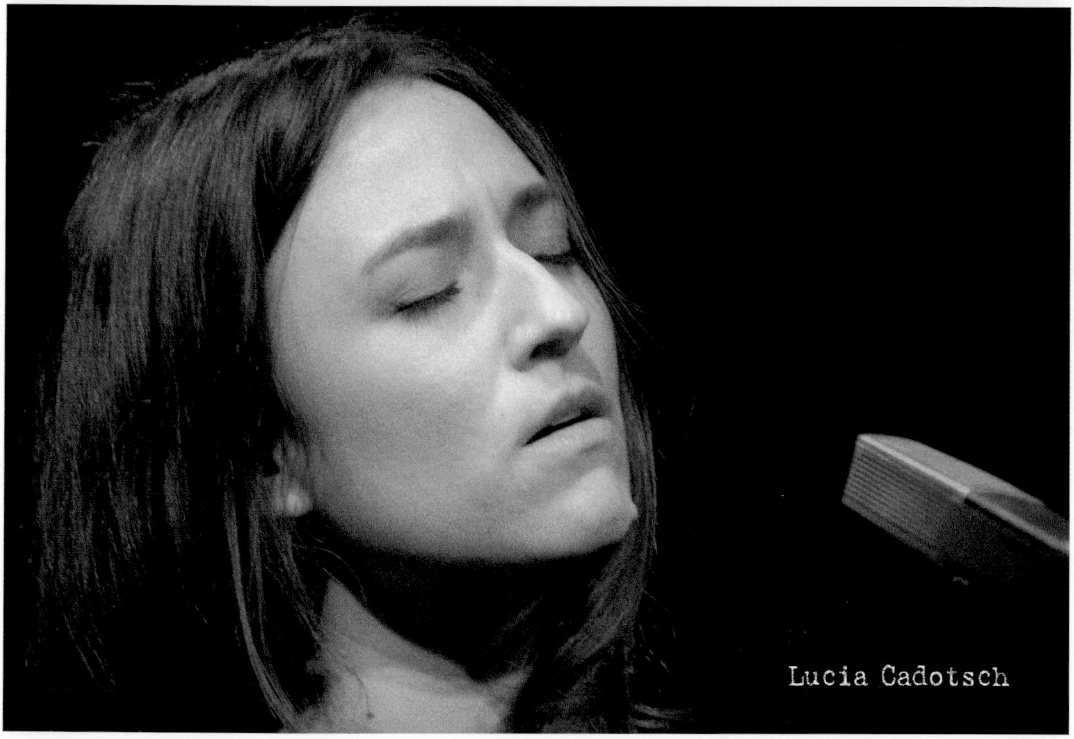

Lucia Cadotsch

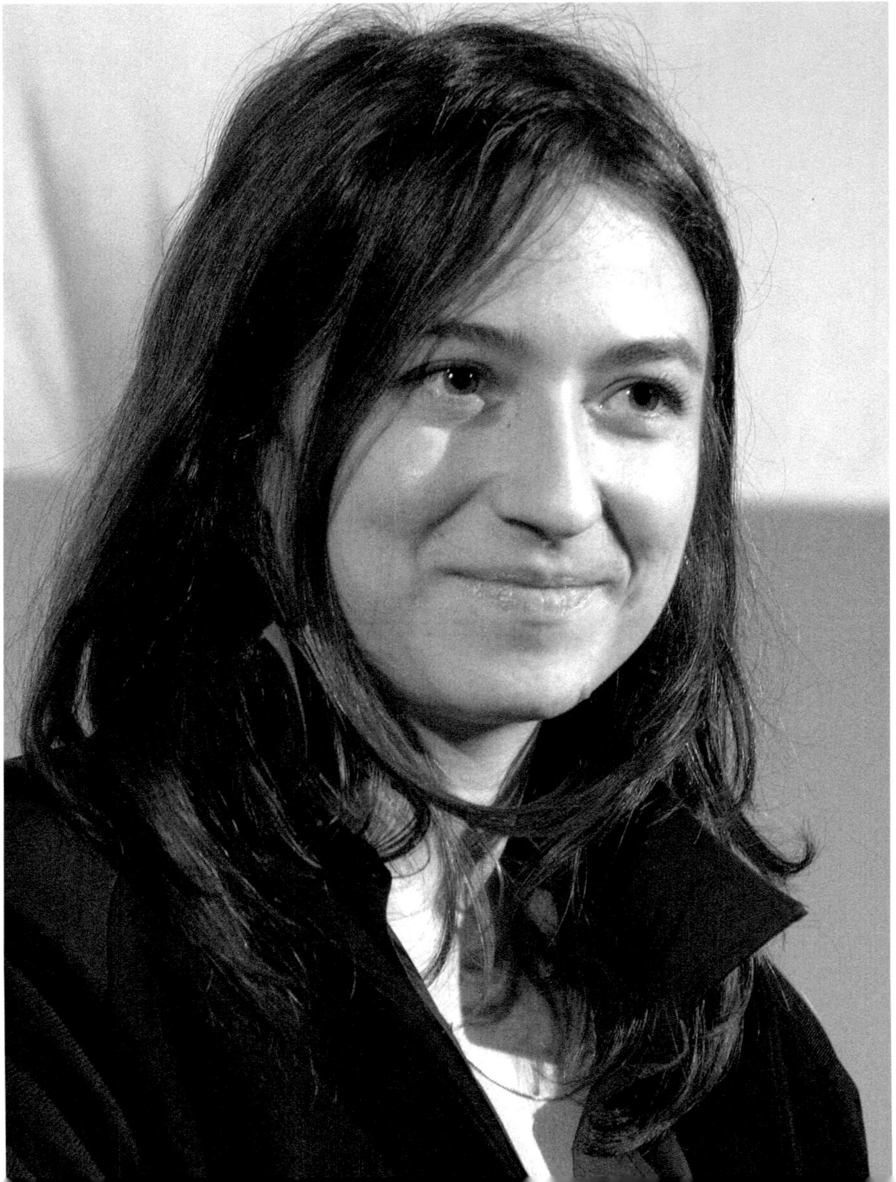

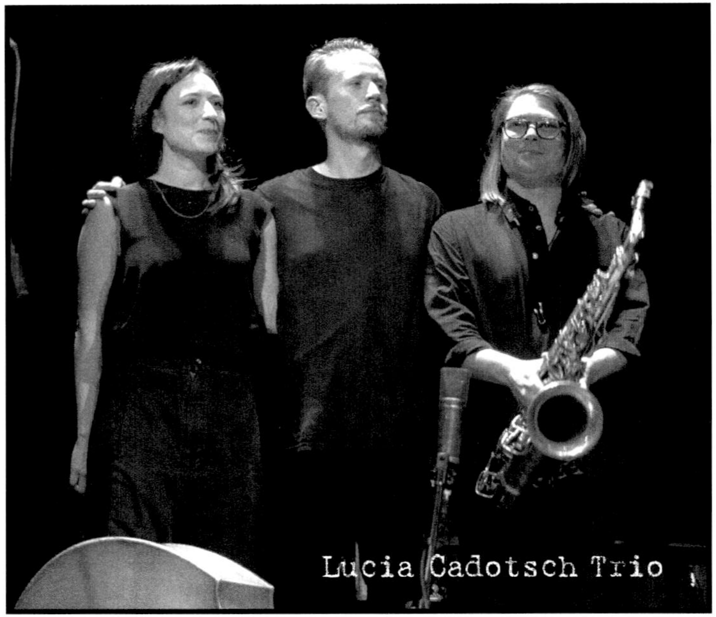
Lucia Cadotsch Trio

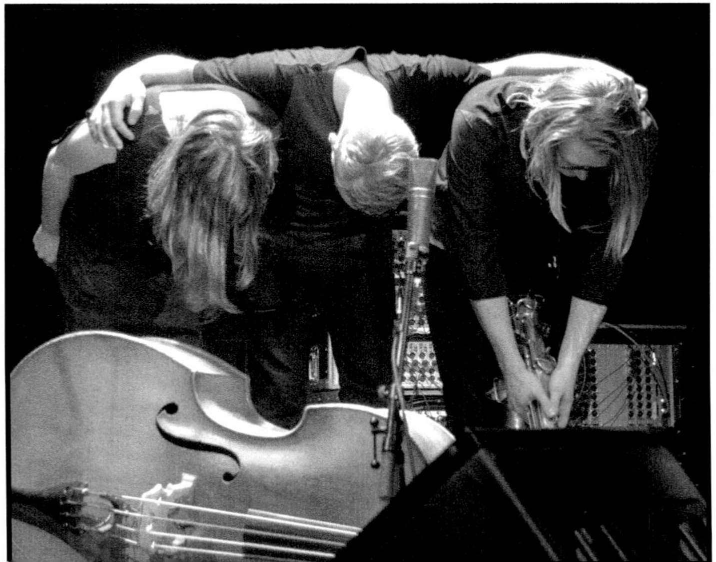

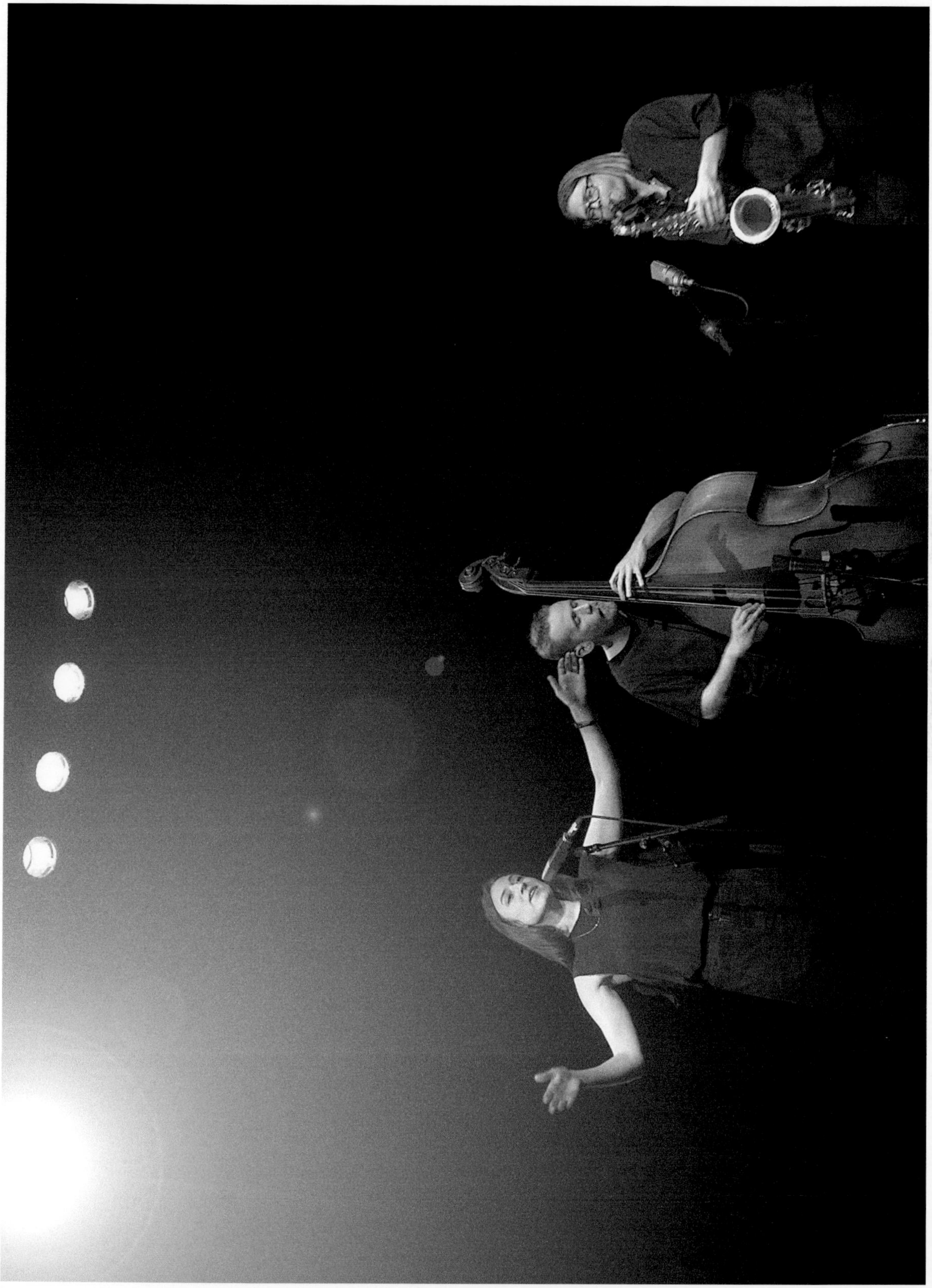

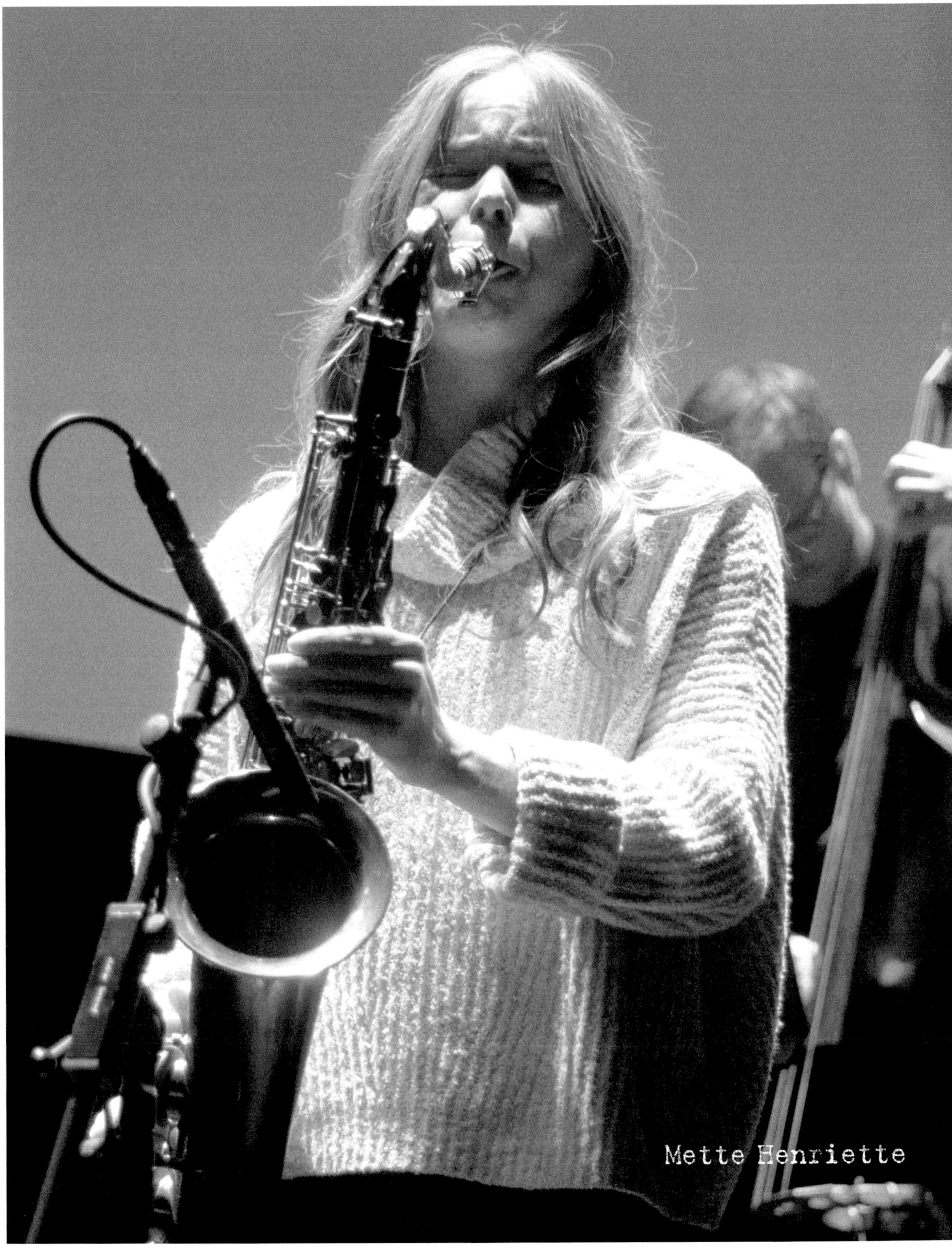

Mette Henriette

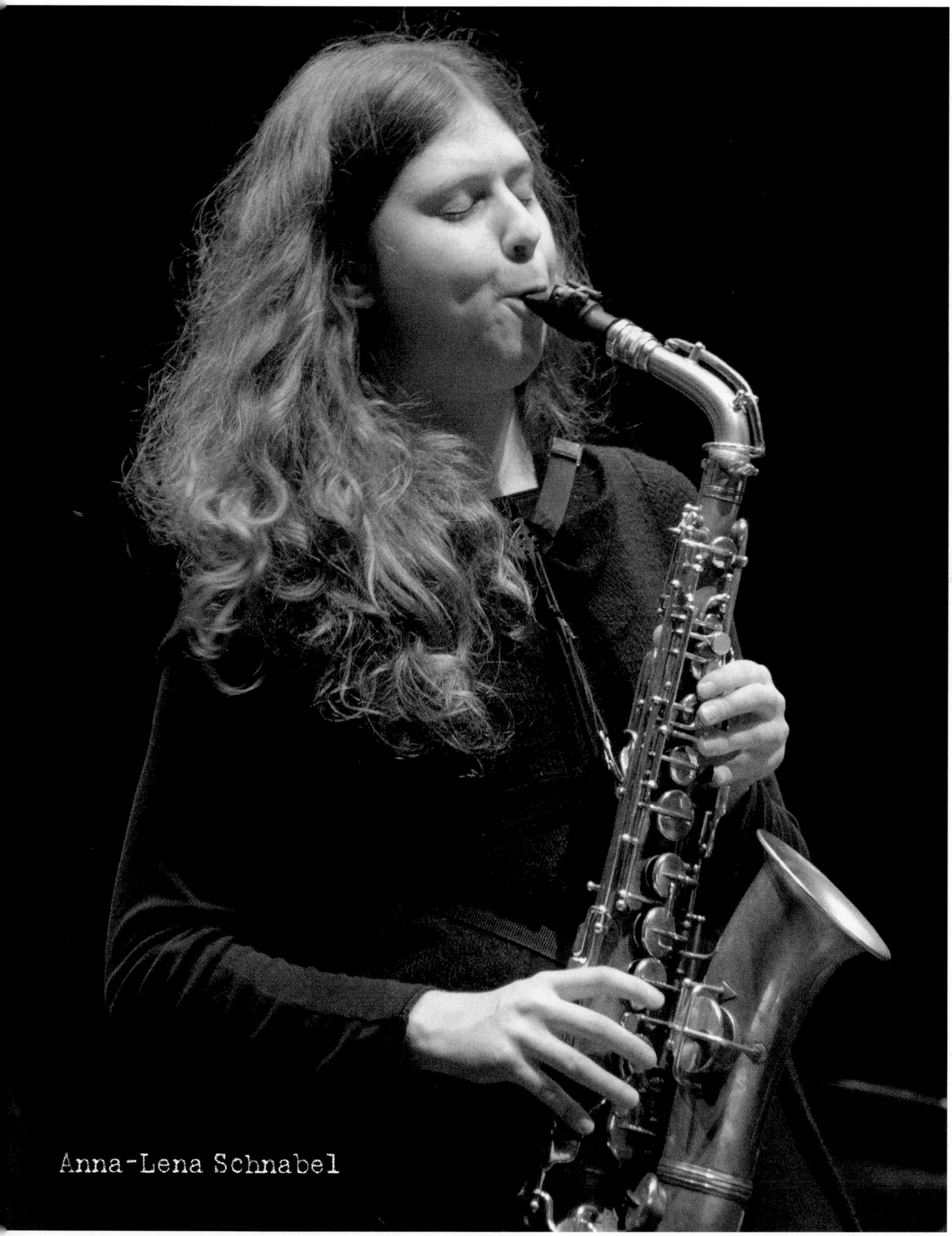

Anna-Lena Schnabel

che la direzione di molti piu' club, festival e istituti di jazz vengano assegnate a donne. E che le giurie - dannazione! - siano finalmente composte in modo paritario. Giunti oramai al 2016, non c'e' altra soluzione". La rivista ufficiale del festival, nell'articolo "Blow your horn, man!" di Wolfram Knauer, ha delineato in modo accurato la situazione attuale delle donne nel mondo del jazz e durante le varie tappe storiche. Knauer, nel suo pezzo, smonta l'idea radicata che il jazz sia esclusivamente una questione di uomini. E' vero che essi hanno dominato tale panorama musicale sin dagli inizi, ma continuare ad affermare che esso sia una musica alla portata esclusiva del genere maschile e' una falsita': sono state le convenzioni sociali ad imporre tale concetto.

Se si spulcia bene nella storia del jazz, si scopre che vi sono state anche molte donne che hanno contribuito allo sviluppo di questa corrente musicale, come ad esempio: Ella Fitzgerald, Jutta Hipp, Mary Lou Williams, Maria Schneider, Barbara Thompson, Carla Bley:

L'etnomusicologa americana Sherrie Tucker ha dato alle stampe una pubblicazione sulla percentuale delle musiciste nella New Orleans dei primi anni venti, confermando il pregiudizio, che sin dal principio il jazz sia stato un genere musicale maschile. Da altre fonti veniamo a conoscenza ed e' probabilmente una sorpresa per i piu' - che agli inizi del 20simo secolo vi fossero piu' formazioni femminili che maschili in Europa, o che anche in Germania in alcuni luoghi le prime band jazz ad esibirsi fossero orchestre di donne negli anni venti. (Estratto dall'articolo Blow your horn, man! di Wolfram Knauer nella rivista ufficiale dei Berliner Festspiele, pag. 8)

Wolfram Knauer cita tre cause principali che hanno creato il cliche' del jazz come musica per uomini. La prima causa starebbe nel fatto che i critici, agli albori del jazz, erano tutti uomini e, al contempo, non erano dei veri e propri esperti dell'argomento, piuttosto erano dei fan. I loro articoli s'inserivano in societa' che allora erano estremamente maschiliste e discriminatorie nei confronti delle donne. La seconda causa si potrebbe rilevare nel pubblico, il quale facente parte di societa' maschiliste, ha marginalizzato, anch'esso come la stampa, il ruolo delle donne. Secondo la morale dell'epoca il cosiddetto gentil sesso aveva la funzione di angelo del focolare. Doveva dedicare tutte le sue attenzioni alla famiglia. La musica l'avrebbe distratta troppo dai suoi compiti domestici. La terza causa sarebbero i musicisti stessi, che si esibivano in ambienti frequentati da uomini. Le musiciste venivano accettate alla stregua di oggetti sessuali.

Solo le cantanti hanno ricevuto una considerazione piu' "nobile" ed hanno raggiunto la fama come, ad esempio, Ella Fitzgerald. Attualmente, dopo tantissimi anni e con le evoluzioni delle societa', soprattutto occidentali, nonostante, in ambito jazzistico, la presenza delle donne risulti essere maggiore rispetto ai loro colleghi maschi, le posizioni piu' importanti sono ancora ad appannaggio degli uomini, esattamente come scrive Knauer:

Il periodo della dominazione maschile nel jazz non e' ancora terminato. Il mondo sta cambiando e con esso sta mutando la percezione sui ruoli di genere in campo artistico (...) E' importante parlarne dal punto di vista femminile (...) discutere sul tema "Donne nel jazz", significa introdurre diversita' e pluralismo nel jazz. (Estratto dall'articolo Blow your horn, man! di Wolfram Knauer nella rivista dei Berliner Festspiele, pag. 10)

Per rendere omaggio alle musiciste, nel programma 2016

sono state inserite 12 formazioni jazz guidate da donne sulle 22 complessive. Di seguito una breve descrizione delle partecipanti e dei loro concerti:

- Giovedi' 3 novembre

Il quartetto di Julia Hülsmann (piano), composto da Tom Arthurs (tromba; flicorno soprano), Marc Muellbauer (contrabbasso), Heinrich Köbberling (batteria) e con la partecipazione straordinaria di *Anna-Lena Schnabel* (sassofono contralto), appartenente alla BuJazzO, l'orchestra tedesca per giovani, che ha tra le sue fila i piu' promettenti e qualificati jazzisti della Germania (l'orchestra si era esibita al Jazzfest 2011, ultimo diretto da Nils Landgren). Julia Hülsmann, nata il 1968 a Bonn, e' cresciuta jazzisticamente a Berlino, dove nel 1991 ha iniziato a studiare pianoforte presso l'Universita' delle Belle Arti. Tra le sue insegnanti vi era Aki Takase, anche lei tra le partecipanti al Jazzfest 2016. Hülsmann ha intrapreso la collaborazione con Anna-Lena Schnabel proprio su suggerimento del direttore del festival Richard Williams, che l'ha scoperta durante l'evento "jazzahead! 2015" a Brema. Le due artiste hanno offerto un ottimo concerto, confermando l'intuizione di Williams.

La sassofonista norvegese *Mette Henriette*, il cui disco di debutto "Solo albums", pubblicato il 30 ottobre 2015, ha avuto successo di critica e di pubblico. Al Festival, ha dato prova della sua bravura nel filone musicale del free jazz, arricchendolo di spunti personali molto interessanti. Al termine del concerto e' stata salutata con lunghi applausi. Ha partecipato con la sua band composta da: Henrik Nørstebø (trombone), Lavik Larsen (tromba), Johan Lindvall (piano), Andreas Rokseth (bandoneón), Odd Hannisdal (violino), Karin Hellqvist (violino), Bendik Foss (viola), Gregor Riddell (violoncello), Per Zanussi (contrabbasso, sega musicale),

Dag Erik Knedal Andersen (batteria).

Mary Halvorson (chitarra) e *Ingrid Laubrock* (soprano, sassofono tenore), inserite nella sezione "dialoghi Brooklyn-Berlino" si sono esibite presso il club A-Trane. Halvorson, nata il 1980 a Brooklyn, chitarrista di jazz d'avanguardia, ha all'attivo molti album ed e' apprezzata per il suo suono singolare mentre improvvisa. Ingrid Laubrock, tedesca, classe 1970, ha anche lei all'attivo molte incisioni. Ha accumulato molte esperienze all'estero, vivendo 19 anni a Londra e successivamente a Brooklyn. Ha ricevuto numerosi riconoscimenti, tra cui il "BBC Jazz Award for Innovation" e il "SWR-Jazzpreis".

- Venerdi' 4. novembre

Myra Melford con il quintetto Snowy Egret e l'artista di opere video David Szlasa, ha presentato l'articolato progetto "Languages of Dreams", composto da musica, danza, recitazione e immagini. "Languages of Dreams" si rifa' alla trilogia dello scrittore Eduardo Galeano "Memoria del fuoco", che racconta la storia dell'America dal 1492 fino alla contemporaneita' e che fonde lo stile libero e poetico dello scrittore con il rigore saggistico degli storici. Il quintetto, oltre ai gia' citati Myra Melford e David Szlasa, e' costituito da: Ron Miles (cornetta), Liberty Ellman (chitarra), Stomu Takeishi (basso acustico), Tyshawn Sorey (batteria). Myra Melford, nata il 1957 a Evanston (Illinois), ha iniziato a suonare pianoforte da sola, improvvisamente, a tre anni. I genitori le hanno fatto impartire immediatamente lezioni. L'artista, da adulta, ha deciso di specializzarsi nel jazz d'avanguardia. Ha pubblicato molti libri ed ha ricevuto numerosi premi.

Yazz Ahmed (tromba, flicorno soprano) con il suo gruppo the Ahmed Family Hafla Band, composto da George Crowley (clarinetto basso), Naadia Sheriff (pianoforte elettrico), Ralph Wyld (vibrafono), Martin France (batteria), Dudley Phillips (basso elettrico), Corrina Silvester (strumento a percussione). Ahmed e' una giovane ma gia' affermata compositrice e musicista jazz, che durante il suo concerto nella "Seitenbühne" dei Berliner Festspiele ha interpretato opere proprie, che mescolavano il jazz con musiche etniche arabe, dando vita a suoni che ricreavano atmosfere avvolgenti e accattivanti. Ahmed e' nata a Londra, la sua famiglia pero' proviene dal Regno del Bahrein, situato nel Golfo Persico.

Sabato 5 novembre

Angelika Niescier (compositrice, sassofono contralto) si e' esibita insieme a Florian Weber Quintet, composto da Ralph Alessi (tromba), Florian Weber (piano), Gerald Cleaver (batteria), Eric Revis (contrabasso). Niescier, nata il 1970 a Stettino, in Polonia, si e' trasferita in Germania nel 1981. Nel 2000 ha fondato il suo primo gruppo (quartetto) denominato "Angelika Niescier-sublim". Ha suonato insieme a musicisti di rilievo come Joachim Kühn, uno dei piu' importanti pianisti jazz tedeschi. E' fondatrice della "German Women Jazz Orchestra" (Orchestra di donne tedesche del jazz); collabora volentieri con scrittori e artisti visuali. Ha ricevuto numerosi premi. Il suo concerto mi e' piaciuto tantissimo, Angelika Niescier suona il sassofono contralto con molta energia e passione. I suoi brani sono melodiosi.

Aki Takase (piano) e *Charlotte Greve* (sassofono contralto), inserite nella sezione "dialoghi Brooklyn-Berlino", si sono esibite presso il club A-Trane. Aki Takase, che io avevo gia' seguito all'edizione 2014, deve la sua popolarita' internazionale proprio alla sua adesione al Jazzfest Berlin nel 1981. Nata il 1948 in Giappone, ha viaggiato

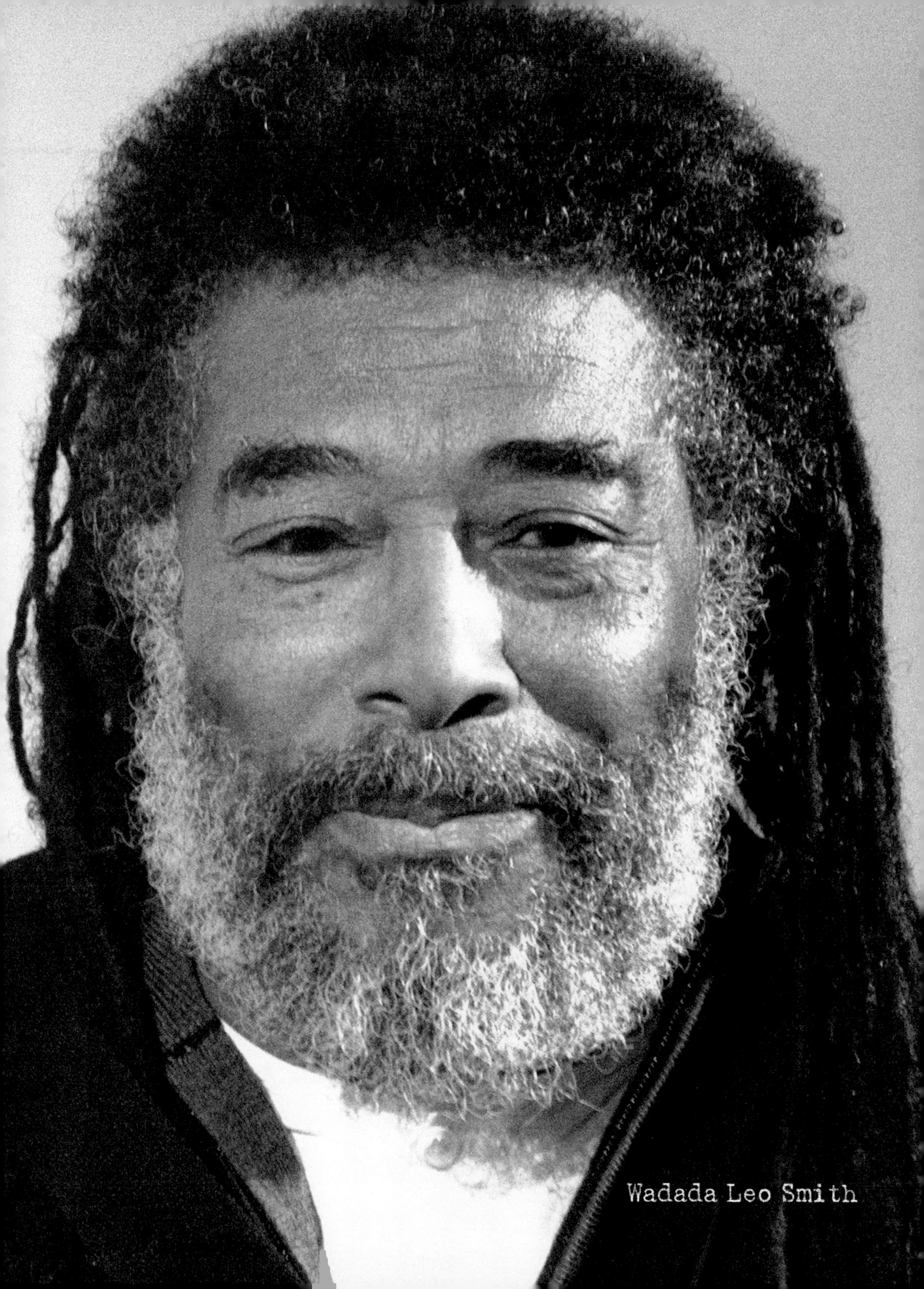
Wadada Leo Smith

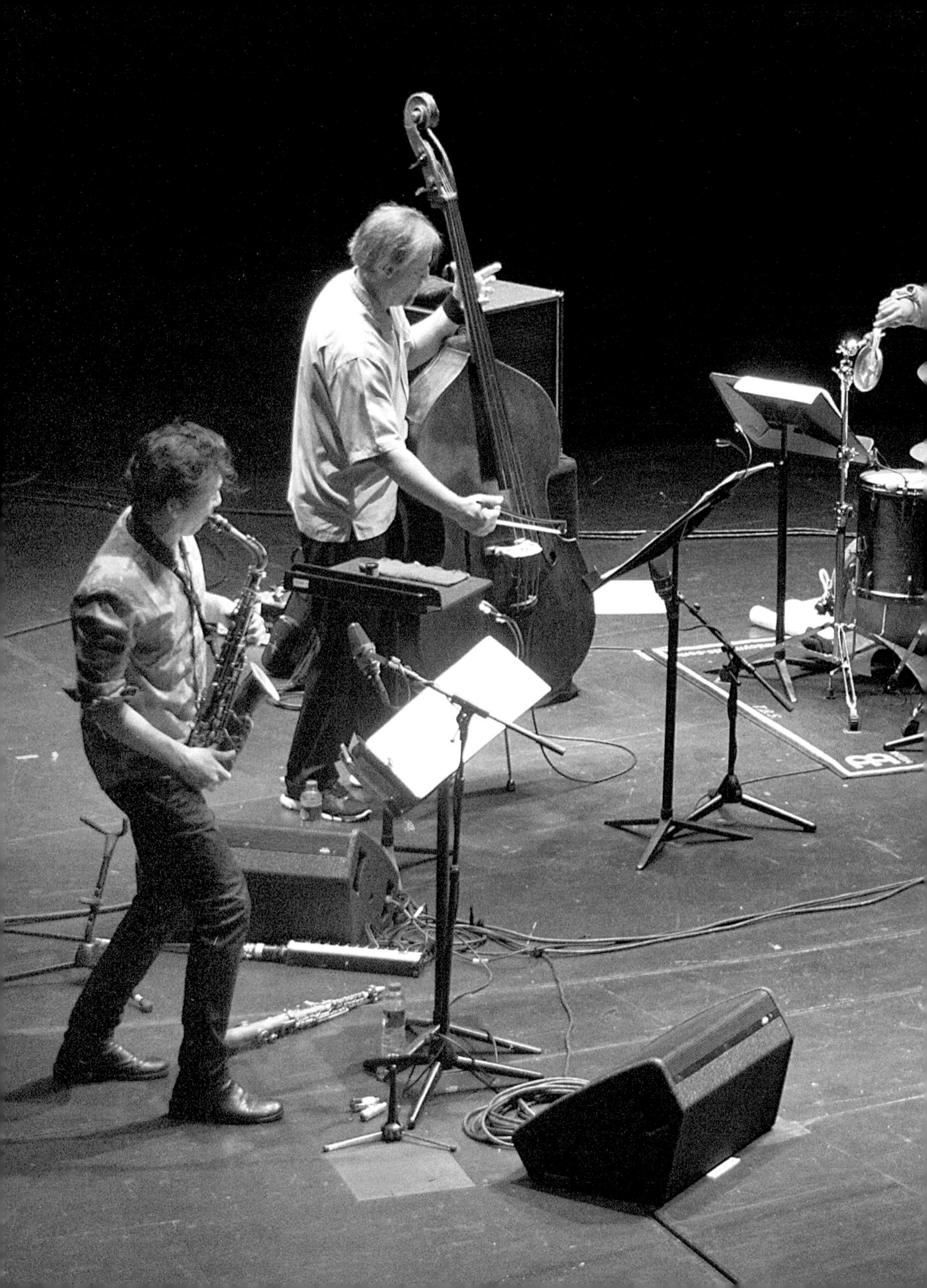

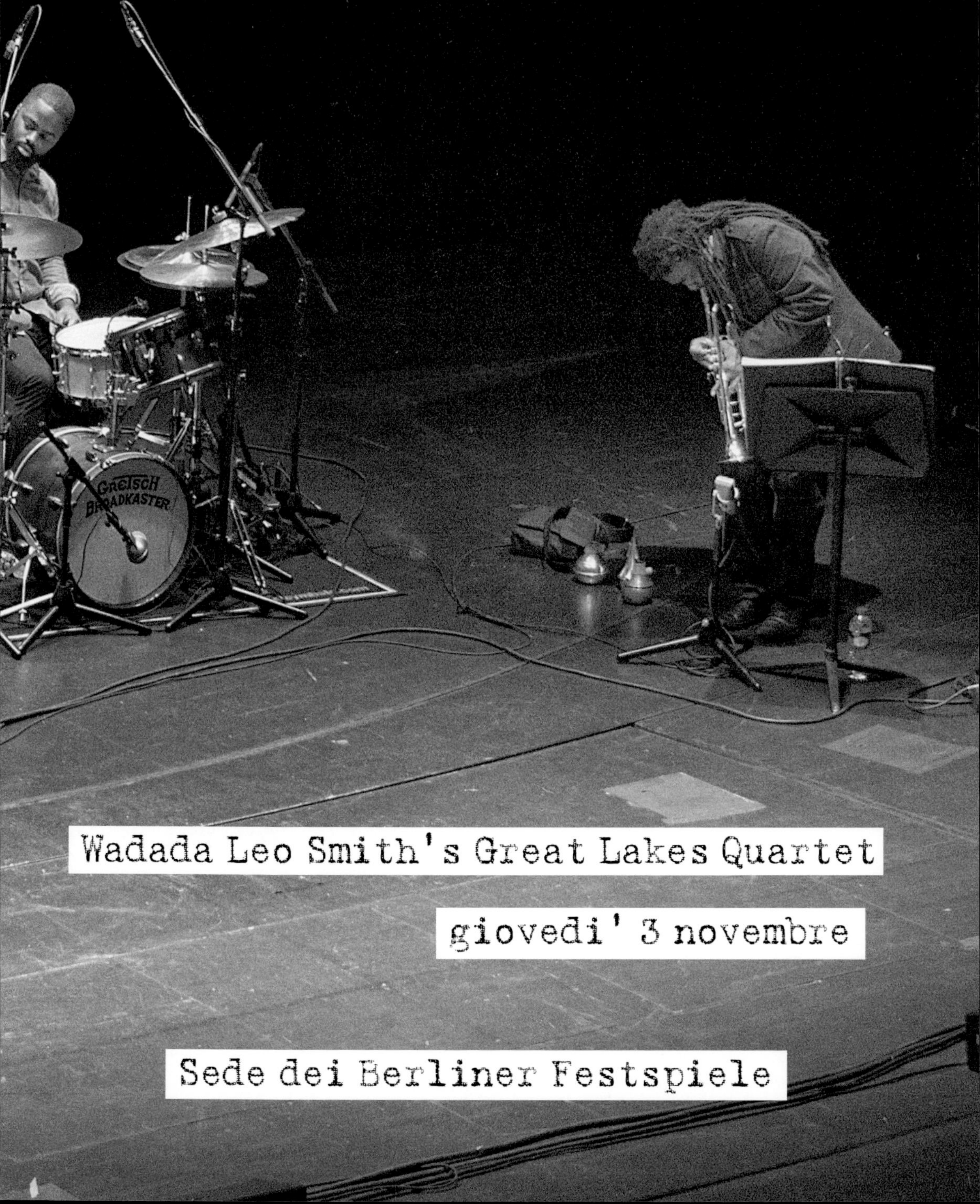
Wadada Leo Smith's Great Lakes Quartet
giovedi' 3 novembre
Sede dei Berliner Festspiele

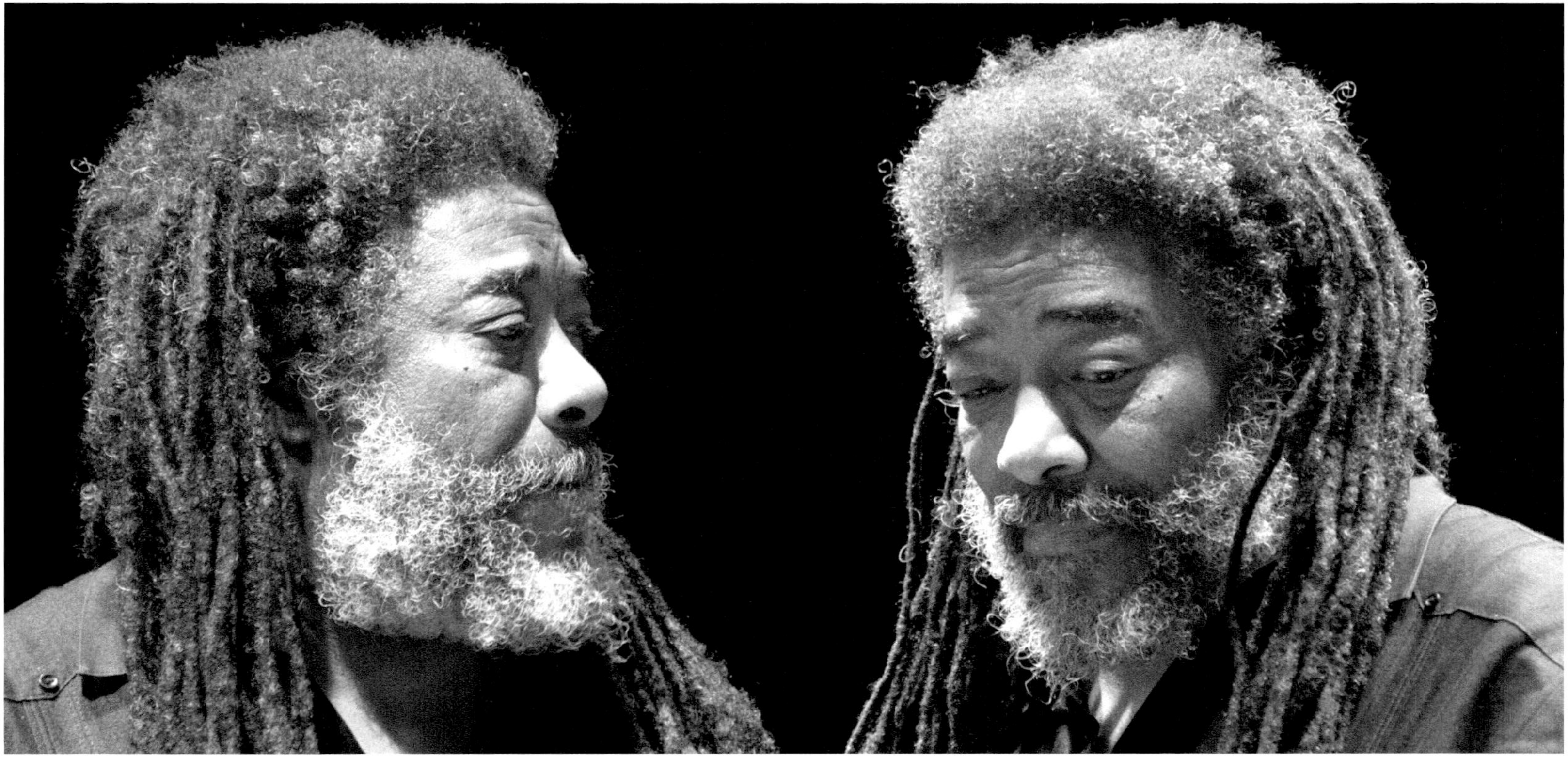

Wadada Leo Smith e' stato tra i tre finalisti del Premio Pulitzer per la musica nel 2013 grazie alla pubblicazione della sua opera (un box set di 4 dischi; 2012) intitolata "Ten Freedom Summers", attraverso la quale racconta la storia dei diritti civili negli Stati Uniti. "Ten Freedom Summers" e' un lavoro durato 34 anni. Il suono della tromba di Leo Smith e' influenzato da Miles Davis, al quale Wadada ha dedicato un tributo nel 1998 con l'incisione di "Yo, Miles!" in collaborazione con il chitarrista Henry Kaiser.

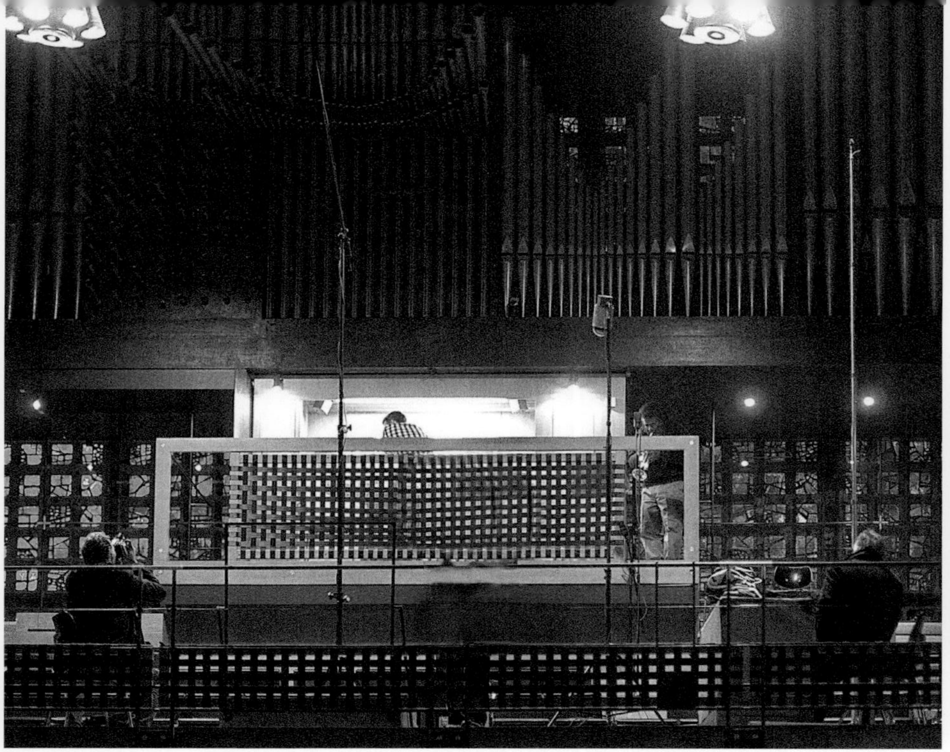

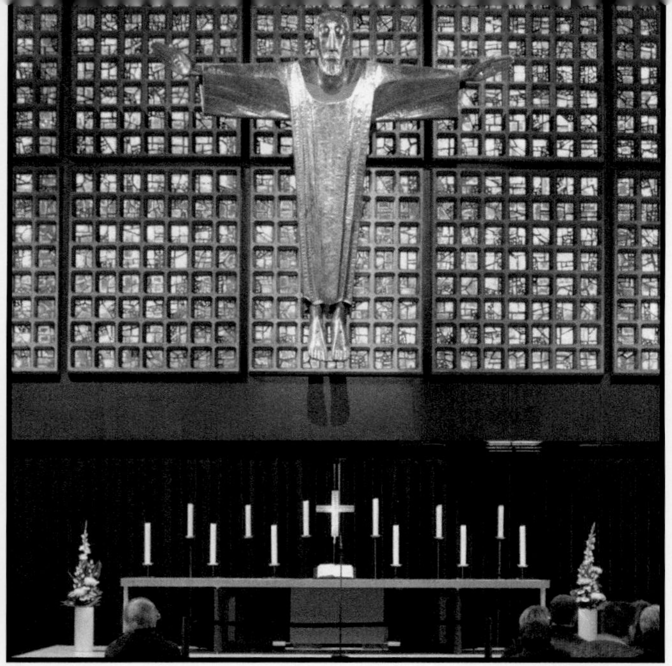

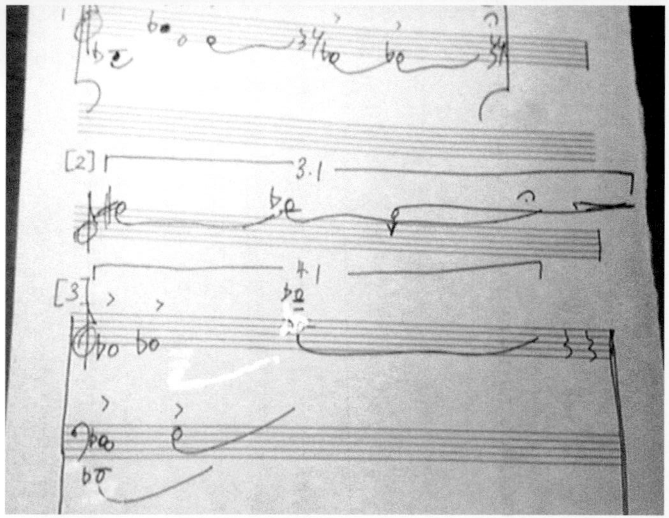

Wadada Leo Smith & Alexander Hawkins

Wadada Leo Smith, durante la conferenza stampa, ha mostrato l'immagine di uno spartito, che ha corretto con il dentifricio mentre era al bagno

Chiesa Kaiser-Wilhelm-Gedächtnis 6 dicembre

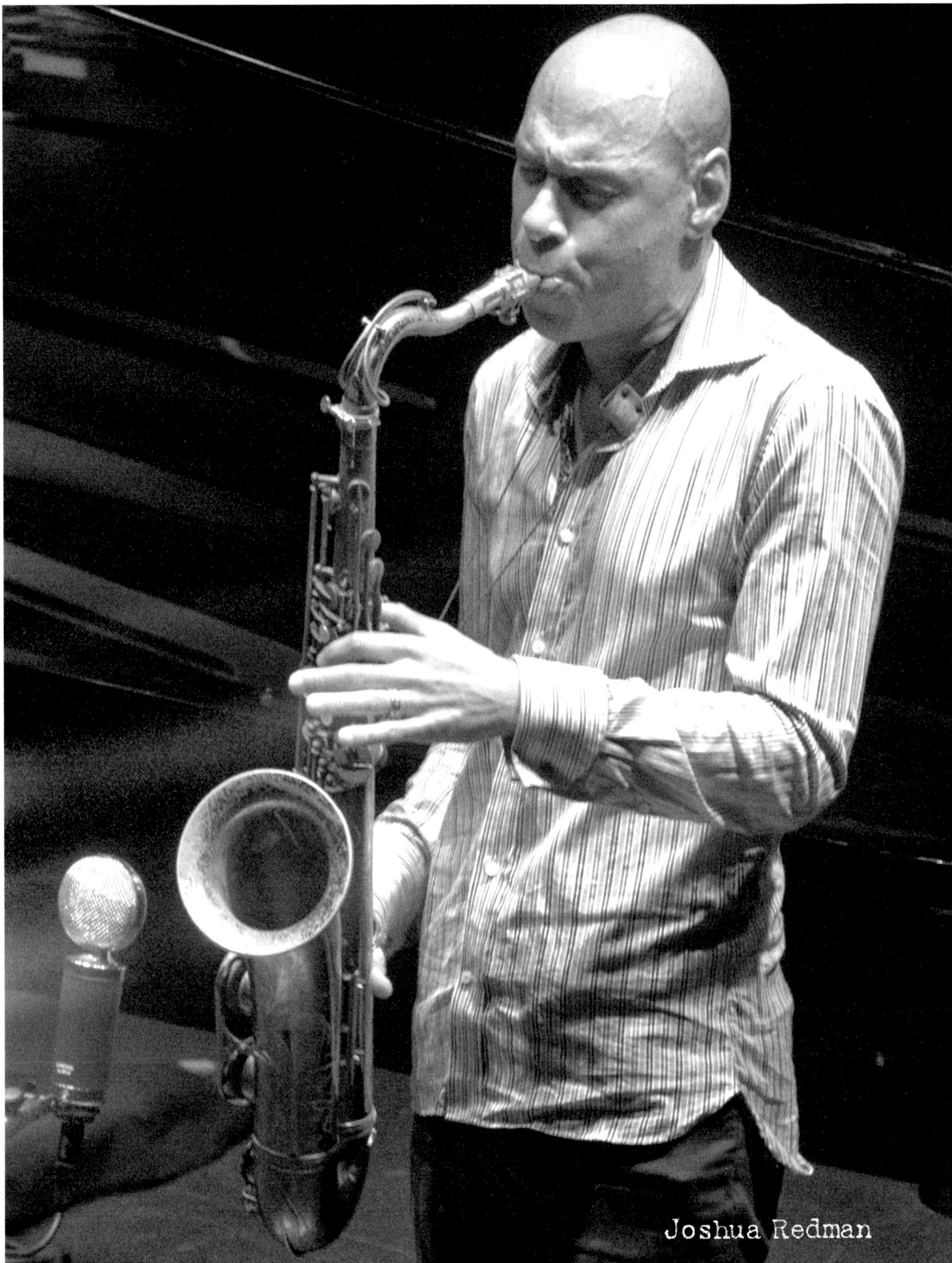

Joshua Redman

regolarmente in concerto negli Stati Uniti prima di stabilirsi definitivamente a Berlino nel 1987, dove ha inciso numerosi dischi e ricevuto diversi premi. Charlotte Greve, nata il 1988 a Berlino, si e' trasferita il 2012 a Brooklyn. Nel 2010 ha ricevuto il JazzBaltica newcomer award. Nella capitale tedesca si reca spesso e volentieri per suonare insieme alla sua band "Lisbeth Quartett". Charlotte Greve ha eseguito composizioni proprie, che io ho percepito come delle leggere e piacevoli carezze di una donna in un pomeriggio piovoso in un appartamento di fronte al mare. Nella sua musica traspare il tocco delicato, caldo, elegante ed avvolgente tipicamente femminile.

Lucia Cadotsch si e' esibita con il suo trio, composto da Otis Sandsjö (sassofono tenore) e Petter Eldh (contrabbasso), nella "Seitenbühne" dei Berliner Festspiele, reinterpretando, con la sua voce calda e profonda, testi come "Moon River", "Don't Explain" e "Speak Low".

- Domenica 6 novembre

Da sei anni, da quando seguo il festival, e' successo solo in due concerti che il pubblico fischiasse gli artisti. *Julia Holter* (voce, tastiera elettronica) con la sua band gli Strings sono stati contestati perche' accusati di non suonare musica jazz. Protesta un po' imbarazzante per gli organizzatori, perche' quella di Holter e' stata una delle esibizioni trasmesse dal vivo dalla radio RBB.

Eve Risser (piano) con la sua "White Desert Orchestra", composta da: Sylvaine Hélary (flauto), Antonin Tri-Hoang (sassofono, clarinetto basso), Benjamin Dousteyssier (clarinetto basso, sassofono tenore), Sara Schoenbeck (fagotto), Eivind Lønning (tromba), Fidel Fourneyron (trombone), Julien Desprez (chitarra elettroacustica), Fanny Lasfargues (basso elettroacustico), Sylvain Darrifourcq (batteria). Il concerto di Eve Risser e' stato molto bello e spassoso. Il pubblico ha applaudito a lungo e si e' divertito molto quando l'artista interpolava i suoi brani con lunghi discorsi d'introduzione in tedesco con un fortissimo accento francese. Risser, nata il 1982 nella cittadina di Colmar, e' stata membro della "Orchestre national de jazz".

Il Festival 2016 ha trattato anche tanti altri temi. Interessante e' stata la sezione intitolata "Dialogo Brooklyn - Berlino", creata con l'intento di portare sul palco e di far dialogare musicalmente artisti berlinesi e newyorkesi. Le due metropoli hanno molto in comune, non solo in ambito jazzistico. In entrambe si sono registrati cambiamenti sociali e culturali molto simili. L'imborghesimento dei quartieri di Manhattan a New York e di Mitte a Berlino ha provocato l'aumento spropositato dei prezzi degli affitti e il trasloco forzato degli artisti. I jazzisti newyorkesi si sono trasferiti a Brooklyn mentre i berlinesi a Neukölln, creando nuove zone di vivacita' culturale. A Brooklyn il locale di riferimento attuale dei jazzisti e' il Roulette. In passato, prima della gentrificazione, lo era stato l'edificio in disuso e cadente nella 821 Sixth Avenue nel distretto floreale di Manhattan. Qui si sono incontrati ed hanno suonato insieme sia musicisti sconosciuti sia leggende del jazz, tra cui Chick Corea, Charles Mingus e Thelonious Monk. A tal proposito, durante il festival e' stata proiettata la pellicola "The Jazz Loft According to W. Eugene Smith".

W. Eugene Smith e' stato un famosissimo fotografo, che tra il 1957 e il 1965, ha documentato, con all'incirca 40000 immagini in bianco e nero (1477 rullini), cio' che avveniva in questo edificio. Inoltre ha registrato 4000 ore di musica. La sua opera e' un cult nel mondo dell'arte, della fotografia e della musica. A Berlino, anche se la scena piu' interessante e fervente si svolge a Neukölln, il jazz e' seguito in ogni quartiere e nei luoghi piu' disparati come in chiese, bar, sale da concerto, gallerie d'arte, teatri, vecchi edifici industriali o durante i brunch domenicali. Addirittura, nella capitale tedesca, si tengono 5 festival. L'unica pecca: i grandi musicisti americani non si esibiscono in locali berlinesi, in quanto in questa citta' notoriamente povera, i compensi sono molto bassi rispetto altri centri come Amburgo o Monaco.

Durante la storia del festival berlinese vi sono stati dei concerti singoli molto belli, non appartenenti a tematiche ben precise, di musicisti che hanno fatto la storia del jazz:

Il 1966 e' stato l'anno di "Pet Sounds", di "Revolver" e del grido inquietante di "Freak Out!". Niente era piu' come prima. Le chitarre venivano suonate al contrario o venivano sostituite con strani strumenti, le canzoni parlavano di solitudine o persino che Dio era scomparso dalla vita delle persone (...) I Beatles si preparavano a diventare piu' importanti di Gesu' (...) anche la rivista Time Magazine era della stessa opinione: in aprile apparve il nuovo numero con un titolo fino ad allora inimmaginabile: "Dio e' morto?" (...) Il 1966 e' anche l'anno in cui venne inciso "Globe Unity" (...) E' stata la prima registrazione del band leader e l'inizio di una storia e di una filosofia, che dura fino ad oggi. (Estratto dall'articolo *Globe Unity @ 50* di Brian Morton nella rivista dei Berliner Festspiele, pag. 20)

Cosi' inizia l'articolo d'introduzione ad uno degli spettacoli che mi sono piaciuti di piu': quello della Globe Unity Orchestra, che si era esibita per la prima volta al Jazzfest esattamente 50 anni fa, quando il festival si chiamava "Berliner Jazztage" ed era soltanto alla sua terza edizione. L'allora giovane pianista Alexander von Schlippenbach era salito sul palcoscenico con il suo numerosissimo gruppo,

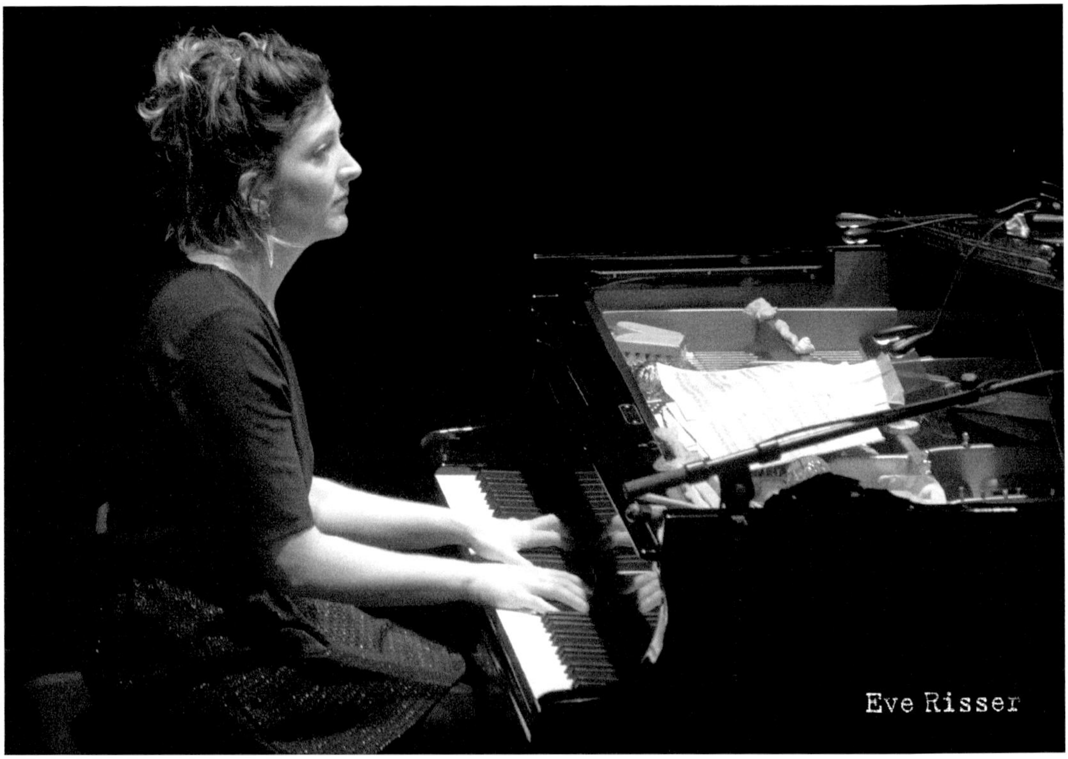

Eve Risser

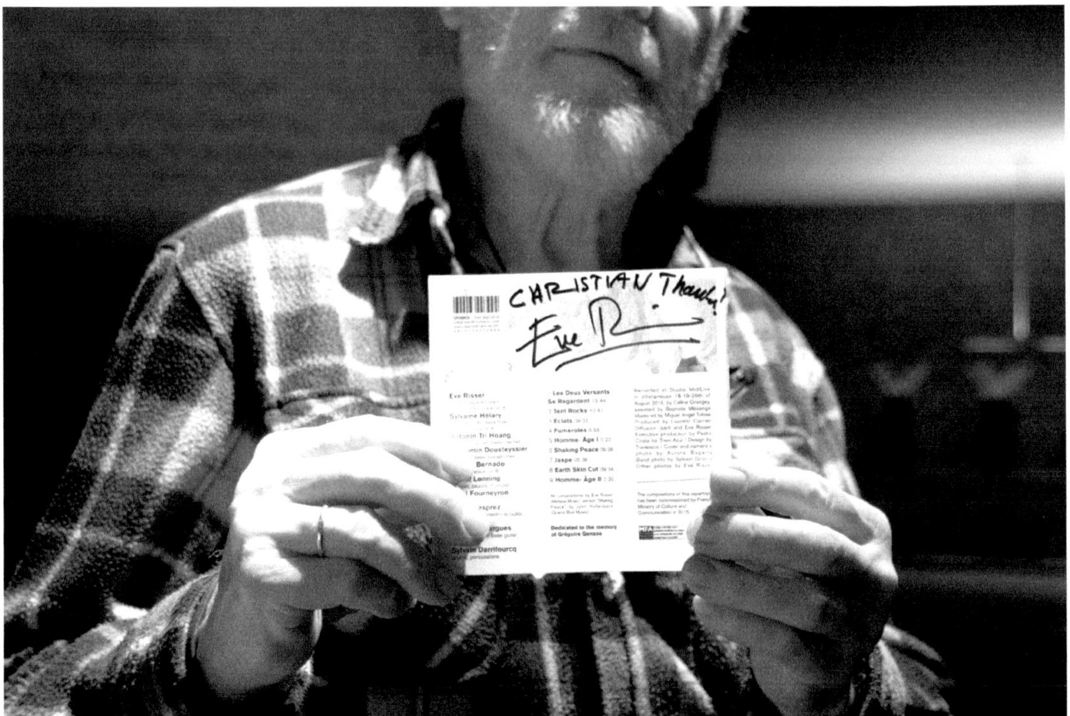
CHRISTIAN Thanks!
Eve R
Eve Risser
Sylvaine Hélary
Bernado
Fourneyron
Sylvain Darrifourcq
Les Deux Versants Se Regardent
Tent Rocks
Eclats
Fumeroles
Homme- Âge I
Shaking Peace
Jaspe
Earth Skin Cut
Homme- Âge II
Dedicated to the memory of Grégoire Gensse

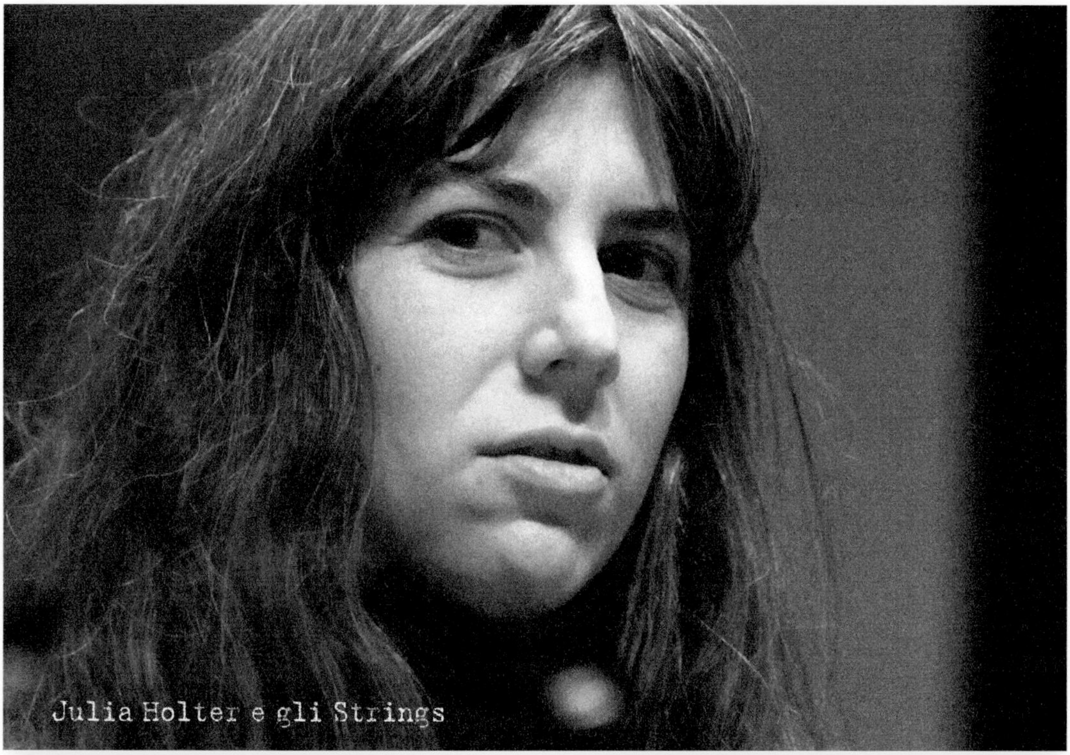

Julia Holter e gli Strings

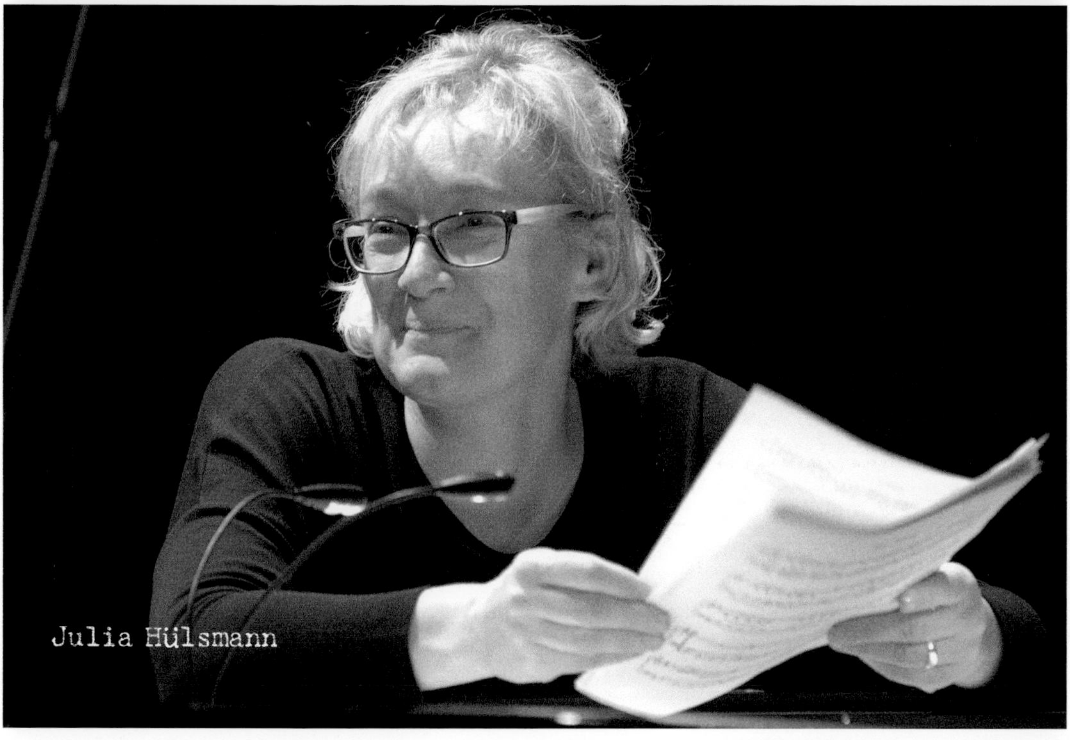

Julia Hülsmann

suscitando clamore ed indignazione, suonando Free Jazz, che nella scena europea era una novita'. Per comprendere quanto la Global Unity Orchestra fosse singolare e rivoluzionaria in Germania e in Europa, dove persisteva ancora la mentalita' paternalistica e tradizionale del dopo guerra, ci viene ancora incontro l'articolo di Morton:

Si doveva soltanto ascoltare, con estrema attenzione, cio' che Schlippenbach realizzava con le prime partiture, che spesso venivano presentate graficamente e verbalmente anziche' in forma scritta, per affermare che gia' ai loro inizi per i componenti della band era fondamentale fare ordine nel caos (...) Se mai ci fosse stato un modello di riferimento a questo loro tipo di progetto, allora era "Free Jazz" di Ornette Coleman o "Ascension" di John Coltrane. (Estratto dall'articolo *Globe Unity @ 50* di Brian Morton nella rivista dei Berliner Festspiele, pag. 21)

Venerdi' 4 novembre 2016, i "vecchietti" della Globe Unity Orchestra si sono riuniti e molti del pubblico, oggi come allora, 50 anni fa, sono andati via scandalizzati, incapaci di sopportare il caos generato da una musica che ha il retrogusto dei migliori vini, che con il passare delle ore porta ordine e pace al tuo corpo e ai tuoi sensi... Al termine del concerto, pervaso da una forte sensazione di gioia interiore, mi sono incamminato verso casa lungo il vialone del Ku'damm. Tra i musicisti vi erano alcuni che io avevo gia' incontrato ed apprezzato nelle edizioni precedenti: ad esempio Tomasz Stańko, Alexander von Schlippenbach e Ernst-Ludwig Petrowsky. Termino la mia relazione su questa edizione del Jazzfest, parlando brevemente di altri tre interessanti concerti.

I primi due riguardano *Wadada Leo Smith* (tromba), che si e' esibito giovedi' 3 novembre con il suo quartetto *Great*

Lakes, e domenica 6 novembre nella chiesa Kaiser-Wilhelm-Gedächtnis-Kirche insieme a *Alexander Hawkins* (organo). Il terzo riguarda quello di Jack DeJohnette.

Wadada Leo Smith e' stato tra i tre finalisti del Premio Pulitzer per la musica nel 2013 grazie alla pubblicazione della sua opera (un box set di 4 dischi; 2012) intitolata "Ten Freedom Summers", attraverso la quale racconta la storia dei diritti civili negli Stati Uniti. "Ten Freedom Summers" e' un lavoro durato 34 anni. Il suono della tromba di Leo Smith e' influenzato da Miles Davis, al quale Wadada ha dedicato un tributo nel 1998 con l'incisione di "Yo, Miles!" in collaborazione con il chitarrista Henry Kaiser.

Il concerto del trio Matthew Garrison, Ravi Coltrane, Jack DeJohnette, e' iniziato addirittura con un assolo al pianoforte di DeJohnette, che nella scena jazz e' conosciuto come gigante della batteria. E' stata un'esibizione piuttosto intimistica, intervallata da violenti sporadici suoni polifonici, composti dal basso elettrico di Garrison, dal sopranino e dal sassofono tenore di Coltrane e guidati dall'inventivita' e dalle geniali improvvisazioni della batteria di DeJohnette. Jack, nato il 1942 a Chicago, dopo aver sperimentato correnti musicali differenti, e' cresciuto jazzisticamente negli anni sessanta, suonando assieme a John Coltrane, Charles Lloyd e Miles Davis.

La prossima edizione del Jazzfest si terra' dal 2 al 5 novembre 2017.

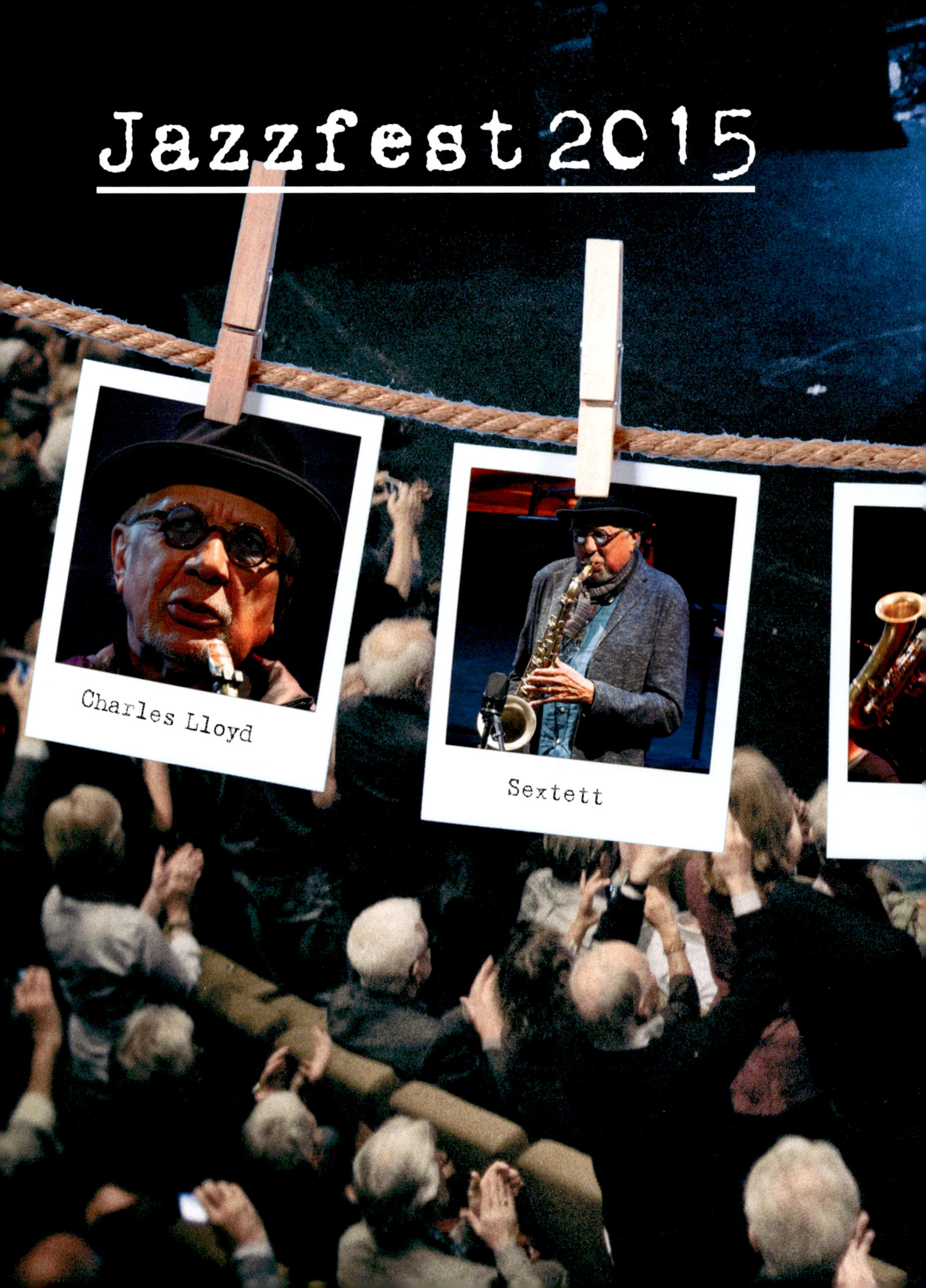
Jazzfest 2015
Charles Lloyd
Sextett

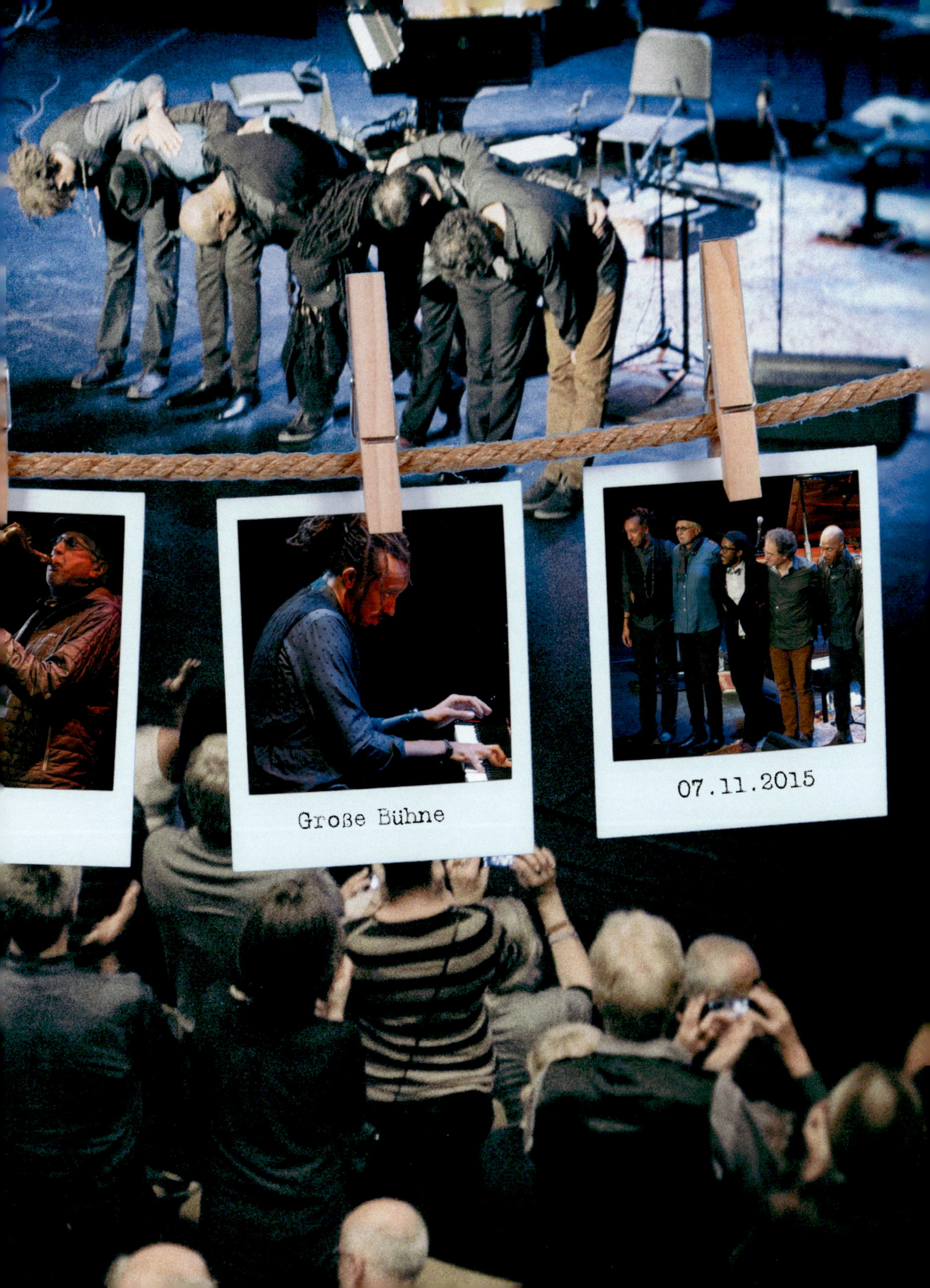
Große Bühne
07.11.2015

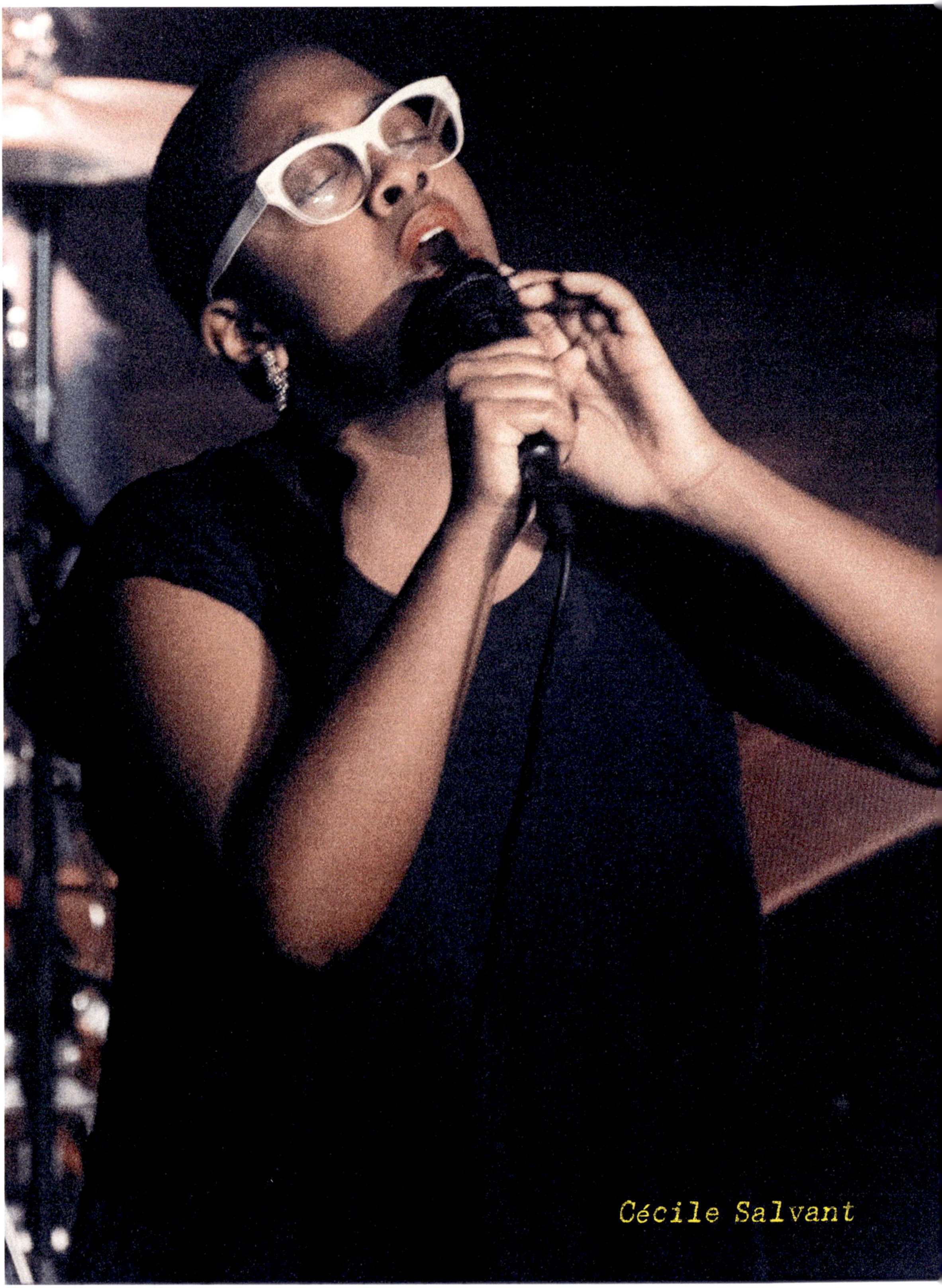

Cécile Salvant

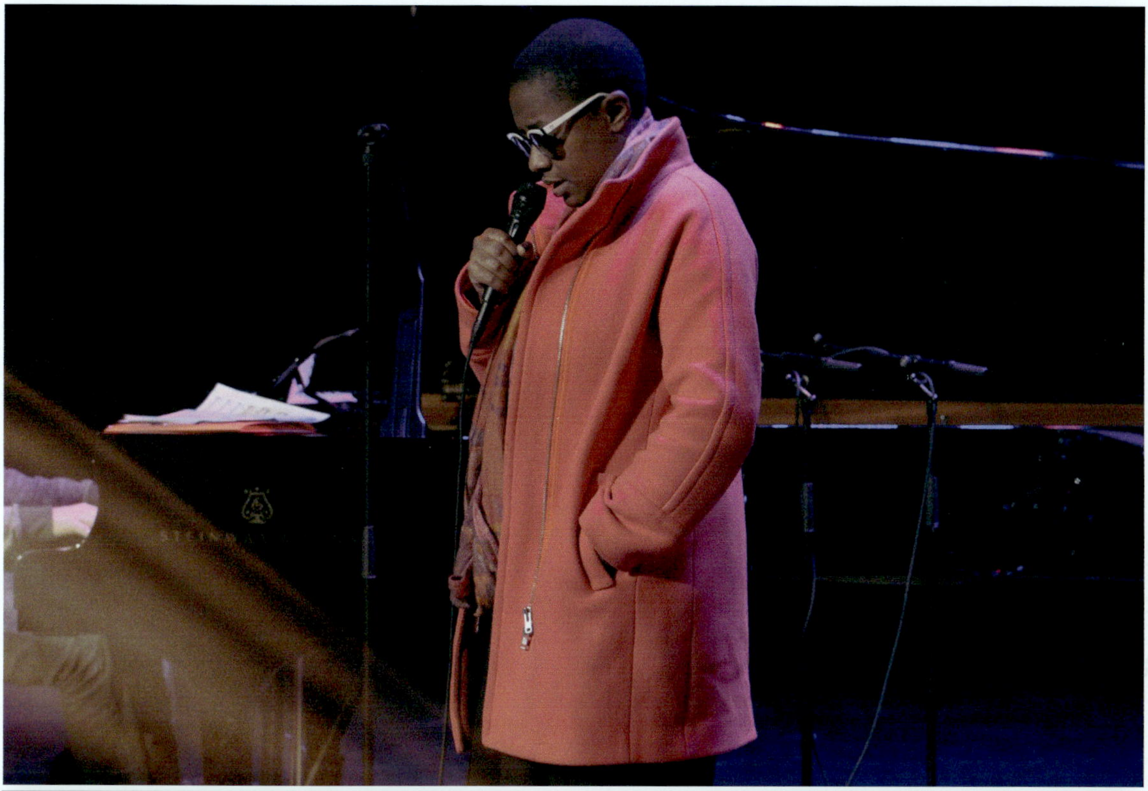

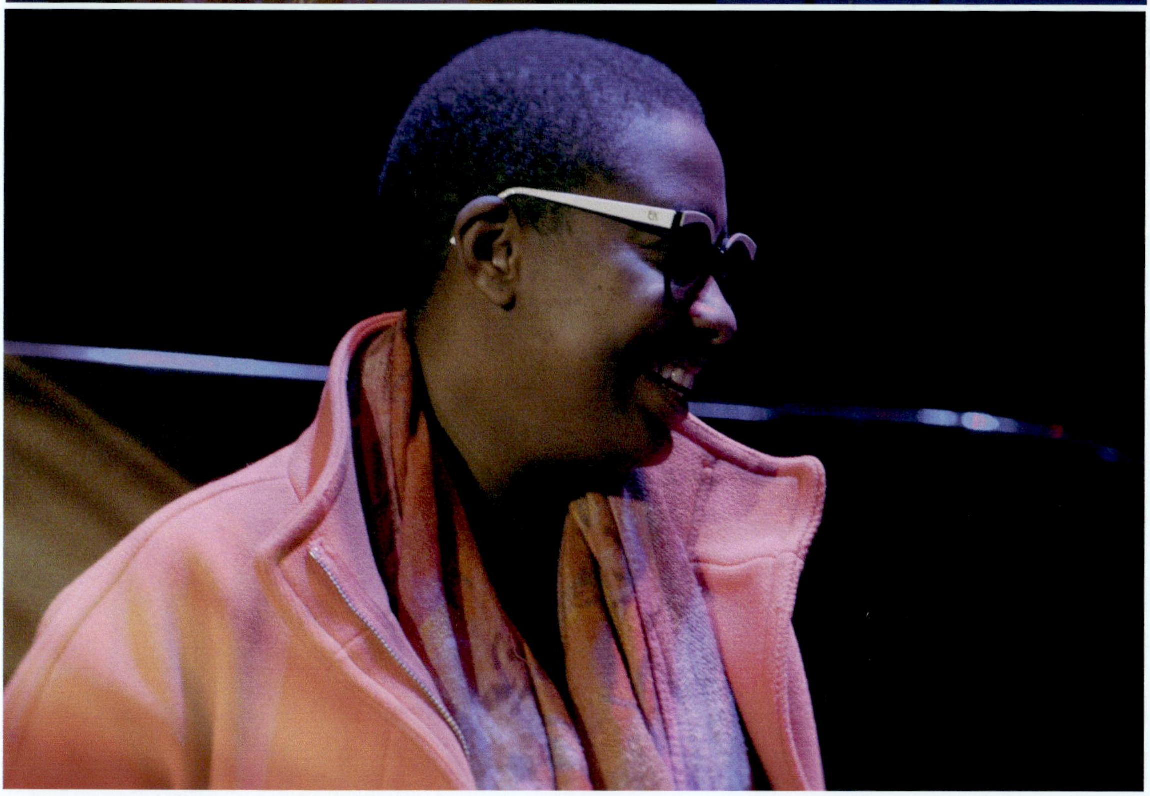

JAZZFEST 2015

Ingiustizie e speranze del mondo

30.11.2015

Il programma 2015 del festival presenta artisti di differenti generazioni e 30 nazioni, uniti da un unico fattore in comune: artisticamente sono tutti in perenne mutazione. Essi sono la testimonianza, che il jazz, fondamentalmente non e' uno stile, e neanche una serie di stili disparati, piuttosto un atteggiamento e uno "spirito"...
(Dalla prefazione al Jazzfest Berlin di Richard Williams e Thomas Oberender)

Come ogni anno il festival di jazz berlinese, uno dei piu' rinomati a livello internazionale, ha registrato una grande affluenza di pubblico. In quattro giorni, dal 5 all'8 novembre, sono stati venduti piu' di 6000 biglietti, registrando il pieno assoluto.

I concerti si sono tenuti nella sede dei Berliner Festspiele, nell'Accademia delle Belle Arti, nel club A-Trane e nella chiesa Kaiser-Wilhelm-Gedächtnis, dove si e' esibito il gruppo "The Necks". Questa e' stata la prima edizione da direttore artistico di *Richard Williams*.

Al centro del Festival vi sono stati stili, culture ed espressioni totalmente differenti, uniti tra loro dal caratteristico suono del jazz: un suono che si basa sull'improvvisazione, sull'imprevedibilita', che sorprende costantemente l'ascoltatore; un suono con un proprio singolare linguaggio, in costante mutazione e sviluppo, come risulta dalla descrizione ufficiale del programma:

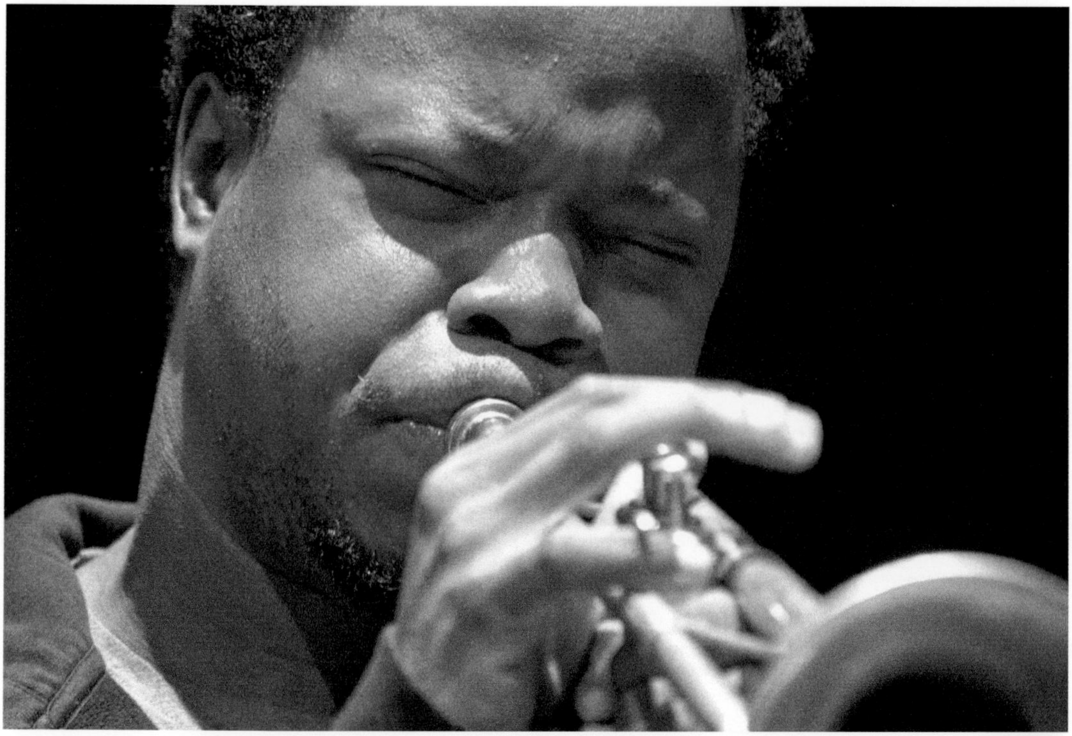

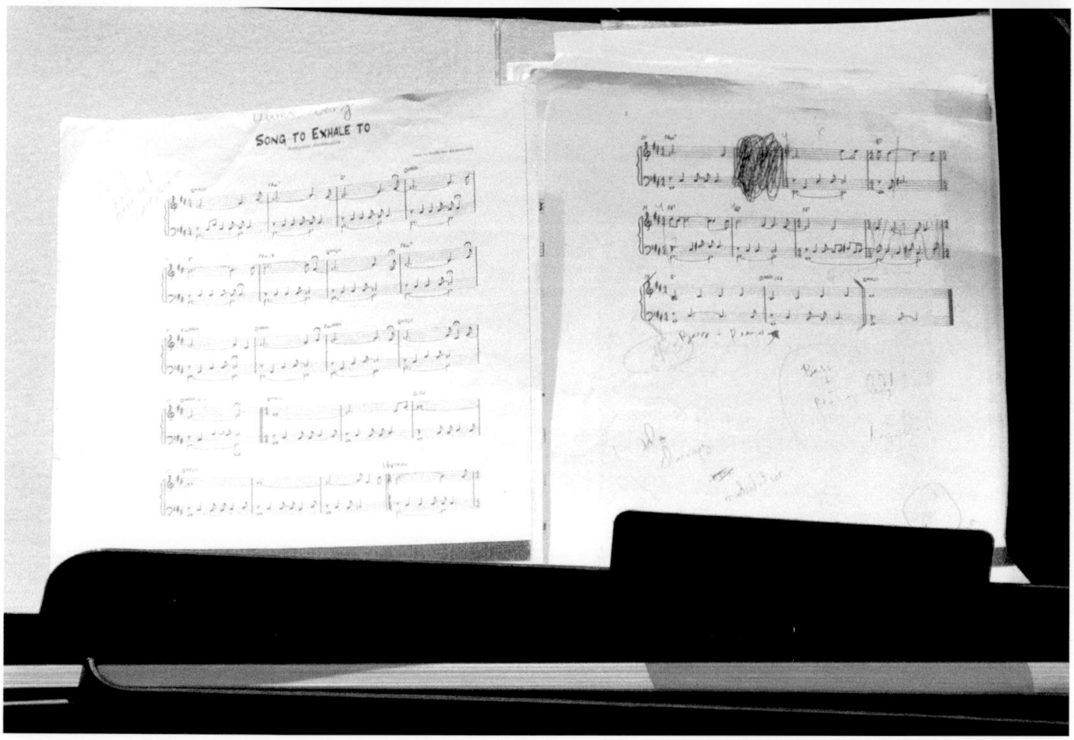
SONG TO EXHALE TO

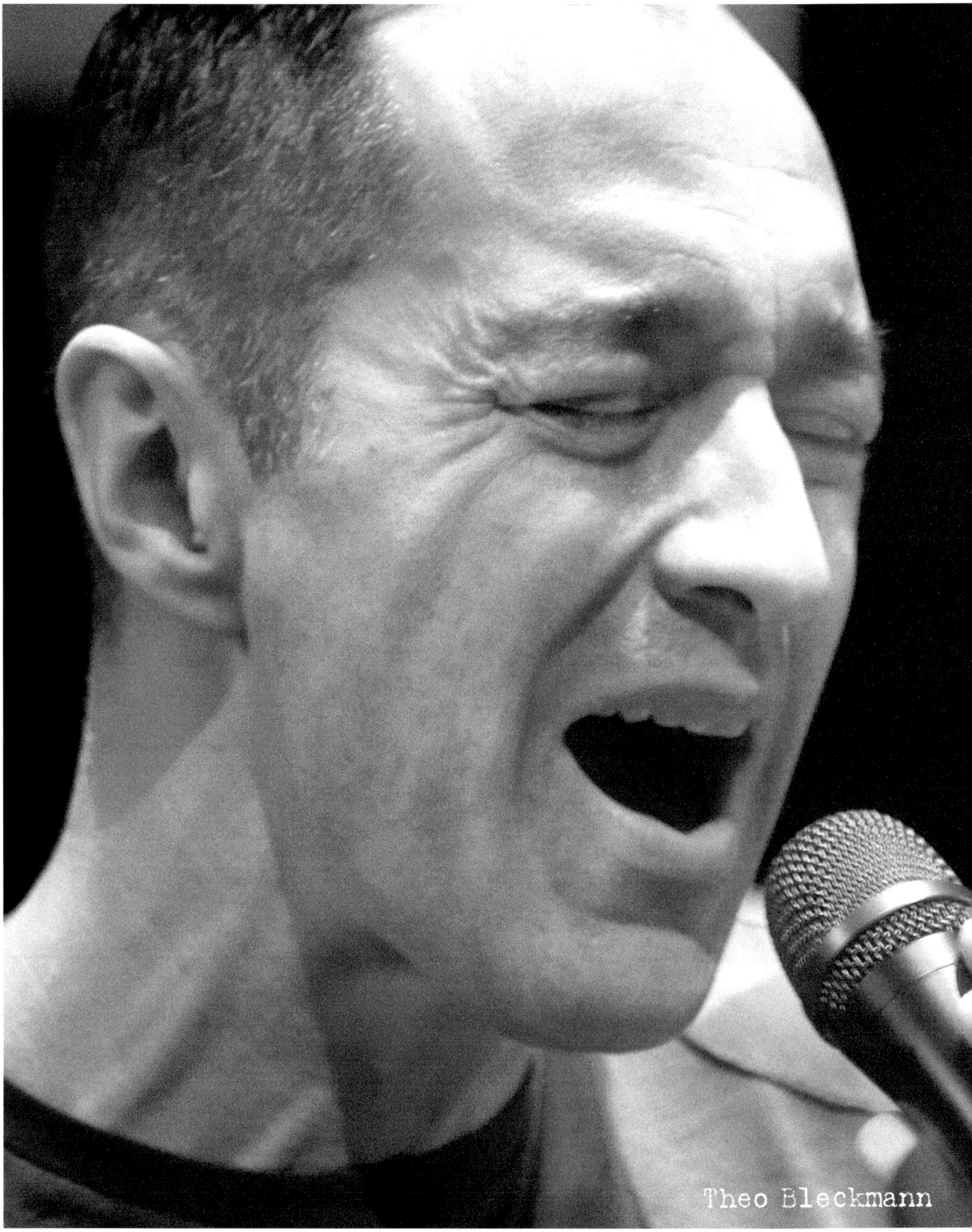
Theo Bleckmann

Il programma di quest'anno deve riflettere il continuo mutamento di una musica che persiste di generazione in generazione e i cui interpreti hanno in comune la voglia di svilupparsi ulteriormente...

Il nuovo direttore artistico Richard Williams ha dichiarato: "sono molto soddisfatto di come il pubblico ha reagito attivamente e generosamente alla varieta' musicale, che ho voluto che fosse il segno distintivo di questo festival. Volevo dare agli spettatori forti contrasti, volevo mettergli delle idee in testa...". I musicisti hanno rispecchiato le differenti culture e linguaggi jazzisti della loro regione di provenienza come ad esempio il francese Vincent Peirani, l'irlandese Keith Tippett, il sudafricano Louis Moholo, l'italiano Giovanni Guidi, il portoricano Miguel Zenon, l'armeno Tigran Hamasyan, etc. Un sunto di diverse nazionalita' e' stato l'ensemble *Diwan der Kontinente*, formato da 22 musicisti di differenti Paesi, fondato dalla cantante Cymin Samawatie e dal batterista Ketan Bhatti. Il loro e' stato un concerto importante perche' ha lanciato il messaggio di tolleranza e comprensione tra persone di differenti nazionalita' e religioni, uniti dall'amore per la musica. Un messaggio rilevante, in questo periodo cosi' difficile per l'umanita'. Il concerto si e' svolto domenica 8 novembre nella sala principale dei Berliner Festspiele. Il pubblico si e' trovato d'accordo con le parole di pace espresse da Cymin Samawatie durante il discorso d'introduzione e naturalmente ha apprezzato anche l'eccellente esibizione. Come affermato a inizio articolo, il jazz e' un genere musicale in costante evoluzione; vi sono pero' dei tratti immutabili, che persistono sin dai suoi albori: sin dalla sua nascita ha descritto il vissuto della popolazione di colore degli Stati Uniti. I musicisti di allora trasportavano e quelli di oggi trasportano tutt'ora nei loro brani il loro

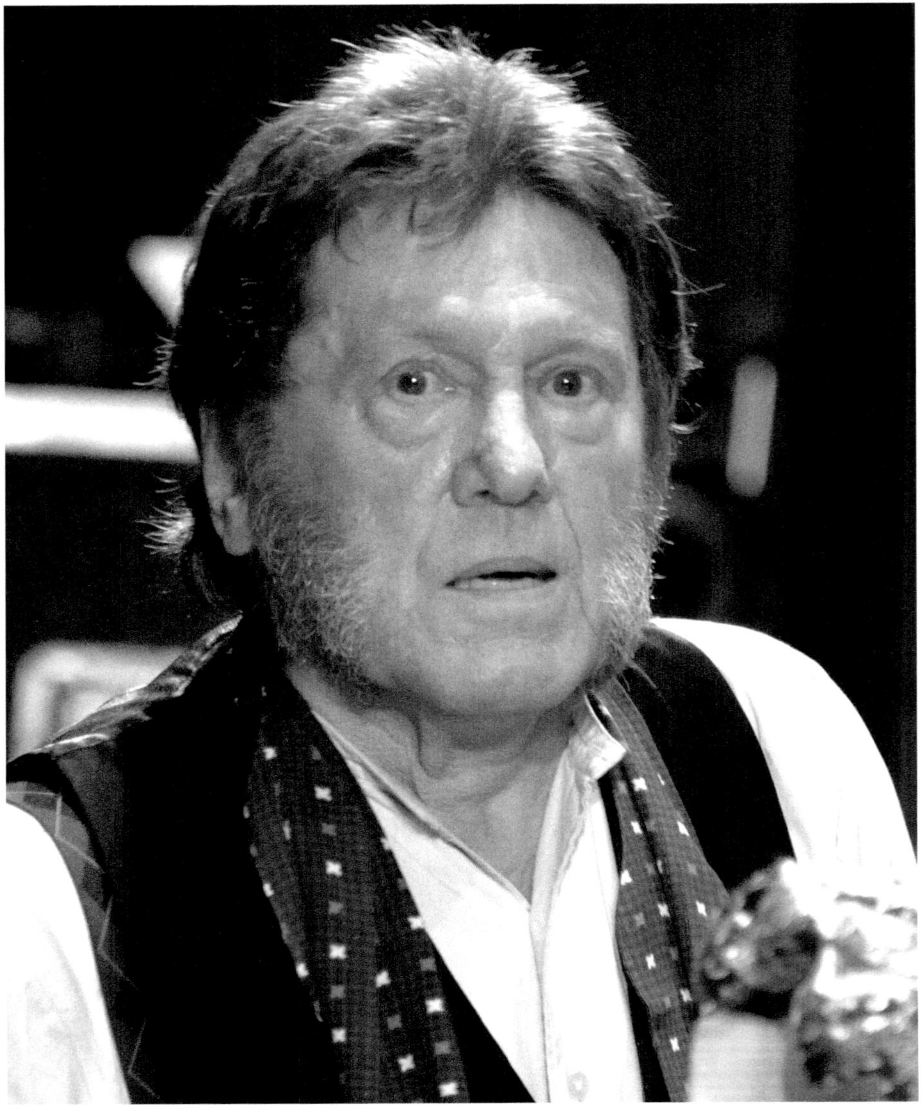

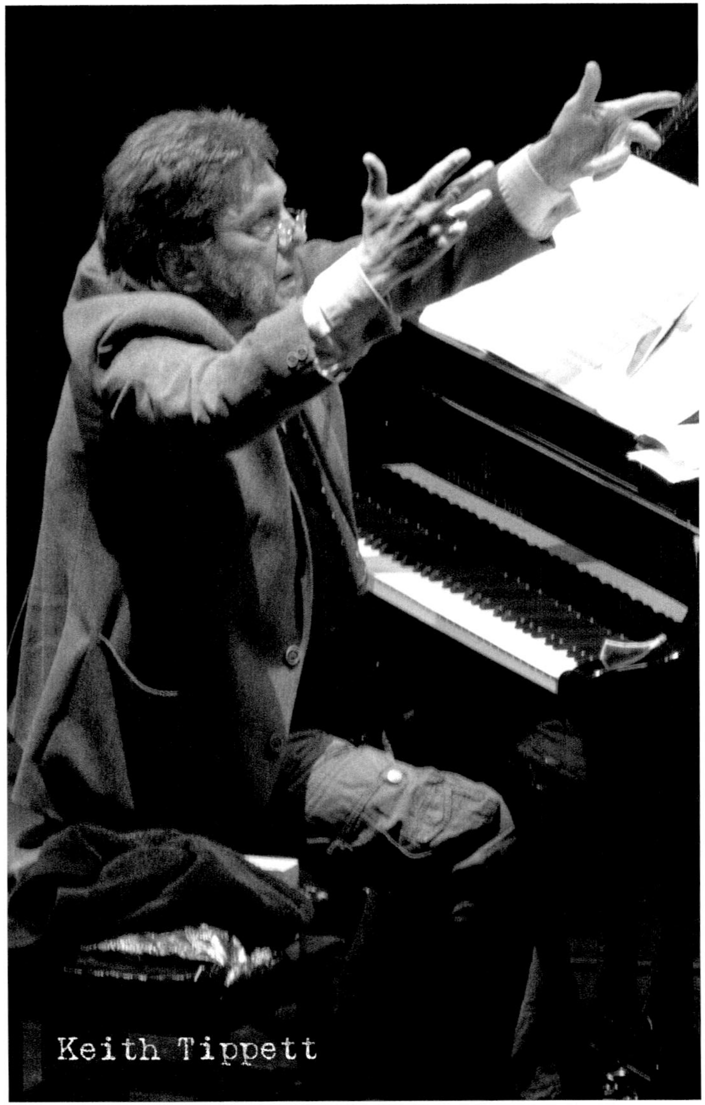

Keith Tippett

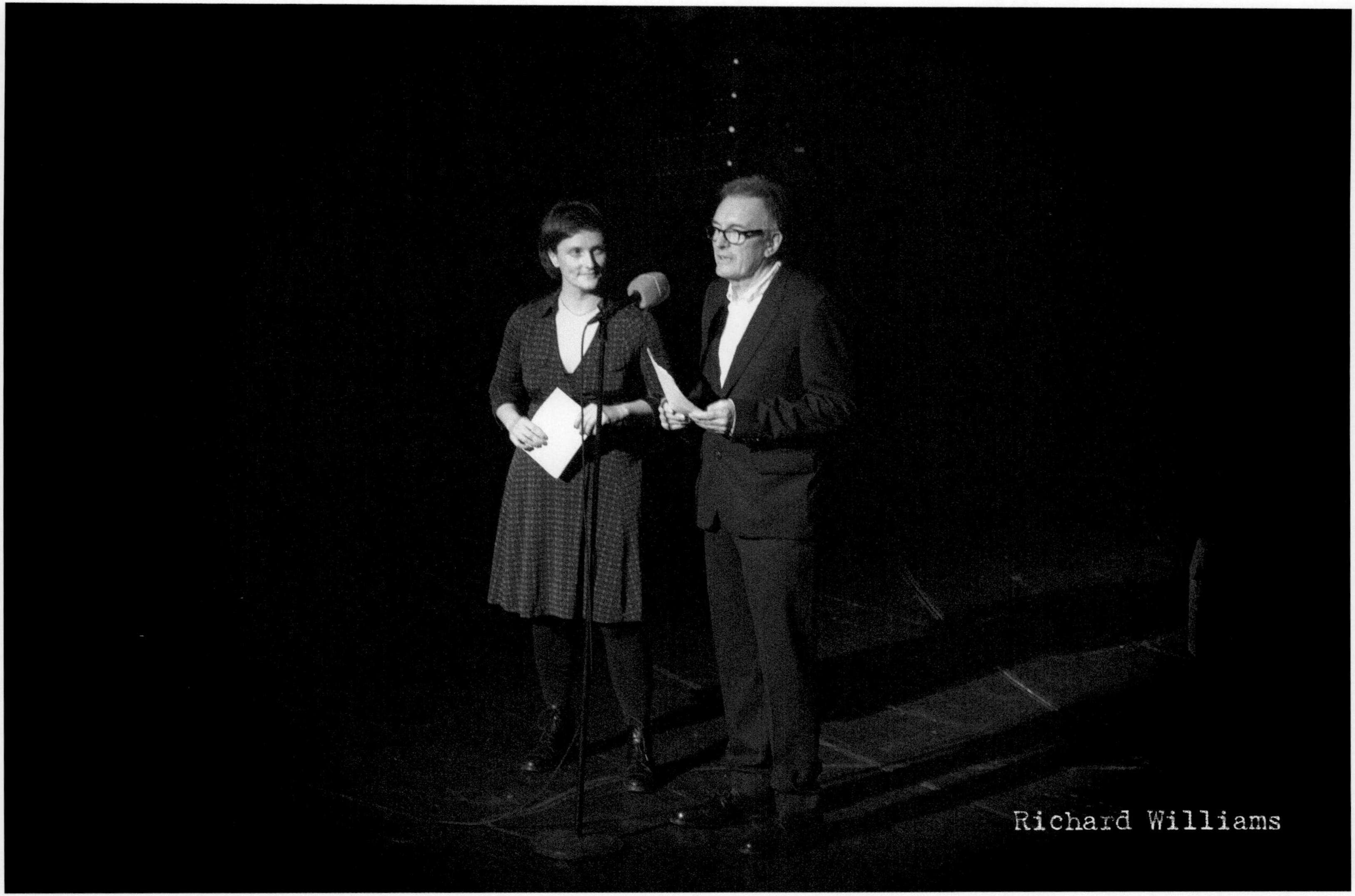

Richard Williams

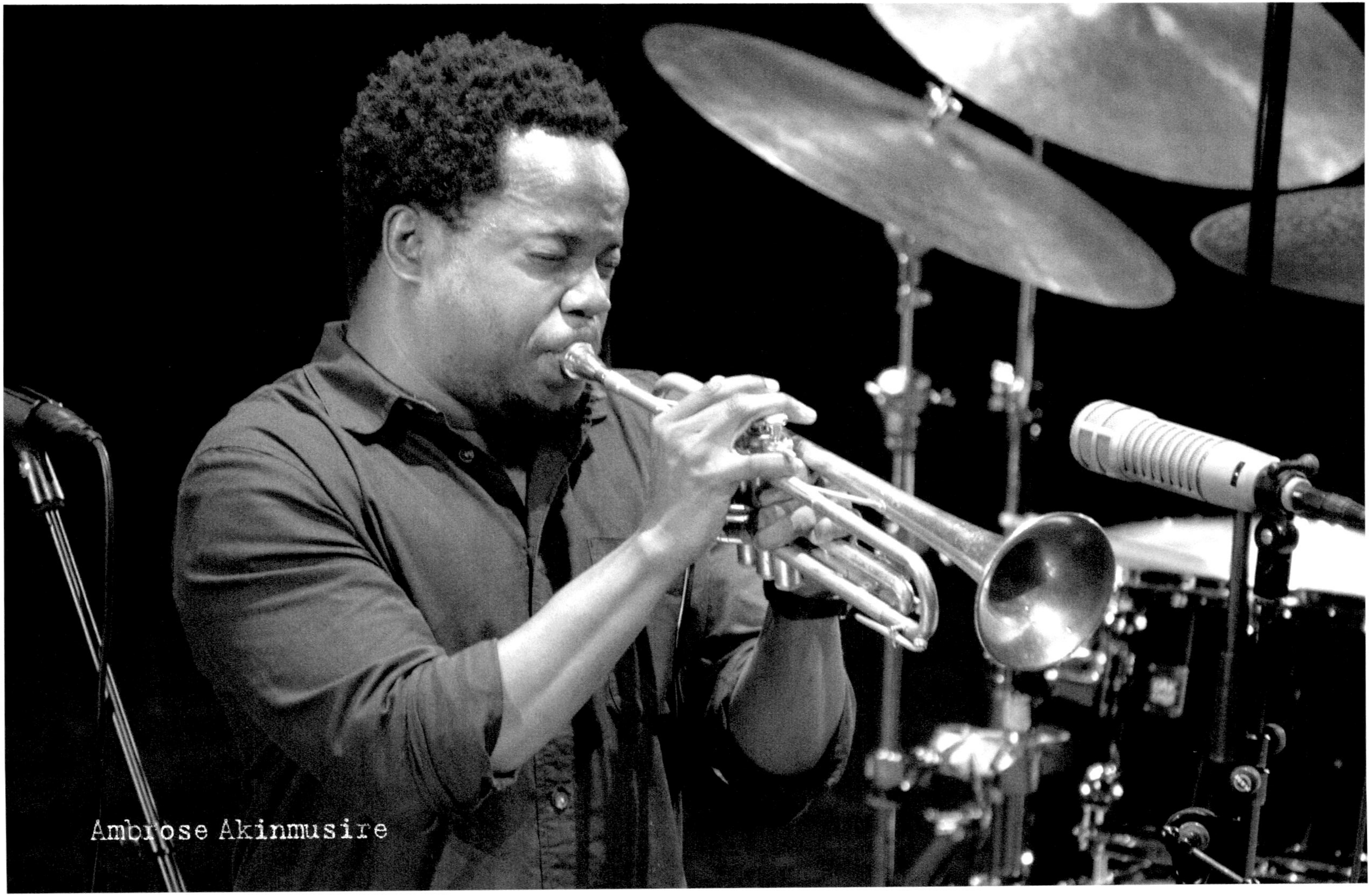

Ambrose Akinmusire

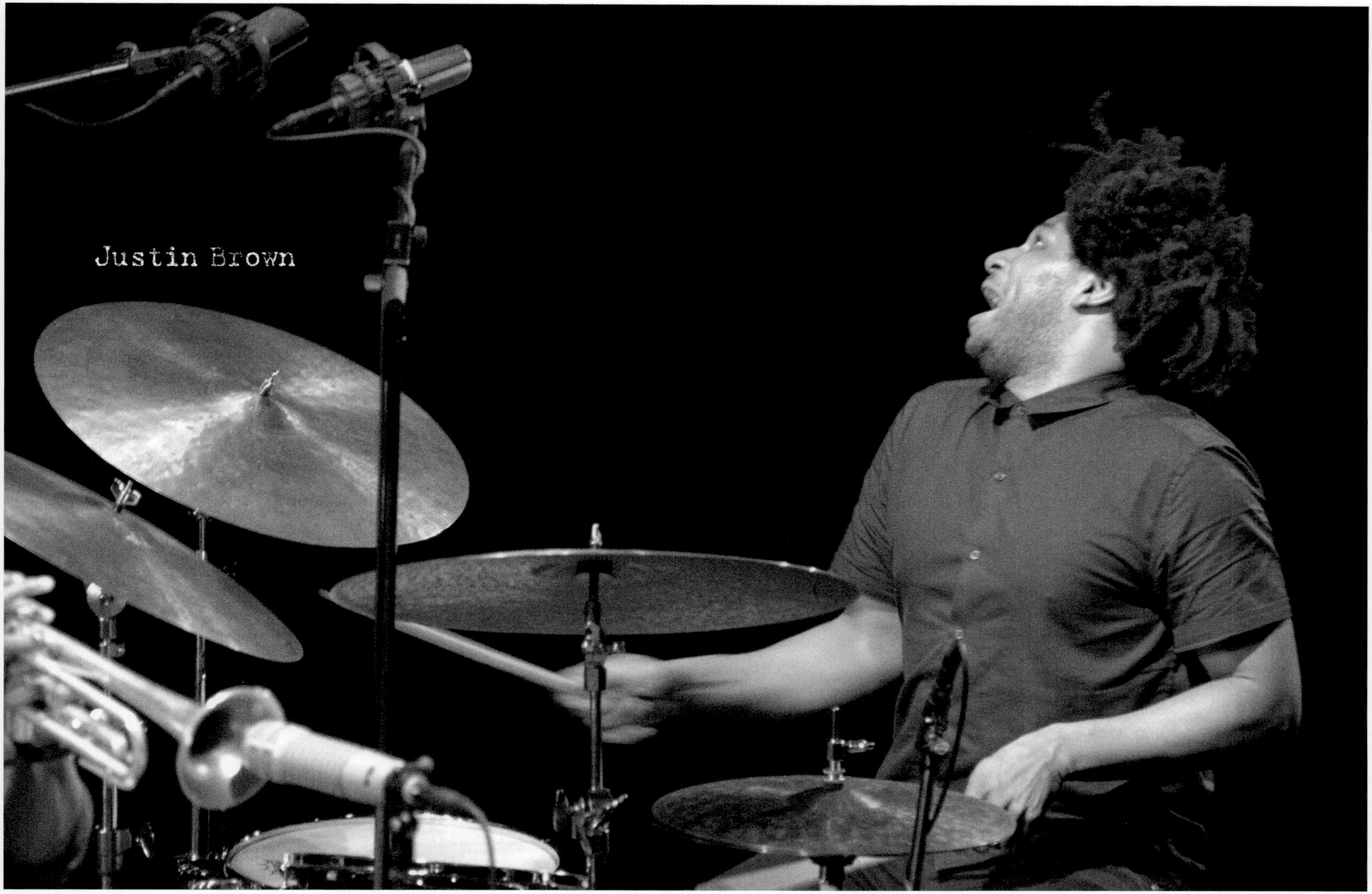
Justin Brown

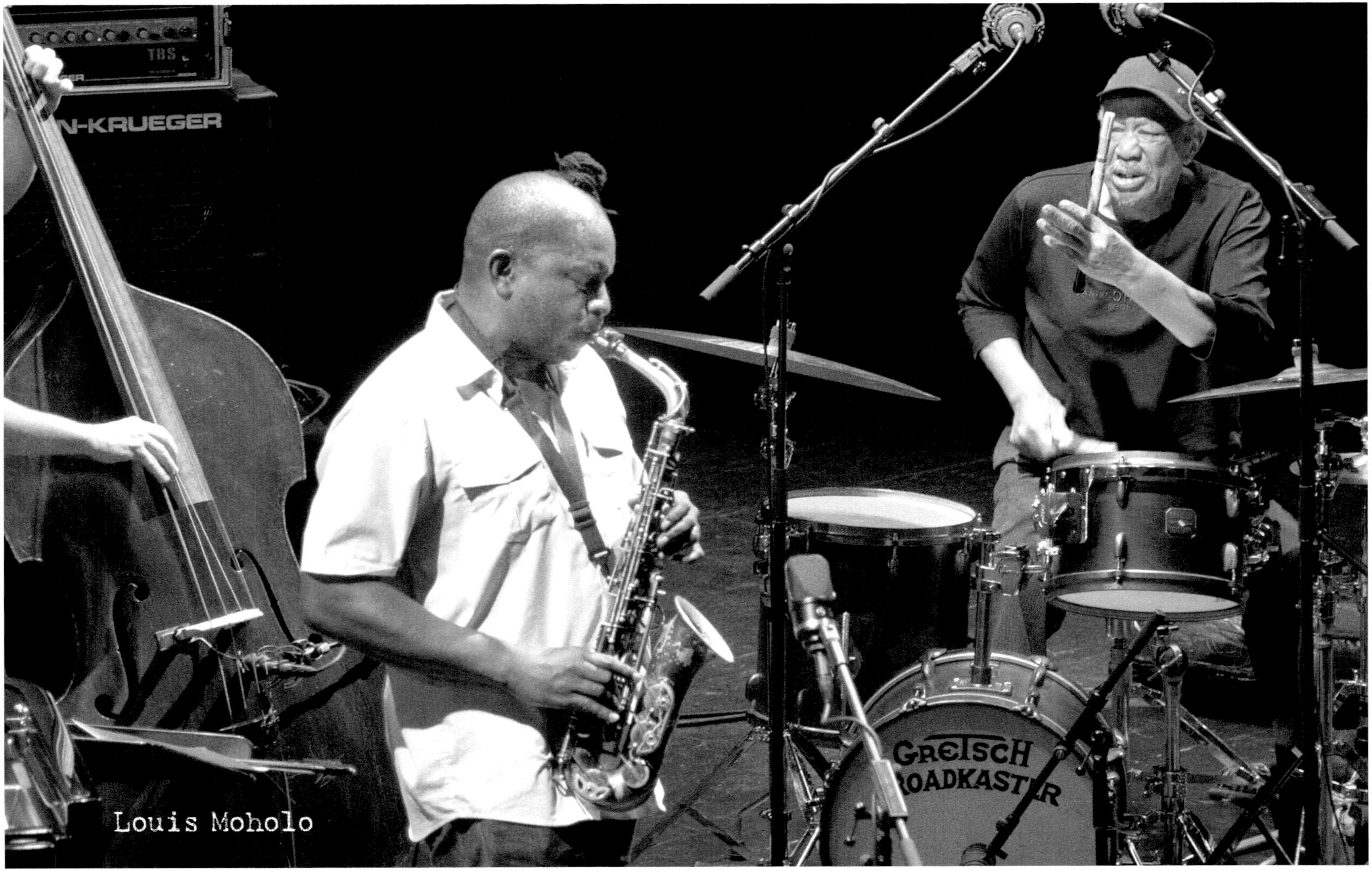

Louis Moholo

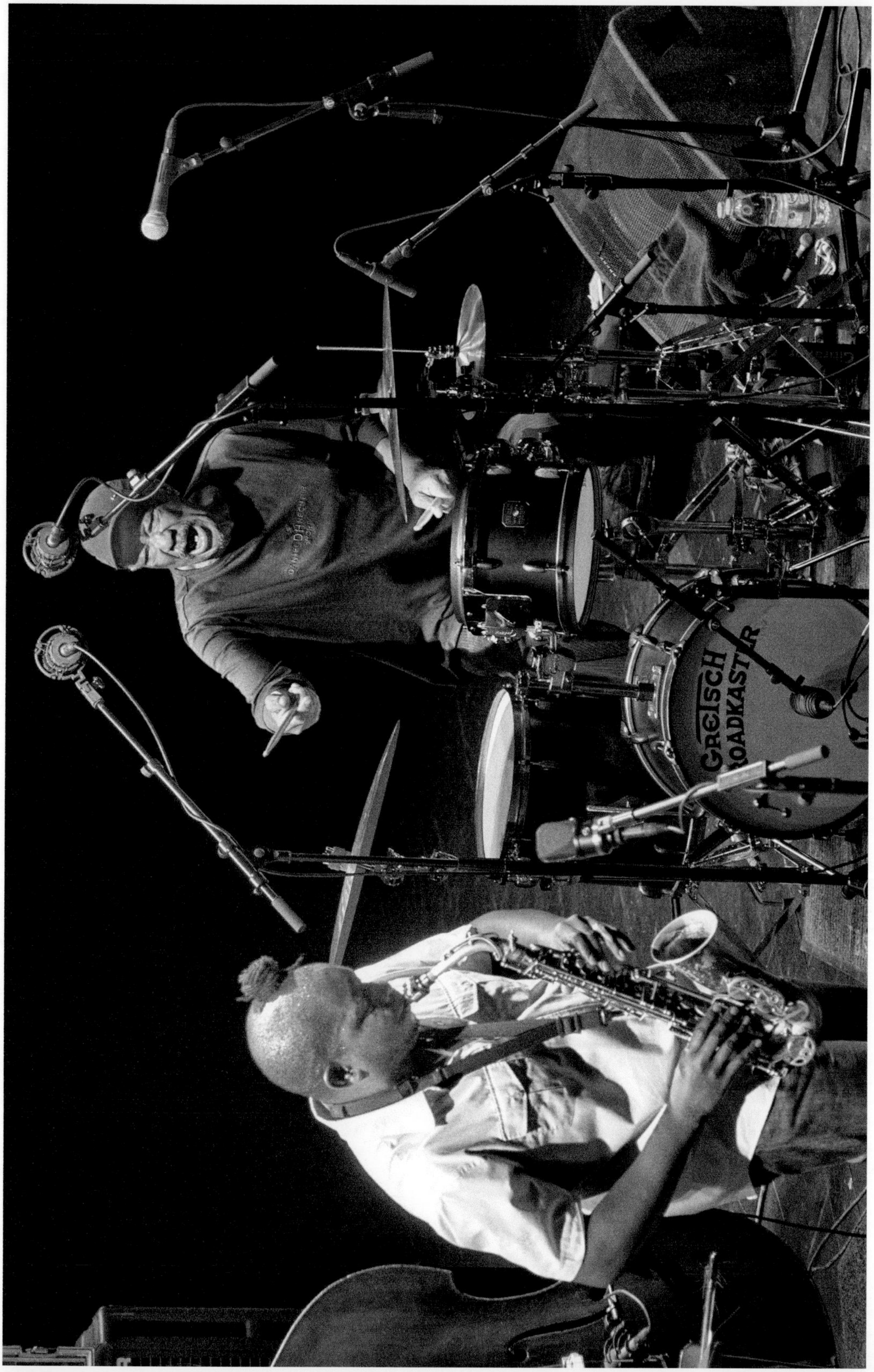
GRETSCH

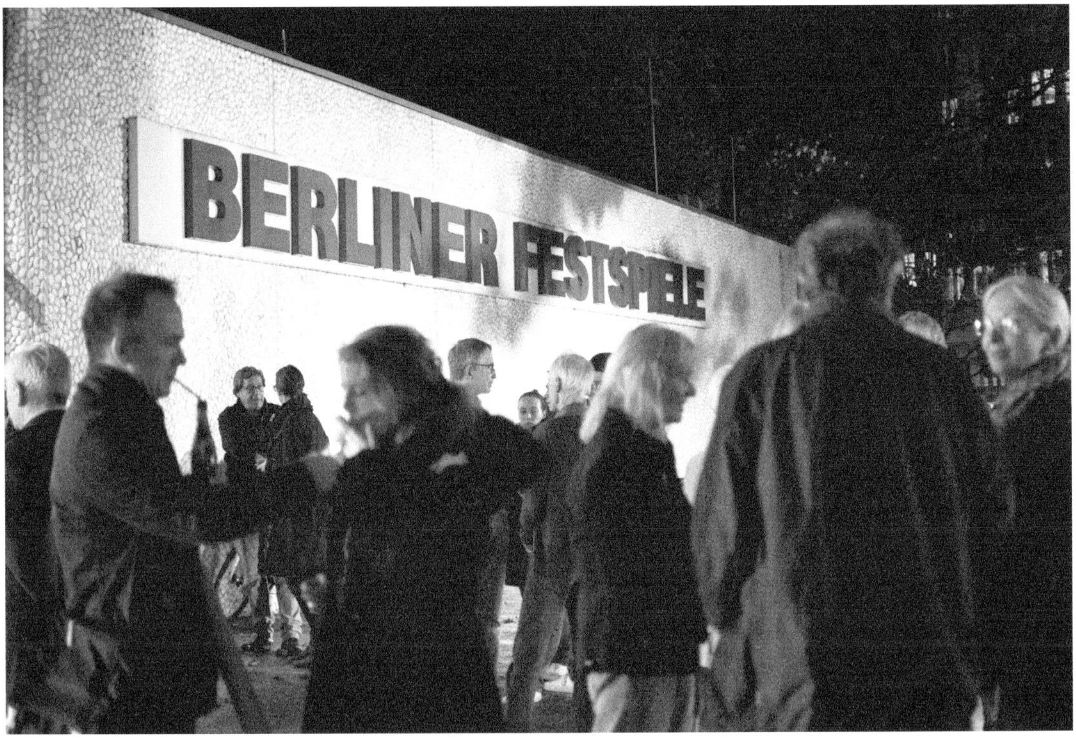

Momenti del festival

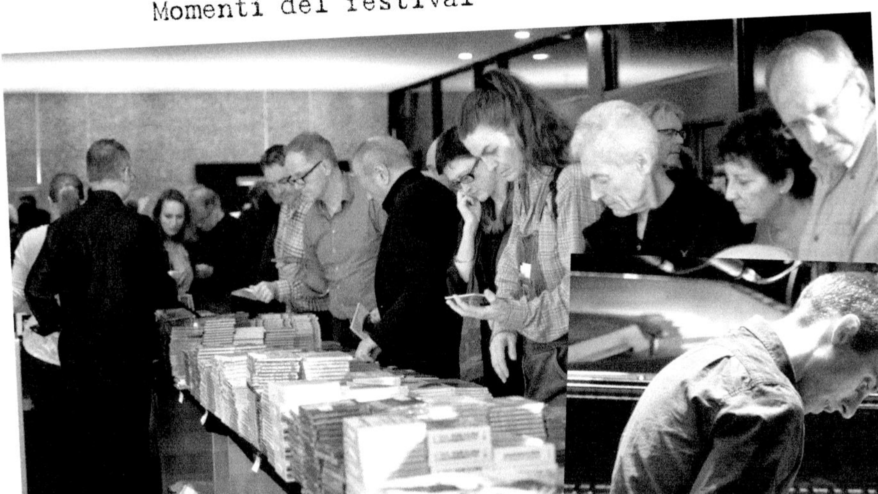

Alexander Hawkins

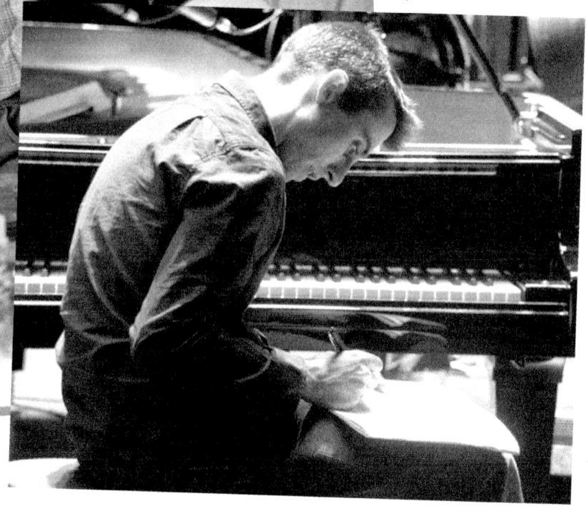

vissuto quotidiano, i loro stati d'animo, le ansie, le gioie, i dolori e la ribellione ai torti subiti, alle ingiustizie sociali e la voglia di riscatto...

Interessante a tal proposito e' l'articolo "Dalla colonna sonora di un movimento" di John Murph, pubblicato nella rivista dei Berliner Festspiele. All'inizio, l'autore cita il discorso d'inaugurazione del primo Jazzfest Berlin, avvenuto nel 1964, di Martin Luther King, nel quale il pastore evidenzia l'importanza del jazz contro le ingiustizie sociali e contro il razzismo negli Stati Uniti e invita gli spettatori, non solo a gioire delle esibizioni di Miles Davis, Coleman Hawkins, George Russell e Rosetta Tharpe, ma di considerarli come esseri umani, come delle persone. John Murph, poi descrive il ruolo fondamentale giocato dal jazz durante i movimenti di protesta civile avvenuti tra la meta' degli anni cinquanta fino alla fine degli anni sessanta, citando grandi artisti del calibro di Max Roach, Nina Simone, Billy Taylor, Archie Shepp, Charles Mingus e Sonny Rollins, che hanno composto brani politicamente e sociologicamente impegnati, come ad esempio "Malcolm, Malcolm, Semper Malcolm" e "I wish I knew how it would feel to be free" ("Mi piacerebbe sapere cosa si prova ed essere liberi"). Nel 2015, nonostante l'elezione a Presidente di Barack Obama, una nuova forte ondata di razzismo e' riesplosa negli Stati Uniti. I musicisti jazz, come da tradizione, hanno espresso attraverso la loro musica, gli ultimi dolorosi eventi, sostenendo il movimento di protesta #BlackLivesMatter.

Tra questi, l'autore dell'articolo, cita Robert Glasper, Matana Roberts, Ambrose Akinmusire, Terence Blanchard e Christian Scott, che l'anno scorso aveva partecipato ed aveva tenuto uno dei concerti piu' apprezzati al Jazzfest. Il movimento #BlackLivesMatter era stato fondato da Alicia Garza, Patrisse Cullors e Opal Tometi per protestare contro la scarcerazione, nel 2013, di George Zimmerman, che aveva

sparato contro il disarmato diciassettenne afroamericano Trayvon Martin. L'organizzazione ha acquistato sempre piu' rilievo internazionale con l'aumento esponenziale della violenza contro la gente di colore. Da ricordare sono la sparatoria di Darren Wilson contro il diciottenne Michael Brown, anche lui disarmato. Come nella maggioranza dei casi, anche in questa circostanza il poliziotto non e' stato condannato. Gli spiacevoli ed assurdi episodi di razzismo odierni, che trovano eco nelle composizioni jazz contengono lo stesso messaggio finale dei #BlackLivesMatter:
"Noi esistiamo", "La vita dei neri ha un valore".

L'autore dell'articolo "Dalla colonna sonora di un movimento" John Murph cita a tal proposito due composizioni di Akinmusire: "My Name is Oscar" e "Rollcall for Those Absent". In "My Name is Oscar" la batteria rievoca i suoni delle sparatorie e degli attacchi feroci, mentre Akinmusire cita frasi come "Non sparare" ("Dont't shoot"), "Siamo uguali" ("We are the same") e "Io sono te" ("I am you").

In "Roll Call for Those Absent", Akinmusire e Sam Harris riproducono la voce innocente della ragazza Muna Blacke con prolungati e strazianti suoni melanconici della tastiera.

Altri esempi citati sono "Breathless" ("Senza fiato") del trombettista Terence Blanchard e "I can't breath" ("Non riesco a respirare") del bassista Marcus Miller: i due titoli ricordano le parole pronunciate da Eric Garner, prima di rimare ucciso soffocato dalla morsa letale del poliziotto Daniel Pantaleo.

Il Jazzfest 2015 e' stato inaugurato giovedi' 5 novembre 2015 da una grande formazione: *la Splitter Orchester*, composta da artisti di differenti provenienze con sede a Berlino, che hanno interpretato la composizione di George Lewis.

Il secondo concerto del festival e' stato quello del quartetto di *Cécile McLorin Salvant*, composto da Fred Nardin (piano), Paul Sikivie (contrabbasso), Lawrence Leathers (batteria). La calda voce della giovane artista, nata il 1989 da madre francese e padre haitiano, ha conquistato immediatamente il pubblico, che l'ha omaggiata, piu' volte, con applausi scroscianti. Cécile si e' messa immediatamente in evidenza in campo jazzistico a soli 20 anni, quando ha vinto il rinomato premio Thelonius Monk. Inoltre la sua incisione "WomanChild" (2013) ha ricevuto il grammy come miglior album vocale. Ultimamente ha dato alla luce "For One to Love". Sin dalla conferenza stampa, il direttore artistico Williams, ha voluto promuovere la figura delle donne nel jazz. Nella rivista ufficiale del festival vi e' un articolo di Nadin Deventer al riguardo, intitolato "Concentrazione - inventiva ... e poi il tema delle donne", dove si mette in evidenza la discriminazione di genere:

... Dalle ricerche risulta addirittura, che nel settore culturale complessivamente vi siano piu' donne che uomini attivi. Ma le posizioni piu' importanti invece sono ancora ad appannaggio prevalentemente o esclusivamente degli uomini...

Per capire ancor meglio la situazione attuale, Nadin Deventer cita l'affermazione del giornalista Steffen Greiner: "E' vero che una donna gestisce gli affari di governo della Germania, ma il sassofono e' ancora uno strumento per uomini".

I concerti di Cécile McLorin Salvant e di Laura Jurd al Jazzfest 2015 hanno dimostrato che le donne hanno gli stessi potenziali dei loro colleghi di genere maschile. Il quartetto *Laura Jurd's Dinosaur*, composto da Conor Chaplin (basso elettrico), Corrie Dick (batteria), Elliot Galvin (piano), si e' esibito sabato 7 novembre. Laura Jurd, trombettista, ha vinto nel 2015 il premio jazz assegnato annualmente dal Parlamento inglese. Dopo aver suonato in differenti complessi, ha formato il suo quartetto, i cui musicisti sono considerati dalla critica tra i piu' promettenti della nuova generazione. La stessa Jurd ha soli 24 anni. Dopo aver avuto successo nei suoi tour in differenti citta' quali Varsavia o Dublino, il sabato nella "Seitebühne" dei Berliner Festspiele ha conquistato anche il pubblico della capitale tedesca.

Un'esibizione del festival che mi ha impressionato tantissimo e' stata quella del quintetto di Vincent Peirani e Émile Parisien, di giovedi' 5 novembre. I due avevano gia' suonato l'anno scorso al Jazzfest, con il famoso batterista Daniel Humair.

Il gruppo di *Vincent Peirani* (fisarmonica) e di Émile Parisien (sassofono) e' composto da Yoann Serra (batteria), Julien Herné (contrabbasso) e Tony Paeleman (Fender Rhodes). Il concerto intitolato "Living Being" - dall'omonimo album - e' stato un enorme successo ed uno dei piu' apprezzati dal pubblico berlinese. Vincent Peirani, nato il 1980 a Nizza, ha iniziato a suonare la fisarmonica alla tenera eta' di undici anni ed ultimamente sta collezionando premi su premi. Nel 2015 ha ricevuto due riconoscimenti ECHO, uno come musicista solista e un altro come duo insieme a Èmile Parisien.

La giornata di Venerdi' 7 novembre e' iniziata con il concerto "The Nine Dances Of Patrick O'Gonogon" dell'ottetto di Keith Tippett, con la partecipazione speciale di sua moglie, la cantante inglese jazz rock Julie Tippetts, famosa negli anni '60 e '70, per la sua possente voce soul.

Keith Tippett e' divenuto un pianista importante negli anni '60 nella fiorente scena jazzistica britannica. A donargli notorieta' sono state sopratutto le collaborazioni con gruppi leggendari come i King Crimson, con i quali rimarra' legato dal 1970 al 1972. Nato nel 1947, figlio di un poliziotto, ha stretto un legame artistico importante con i musicisti sudafricani dei Blue Notes, scappati dal Sudafrica razziale, tra cui Louis Moholo, anche lui tra i partecipanti del JazzFest 2015. "The Nine Dances of Patrick O'Gonogon", impregnata di temi folk irlandesi, e' la sua

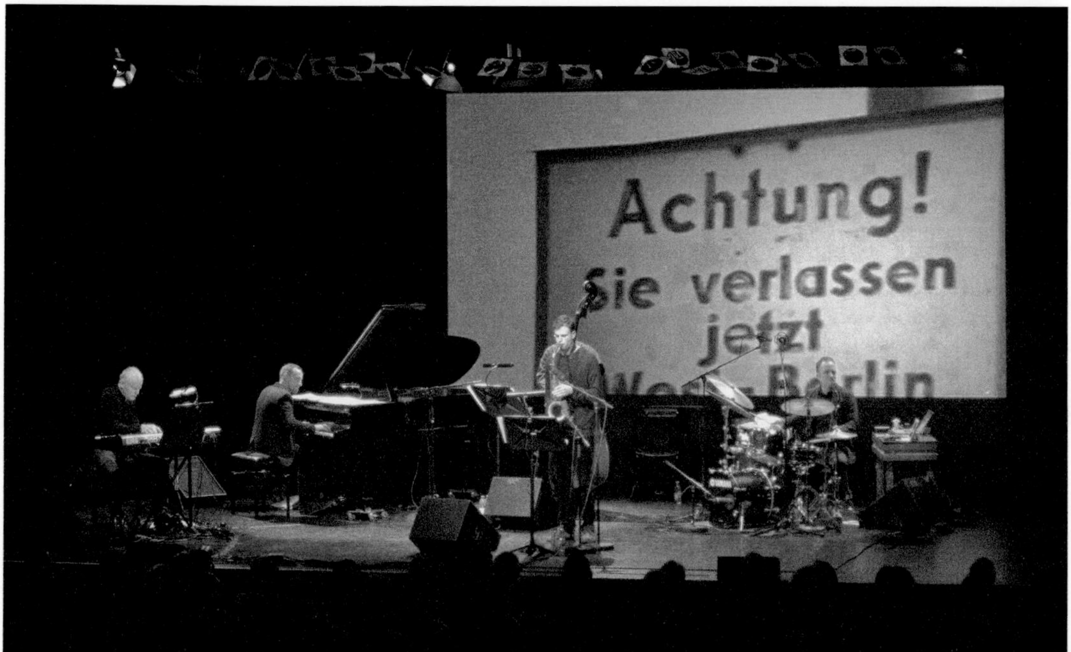

Dylan Howe's Subterraneans New Designs on Bowie's Berlin

Arricchito da proiezioni fotografiche d'epoca, Dylan Howe ha arrangiato pezzi musicali di David Bowie, che aveva composto durante la sua permanenza a Berlino ovest tra il 1976 e il 1978, nel quartiere di Schöneberg, precisamente all'indirizzo Hauptstraße 155. Il suo appartamento e' oggi un luogo visitato da molti turisti. Bowie si era trasferito a Berlino per disintossicarsi e perche' non sopportava gli aspetti negativi della notorieta'. La citta' divisa in due dal Muro gli garantiva quell'anonimita' che desiderava tanto. Lontano dalla luce dei riflettori ha dato vita a tre album Low, Heroes e Lodger che rispecchiano il carattere inquietante e depressivo della Berlino di allora, dove si percepiva la tensione provocata dalla Guerra Fredda. Senza fan che gli saltavano addosso, Bowie ha potuto vivere indisturbato tra i ritrovi dei transessuali, i club e i ristoranti piu' rinomati dell'epoca, i cui nomi sono rimasti tutt'oggi celebri.

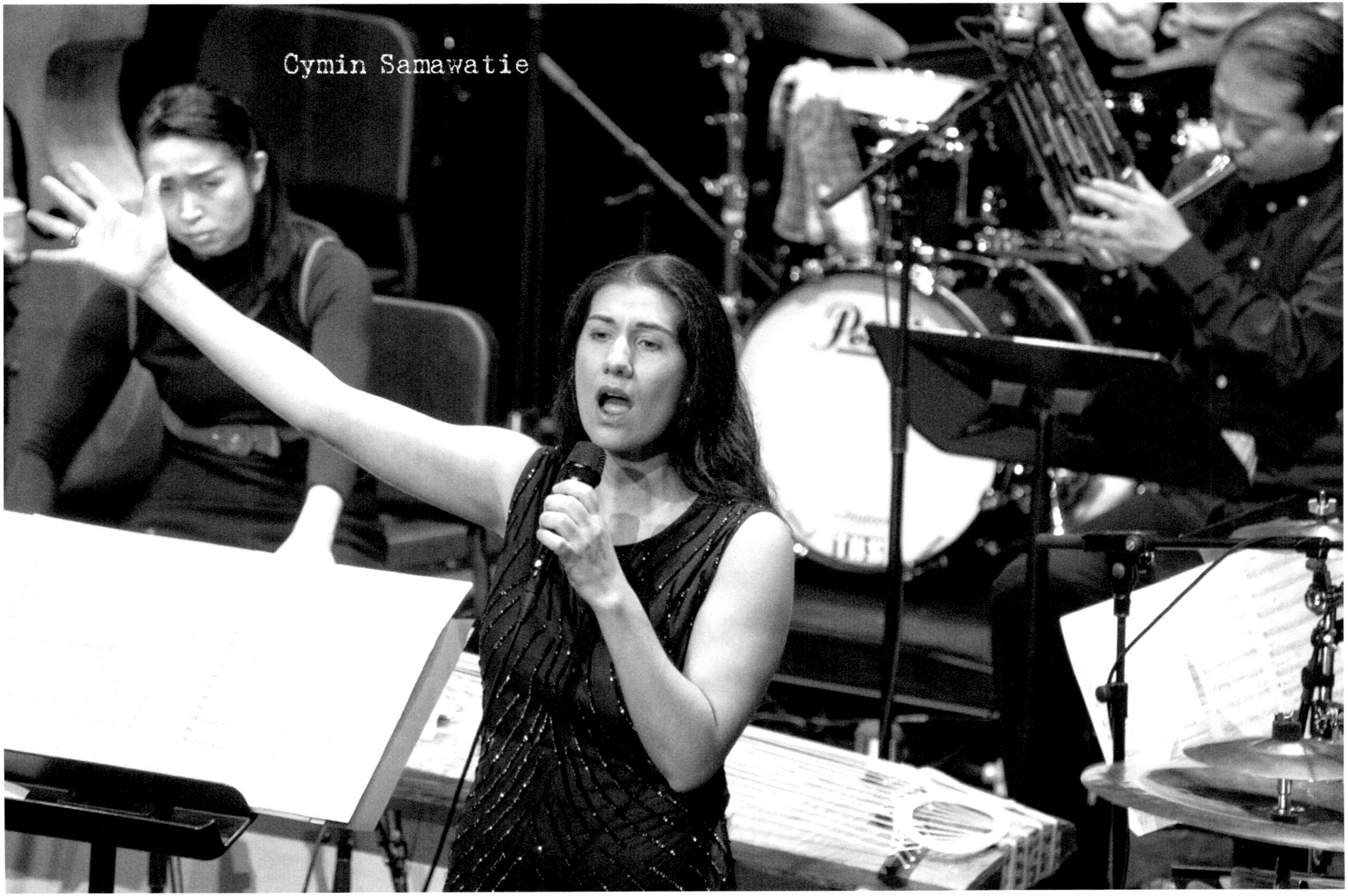

Cymin Samawatie

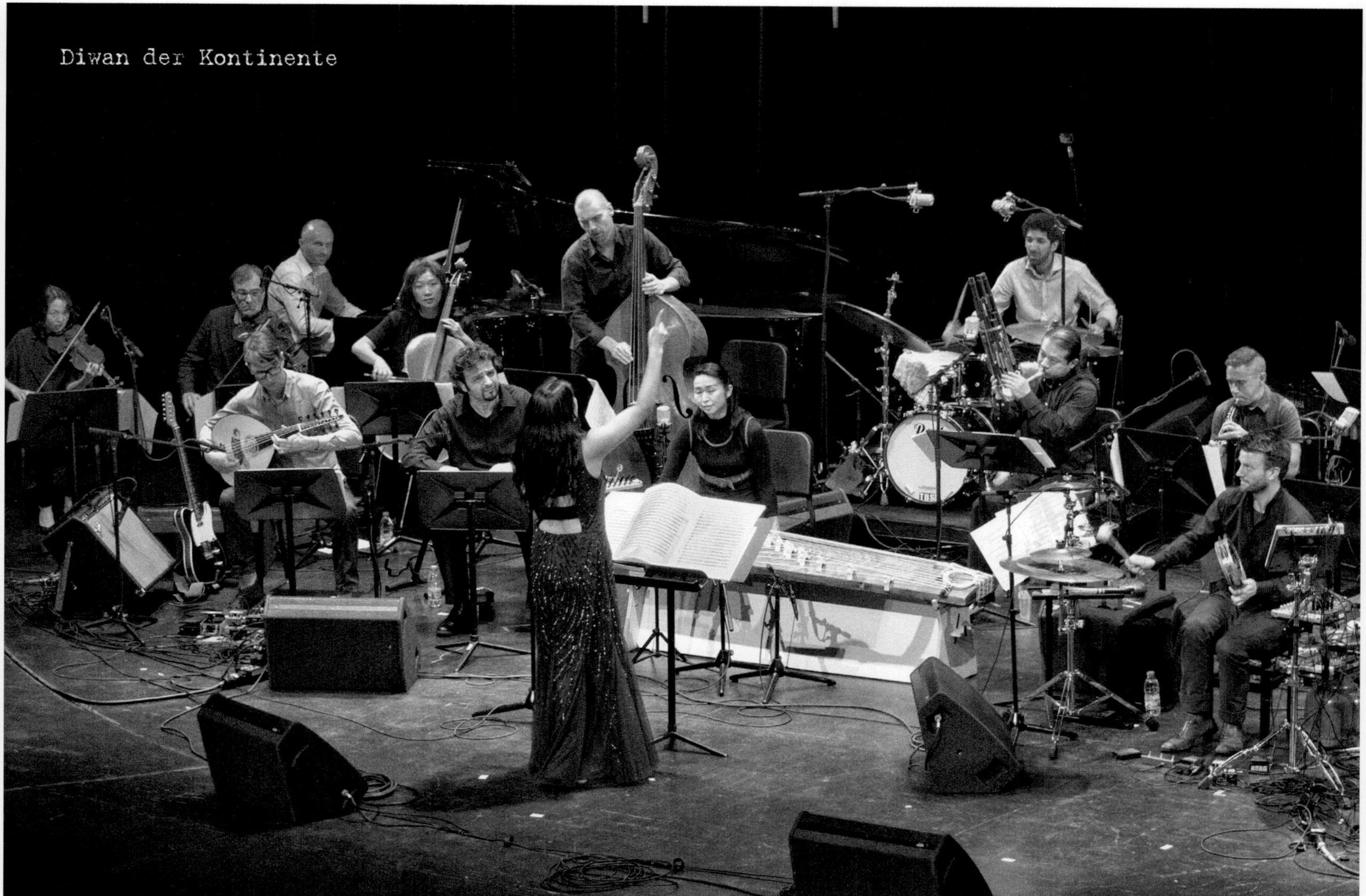

Diwan der Kontinente

ultima composizione. Il pubblico ha applaudito ripetutamente il suo virtuosismo e quello dei componenti della sua band composta da Fulvio Sigurta (tromba, Flicorno soprano), Sam Mayne (sassofono contralto, sassofono soprano, flauto), James Gardiner-Bateman (sassofono contralto), Kieran Mccloud e Richard Foote (trombone), Tom Mccredie (contrabbasso), Peter Fairclough (batteria).

Dopo le accattivanti musiche irlandesi mi sono lasciato trasportare dai ritmi portoricani del quartetto del sassofonista *Miguel Zenón*, classe 1976, originario di San Juan, dove ha compiuto i suoi studi musicali, prima di inserirsi nella scena newyorkese, facilitata grazie alle borse di studio della Fondazione Guggenheim e della Fondazione MacArthur. Nella sua composizione, intitolata "Identities Are Changeable" (Le identita' sono intercambiabili), si sono riflesse le condizioni di vita degli immigrati portoricani a New York. Gli altri componenti della sua band erano: Henry Cole (batteria), Hans Glawischnig (contrabbasso) e Louis Perdomo (piano). La serata di venerdi' 6 novembre si e' conclusa con il concerto di *Giovanni Guidi*. Mi sono recato con molta curiosita' al suo concerto all'A-Trane, perche'nella band di Giovanni vi fanno parte componenti come João Lobo, uno dei batteristi piu' richiesti della nuova scena jazz europea e come il bassista Thomas Moran, che ha collaborato con grandi del jazz, tra cui il trombettista polacco Tomasz Stańko. Giovanni Guidi, classe 1985, e' originario di Foligno, cittadina non molto distante da Perugia, dove si svolge il festival estivo "Umbria Jazz".

Il terzo e il quarto giorno del festival sono stati i miei preferiti. Sono rimasto piacevolmente colpito dal mio primo concerto di sabato 8 novembre del trio *Tigran Hamasyan*.

Il suono del pianista Hamasyan, chiaramente influenzato dall'Armenia, la sua Patria d'origine, ha coinvolto e trasportato il pubblico, che ha applaudito costantemente.

Eccellente performance anche degli altri due membri del gruppo: Arthur Hnatek (batteria) e Sam Minaie (contrabbasso).

Tigran Hamasyan e' nato il 1987 a Gyumri, capoluogo della provincia di Shirak e seconda citta' piu' popolosa dell'Armenia. Tigran ha iniziato a suonare il piano di famiglia a soli tre anni e a soli 18 anni ha registrato il suo primo album "World Passion". Dopo aver iniziato sistematicamente a studiare musica a sei anni, a dieci anni si e' trasferito in California con la sua famiglia. La sua Patria non l'ha mai dimenticata, l'ha portata dentro di se' e nella sua musica, che s'ispira anche alle opere del poeta connazionale Petros Duryan. Musicalmente e' stato influenzato dai compositori armeni Arno Babajanian e Avet Terterian. Il jazz di Hamasyan non e' un'artificiosa imitazione della musica armena, ma un genuino amore verso la sua terra. La sua autenticita' ha entusiasmato la gente presente in sala. Hamasyan ha ricevuto numerosi premi: i piu' importanti sono il "Thelonious Monk Institute of Jazz" nel 2006 e il "Vilcek Prize for Creative Promise in Contemporary Music" nel 2013, istituito dalla Fondazione Vilcek, con lo scopo di rendere consapevole la popolazione degli Stati Uniti del contributo degli immigrati nel campo della scienza, delle arti e della cultura in USA.

Dopo il trio di Hamasyan, si e' svolta l'esibizione di *Charles Lloyd*, che non ha deluso le grandi aspettative. Con lui vi erano Gerald Clayton (piano), Joe Sanders (contrabbasso), Eric Harland (batteria), Socratis Sinopoulos (lira) e Miklós Lukács (cimbalom). Nato il 1938 a Memphis nel Tennessee, e' diventato famoso principalmente come suonatore di flauto e sassofono tenore grazie alla composizione "Forest Flower". Fa parte della vecchia generazioni di jazzisti: e' cresciuto musicalmente insieme a personalita' quali B. B. King, Keith Jarrett, Jack DeJohnette. Nonostante l'eta', sul palco, ha suonato per un'ora, senza pausa, senza cedimenti, un eccellente pezzo introspettivo autobiografico.

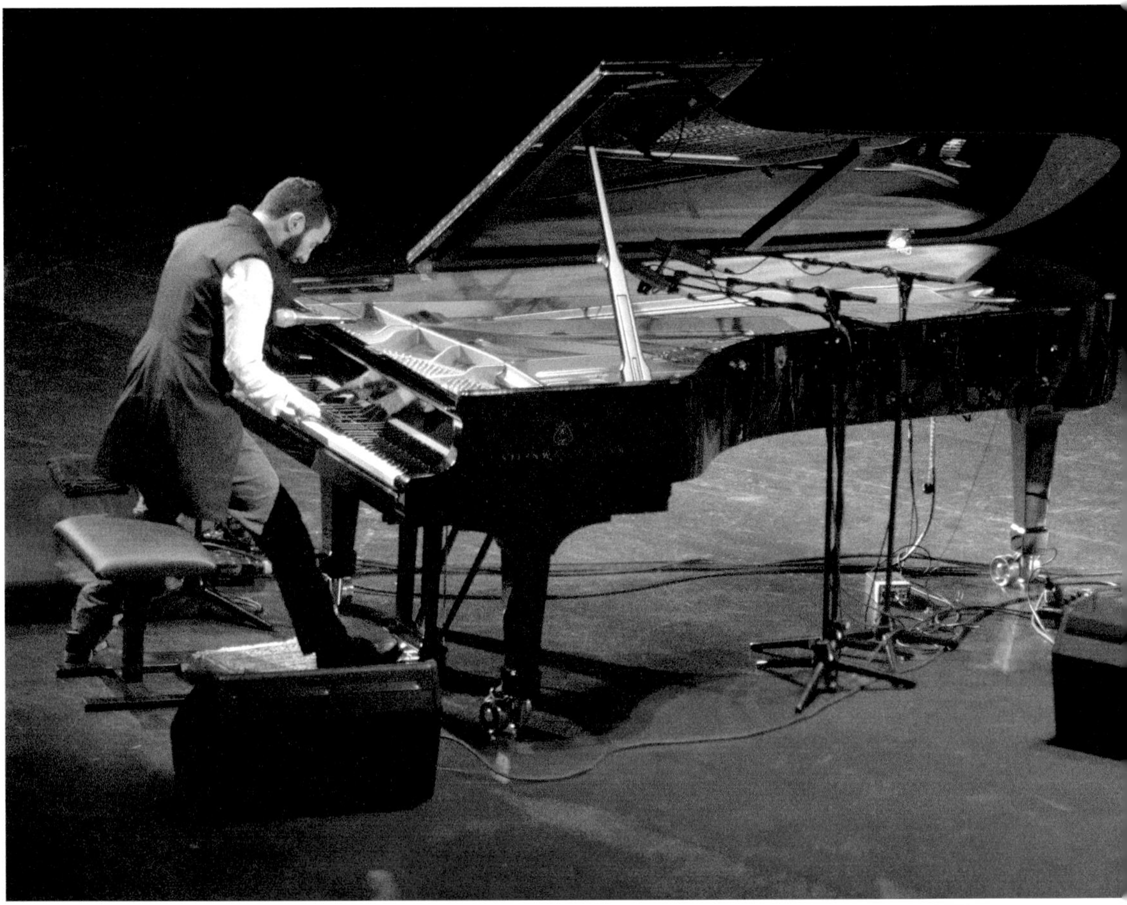

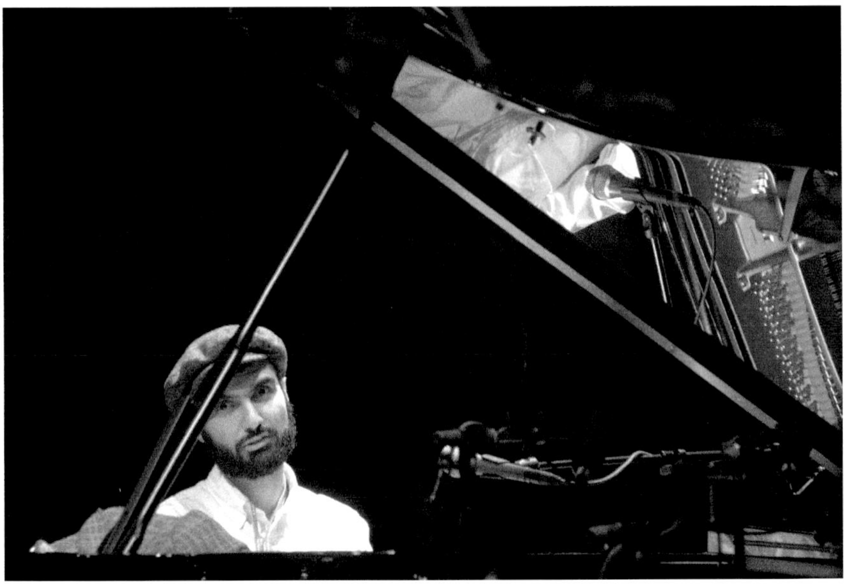

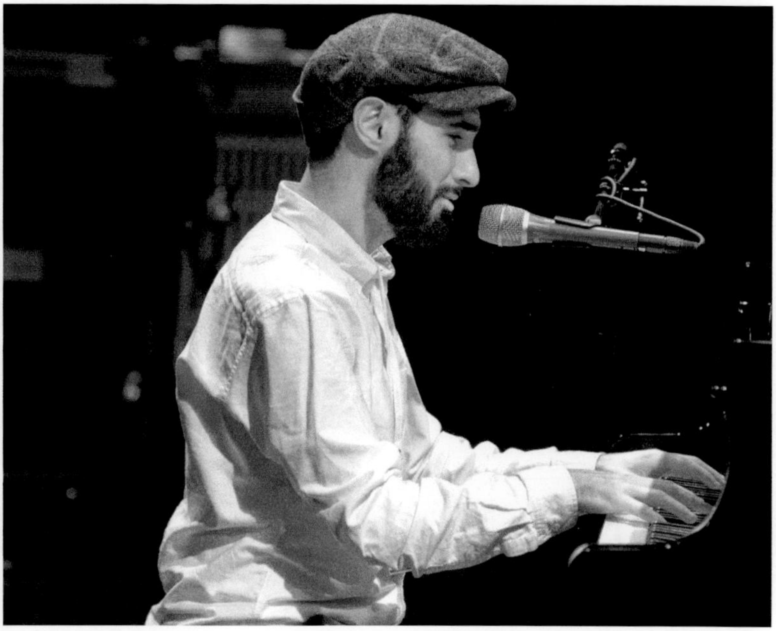

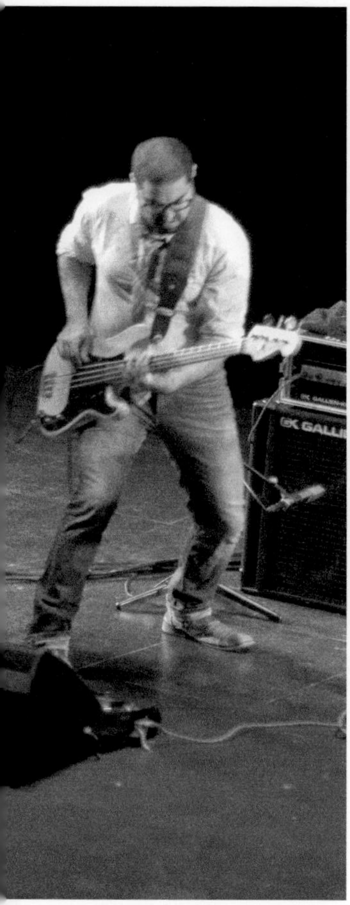

Tigran Hamasyan

Domenica 8 novembre 2015

Sede dei Berliner Festspiele

Hamasyan ha ricevuto numerosi premi: i piu' importanti sono il "Thelonious Monk Institute of Jazz" nel 2006 e il "Vilcek Prize for Creative Promise in Contemporary Music" nel 2013, istituito dalla Fondazione Vilcek, con lo scopo di rendere consapevole la popolazione degli Stati Uniti del contributo degli immigrati nel campo della scienza, delle arti e della cultura in USA. Tigran ha iniziato a suonare il piano di famiglia a soli tre anni e a soli 18 anni ha registrato il suo primo album "World Passion". Dopo aver iniziato sistematicamente a studiare musica a sei anni, a dieci anni si e' trasferito in California con la sua famiglia. La sua Patria non l'ha mai dimenticata, l'ha portata dentro di se' e nella sua musica.

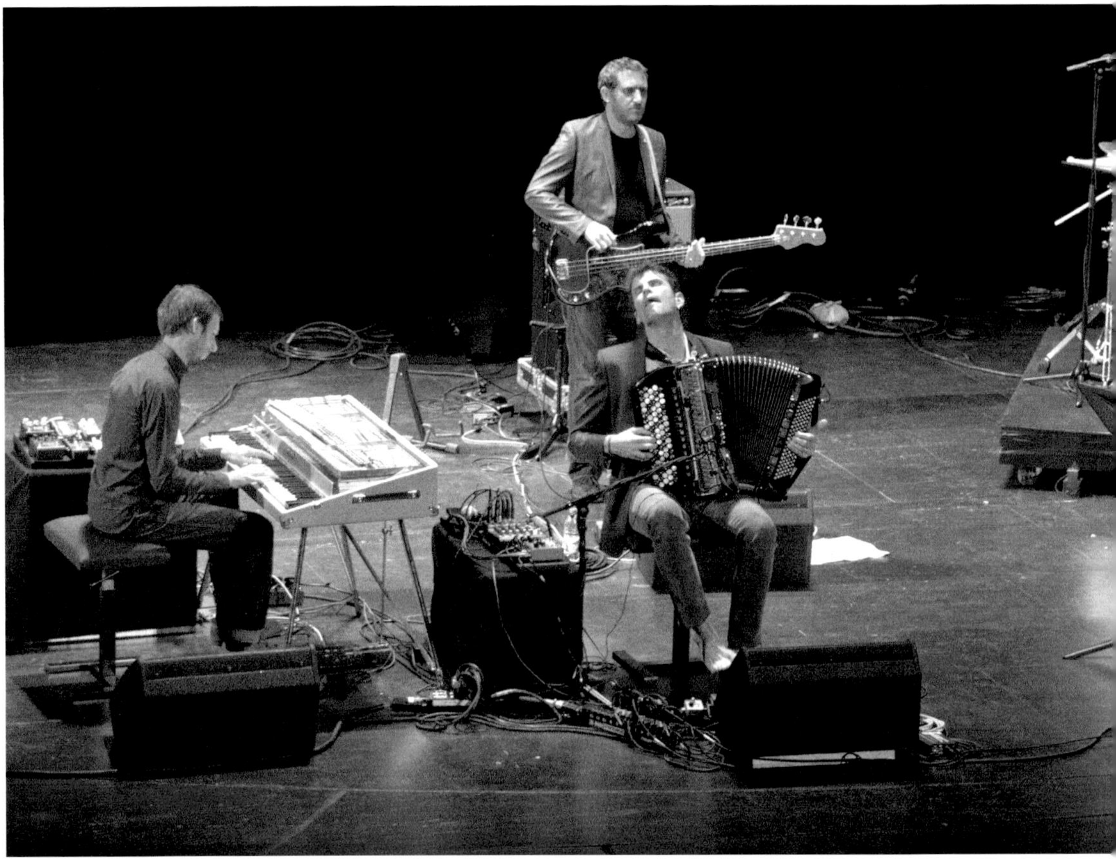

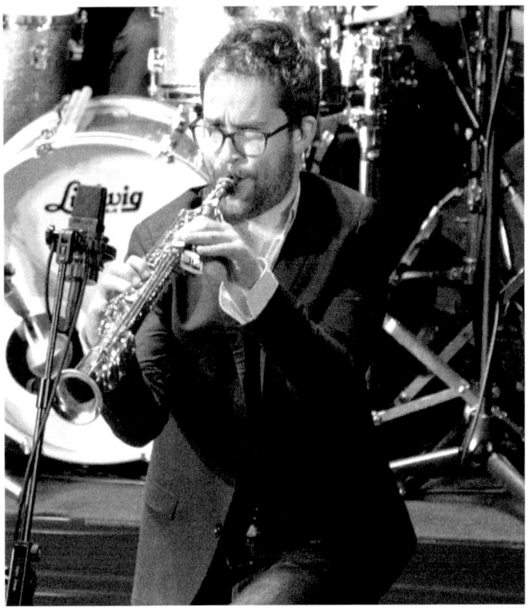

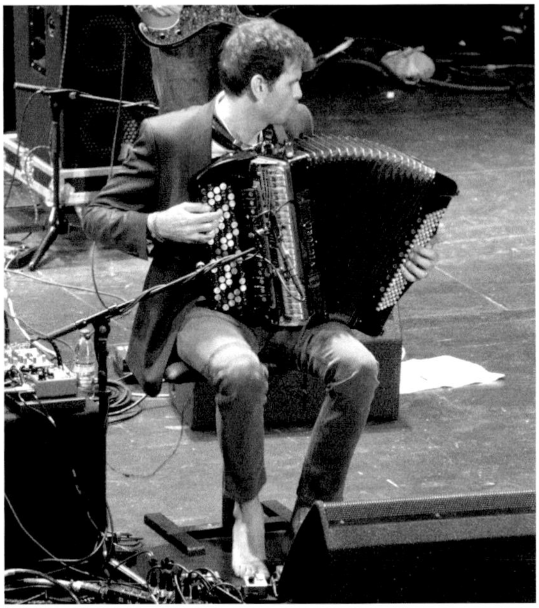

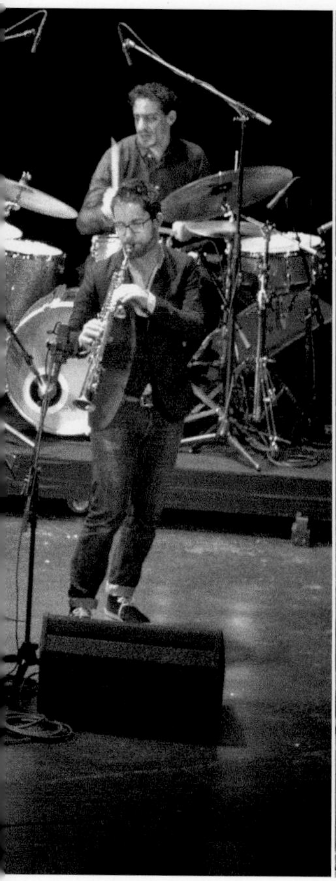

Vincent Peirani
Émile Parisien

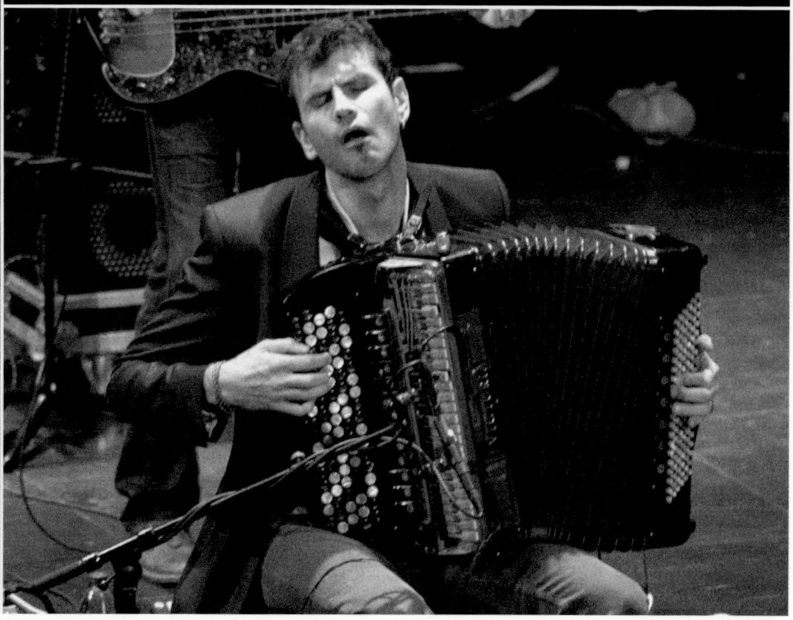

Il gruppo di Vincent Peirani (fisarmonica) e di Émile Parisien (sassofono) e' composto da Yoann Serra (batteria), Julien Herné (contrabbasso) e Tony Paeleman (Fender Rhodes). Il concerto intitolato "Living Being" - dall'omonimo album - e' stato un enorme successo ed uno dei piu' apprezzati dal pubblico berlinese. Vincent Peirani, nato il 1980 a Nizza, ha iniziato a suonare la fisarmonica alla tenera eta' di undici anni ed ultimamente sta collezionando premi su premi. Nel 2015 ha ricevuto due riconoscimenti ECHO, uno come musicista solista e un altro come duo insieme a Émile Parisien.

Miguel Zenón, classe 1976, e' originario di San Juan, dove ha compiuto i suoi studi musicali, prima di inserirsi nella scena newyorkese

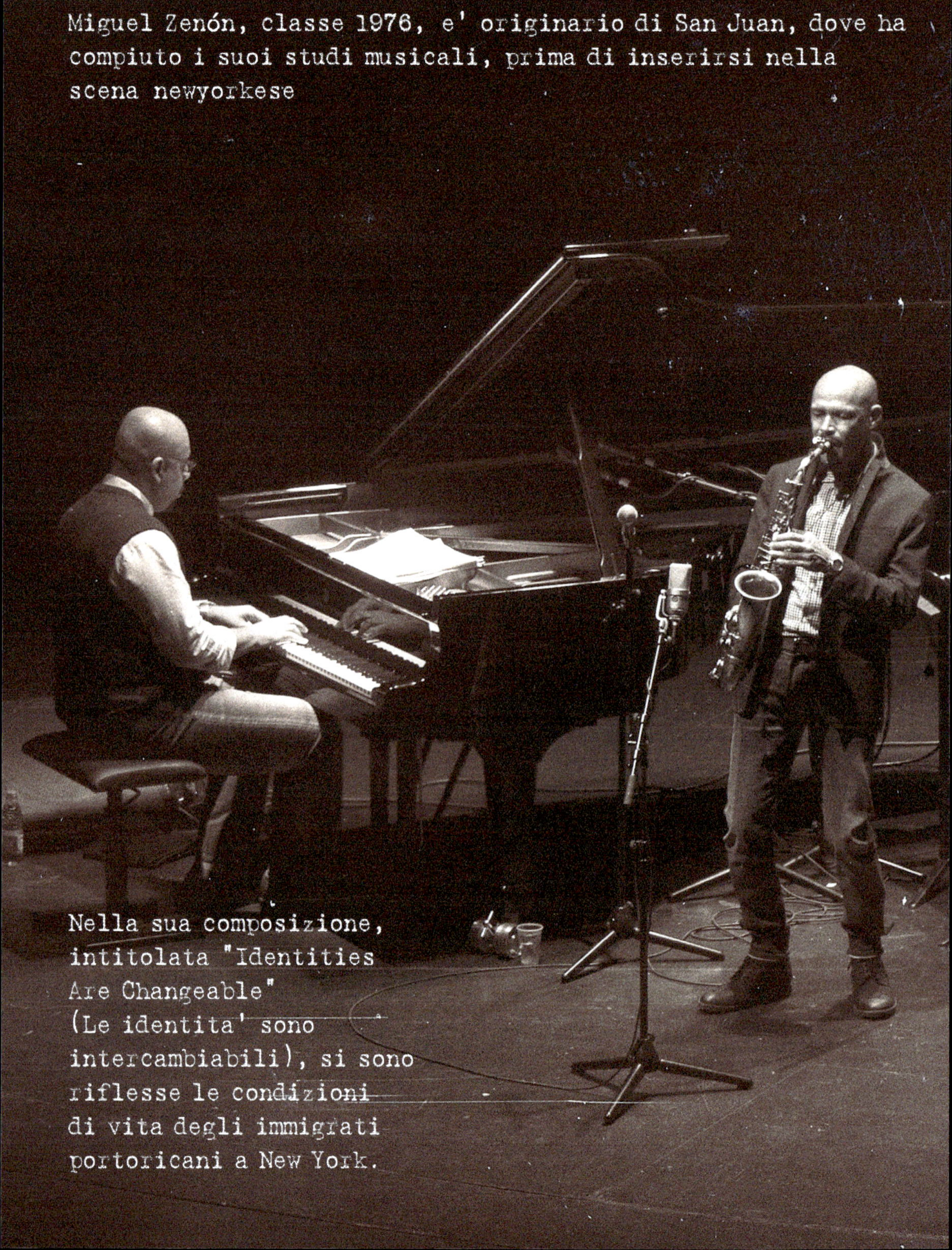

Nella sua composizione, intitolata "Identities Are Changeable" (Le identita' sono intercambiabili), si sono riflesse le condizioni di vita degli immigrati portoricani a New York.

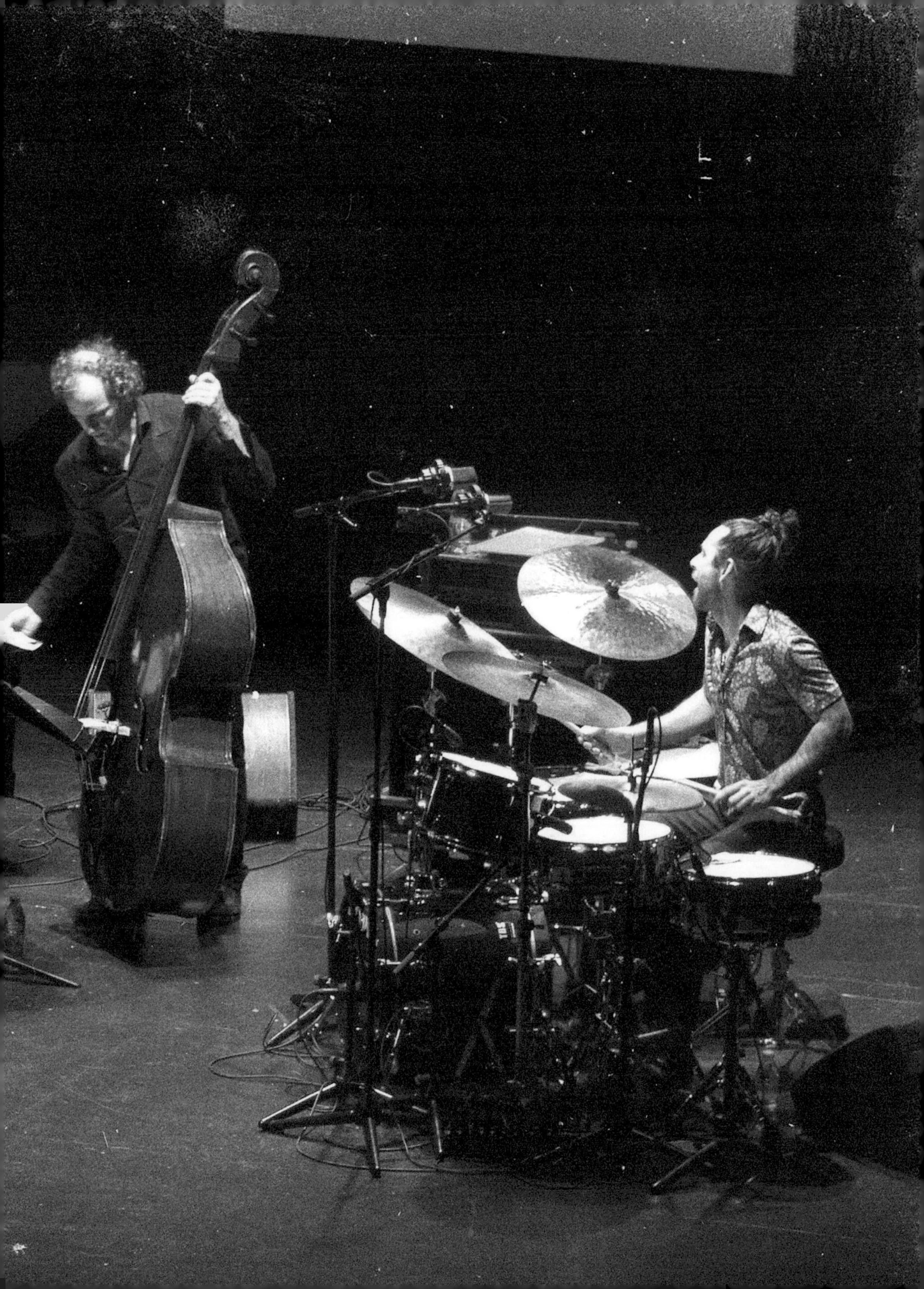

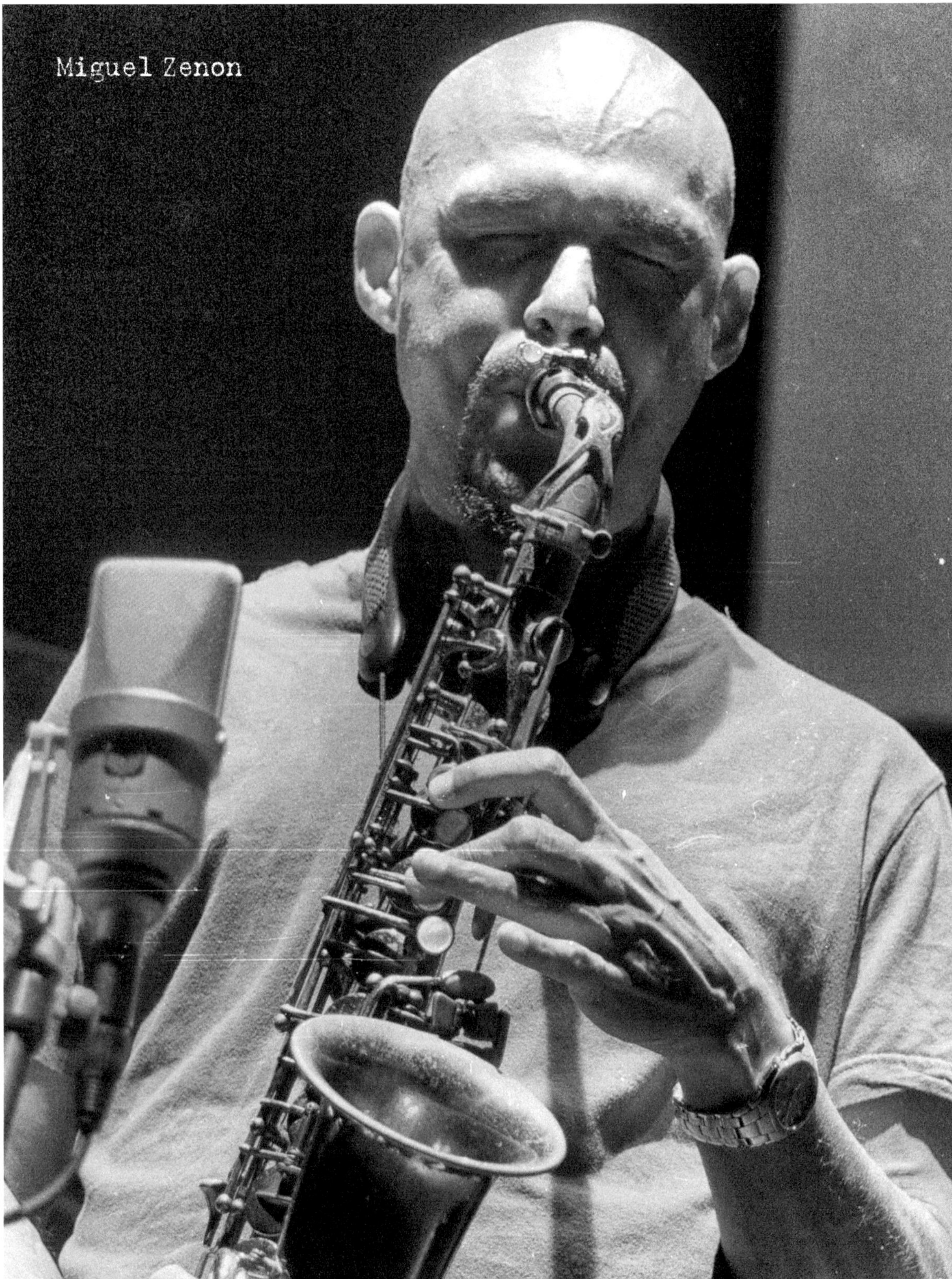
Miguel Zenon

"Wild Man Dance", questo il titolo, e' un sunto della sua carriera di successo, che non e' destinata a cessare, vista la grande forma fisica dimostrata durante il suo concerto berlinese. Per rilevanza storica, una delle esibizioni che ha attratto maggiormente la mia attenzione e' stato il concerto, tenutosi domenica pomeriggio presso l'Accademia delle Belle Arti, intitolato "New Designs on Bowie's Berlin" dei *Dylan Howe's Subterraneans*, gruppo composto da: Dylan Howe (batteria), Dave Whitford (contrabbasso), Ross Stanley (piano), Steve Lodder (sintetizzatore) e James Allsopp (sassofono tenore). Arricchito da proiezioni fotografiche d'epoca, Dylan Howe ha arrangiato pezzi musicali di David Bowie, che aveva composto durante la sua permanenza a Berlino ovest tra il 1976 e il 1978, nel quartiere di Schöneberg, precisamente all'indirizzo Hauptstraße 155. Il suo appartamento e' oggi un luogo visitato da molti turisti. Bowie si era trasferito a Berlino per disintossicarsi e perche' non sopportava gli aspetti negativi della notorieta'. La citta' divisa in due dal Muro gli garantiva quell'anonimita' che desiderava tanto. Lontano dalla luce dei riflettori ha dato vita a tre album "Low", "Heroes" e "Lodger" che rispecchiano il carattere inquietante e depressivo della Berlino di allora, dove si percepiva la tensione provocata dalla Guerra Fredda. In citta' regnava l'anarchismo, moltissimi giovani vi si trasferirono per evitare il servizio militare, non obbligatorio per chi risiedeva a Berlino. Senza fan che gli saltavano addosso, Bowie ha potuto vivere indisturbato tra i ritrovi dei transessuali, i club e i ristoranti piu' rinomati dell'epoca, i cui nomi sono rimasti tutt'oggi celebri: ad esempio Paris Bar e la discoteca Dschungel. I brani di David Bowie reinterpretati dai Dylan Howe's Subterraneans ("Neukóln", "Moss Garden", "Warszawa") sono stati registrati negli "Hansa Tonstudios" nell'edificio in via Köthener Straße, costruito nel 1913 e adiacente al Muro.

La sera di Domenica 8, nella sala principale dei Berliner Festspiele vi e' stato il gran finale. Dapprima con Louis Moholo Quartet e infine con Ambrose Akinmusire Quartet.

Sono rimasto emozionato dal concerto di *Louis Moholo*, che ha comunicato in modo eccellente al pubblico, dapprima il suo straziante dolore a causa dell'esilio a Londra ed infine la gioia del rimpatrio in Sudafrica al termine dell'Apartheid. Nel suo volto vi erano stampate le emozioni, che riviveva mentre suonava. Insieme a lui si sono esibiti John Edwards (contrabbasso), Alexander Hawkins (piano; e' considerato dalla critica come la nuova star della scena jazz britannica) e Jason Yarde (sassofono). Louis Moholo e' l'unico componente ancora in vita del gruppo sudafricano Blue Notes di Chris McGregors, costretti a fuggire in Inghilterra nel 1964 a causa dell'Apartheid. Che il jazz possa essere una forma di protesta e di affermazione di persone e culture oppresse; una maniera per narrare i torti subiti, le ingiustizie sociali ma anche espressione del desiderio di riscatto a livello internazionale, non esclusivamente ad appannaggio degli afroamericani, che lo hanno "inventato", lo si puo' delineare proprio attraverso la biografia di Louis Moholo. Nell'articolo "Come il jazz sudafricano sopravvissuto nella giungla della musica jazz europea" di Richard Williams, viene evidenziata la marginalita' del jazz europeo fino circa alla meta' degli anni sessanta, che si limitava ad imitare i musicisti americani (eccezioni sono stati Django Reinhardt e Stéphane Grappelli). I musicisti europei iniziarono a comprendere che l'estetica del jazz non dovesse essere determinata solo dai compositori americani quando l'allora gruppo "Blue Notes", a cui apparteneva anche Moholo, si e' trasferito a Londra fuggendo dal Sudafrica. I Blue Notes erano stati fondati da Nikele "Nick" Moyake. Essi avevano arricchito il jazz americano con "l'aroma" africano, ossia con suoni di musica da strada melodica ed allegra. Coloro che si recarono ai loro concerti londinesi rimasero sconvolti al solo pensiero che artisti sudafricani potessero suonare jazz. I Blue Notes, a causa di difficolta' burocratiche, dovute al loro stato di fuggitivi, riuscirono ad esibirsi in Gran Bretagna fino intorno al 1966. Lentamente i componenti del gruppo si sono sciolti, prendendo ognuno una strada differente. Essi hanno mostrato un nuovo approccio al jazz ai musicisti europei, che hanno smesso di imitare i loro colleghi americani ed hanno iniziato a delineare un jazz di matrice europea.

L'ultima esibizione del festival e' stata quella del quartetto di *Ambrose Akinmusire*, che viene cosi' descritto nell'opuscolo d'introduzione al suo concerto: "Trombettisti come Louis Armstrong, Don Cherry ed altri hanno sempre giocato un ruolo fondamentale nello sviluppo del jazz. Secondo il parere di molti esperti (...) Ambrose Akinmusire e' il prossimo rappresentante di questa illustre lista". Insieme al quartetto composto da Justin Brown (batteria), Sam Harris (contrabbasso), Harish Raghavan (piano) si e' esibito anche Theo Bleckmann, cantante tedesco trasferitosi a New York nel 1989 all'eta' di 23 anni.

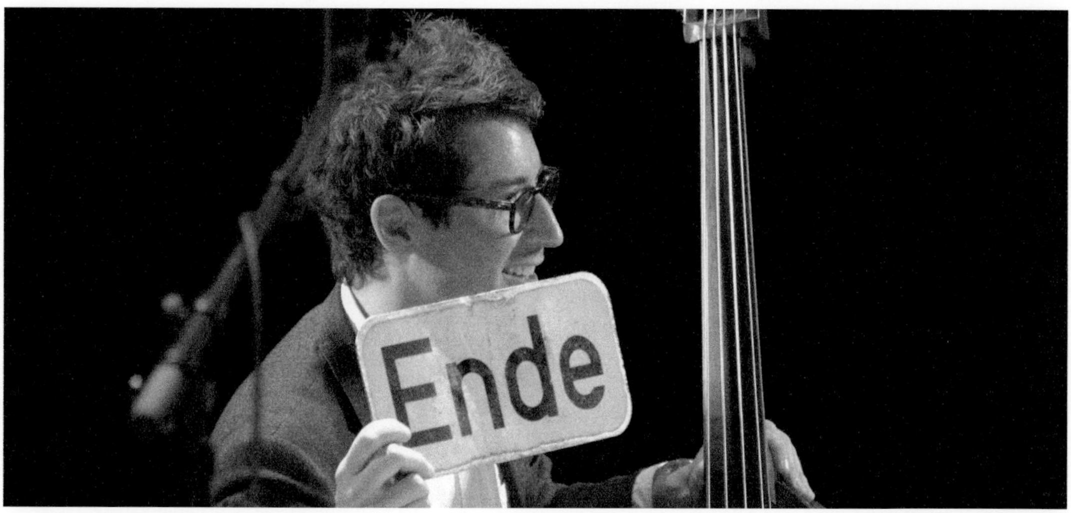

JAZZFEST 2014

Martin Luther King
Il suono della liberta'

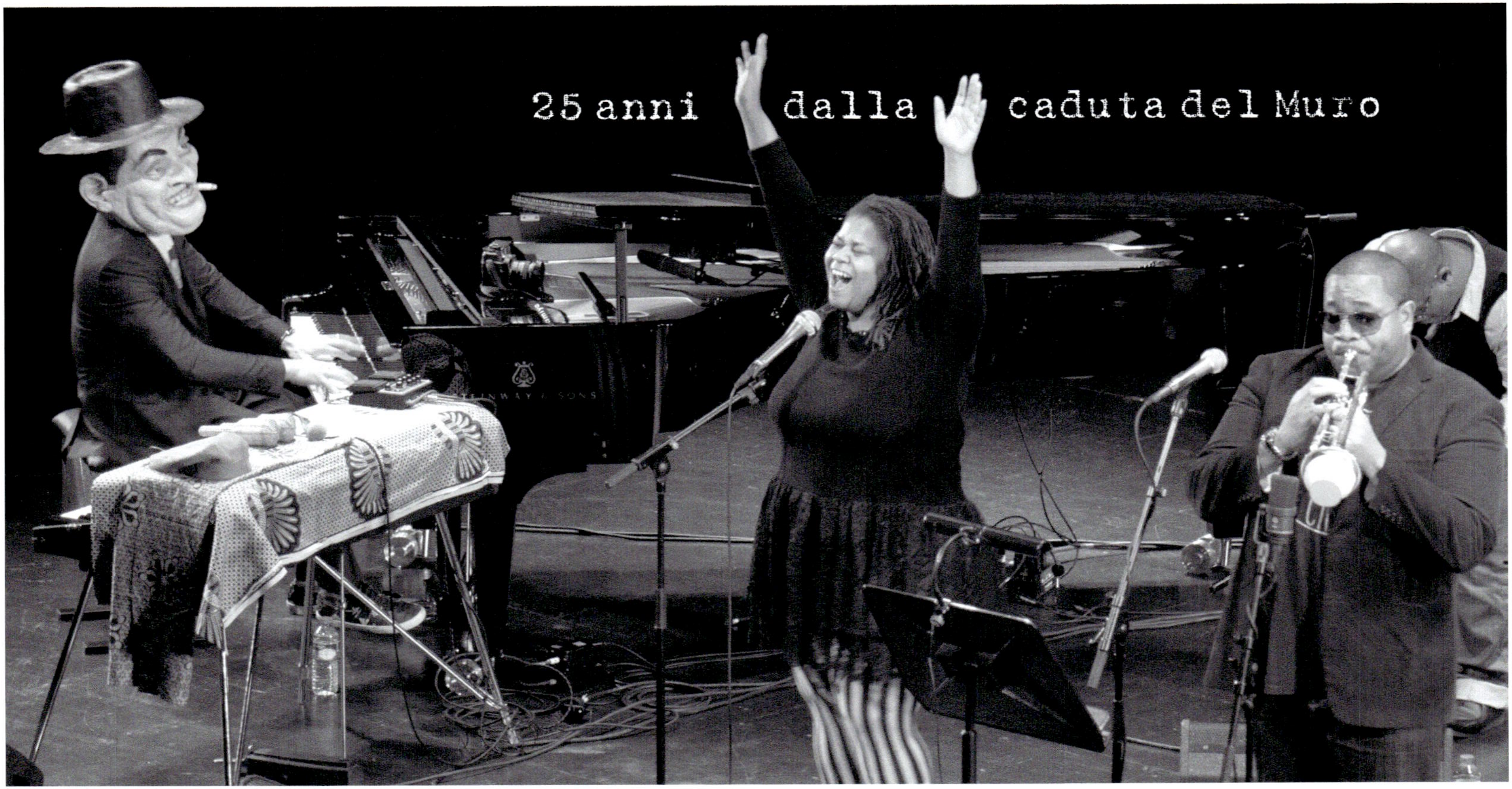

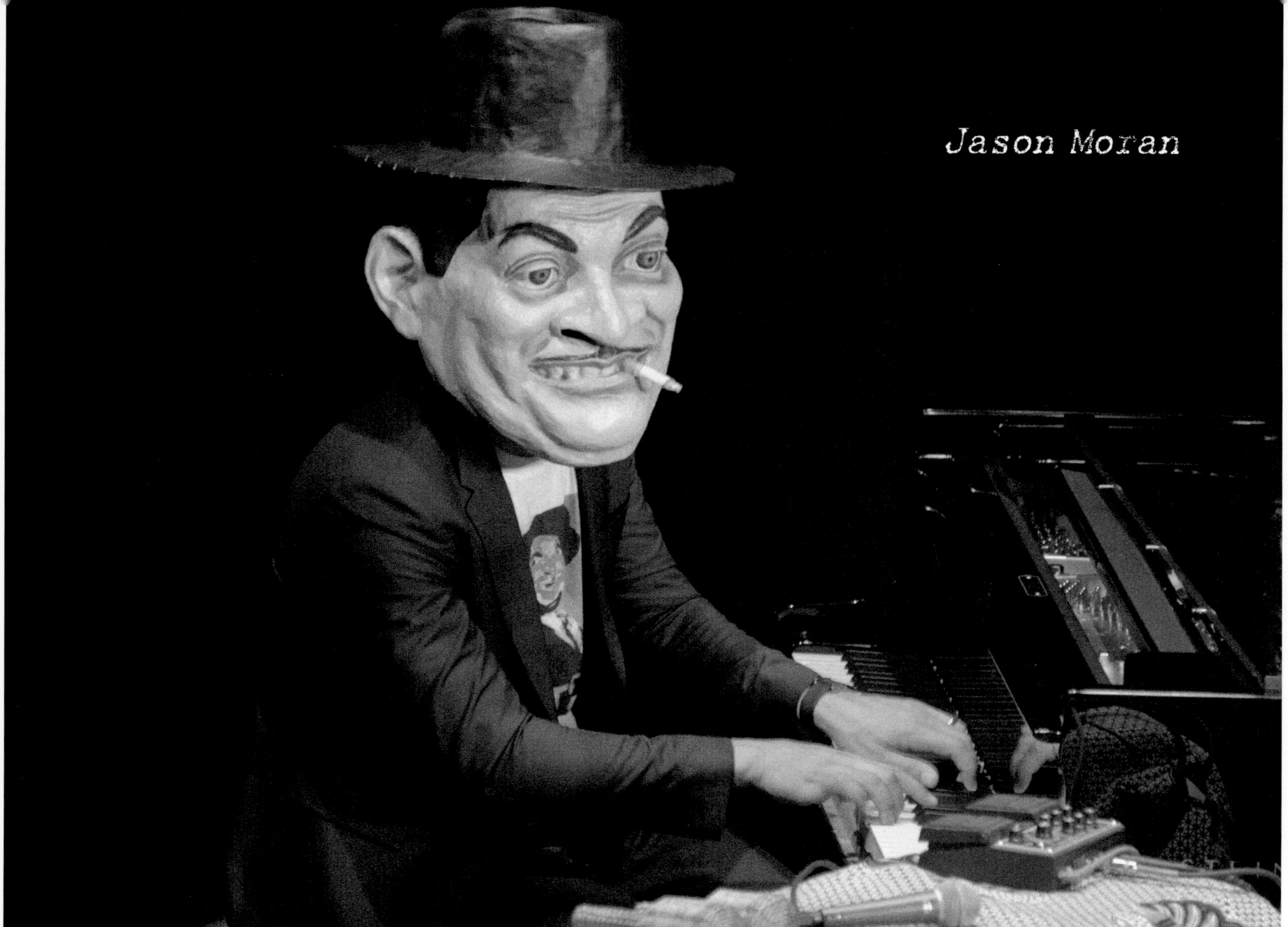

Jason Moran

Il festival compie 50 anni: Martin Luther King, i 25 anni dalla caduta del Muro, il suono della liberta'

30.11.2014

Dio ha escogitato molti strumenti contro l'oppressione. Ha donato agli uomini la capacita' di creare. Grazie a questa capacita', sono stati composti molti bei canti di gioia e di dolore che hanno permesso all'essere umano di affrontare il suo ambiente in differenti circostanze. Il jazz parla della vita. Il blues racconta le difficolta' quotidiane e, se si riflette per un momento, si comprende che, nella musica, vengono riversate le piu' dure condizioni di vita, soltanto per ottenere un nuovo sentimento di speranza o trionfo (...) Quando la vita stessa non offre ordine o significato, il musicista li crea attraverso i suoni della terra che penetrano dal suo strumento.
- Dalla prefazione di Martin Luther King al festival Berliner Jazztage del 1964

Quest'anno il festival di jazz berlinese, uno dei piu' rinomati a livello internazionale, ha festeggiato i suoi primi cinquant'anni. In quattro giorni, dal 31 ottobre al 3 novembre 2014, sono stati venduti piu' di 7000 biglietti. Nei concerti, vi e' sempre stato il quasi tutto esaurito. Inoltre durante la "lunga notta dei film" dedicati al jazz presso lo storico Delphi Filmpalast si sono registrate 1187 presenze. I concerti si sono tenuti nella sede dei Berliner

Festspiele, nell'Accademia delle Belle Arti, nel club A-Trane e nella chiesa Kaiser-Wilhelm-Gedächtnis-Kirche, dove si sono esibiti Archie Shepp e Jasper van't Hof.

L'ultima edizione da direttore artistico di Bert Noglik, ha coinciso con i cinquanta anni del festival. A tal proposito sono da ricordare altri predecessori di Noglik che hanno reso celebre la manifestazione: Albert Mangelsdorff, John Corbett, Nils Landgren, Peter Schulze. All'inizio il festival aveva un nome differente: Berliner Jazztage. I suoi ideatori sono stati Joachim-Ernst Berendt, Ralf Schulte-Bahrenberg e George Wein. Si era nel pieno della Guerra Fredda e di conseguenza i Berliner Jazztage avevano una forte valenza politica. Uno degli obiettivi era far percepire la musica occidentale anche nella zona della Repubbblica Democratica e in particolar modo a Berlino est. I programmi dedicati al festival venivano appositamente trasmessi dai canali televisivi statali ARD e ZDF, che, nonostante fossero vietati, venivano visti anche dai cittadini della DDR.

Il primo novembre si e' esibito il gruppo di Daniel Humair, uno degli artisti ad aver partecipato nel 1964 alla prima edizione di JazzFest. Batterista, originario della Svizzera, trasferitosi nel 1958 a Parigi, ha dimostrato durante il concerto di essere ancora uno dei migliori musicisti jazz della scena europea, che, negli anni, ha assunto una caratteristica propria ed indipendente da quella americana, anche grazie al supporto di Humair. Nella sua band Sweet & Sour fanno parte giovani musicisti gia' molto apprezzati in Francia. Émile Parisien, sassofonista, e Vincent Peirani, fisarmonicista, hanno vinto il prestigioso premio "Django Reinhardt". Altro concerto che ricorda la prima edizione del Jazzfest e' stato "Celebrating Eric Dolphy" (Celebrando Eric Dolphy) di Alexander von Schlippenbach & Aki Takase. Alexander von Schlippenbach, presente sin dalle prime edizioni dei Berliner Jazztage (dal 1966) ed uno dei rappresentanti

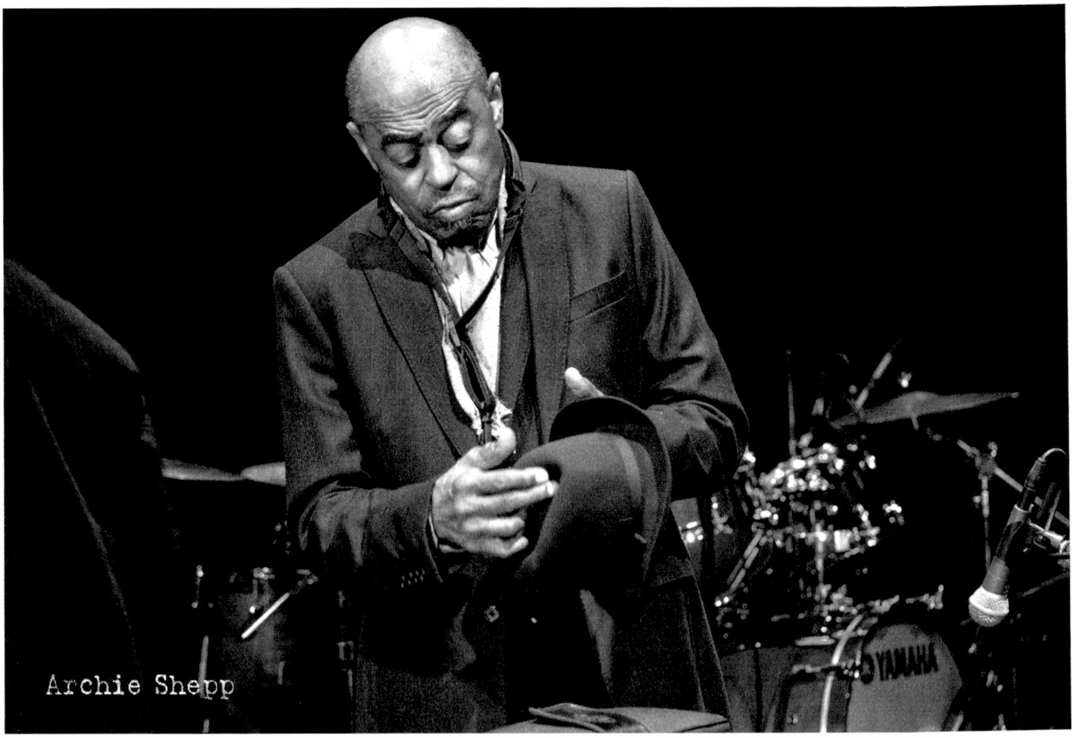
Archie Shepp
YAMAHA

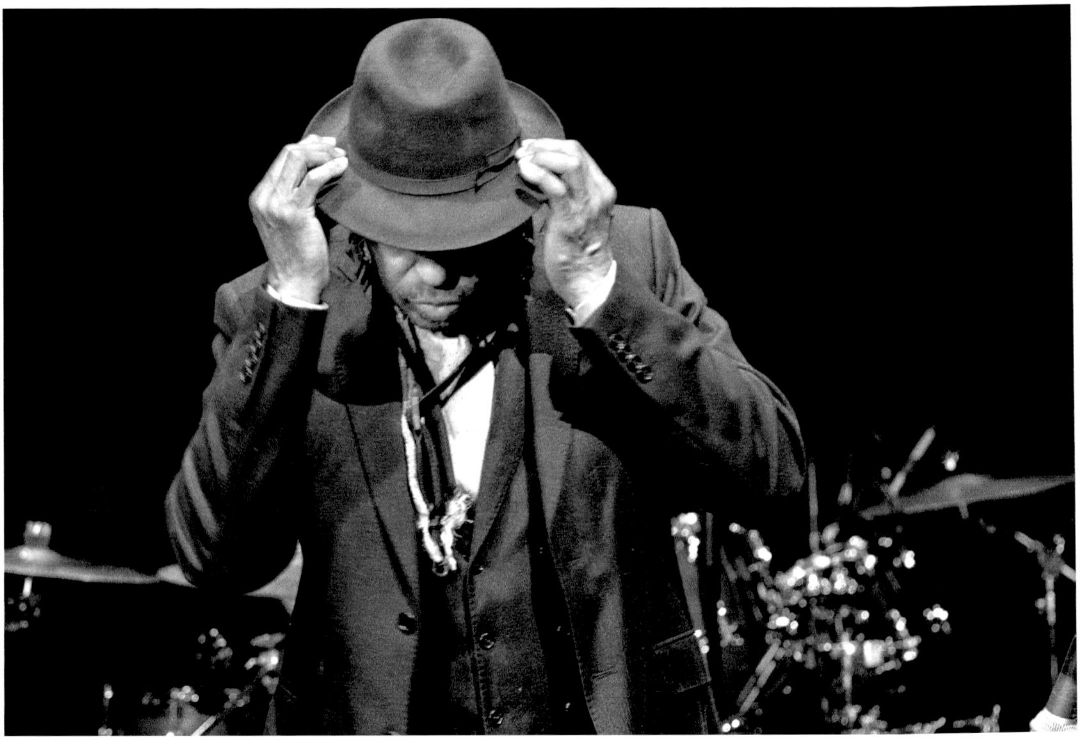

piu' importanti della scena jazz tedesca, ha voluto rendere omaggio a Eric Dolphy, un gigante di questo genere musicale, morto qualche giorno antecedente al primo Jazzfest nel 1964.

Giunto a Berlino ovest il 27 giugno, si era gia' sentito male durante un concerto nel Jazzclub nella Bundesallee. Secondo l'articolo del giornalista Philipp Lichterbeck, pubblicato dal quotidiano Tagesspiegel il 5.11.2004, Dolphy potrebbe essere deceduto nell'indifferenza dei medici, a causa del colore della sua pelle, in un ospedale berlinese:

Gli spettatori del concerto avevano notato un barcollante musicista, incapace di riprodurre un suono chiaro (...) Nel frattempo la sua situazione era peggiorata. Un medico si e' rifiutato di visitarlo (...). Dolphy ha subito un collasso circolatorio. Come poi in seguito si e' scoperto la causa e' stata un livello elevato di glucosio. Dolphy non sapeva di essere affetto da diabete.[1]

Sia Alexander von Schlippenbach che Eric Dolphy hanno prodotto delle pietre miliari nella storia del jazz, rispettivamente con le opere "Globe Unity" (1966) e "Out to Lunch" (1964). Aki Takase compartecipe della serata in onore di Eric Dolphy, deve la sua popolarita' internazionale grazie proprio alla sua adesione al Jazzfest Berlin nel 1981. Ad inaugurare la prima edizione del Jazzfest nel 1964 e' stato Martin Luther King. Il suo discorso s'inserisce in un contesto storico durante il quale negli Stati Uniti e non solo, imperversavano le battaglie per i diritti civili e le uguaglianze. Non a caso nel suo discorso, Martin Luther mette in evidenza il legame che vi e' tra il jazz e la sorte della popolazione di colore in USA, sin dai tempi della schiavitu'. Attraverso la musica ed i canti, le persone hanno potuto sopravvivere a quei periodi terribili e alleviare le loro sofferenze. Nelle loro canzoni potevano incanalare i

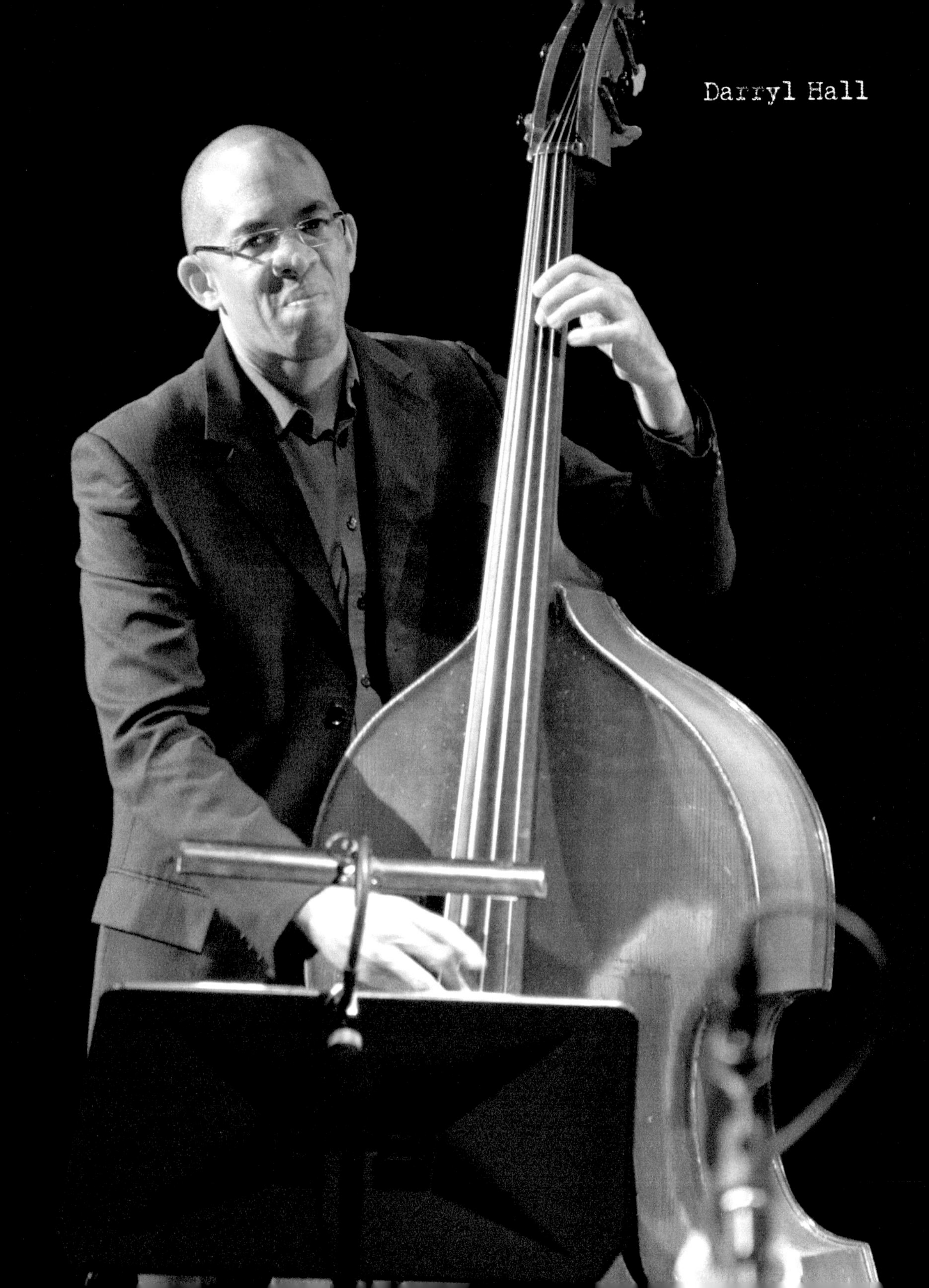

Darryl Hall

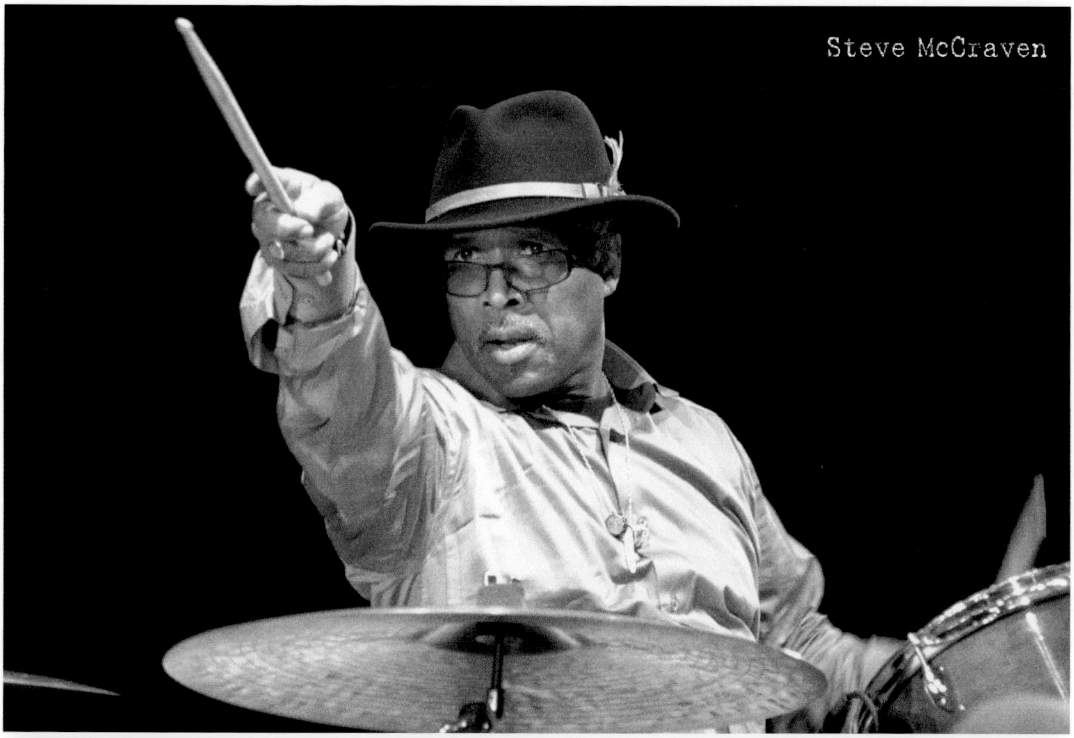
Steve McCraven

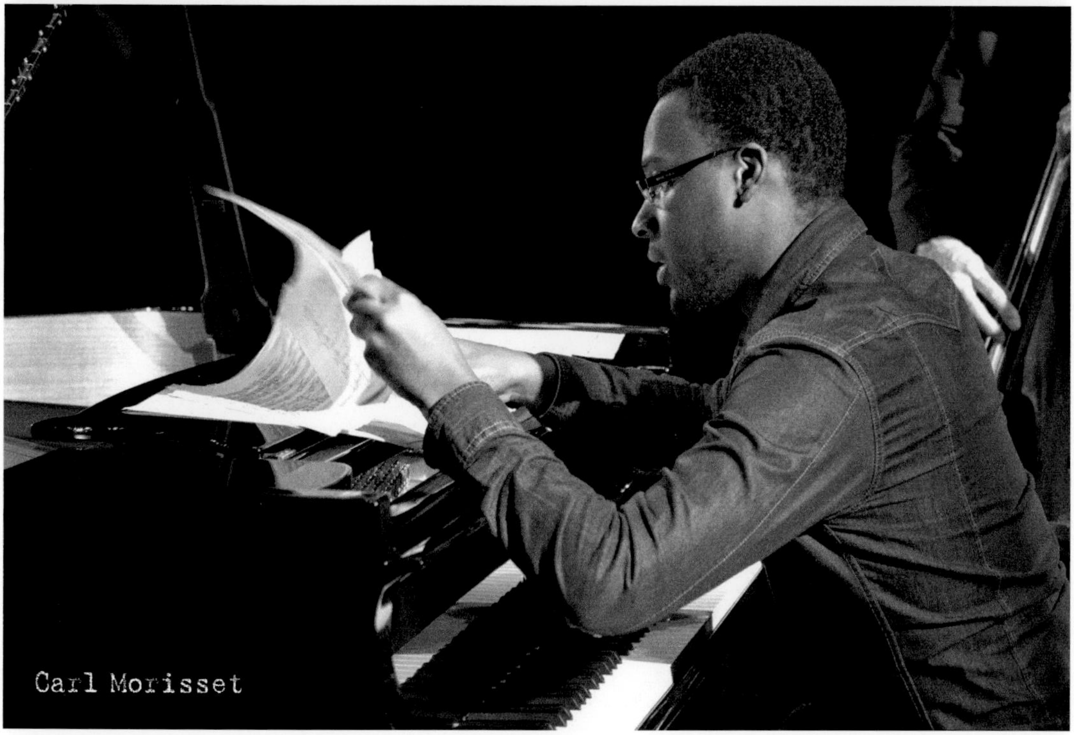
Carl Morisset

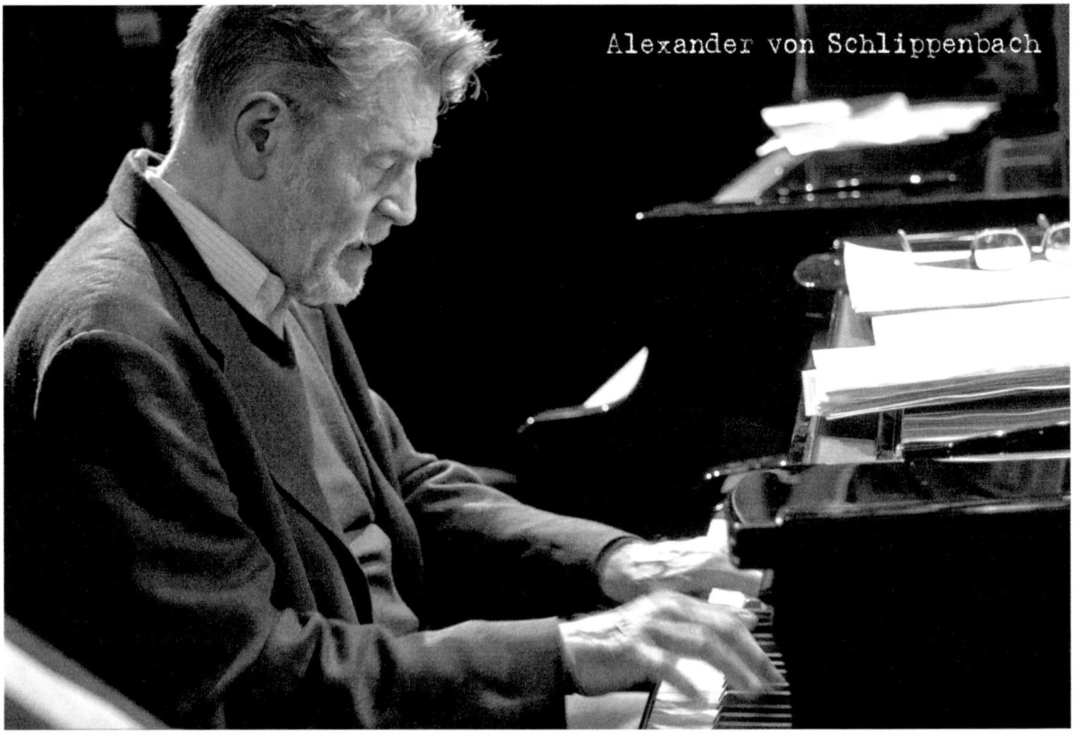

Alexander von Schlippenbach

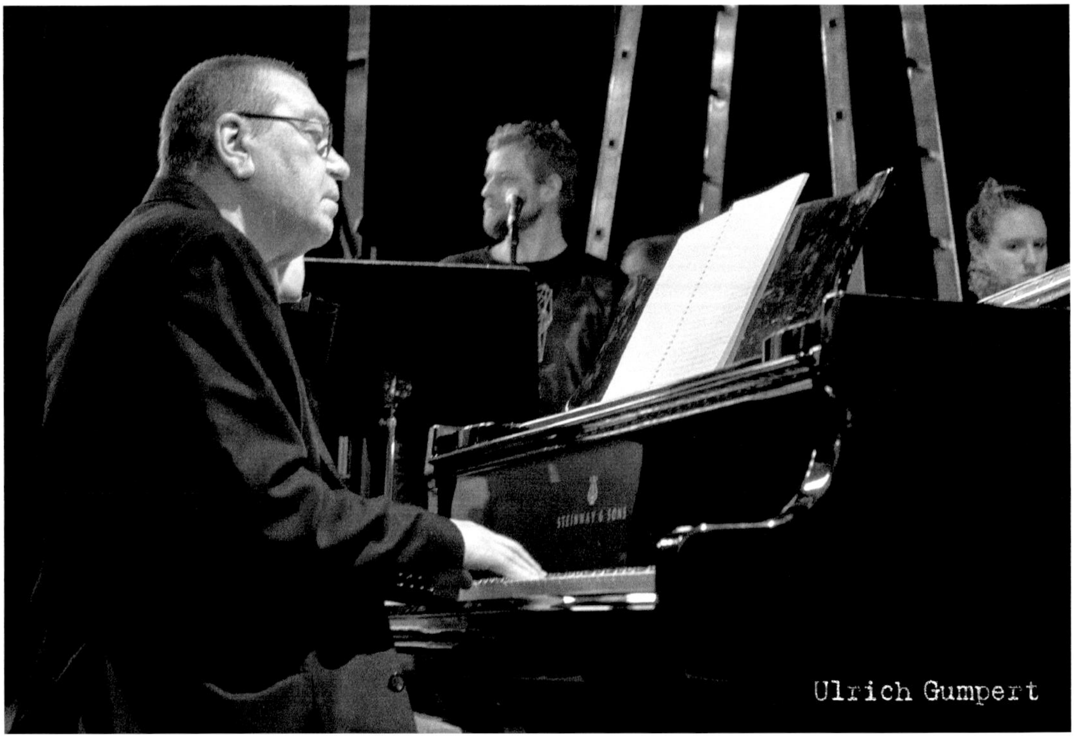

Ulrich Gumpert

loro dolori e trovare le forze necessarie per reagire alla loro condizione di schiavitu'. Tutt'oggi le chiese e le varie espressioni musicali, oltre al jazz, Blues, funk, hip-hop, soul e Ragtime sono i pilastri fondamentali della popolazione di colore degli Stati. Cio' viene messo ben in evidenza nell'articolo di Hans-Jürgen Schaal dal titolo "King e' il jazz. Jazz e' King. La musica afroamericana, la chiesa e l'emancipazione":

Il 1964 e' l'anno, durante il quale verra' firmato il Civil Rights Act, per la prima volta un attore afroamericano (Sidney Poitier) riceve un oscar e Martin Luther King viene premiato con l'oscar. E' l'anno durante il quale John Coltrane pubblica "Crescent" e registra "A Love Supreme"; Eric Dolphy e Charles Mingus vanno per l'ultima volte insieme in tournee e Bill Dixon organizza il festival "October Revolution in Jazz" (Revoluzione jazz in ottobre).[2]

I diritti civili e la lotta per le uguaglianze, dopo tanti anni, sono tutt'oggi, un tema di attualita' scottante. Nel 2014 alcune persone hanno perso la vita durante scontri con la polizia a causa del colore della loro pelle. Inoltre con l'aumento a livello esponenziale del divario tra ricchi e poveri nel mondo intero, le guerre, la questione dei rifugiati, il discorso di Martin Luther King e la prima edizione del Festival del jazz assumono un significato evidente a Berlino nel 2014. "Per gli adolescenti degli Stati Uniti negli anni '60, i pensieri e le azioni di Martin Luther King erano una presenza quotidiana. La lotta per i diritti civili era notizia da prima pagina insieme alle questioni della liberta' di parola e al conflitto crescente in Vietnam", racconta Elliott Sharp, "Durante questo stesso periodo, sintonizzavo la radio sulla trasmittente newyorkese WLIB, una stazione con sede ad Harlem, che riempiva le mie

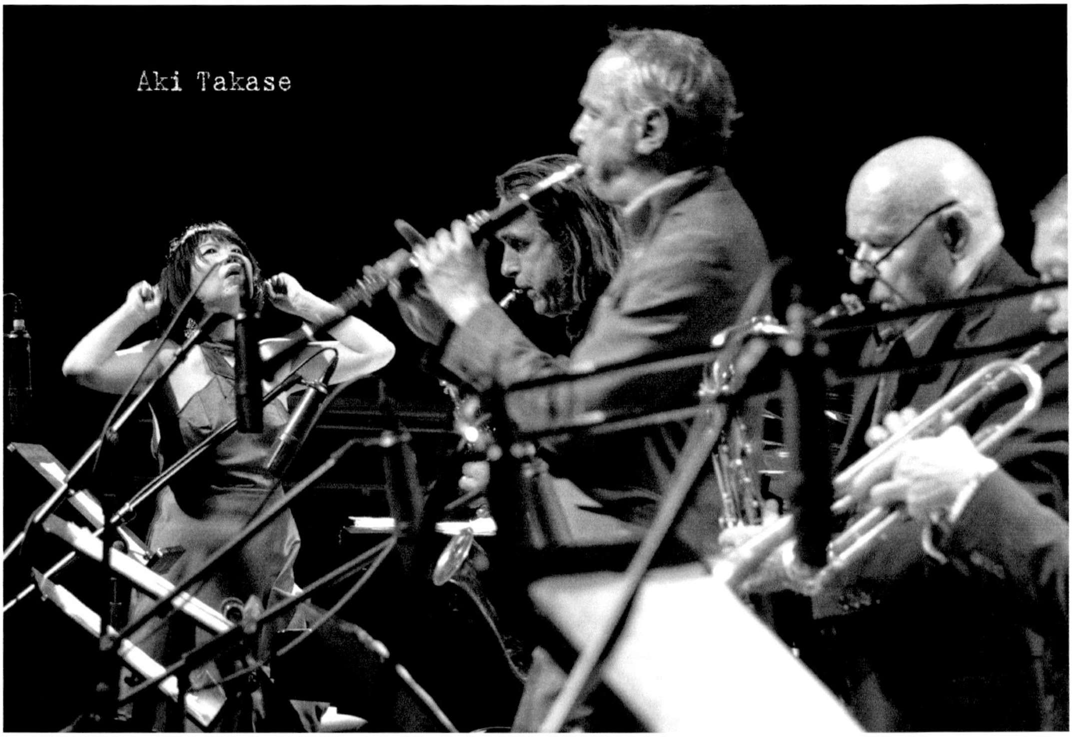

Aki Takase

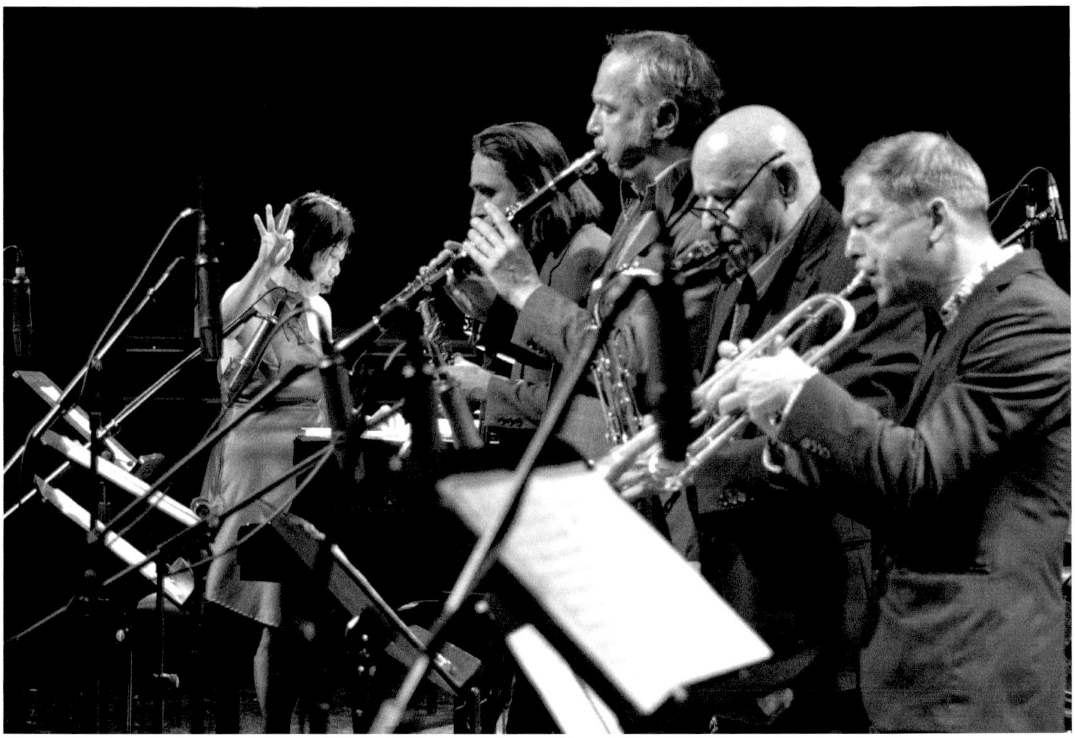

orecchie di entusiasmo e di gioia con le emanazioni musicali, che assocero' per sempre alle lotte sociali e politiche dell'epoca: soul, R'n'B, blues, funk, jazz e gospel".[3]

Per comprendere meglio il legame tra jazz e i disordini sociali dell'epoca basti ricordare la bomba fatta esplodere, tre settimane dopo il celebre discorso "Ho un sogno" di Martin Luther King, il 28 agosto 1963, nella chiesa battista ad Alabama, a causa della quale 4 scolare di colore hanno perso la vita. Due mesi dopo il jazzista John Coltrane ha inciso l'LP "Alabama" in memoria delle 4 ragazze, dando voce alla triste condizione della popolazione di colore negli Stati Uniti. La situazione era cosi' tesa che quattro giorni dopo la registrazione del disco, c'e' stato l'attentato a John F. Kennedy, che sosteneva i diritti degli afro-americani.

Elliott Sharp ha inaugurato il festival di jazz, giovedi' 30 ottobre, con il concerto "Tribute: MLK Berlin '64", rendendo omaggio a Martin Luther King e al suo bel discorso. Elliott Sharp e' un musicista che oltre al jazz si dedica anche ad altri generi musicali, quali Blues e Techno. Prima dell'inaugurazione ufficiale, a inizio ottobre, si era esibito nell'ambito di Jazzfest Denys Baptiste un altro artista, che ha dedicato il suo lavoro a Martin Luther King. Il musicista non ha, pero', solo composto un pezzo dedicato a Luther King, bensi' lo ha attualizzato alla difficile situazione, che stiamo vivendo nei giorni nostri. Il razzismo, l'oppressione, l'ingiustizia sono temi attuali, non solo negli Stati Uniti, ma anche nel mondo intero. Una fase di crisi estrema la stiamo vivendo soprattutto, dal mio punto di vista, in Europa, dove movimenti di estrema destra stanno prendendo piede. In alcuni Paesi sono gia' una triste realta'.

"Nel 2003, ho avuto fortuna di aver ricevuto la richiesta della Commissione Jerwood per comporre il pezzo per il Festival Jazz Cheltenham. Quell'anno era segnato dal 40esimo anniversario dello storico discorso "Marcia per il lavoro" (o l'orazione "Ho un sogno", come e' rimasta nella memoria di molti) del leader dei diritti civili della popolazione di colore, Martin Luther King", ha scritto Denys Baptiste, "Combinando la mia musica con la poesia di Ben Okri e il documentario di Yeats, ho realizzato Let Freedom Ring, che e' un pezzo, che pone la domanda: Quanto abbiamo progredito noi esseri umani nella lotta contro l'oppressione, l'ingiustizia, e la discriminazione in tutte le sue forme?"[4].

Il titolo Let Freedom Ring (Lascia suonare la liberta') e l'intero lavoro, citando sempre Denys Baptiste, raccontano la storia della schiavitu' e dell'oppressione e indicano il cammino del futuro:

(...) Con l'aiuto della mia meravigliosa band di 14 musicisti, mi propongo di far luce sulla prima parte del discorso, dove Martin Luther descrive l'ambiente; nella seconda il male della schiavitu', la proclamazione di emancipazione, l'importanza della protesta pacifica e dignitosa e infine la sua visione del futuro. E' chiaro che non c'e' tempo da perdere. "Adesso e' il momento" (...) [5]

Riguardo l'oppressione e l'ingiustizia, il 50esimo anniversario dei Berliner Festspiele e' coinciso con i 25 anni della Caduta del Muro. Tale evento e' stato ricordato durante il festival. Uno dei concerti che mi e' piaciuto di piu' e' stato "Die Engel - vier Kurzopern" ("Gli angeli - 4 opere brevi") di Jochen Berg e Ulrich Gumpert, due artisti della DDR, tenutosi sabato primo novembre presso l'Accademia delle Belle Arti.

"Die Engel" tematizza i processi di cambiamento in corso nella Repubblica Democratica Tedesca, che hanno portato al fallimento del regime socialista. Lo spettacolo era stato presentato per la prima volta il 27 febbraio 1988, piu' o meno un anno e otto mesi prima dalla caduta del Muro, presso il Deutsches Theater a Berlino est. Ulrich Gumpert, classe 1945, e' pianista e compositore. Ha plasmato la scena jazzistica della DDR a partire dagli anni '60 e nel 2005 ha ricevuto il Premio nazionale di jazz. Jochen Berg, classe 1948, deceduto il 2009 a Berlino, ha lavorato come scrittore ed autore presso il "Deutsches Theater". Sempre sabato primo novembre, presso la sede dei Berliner Festspiele, si e' tenuto un altro concerto dedicato ai 25 anni della caduta del Muro. Ad esibirsi sono stati la WDR Big Band & Kurt Elling nel concerto intitolato "Freedom Songs" (Canzoni di liberta'). Il motto del loro concerto e' stato: i pensieri sono liberi. Attraverso i loro pezzi si sono confrontati con temi politici attuali. Dopo l'inaugurazione del festival, giovedi' 30 ottobre, ho seguito i concerti di Eva Klesse Quartett e Francesco Bearzatti - Tinissima 4tet.

Eva Klesse e' una batterista che, prima di intraprendere professionalmente la carriera jazzistica, ha studiato medicina a Lipsia. Si e' detta onorata di potersi esibire, da artista ancora non completamente affermata, in un festival cosi' rinomato.

Francesco Bearzatti - Tinissima 4tet Monk'n'roll e' un gruppo italiano che mescola il jazz con altri generi come Rock e Pop. Lo si intuisce dal titolo del loro concerto "Monk'n'Roll": "Monk" sta per il grande musicista jazz Thelonious Monk e "Roll" per Rock'n'Roll. Francesco Bearzatti, Giovanni Falzone, Danilo Gallo e Zeno De Rossi hanno suonato testi popolarissimi come "Walking On The Moon" dei Police. Venerdi' 31 ottobre al posto del tanto atteso concerto di Benny Golson, a causa della sua salute precaria, si e' esibito Archie Shepp Quartet. A seguire Get the blessing e Soweto Kinch. Il sassofonista Archie Shepp, che avevo gia' seguito nell'edizione 2012 del Jazzfest, e' una vera e propria leggenda vivente, che ha rivoluzionato il modo di concepire il jazz negli anni '60. Get the blessing sono conosciuti nella scena jazz inglese per il non conformismo e per la fusione di jazz con altri generi come l'Hip-Hop. Soweto Kinch e' uno di quegli artisti che si rifa' alla tradizione per creare uno stile proprio. E' stato paragonato a Ornette Coleman e a Eric Dolphy.

Sabato primo novembre, oltre ai gia' citati bellissimi concerti di Ulrich Gumpert e Daniel Humair, ci sono stati i concerti di Archie Shepp con il pianista olandese Jasper Van't Hof nella chiesa Kaiser-Wilhelm-Gedächtnis-Kirche, di Johanna Borchert, dei Hedvig Mollestad Trio e di Silke Eberhard. La pianista Johanna Borchert, che si e' esibita nel locale A-Trane, in un concerto intitolato "Desert Road" (Strada desolata), ha suonato pezzi misti di jazz e pop. Si e' affermata come musicista a Berlino. Il Trio Hedvig Mollestad ha tenuto un concerto di Heavy-Rock e Elektro-Jazz. Silke Eberhard ha ripreso un brano incompiuto di Eric Dolphy "Love Suite", che ha interpretato insieme al suo gruppo presso l'Accademia delle Belle Arti.

Domenica 2 novembre, il festival si e' concluso con i concerti dei Brass Mask e dei Mostly Other People Do the Killing, famosi per le loro esibizioni dal vivo e la cui musica si rifa' al "Hot Jazz" dei tardi anni '20 e '30 del secolo scorso. Prima di loro vi sono stati, dal mio punto di vista, due tra i piu' bei concerti del festival di Jason Moran: dapprima "Jason Moran and the Bandwagon" e poi "Jason Moran: Fats Waller Dance Party". Il pianista Jason Moran suona con virtuosismo pezzi classici di Thelonious Monk e Fats Waller. Il suo gruppo The Bandwagon e' da 14 anni una bella realta' newyorkese. Tradizione ed innovazione sono parte distintiva del loro repertorio.

Il concerto "Fats Waller", tenutosi per la prima volta in Europa, e' un'interazione con il pubblico, invitato a ballare. Fats Waller era conosciuto per le sue provocazioni.

L'anno prossimo si terra' la nuova edizione di Jazzfest con il nuovo direttore artistico Richard Williams.

NOTE

[1] Philipp Lichterbeck, Sie erklärten ihn einfach für tot - das Mysteriöse Ende von Eric Dolphy (Lo hanno dato semplicemente per morto - la misteriosa fine di Eric Dolphy); articolo presente nell'opuscolo: 50 Jahre Jazzfest Berlin, Editore: Berliner Festspiele, Berlino, 2014, pag. 20-21

[2] Hans-Jürgen Schaal, King is Jazz, Jazz is King. Die Afroamerikanische Musik, die Kirche und die Emanzipation; articolo presente in: Ibidem, pag. 7

[3] Elliott Sharp, Tribute: MKL Berlin '64 in 50 Jahre Jazzfest Berlin; articolo presente in: Ibidem, pag.13

[4] Denys Baptiste, Now is the time - Let freedom ring!; articolo presente in: Ibidem, pag. 10

[5] Ibidem, pag. 10

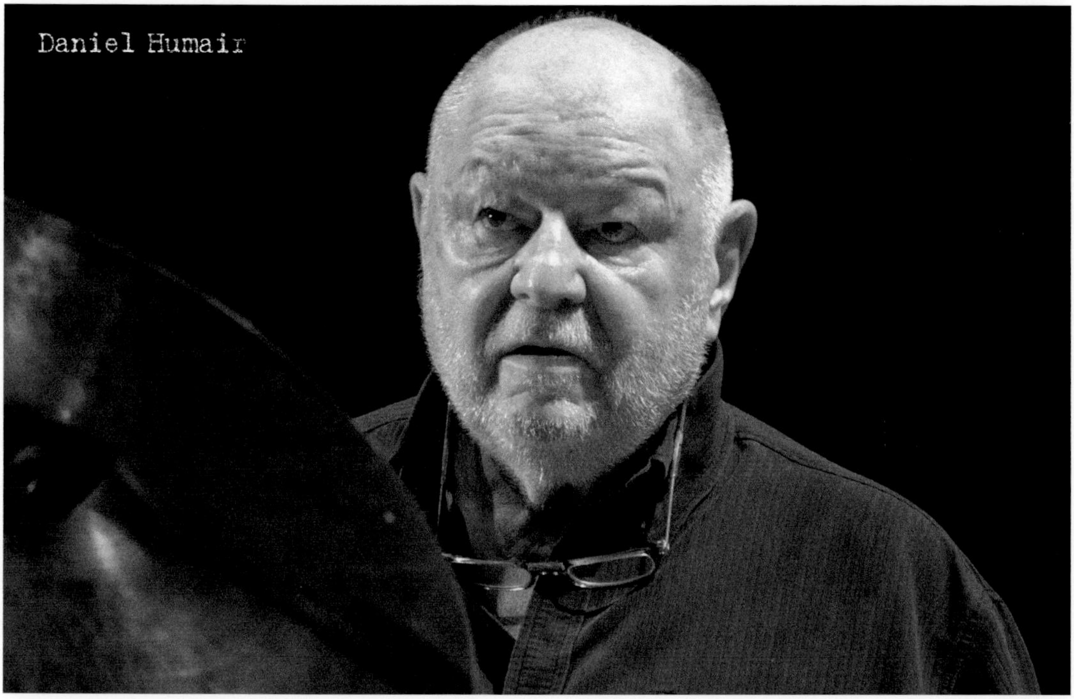
Daniel Humair

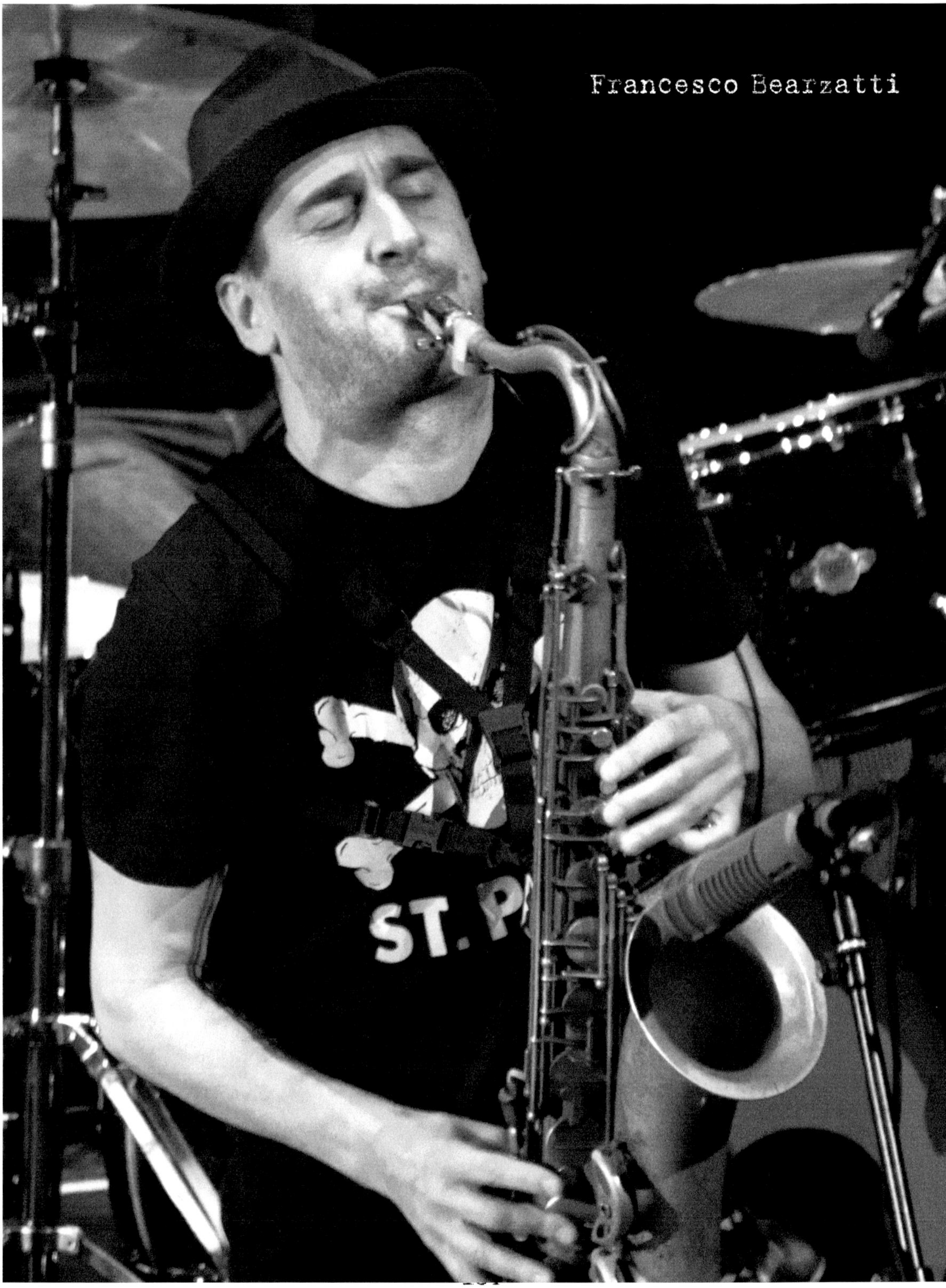

Francesco Bearzatti

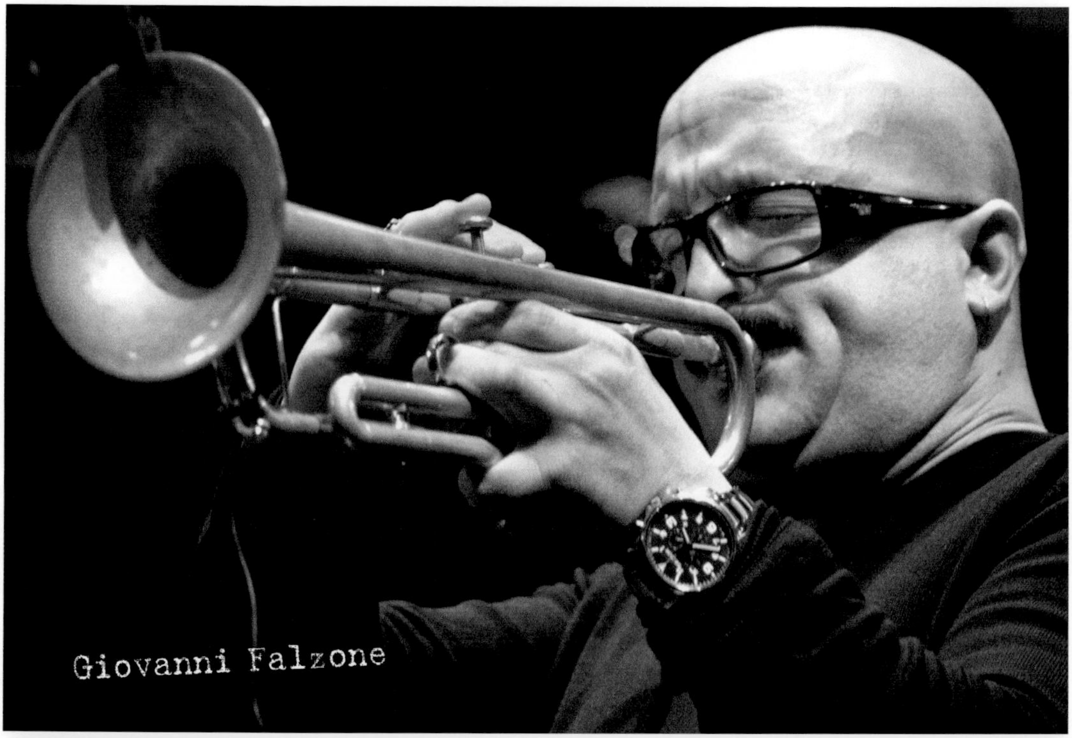
Giovanni Falzone

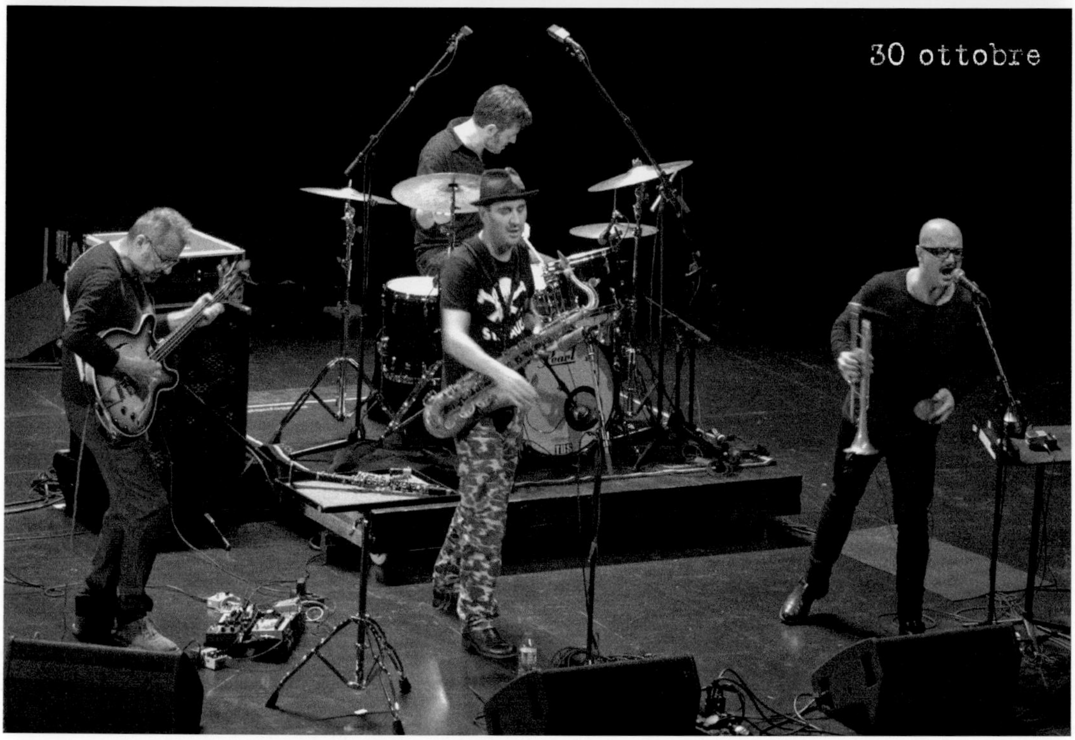
30 ottobre

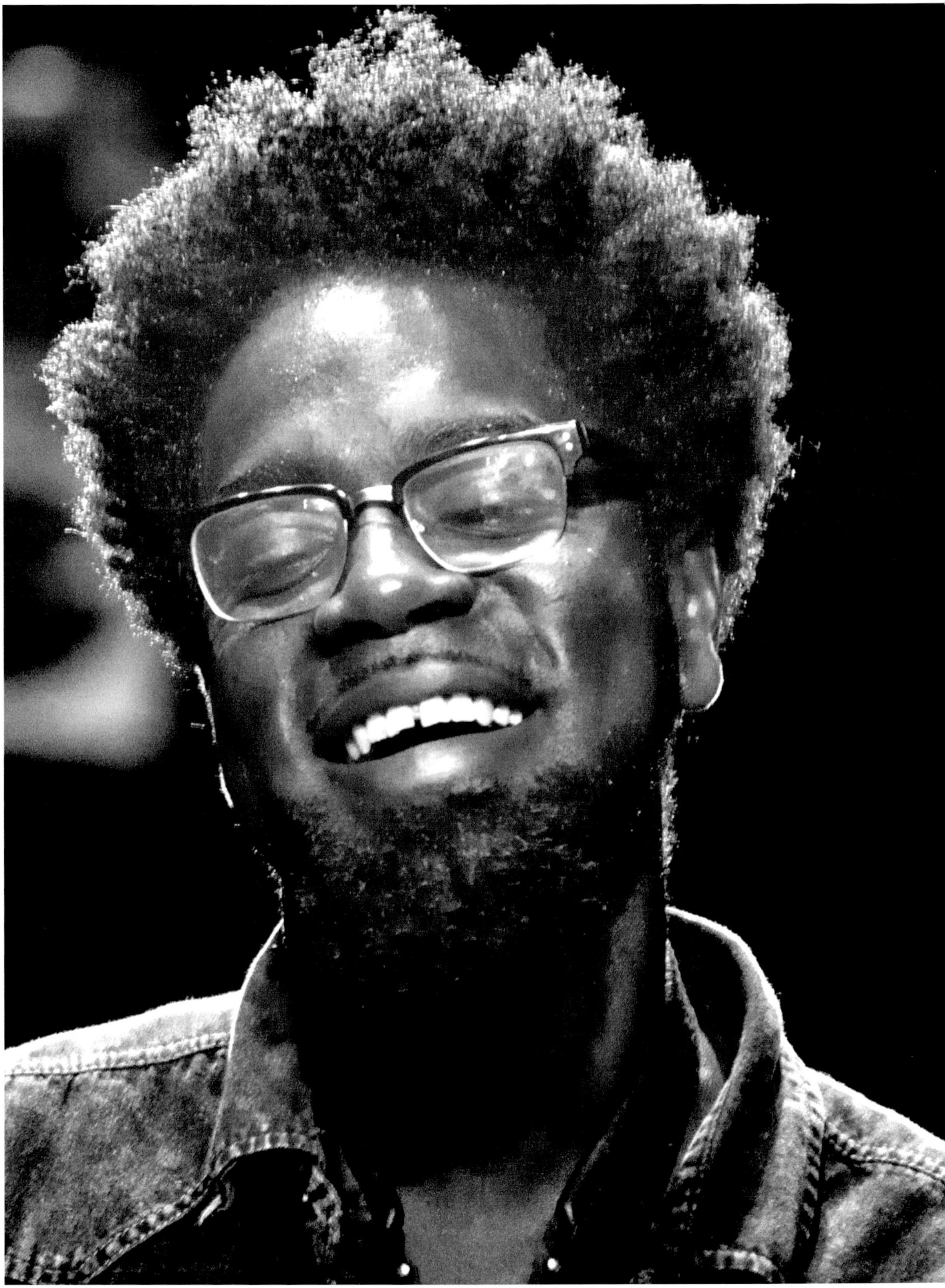

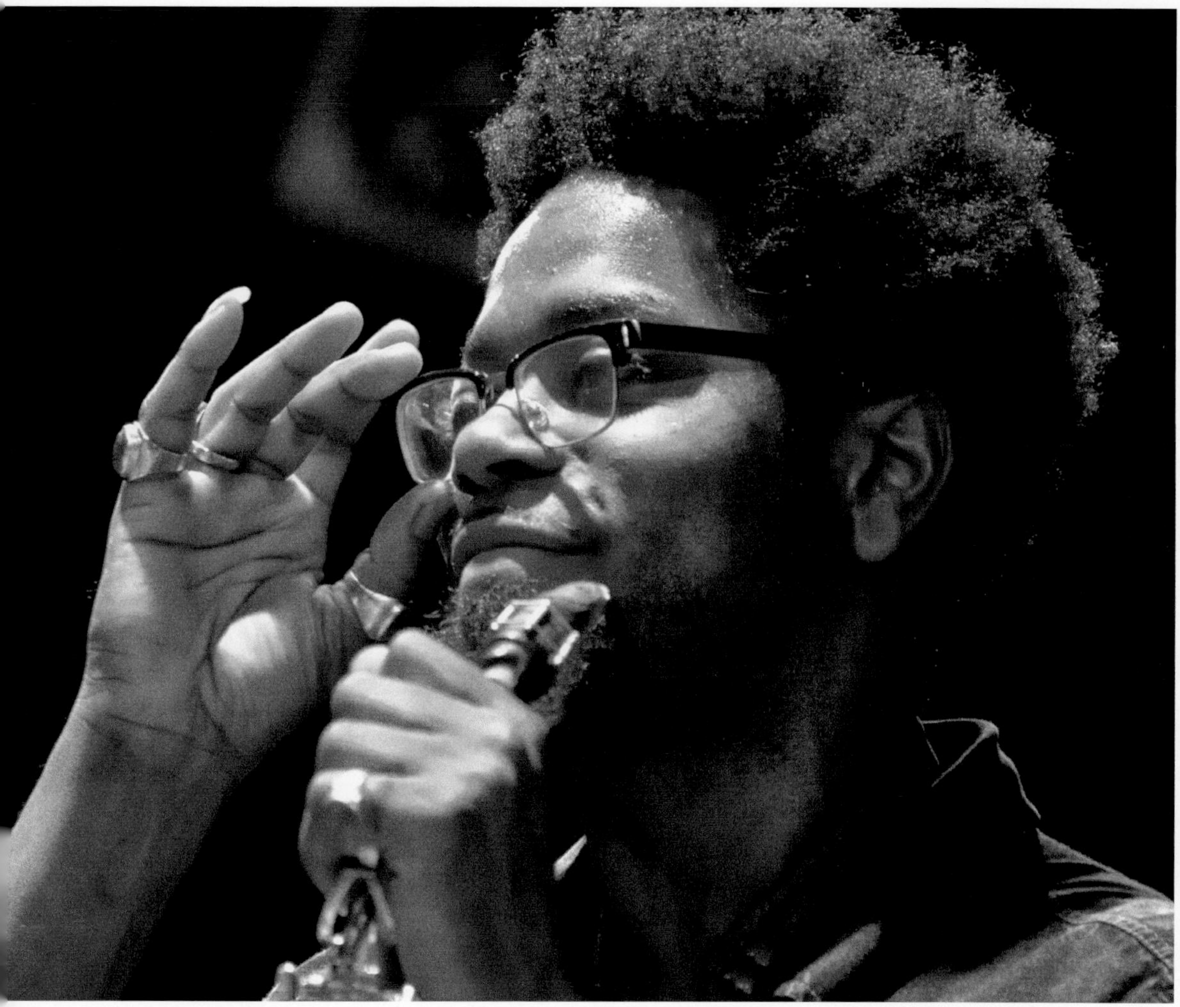

Soweto Kinch e' uno di quegli artisti che si rifa' alla tradizione per creare uno stile proprio. E' stato paragonato a Ornette Coleman e a Eric Dolphy.

Venerdi' 31 ottobre

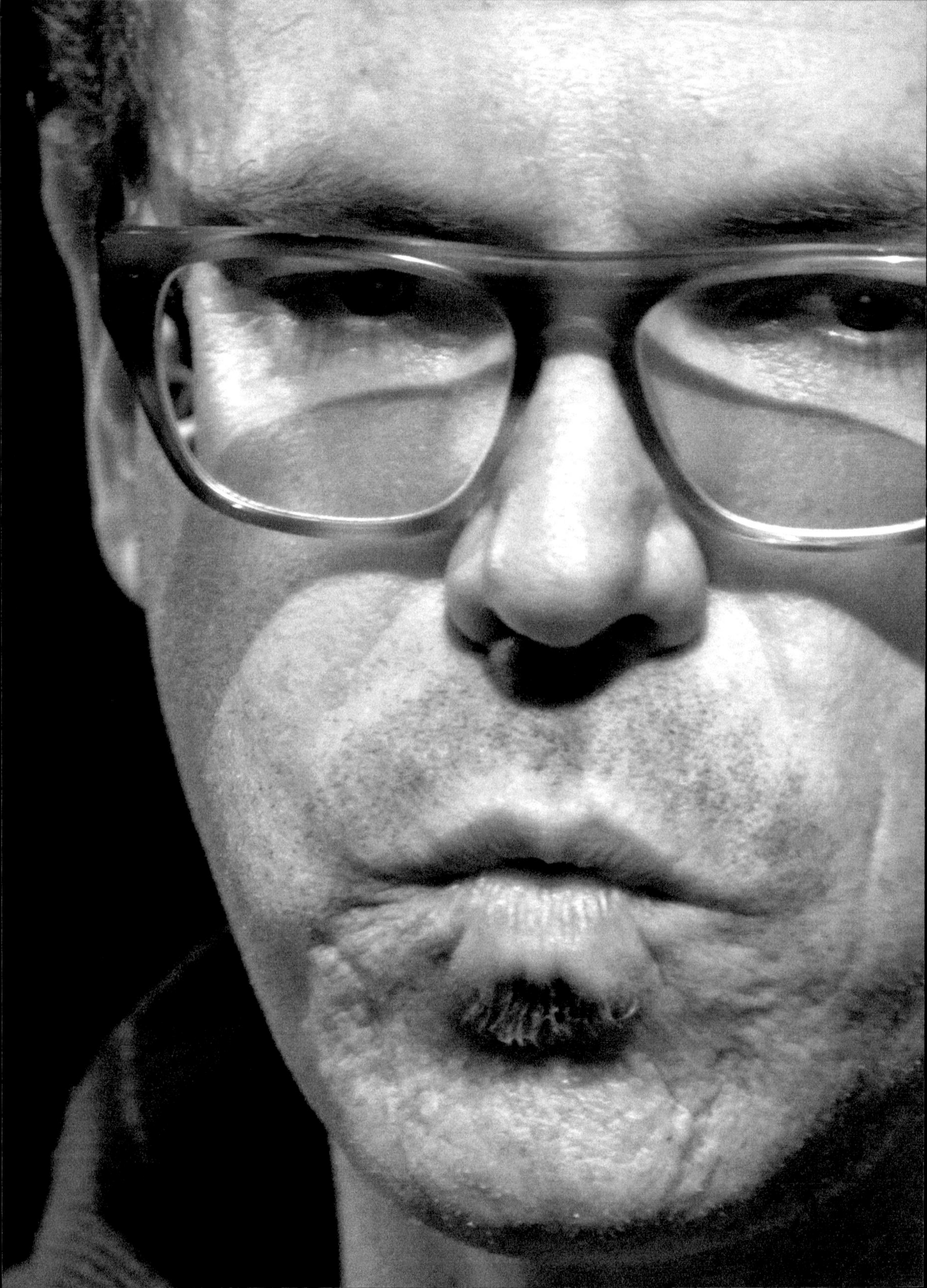

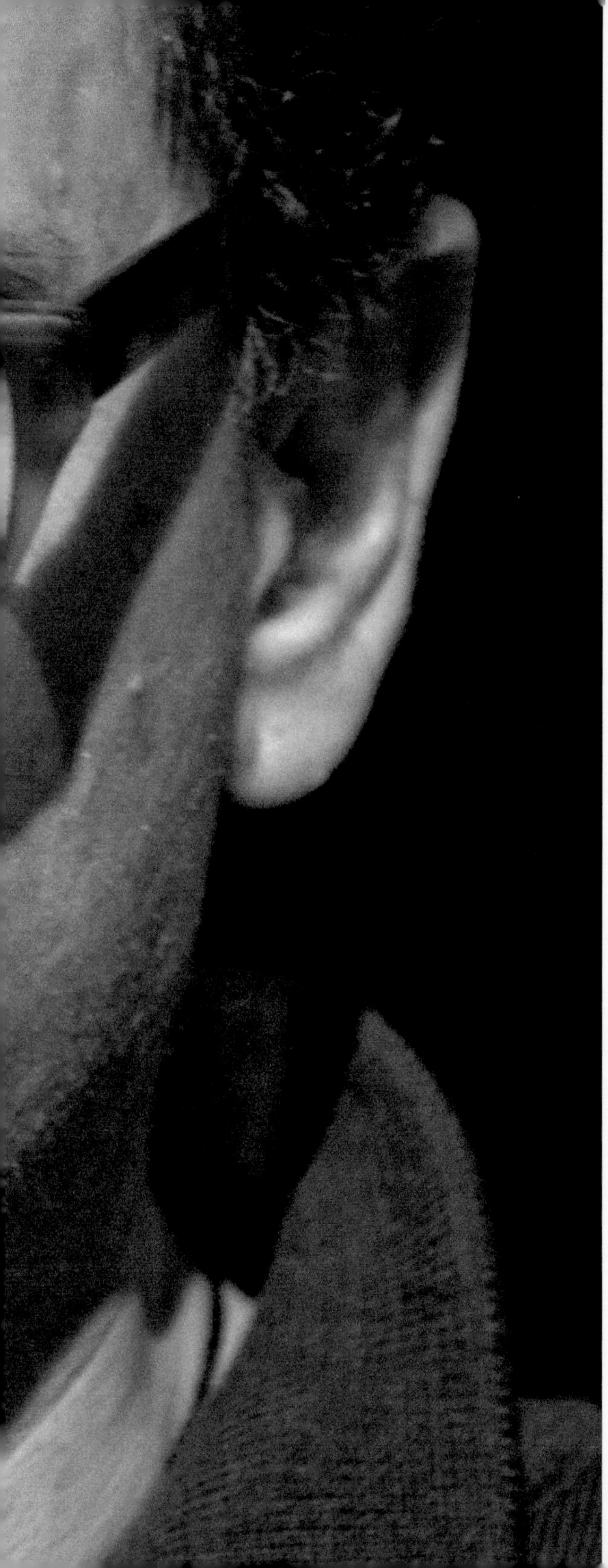

Negli anni '60
e '70 capitava
spesso che, durante
il festival, gli
artisti venissero
fischiati. Tali
contestazioni non
sono piu' accadute
a partire dagli
anni '80. Ironia
della sorte proprio
nel giubileo dei
50 anni di vita
del Jazzfest,
il pubblico e'
ritornato a
fischiare veemente:
non ha gradito
molto il concerto
Canzoni della
Liberta' di Kurt
Elling, che con
la WDR Big Band,
ha interpretato
canzoni pop del
periodo della
caduta del Muro
come ad esempio
Wind of Change

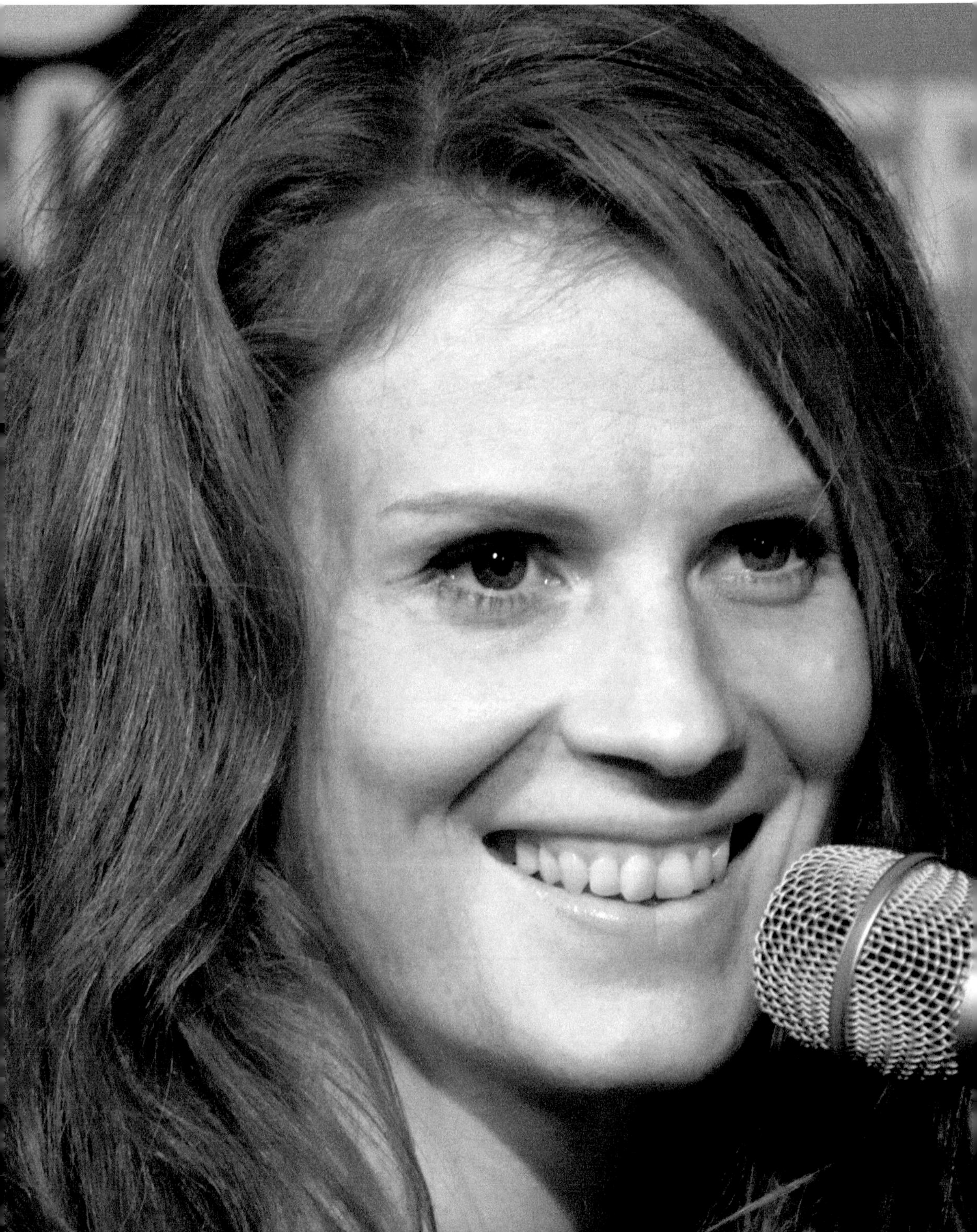

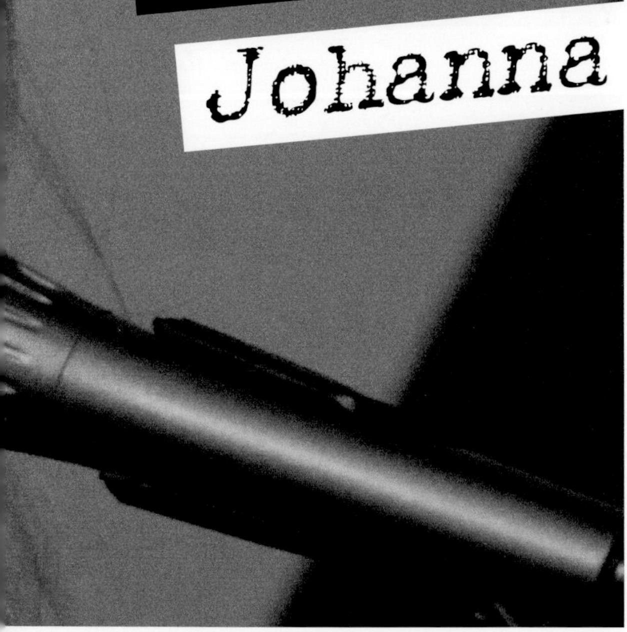

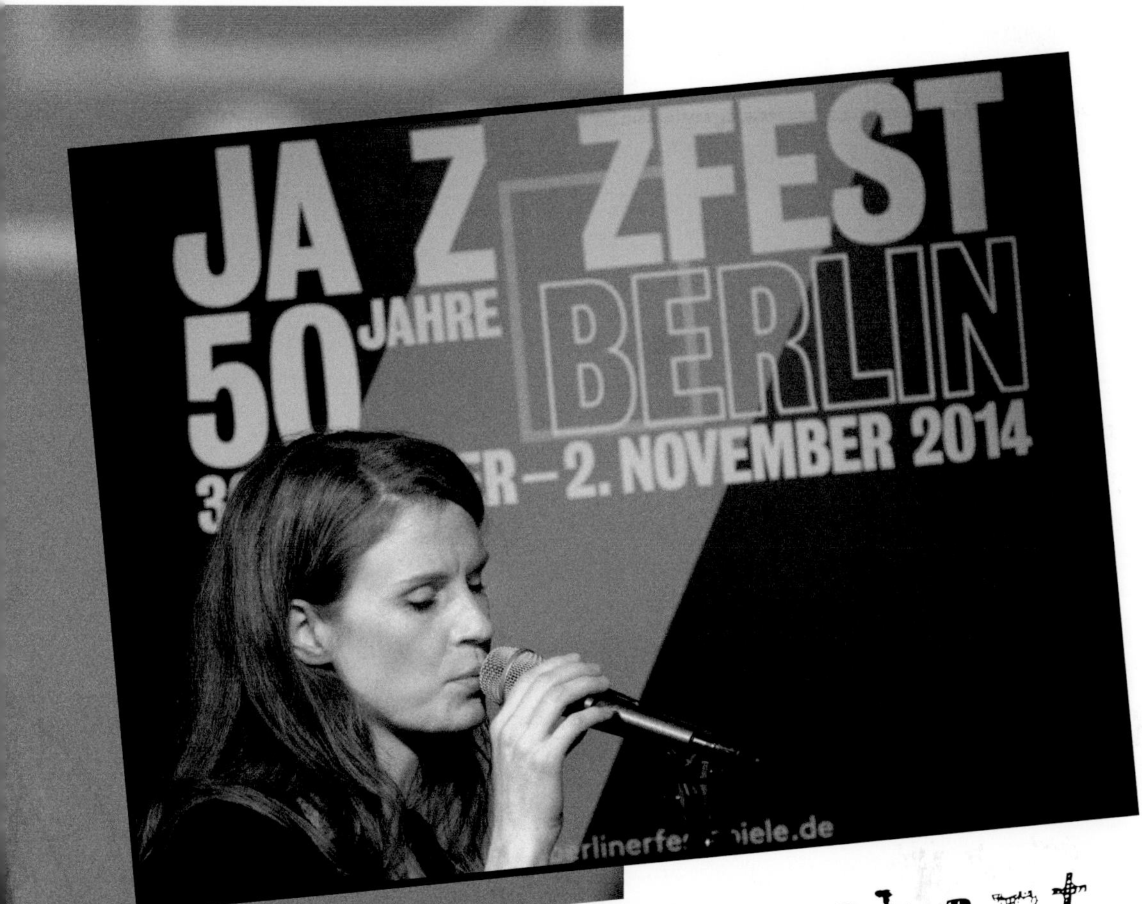

Johanna Borchert

A-Trane Berlino

Sabato primo novembre

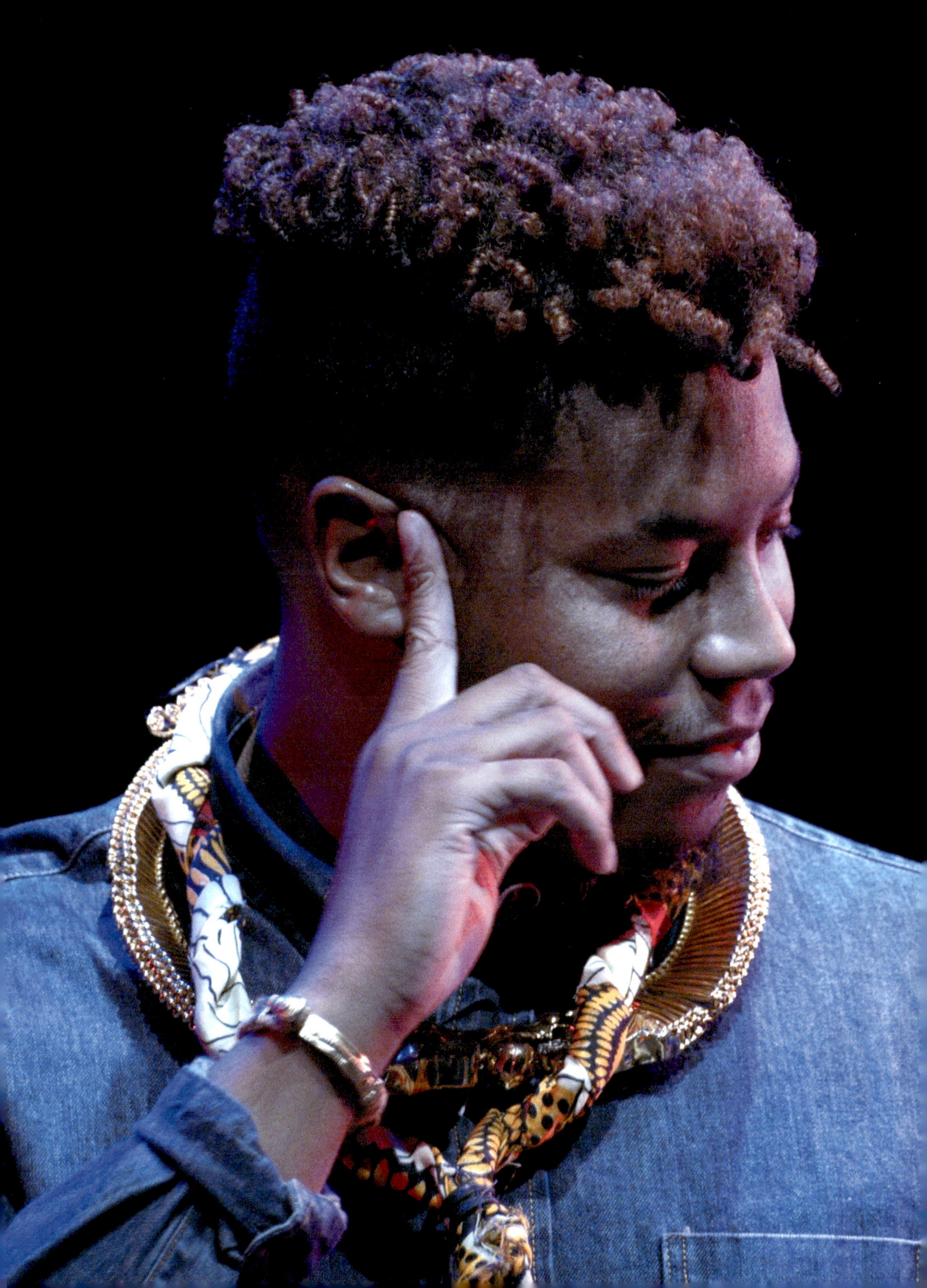

JAZZFEST 2013

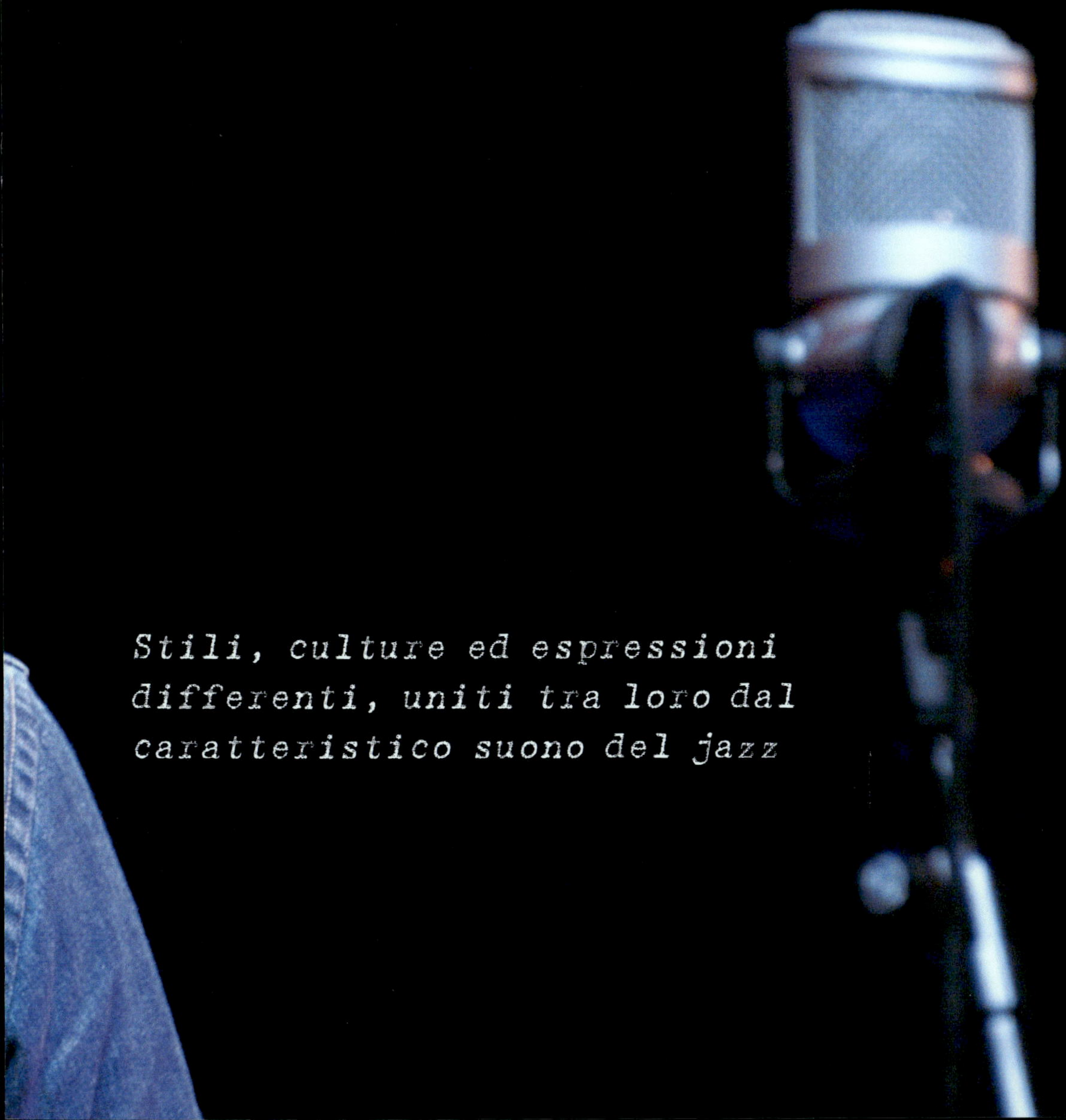

Stili, culture ed espressioni differenti, uniti tra loro dal caratteristico suono del jazz

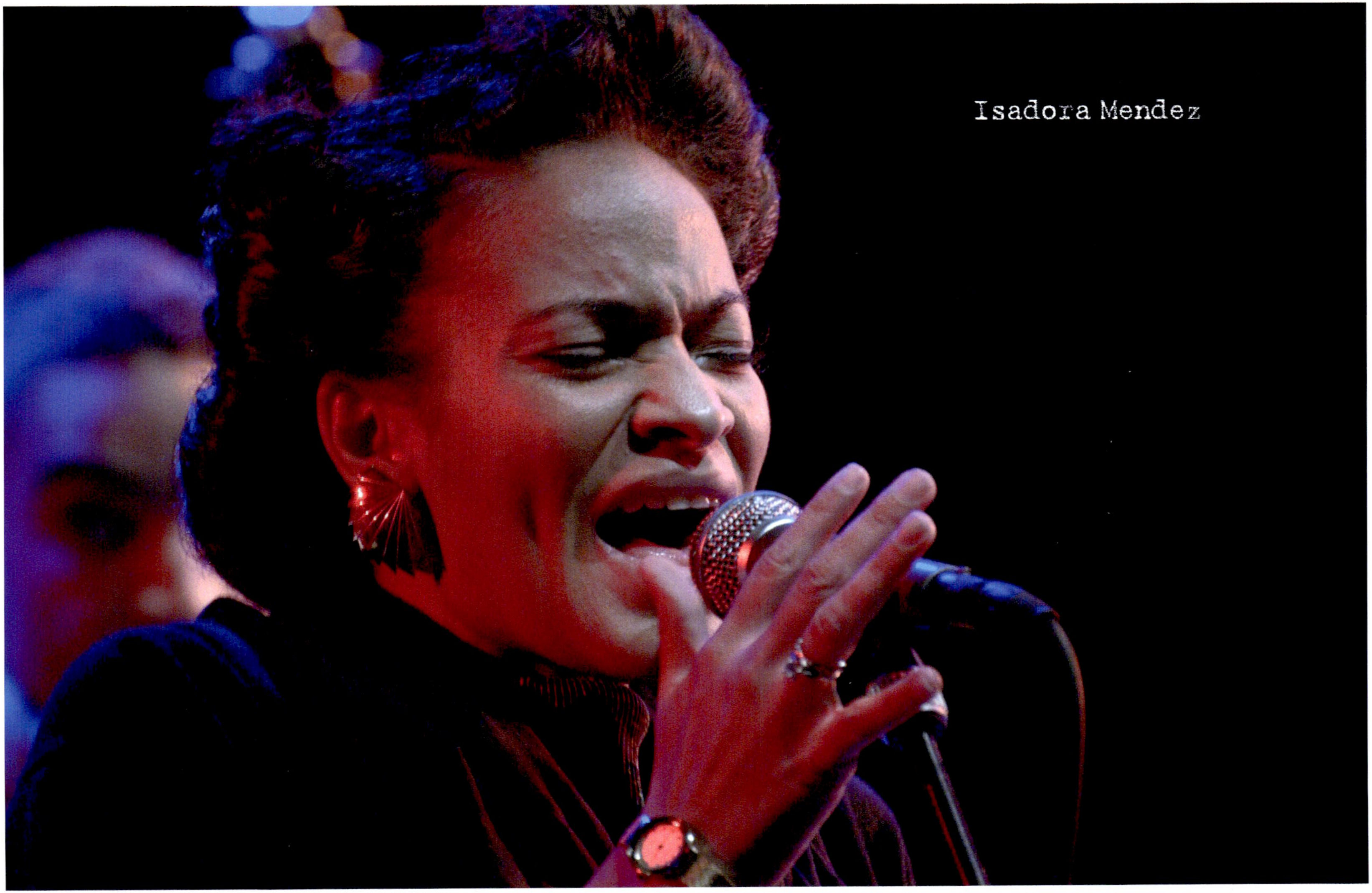

Isadora Mendez

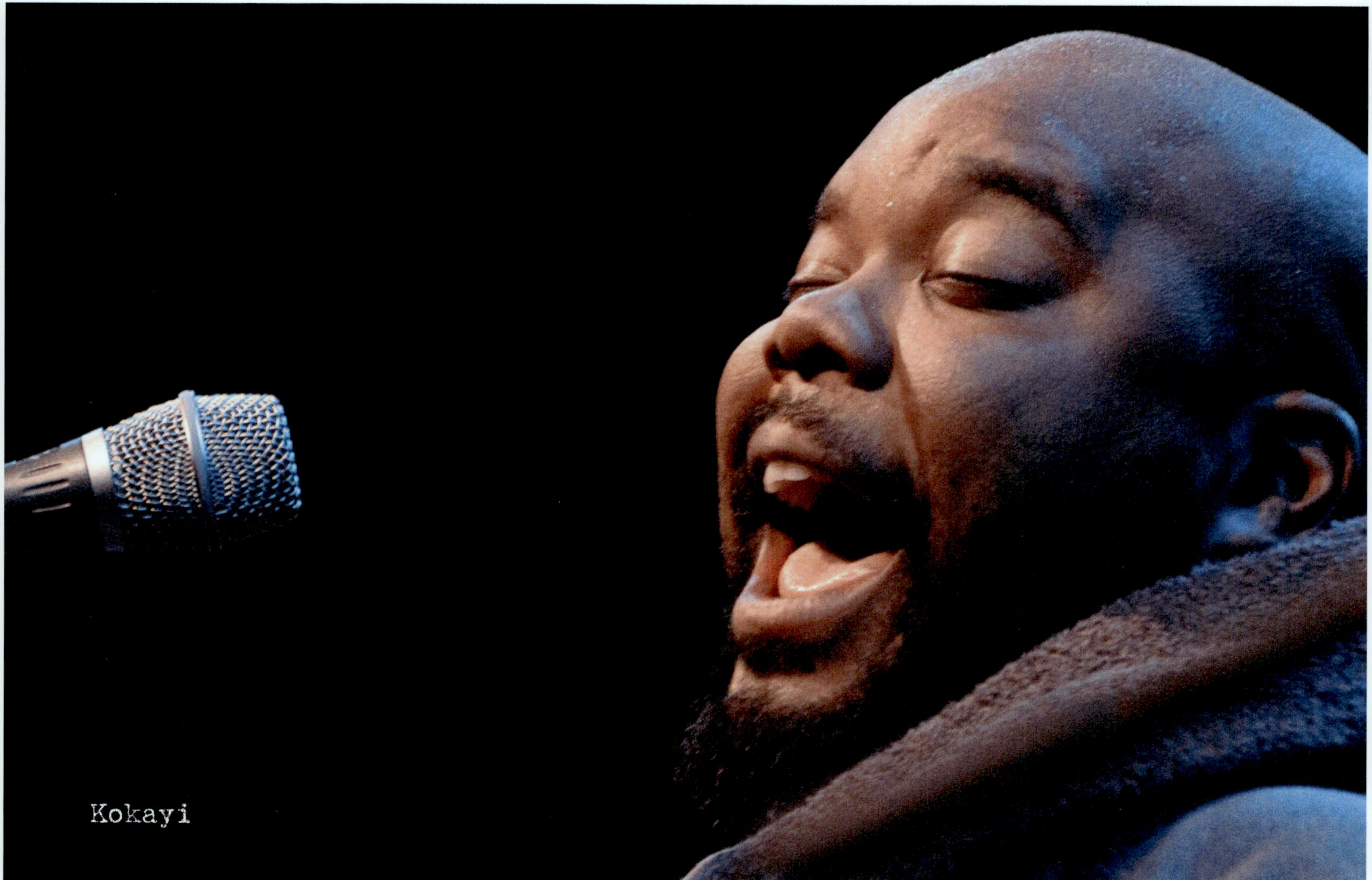

Kokayi

Stili, culture ed espressioni differenti, uniti tra loro dal caratteristico suono del jazz

30.11.2013

Come ogni anno il festival di jazz berlinese, uno dei piu' rinomati a livello internazionale, ha registrato una grande affluenza di pubblico. In quattro giorni, dal 31 ottobre al 3 novembre, sono stati venduti piu' di 6300 biglietti. I concerti si sono tenuti nella sede dei Berliner Festspiele, nell'Accademia delle Belle Arti, nel club A-Trane e nel leggendario locale Quasimodo, reso famoso dall'italiano Giorgio Carioti. Questa e' stata la seconda edizione da direttore artistico di Bert Noglik. Al centro del Festival vi e' stata la musica africana, ma non solo.

Noglik ha voluto creare una manifestazione che rappresentasse stili, culture ed espressioni totalmente differenti, uniti tra loro dal caratteristico suono del jazz: un suono che si basa sull'improvvisazione, sull'imprevedibilita', che sorprende costantemente l'ascoltatore; un suono con un proprio singolare linguaggio. "Ma se il jazz parla di amore o di teologia", ha scritto Hans-Jürgen Schaal nel libro d'introduzione al festival, "Il jazz stesso in se' e' gia' una grande parte del suo contenuto: essere spontanei, esprimersi liberamente, godersi la vita, essere un forte team, gioire dei punti in comune e delle diversita', fare sempre qualcosa di nuovo, rischiare, abbandonarsi alle emozioni, causare sorpresa, non accettare leggi eterne, promuovere la pluralita' e i cambiamenti, rendere l'intelligenza produttiva, guardare

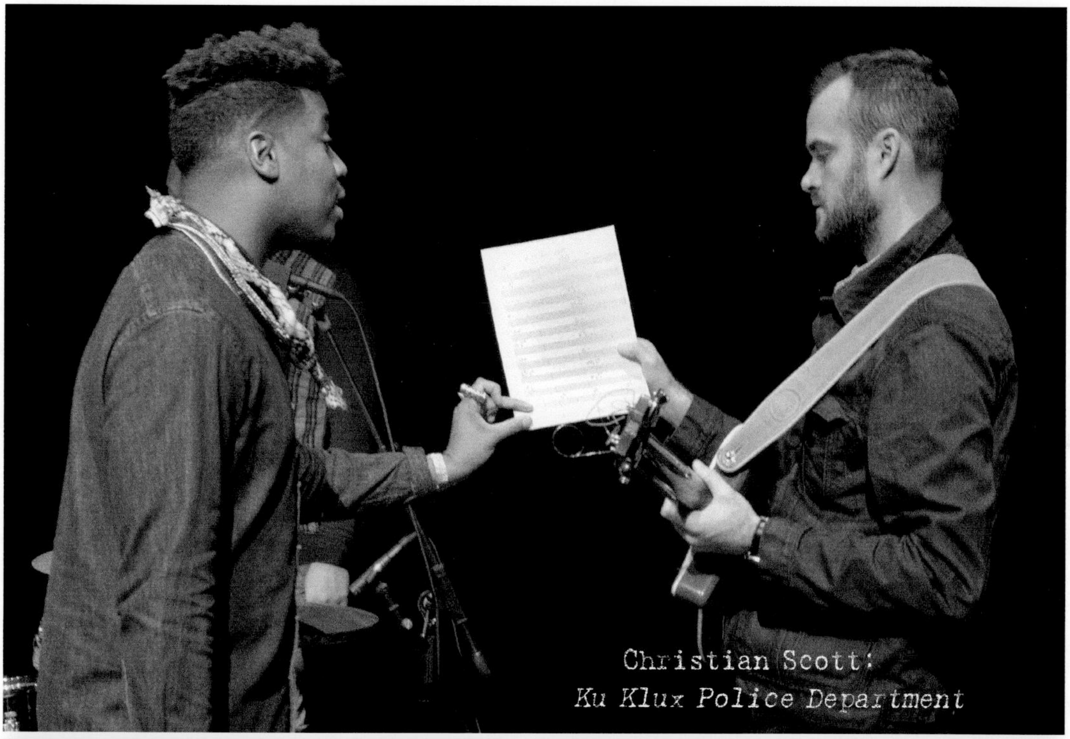

Christian Scott:
Ku Klux Police Department

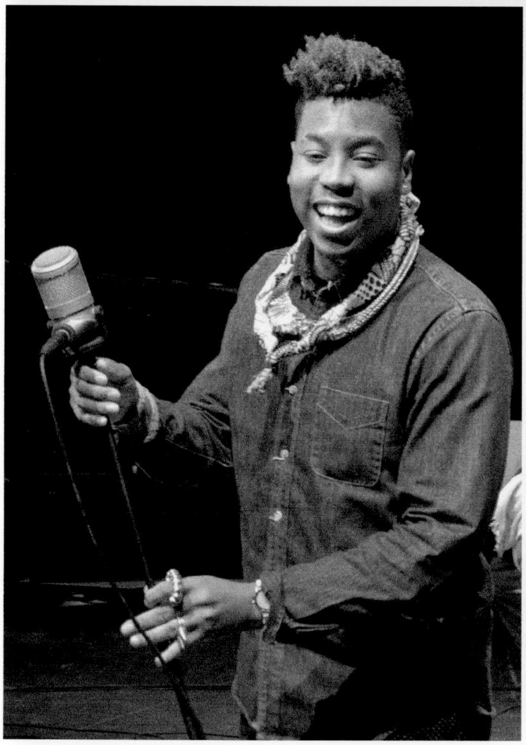

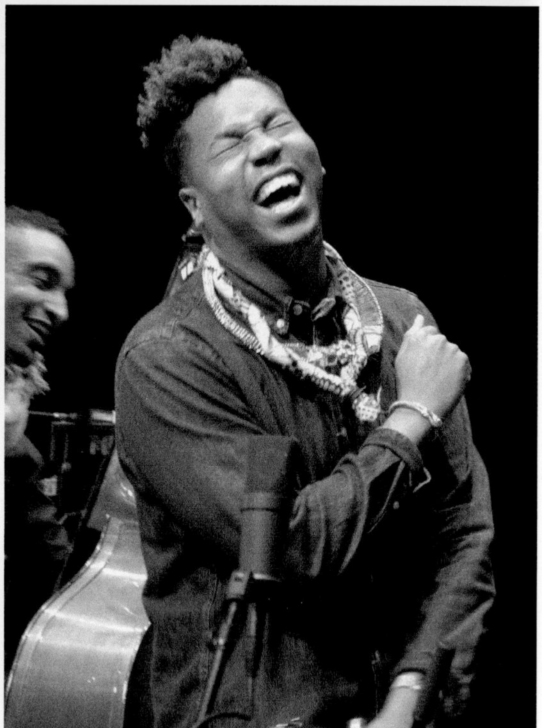

oltre le apparenze, riprogrammare costantemente". (1)

Il jazz racconta storie, esterna la quotidianita' dei musicisti, le loro emozioni, il loro ambiente circostante, le loro reazioni ad una esperienza positiva o negativa che sia."Nei loro assoli i jazzisti non suonano seguendo gli spartiti, bensi' raccontano di se stessi in modo spontaneo, narrano una storia personale, gesticolando con la testa e con il corpo", scrive sempre Hans-Jürgen Schaal nel suo articolo, "Essi utilizzano una grammatica fatta di sequenze di suoni, di un lessico e di una strategia narrativa con un inizio ed una fine. Noi reagiamo ai momenti salienti dei loro racconti, gridiamo e applaudiamo e vogliamo rispondere ai solisti. Molti pensano che il compianto Lester Young abbia narrato le sue esperienze negative in campo militare". (2)

Tutto cio' e' stato confermato da Christian Scott, che nel suo concerto di apertura del festival, ha rivelato di aver scritto un brano come reazione ad una cattiva esperienza con un poliziotto, il quale dopo averlo fermato ingiustificatamente, voleva costringerlo a scendere dalla macchina e a spogliarsi. "Per reagire di fronte all'accaduto", ha dichiarato Scott al pubblico, "non mi e' rimasto altro che incanalare tutta la mia rabbia e frustrazione in un nuovo pezzo musicale che ho intitolato Ku Klux Police Department". Christian Scott, nato a New Orleans, ha iniziato precocemente a suonare la tromba, che sua madre e sua nonna gli avevano regalato al dodicesimo compleanno.

Ad indirizzarlo al jazz e' stato suo zio Donald Harrison, famoso sassofonista. Dopo aver frequentato le prestigiose scuole "New Orleans Center for the Creative Arts" e "Berklee School of Music", ha inciso il suo primo singolo nel 2006.

Al divertente e bel concerto - Christian Scott e' una persona molto allegra e spensierata - hanno partecipato anche sua moglie Isadora Mendez e l'ospite d'onore Richard Howell. Con il concerto dal titolo "Africa Connection",

Joachim Kühn, uno dei piu' importanti pianisti jazz tedeschi, ha portato sul palco dei Berliner Festspiele, la musica dei Gnawa, discendenti di schiavi condotti in Marocco dalle regioni dell'Africa a sud del Sahara, le cui credenze sono una combinazione di culti islamici e pre-islamici.

Nei loro rituali, la musica e soprattutto il ritmo hanno una funzione determinante principalmente nella cura delle malattie. I loro suoni non molto alti, il battito delle mani e percussione di cembali conducono ad uno stato di ipnosi, che serve non solo nella cura delle malattie bensi' anche per invocare forze spirituali e per eliminare il male.

Joachim Kühn, abituato a suonare con grandi nomi del jazz, quali Michael Brecker, Stan Getz, Ornette Coleman, Joe Henderson, ha invitato per l'occasione Pharoah Sanders, divenuto celebre per i suoi duetti con John Coltrane e la cui musica ed autobiografia rispecchiano il periodo degli anni sessanta.

Come molti artisti di allora, Pharoah Sanders (vero nome: Farrell Sanders), ha abitato in una comune di musicisti, la "Arche von Sun Ra". Come molti ha vissuto di elemosina nella dura citta' di New York, fin quando non e' stato scoperto da John Coltrane. E come molti ha soggiornato in Giappone dove ha registrato il disco "Leo". L'unica cosa che lo differenzia dagli artisti di allora, e' il fatto di non aver fatto uso di droghe e di alcool. La sua musica e' prevalentemente spirituale come suggeriscono molti titoli, ad esempio "The Creator Has a Master Plan" (Il creatore ha un piano perfetto). Pharoah Sanders, dopo un lungo periodo lontano dalla luce dei riflettori, e' ritornato ad esibirsi, a partire dagli anni '90, sui palcoscenici piu' importanti del mondo. Il 31 ottobre al JazzFest di Berlino ha dimostrato, nonostante l'eta', che la sua musica conserva la freschezza e la forza dei suoi migliori e piu' proficui anni.

Altri due grandi nomi presenti alla manifestazione erano

quelli di John Scofield e Jack DeJohnette. La carriera di Jack DeJohnette e' legata a leggende del jazz quali Chick Corea, Miles Davis, Herbie Hancock e Pat Metheny.

Il suo amore per la batteria e' nato durante la frequentazione della scuola superiore dopo aver studiato per 10 anni pianoforte. Nel 1966 si e' trasferito a New York, dove ha lavorato insieme a Charles Llyod. Soltanto alla fine degli anni settanta ha formato il suo primo gruppo ed ha inciso per la prestigiosa casa discografica Blue Note. Al JazzFest si e' esibito insieme a Don Byron, altro nome di spicco. John Scofield ha suonato, domenica 3 novembre, con il suo gruppo Überjam Band. Il chitarrista, a lungo amico e compagno di concerti di Miles Davis, ha dimostrato sul palco che la sua musica non puo' essere delimitata a nessun genere. Con la chitarra riesce a distinguersi sia che suoni Jazz, Blues o Rock. Con le celebrazioni degli ottant'anni di Ernst-Ludwig Petrowsky, avutesi presso l'Accademia delle Belle Arti, dove il musicista ha dato tre concerti distinti, il JazzFest ha spostato il suo baricentro dall'Africa alla DDR. Ernst-Ludwig Petrowsky si e' esibito con tre gruppi differenti con i quali ha fatto storia nell'ex Repubblica Democratica. Dapprima ha suonato con i Ruf der Heimat, poi con i Ornette et Cetera ed infine i Zentralquartett. Il gruppo piu' importante e' sicuramente il Zentralquartett, dove spiccano anche i musicisti Conny Bauer, Ulrich Gumpert e Günter Baby Sommer. Il nome Zentralquartett (Quartetto centrale) e' un gioco di parole, un riferimento ironico alle piu' importanti istituzioni politiche e culturali della DDR: "Zentralagentur" (Agenzia centrale) e Zentralkomitee ("Comitato centrale"). I quattro musicisti facevano parte di coloro i quali avevano osato comporre musica che non apparteneva alla cultura istituzionalizzata stabilita dal Partito unico SED della Repubblica Democratica.

"Alla fine degli anni sessanta, inizio anni settanta

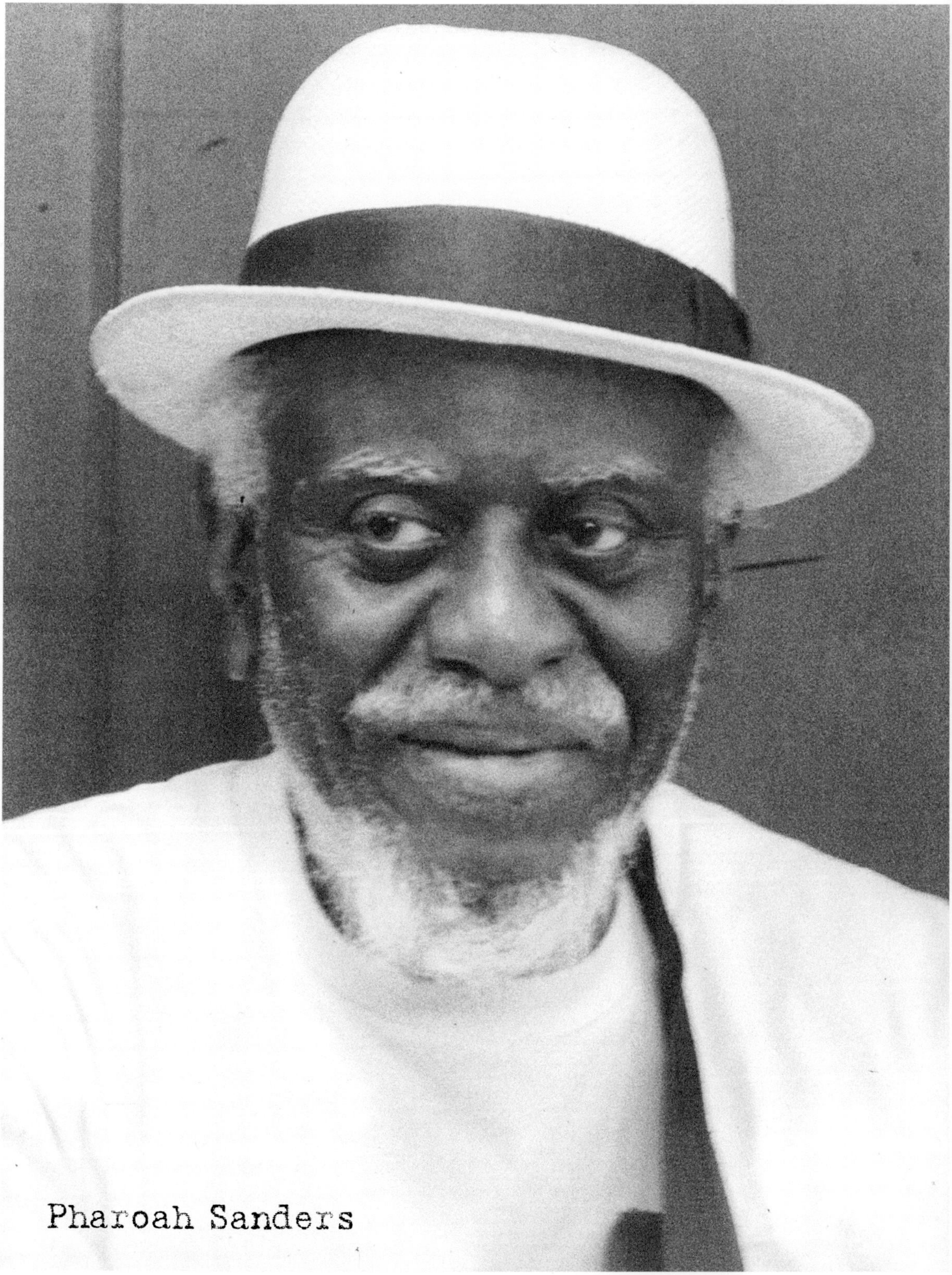

Pharoah Sanders

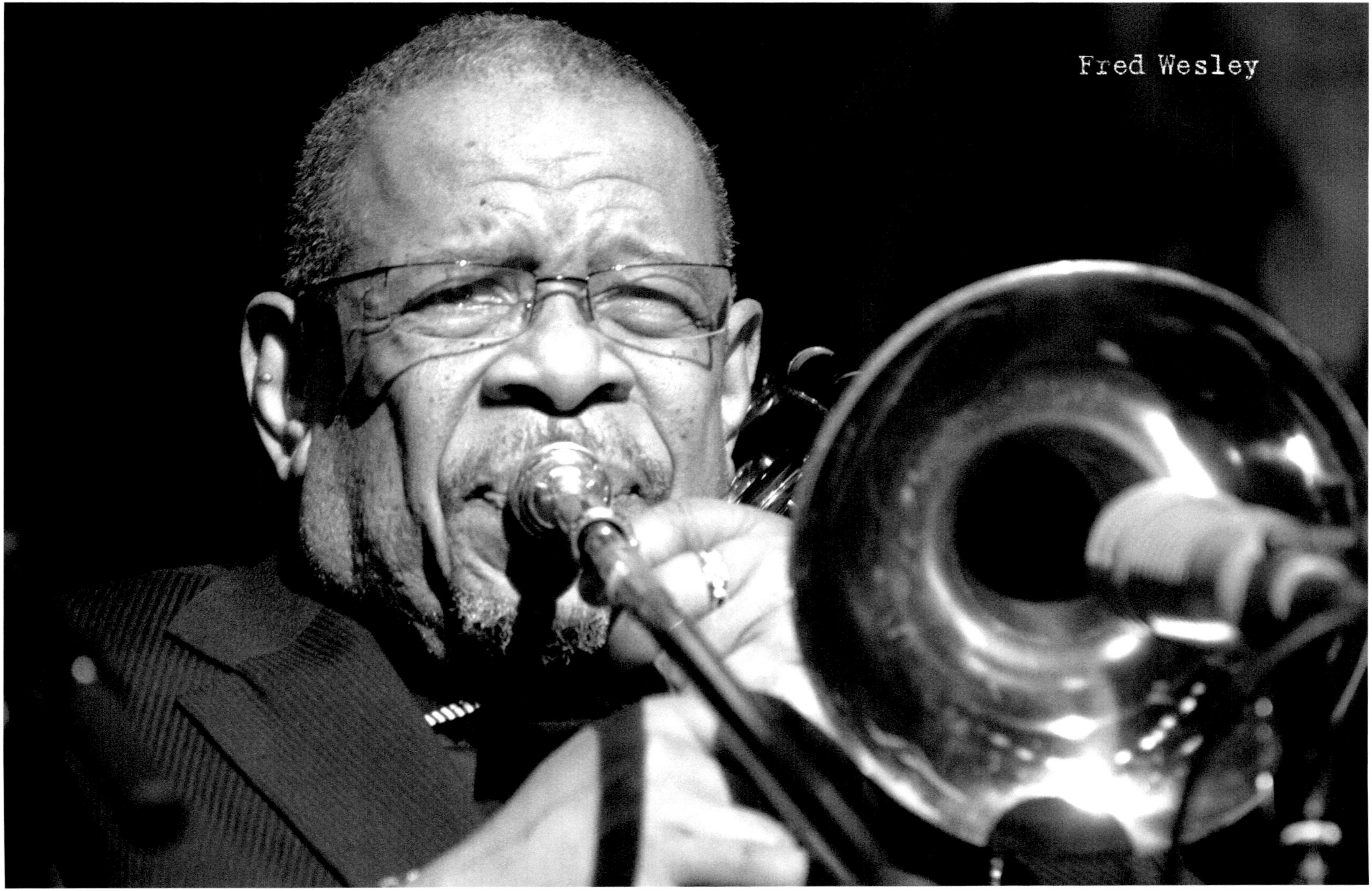

Fred Wesley

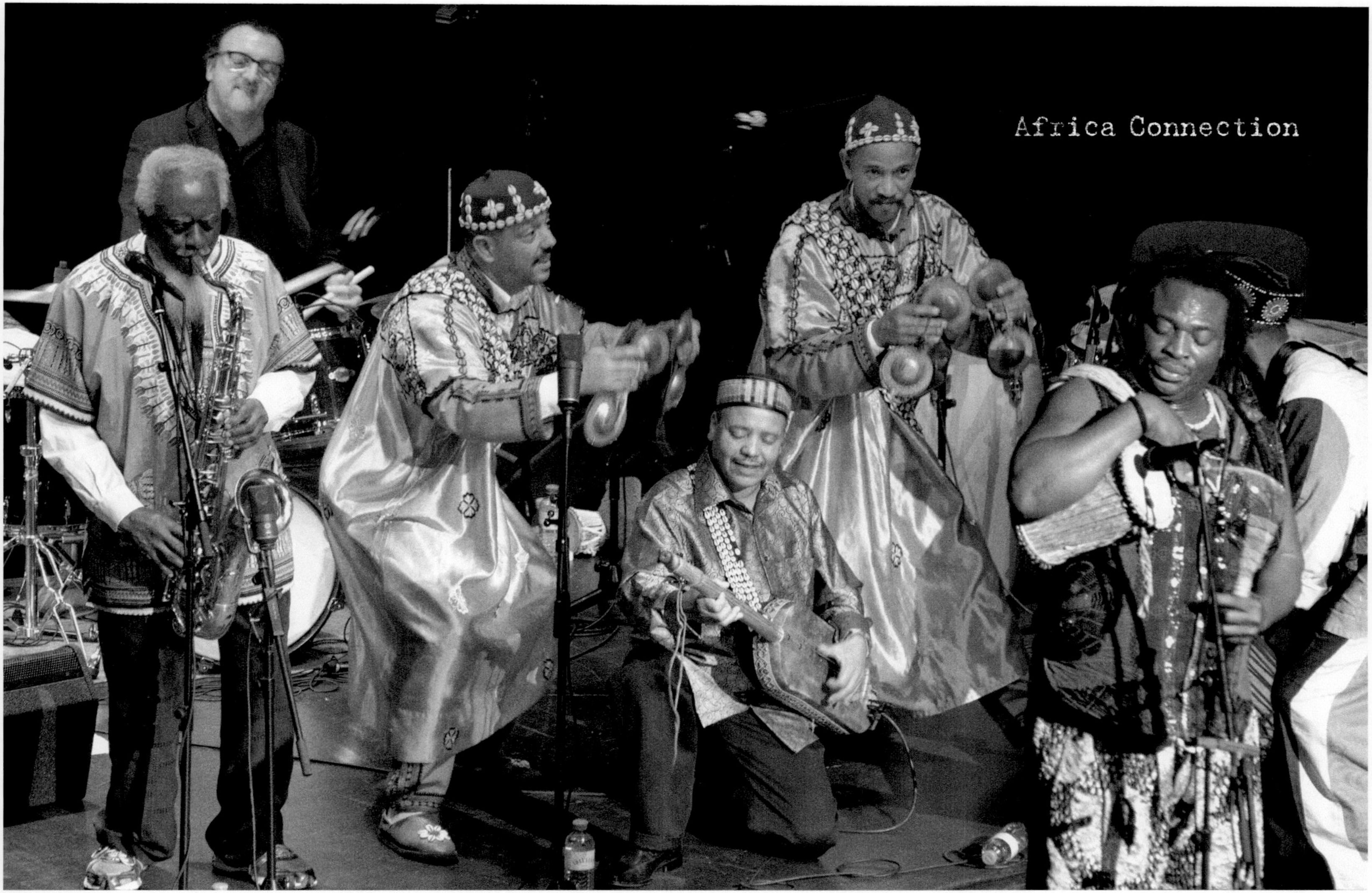

Africa Connection

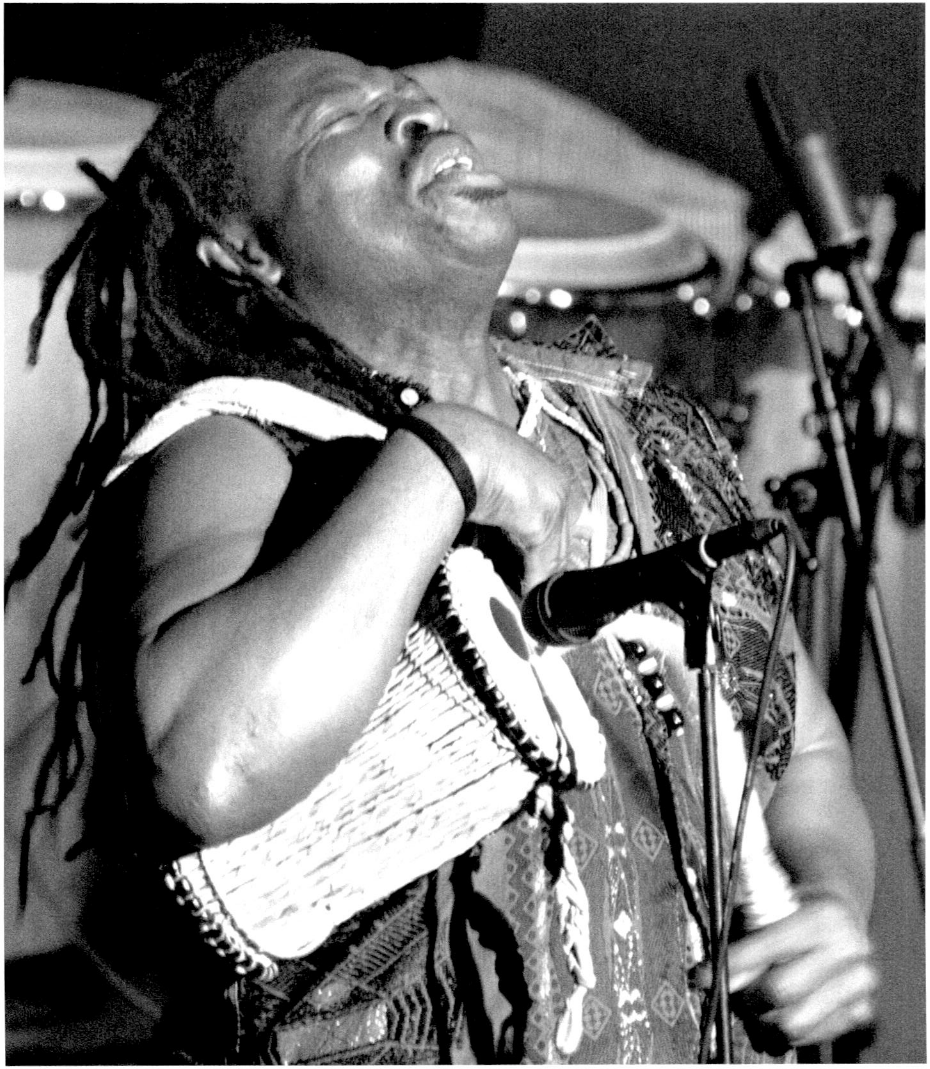

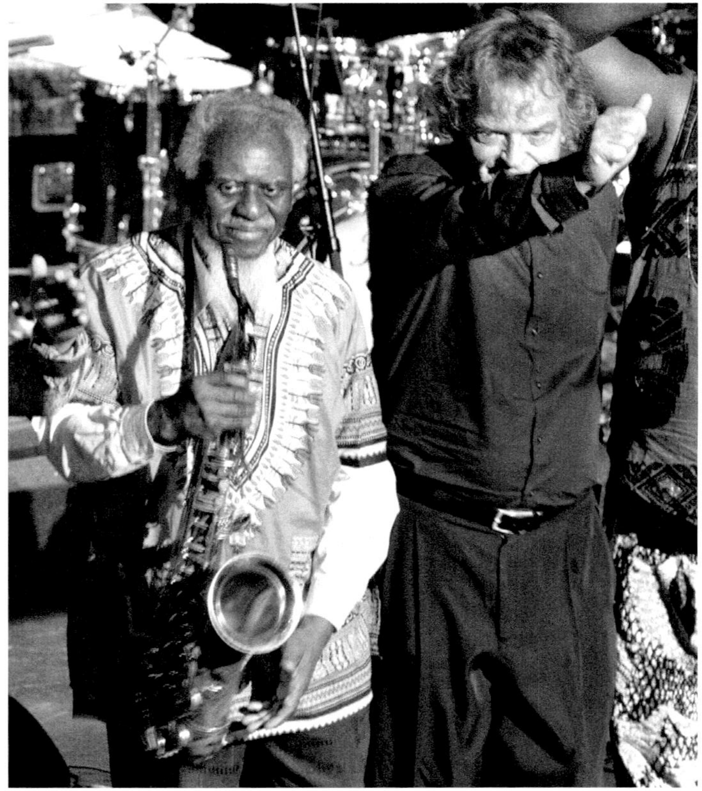

Come molti artisti di allora, Pharoah Sanders (vero nome: Farrell Sanders), ha abitato in una comune di musicisti, la "Arche von Sun Ra". Come molti ha vissuto di elemosina nella dura citta' di New York, fin quando non e' stato scoperto da John Coltrane.

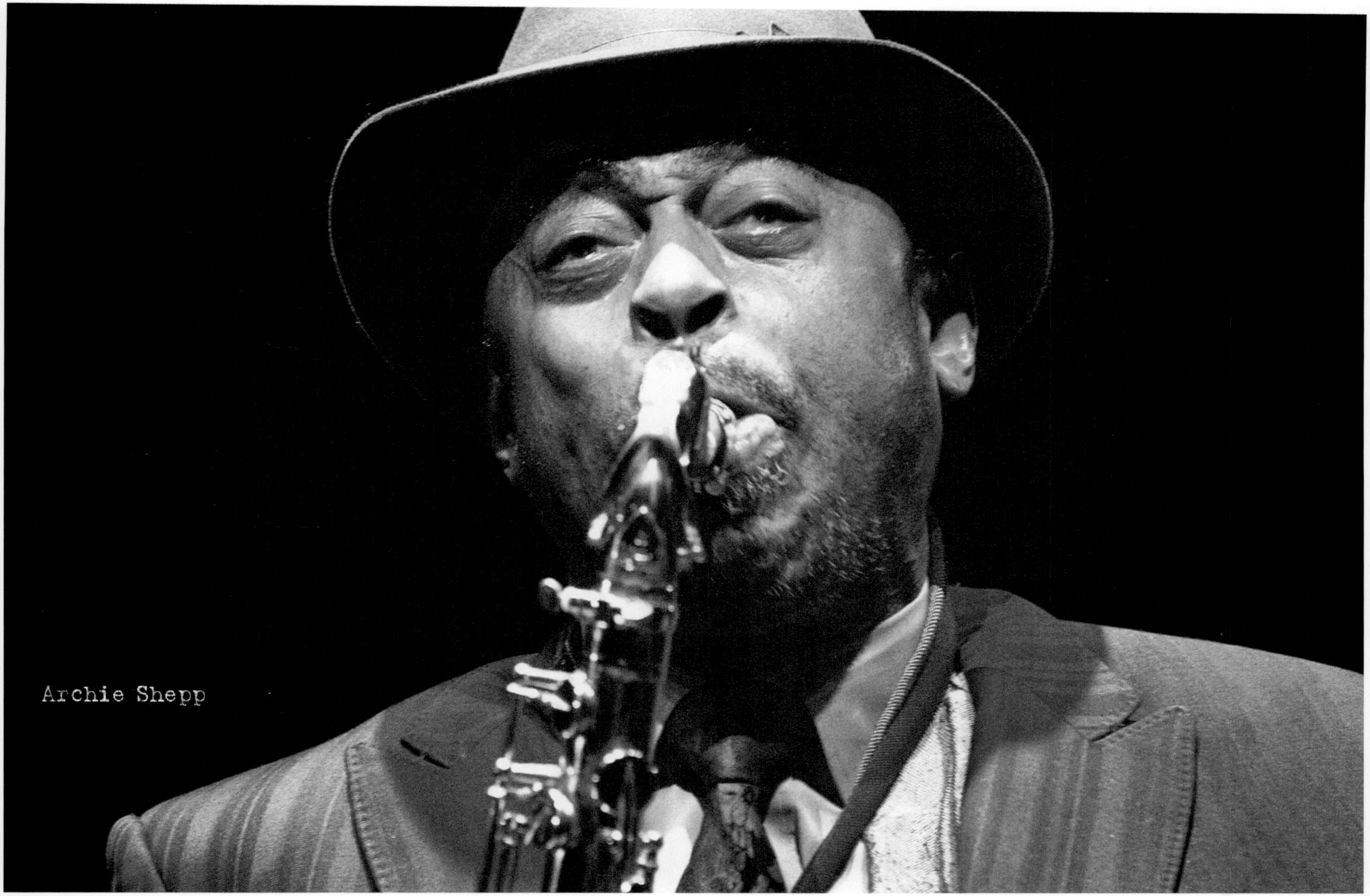

Archie Shepp

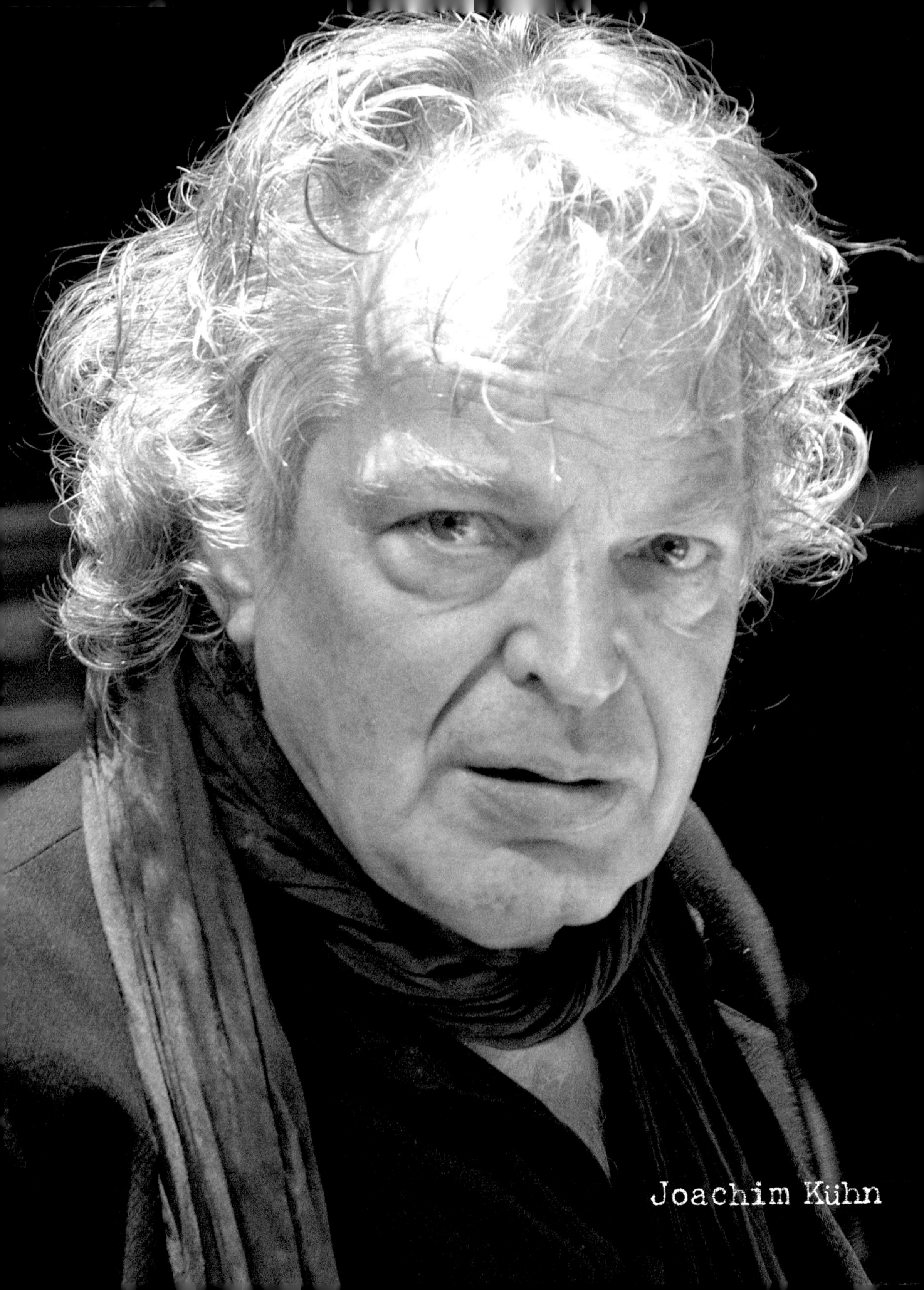
Joachim Kühn

si e' verificato qualcosa di mostruoso nella scena jazz della DDR," ha scritto Bert Noglik nel suo articolo nel libro d'introduzione al festival, "si sperimentava ovunque. E' apparsa in scena una giovane generazione di musicisti, che lavoravano insieme in differenti direzioni ed avevano pionieri innovativi come Ernst-Ludwig Petrowsky, Manfred Schultze und Friedhelm Schönfeld". (3)

A Cottbus, racconta Bert Noglik si e' sviluppato un podio sulla musica improvvisata e sulla cultura giovanile. Inoltre a Lipsia e' nato nel 1973 il "jazzclub leipzig", seguito a ruota da tanti altri piccoli club in tutto il territorio della Repubblica Democratica. Nel 1990, immediatamente dopo la caduta del Muro, il quartetto ha prodotto il disco omonimo "Zentralquartett", dove la musica narra fedelmente e passionatamente gli eventi straordinari di quel periodo. Riprendendo sempre l'articolo di Bert Noglik:

"Zentralquartett" del 1990 e' probabilmente l'album migliore della band. In ogni caso ha il carattere di un manifesto musicale. Allora ho appuntato, durante il tragitto con il treno attraverso il terreno incolto tra la parte est ed ovest: "musica, creata per il momento, valida per la durata di un battito cardiaco e di un respiro. Celebrazione del momento ma anche una sorta di documento storico. Con questa musica nelle orecchie sono passato oltre il confine, felicemente gia' abbattuto e ancora dolorosamente vivo nei ricordi... (4)

Altro articolo interessante nel libro d'introduzione al festival e' "Ein Sandsack zuviel" (Un saccopelo di troppo) di Ernst-Ludwig Petrowsky, che racconta la difficolta' degli artisti della Repubblica Federale di esibirsi all'estero:

Il dipartimento rigido e stalinista della cultura e del

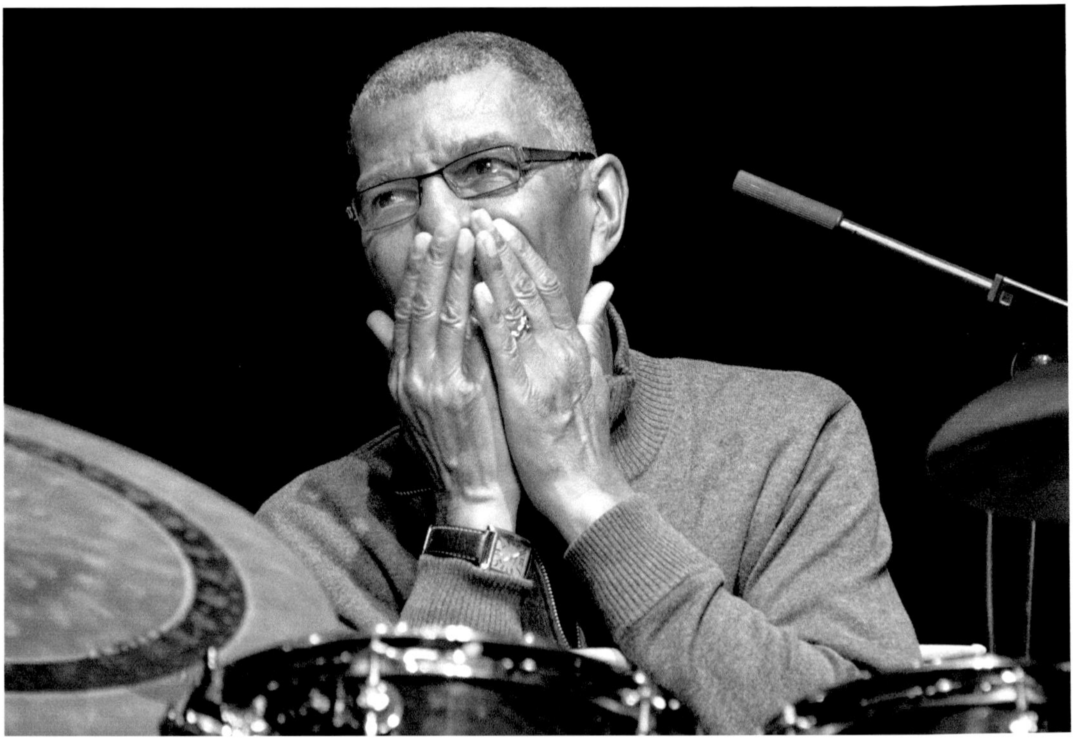

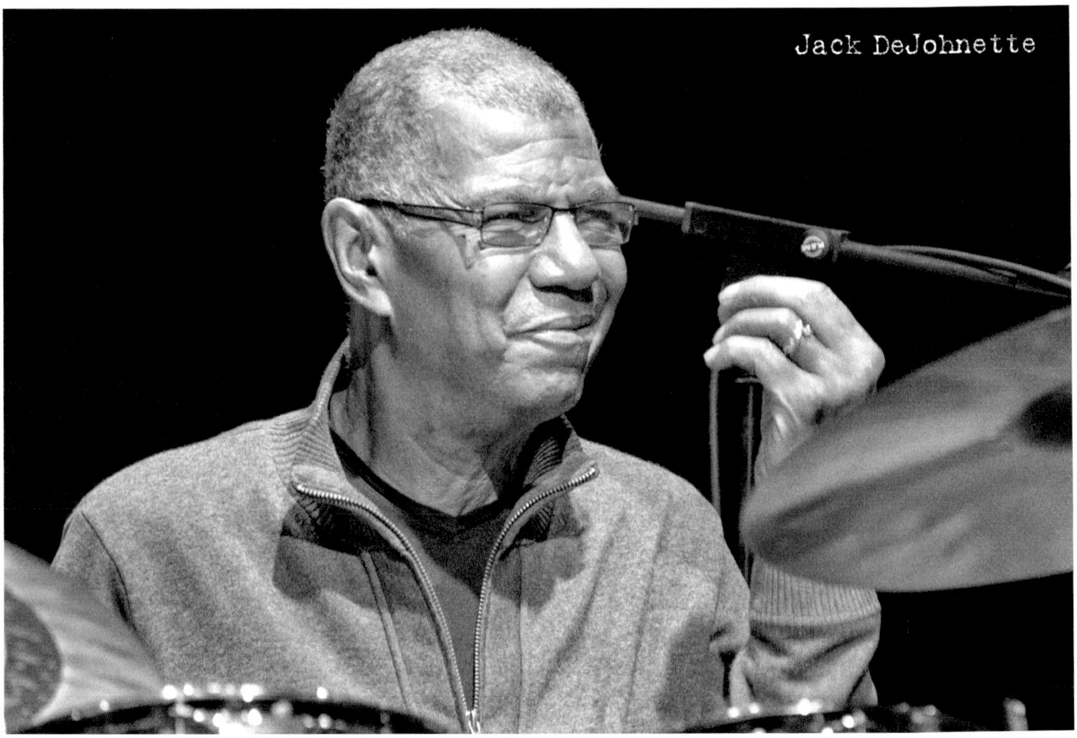

Jack DeJohnette

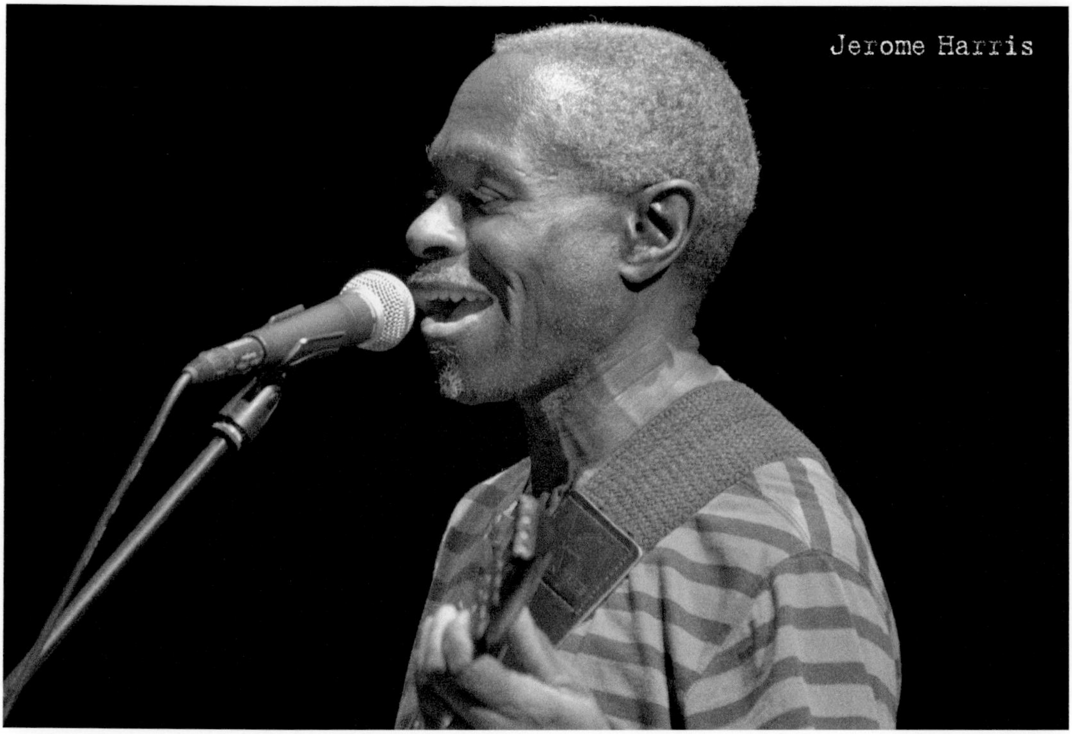

Jack is all grins and shit, and so I know he's not going to do nothing but style. I love the way Jack plays, but when women come around that motherfucker is just up into being hip and playing for the crowd instead of the band. But you couldn't tell him that (Miles Davis)

La carriera di Jack DeJohnette e' legata a leggende del jazz quali Chick Corea, Miles Davis, Herbie Hancock e Pat Metheny. Il suo amore per la batteria e' nato durante la frequentazione della scuola superiore dopo aver studiato per 10 anni pianoforte.

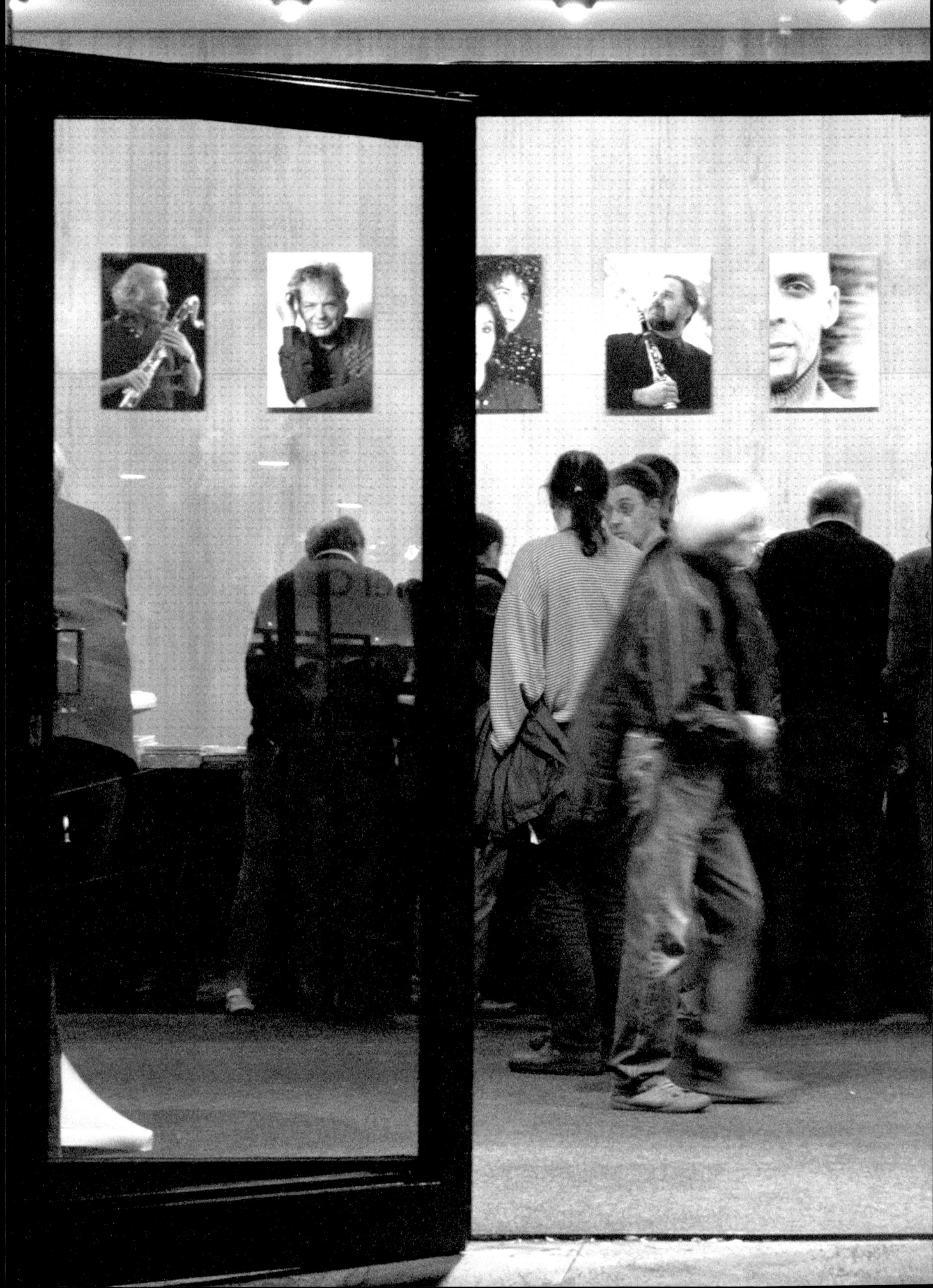

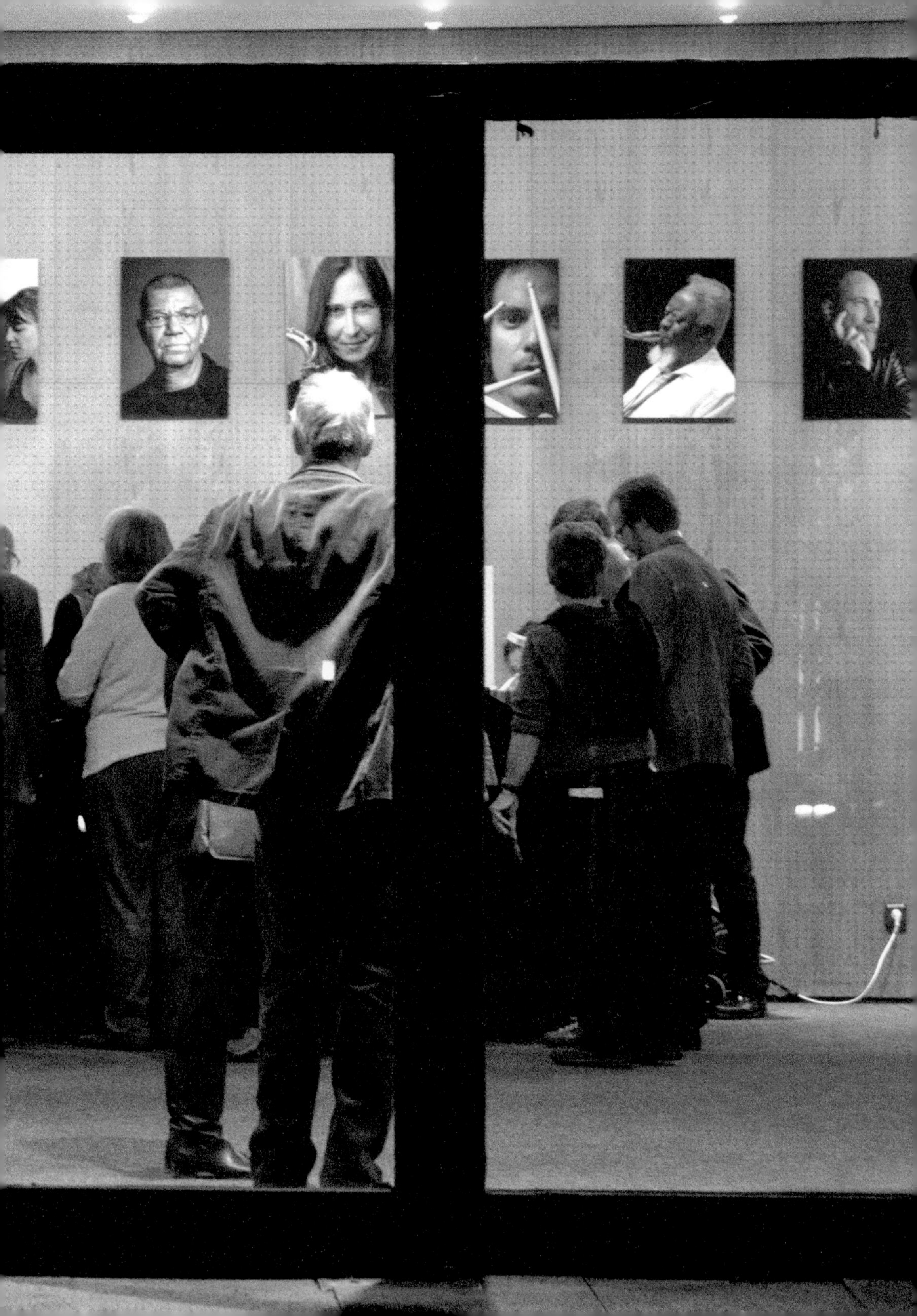

passaporto dell'"Agenzia degli Artisti della DDR" ha posto come condizione, per l'esibizione del trio Petrowsky presso la NDR, la presenza del compagno Wollschon come accompagnatore di viaggio in servizio. E il compagno Wollschon, rigido al dovere, ha seguito da pedante teutonico portiere della Stasi ogni nostro passo fino alle brande dei letti dell'hotel, dove pernottavamo (5)

Petrowsky e' riuscito anche ad ottenere dal compagno Wollschon, grazie ad un trucchetto, il permesso di farsi intervistare dal giornalista della Germania ovest Michael Naura. Nonostante i timori di Wollschon, Petrowsky non ha dato risposte che avrebbero potuto mettere in imbarazzo il regime della DDR:

Mi sono sentito a disagio quando il compagno Wollschon si e' congratulato per "il mio ragionamento coraggioso e saggio in prima linea sul fronte della lotta della classe culturale" e mi ha ringraziato a nome del partito (...) Abbiamo fatto un concerto eccezionale (...) La nostra vendetta contro il nostro snervante compagno di viaggio in servizio, scudo e spada del Partito: Abbiamo intitolato uno dei nostri pezzi piu' belli - una ballata molto rilassante "Un saccopelo di troppo" e naturalmente lo stronzo non si e' accorto di nulla. Cosi' e in altri modi il jazz e' sopravvissuto alla DDR (6)

Con la presenza di Abram Inc., Bert Noglik ha voluto inserire una band che unisce il jazz con l'Hip-hop e il funk: insieme al famoso trombonista Fred Wesley, conosciuto per le sue collaborazioni con James Brown e George Clinton, si e' esibito anche il rapper C-Rayz Walz. Con la Monika Roscher Bigband si e' voluto dare spazio ad un gruppo di giovani, trainato dalla chitarrista, compositrice e cantante Monika Roscher, la quale ha creato una delle formazioni di

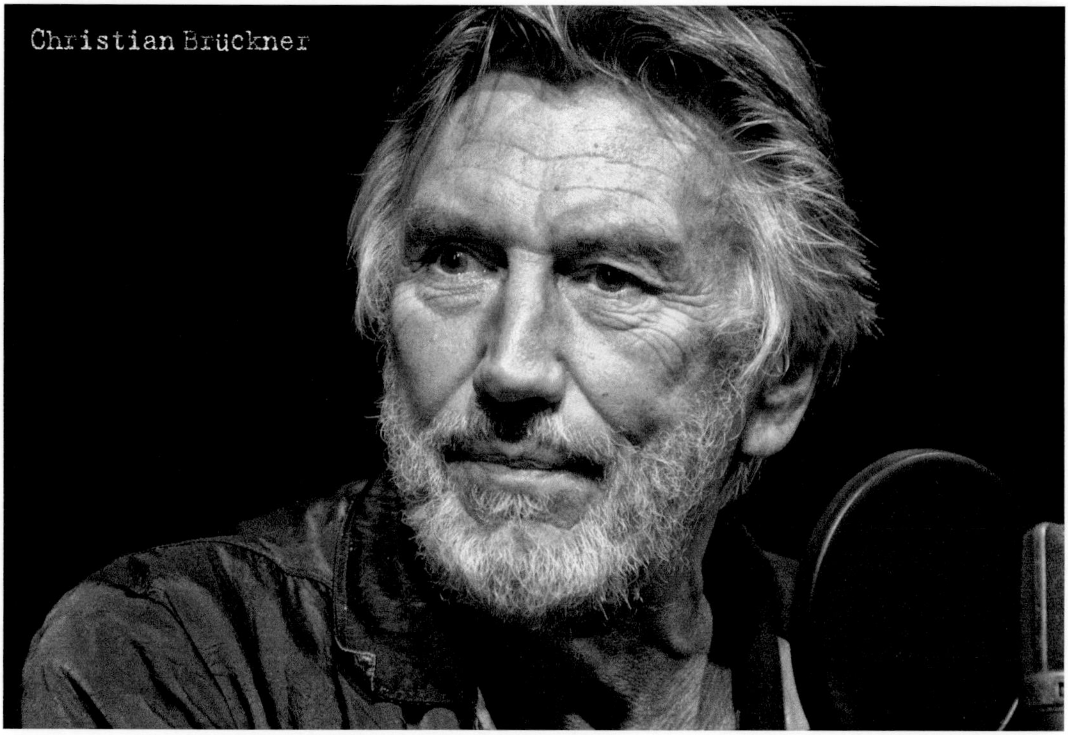
Christian Brückner

maggior successo degli ultimi anni in Germania. Con Dafnis Prieto Proverb Trio si e' dato un tocco latino-americano al festival. Il batterista Dafnis Prieto e' un musicista cubano, residente a New York. Riccardo Del Fra, invece, ha portato sul palco il jazz tradizionale. Si e' esibito per due serate presso il locale A-Trane, dedicate al grande Chet Baker: "My Chet, My song". Riccardo, italiano, vive da quasi trent'anni a Parigi ed ha avuto l'onore di cooperare anche con Dizzy Gillespie e Bob Brookmeyer. Con Christian Brückner e Christian Weidner gli spettatori hanno potuto trascorrere un piacevole sabato pomeriggio all'insegna di musica e poesia. Brückner, accompagnato dalle note di Weidner, ha letto le poesie erotiche di e.e. cummings. Christian Brückner e' conosciuto in Germania per aver doppiato attori del calibro di Robert De Niro, Dennis Hopper, Jon Voight e Gérard Depardieu. Altri bei concerti, tenutisi nella sede dei Berliner Festspiele, sono stati "Big Circle" con le personalita' trainanti di Michael Riessler e Pierre Charial e "Wunderkammer XXL" di Michael Wollny / Tamar Halperin & HR-Bigband. JazzFest Berlin 2013 si e' chiuso con il concerto Sons of Kemet, guidati da Shabaka Hutchings, uno dei maggiori rappresentanti della scena jazz britannica. La prossima edizione di JazzFest Berlin si terra' dal 30 ottobre al 2 novembre 2014, quando si festeggeranno i 50 anni dalla sua fondazione.

NOTE

(1) Hans-Jürgen Schaal, Jazz evoziert das Wort - von singenden Barkeepern und politischen Posaunen, in Magazin Jazzfest Berlin 2013, pag. 26

(2) Ibidem, pag. 25

(3) Bert Noglik, Von Synopsis zum Zentralquartett - zur Geschichte einer Kult-Band im „Freien Jazz“ der DDR und darüber hinaus, in Magazin Jazzfest Berlin 2013, pag. 17

(4) Ibidem, pag. 19

(5) Ernst-Ludwig Petrowsky, Ein Sandsack zuviel..., in Magazin Jazzfest Berlin 2013, pag. 22

(6) Ibidem, pag. 23

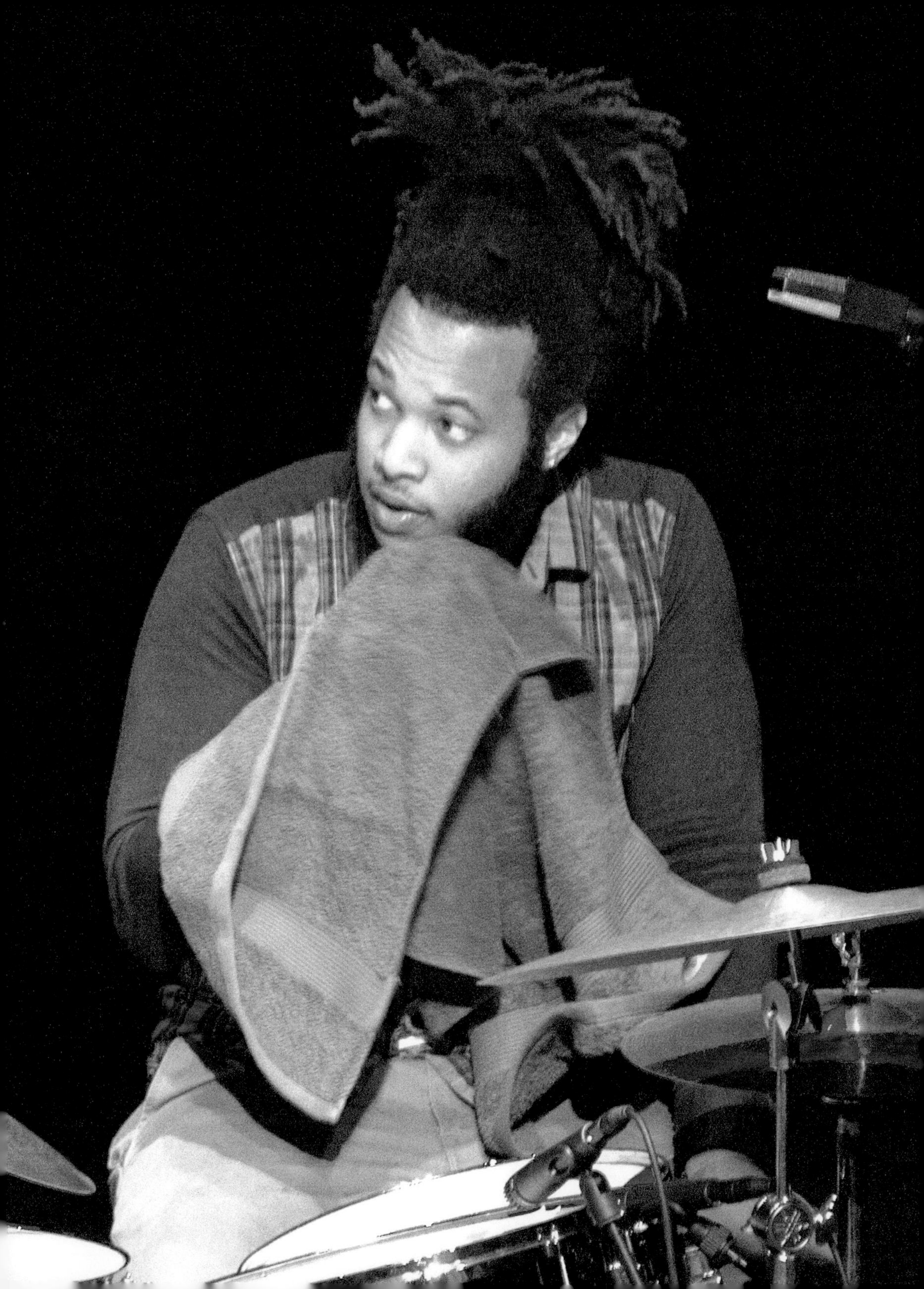

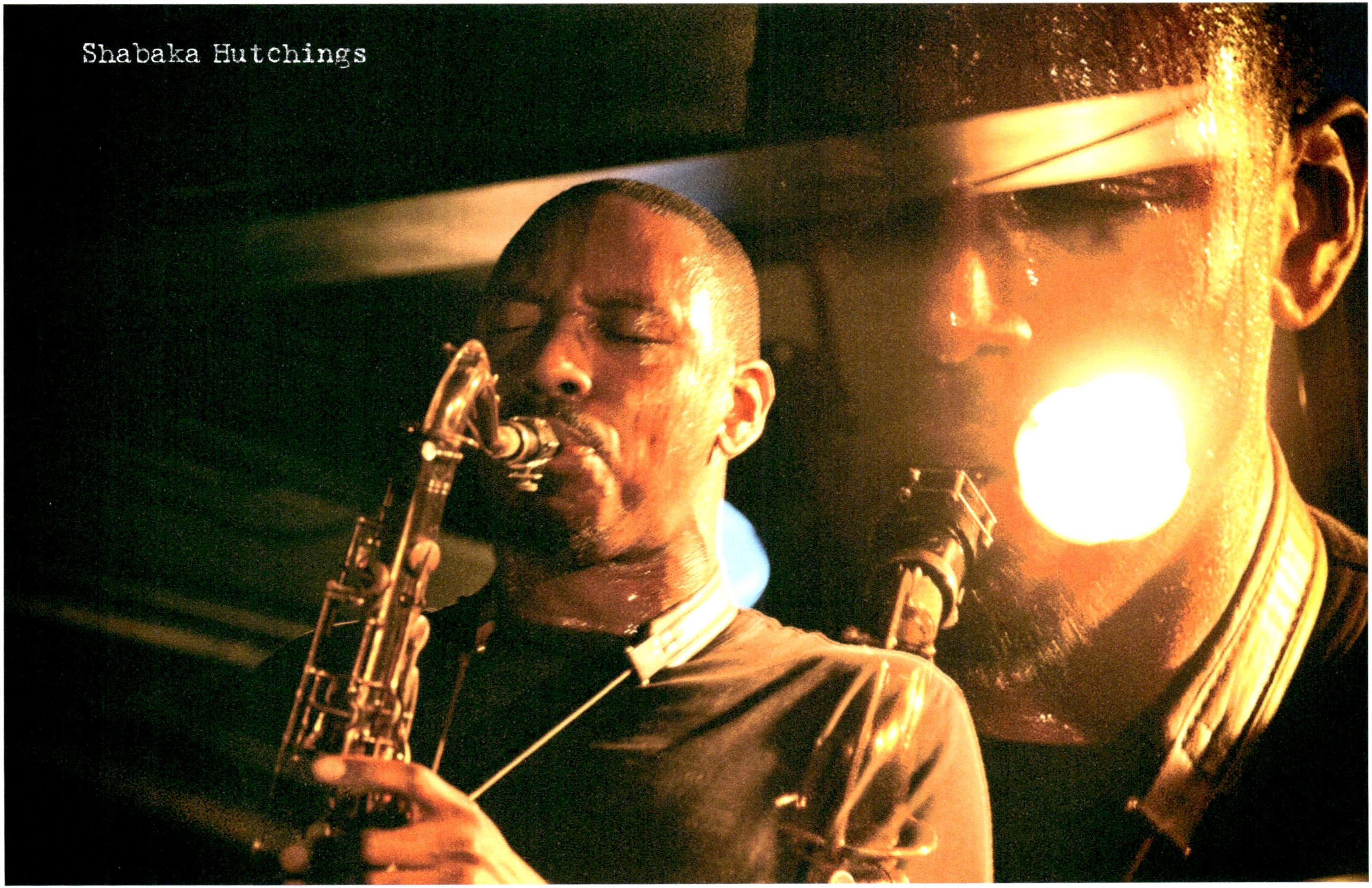
Shabaka Hutchings

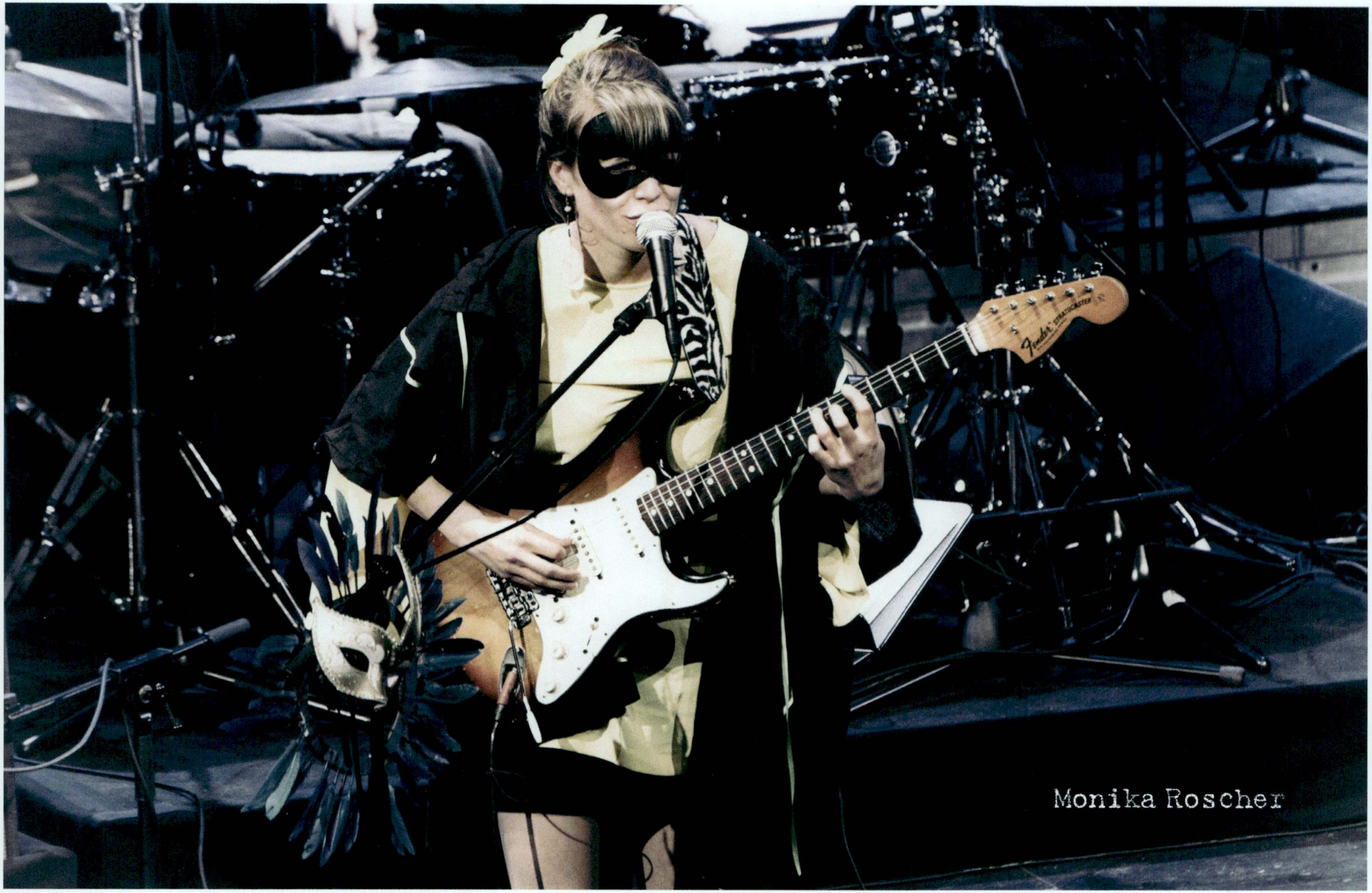

Monika Roscher

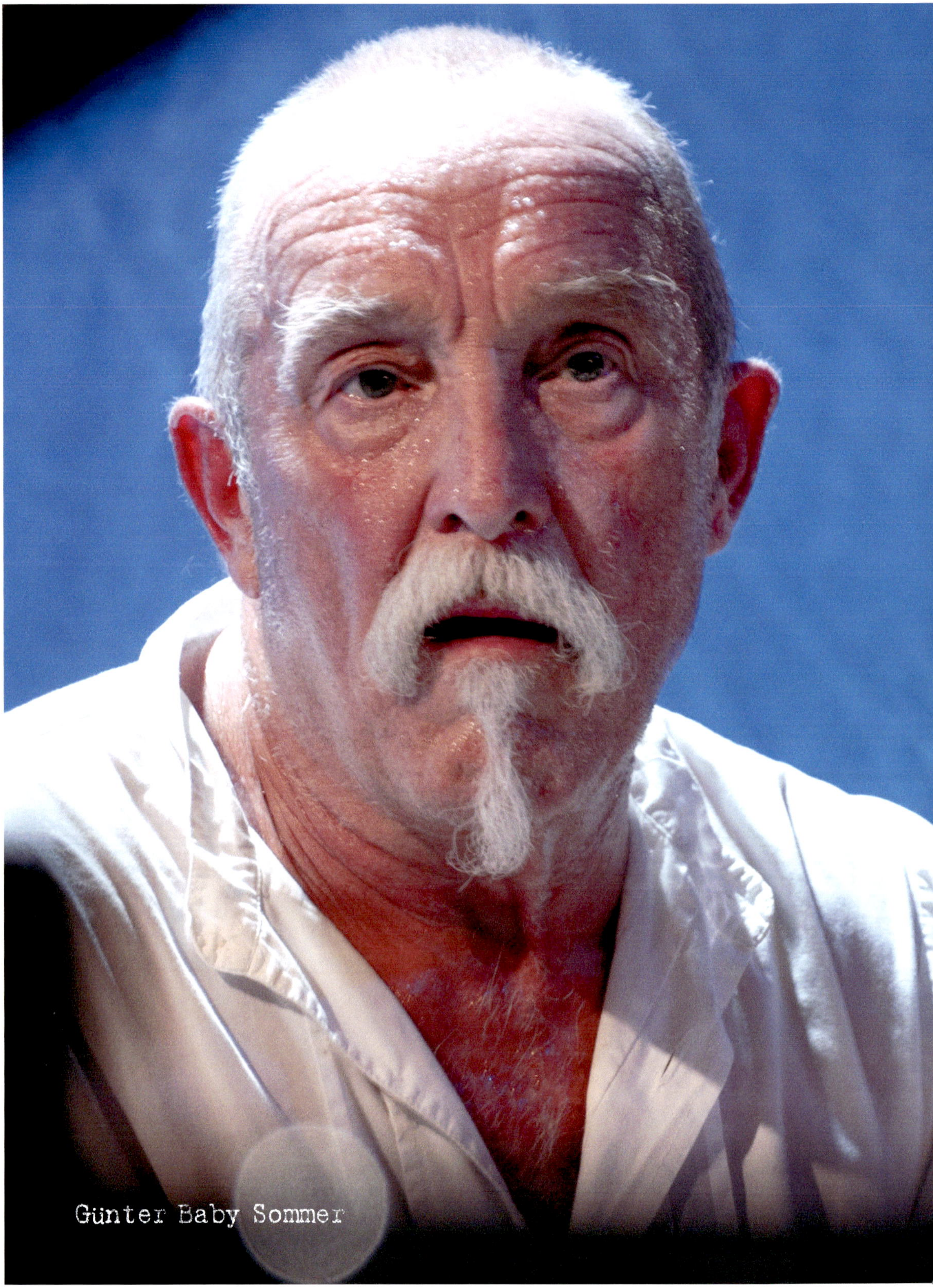

Günter Baby Sommer

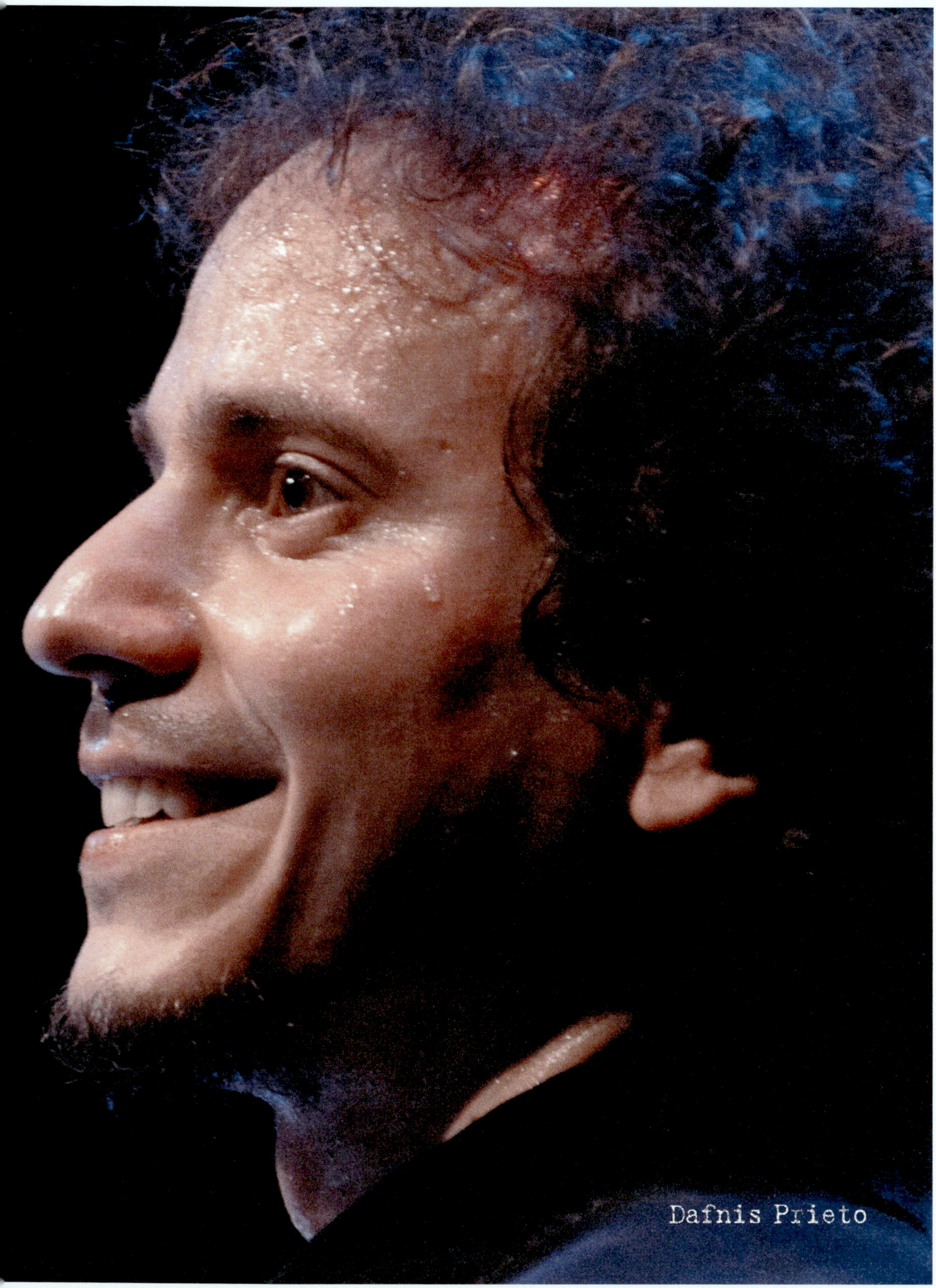
Dafnis Prieto

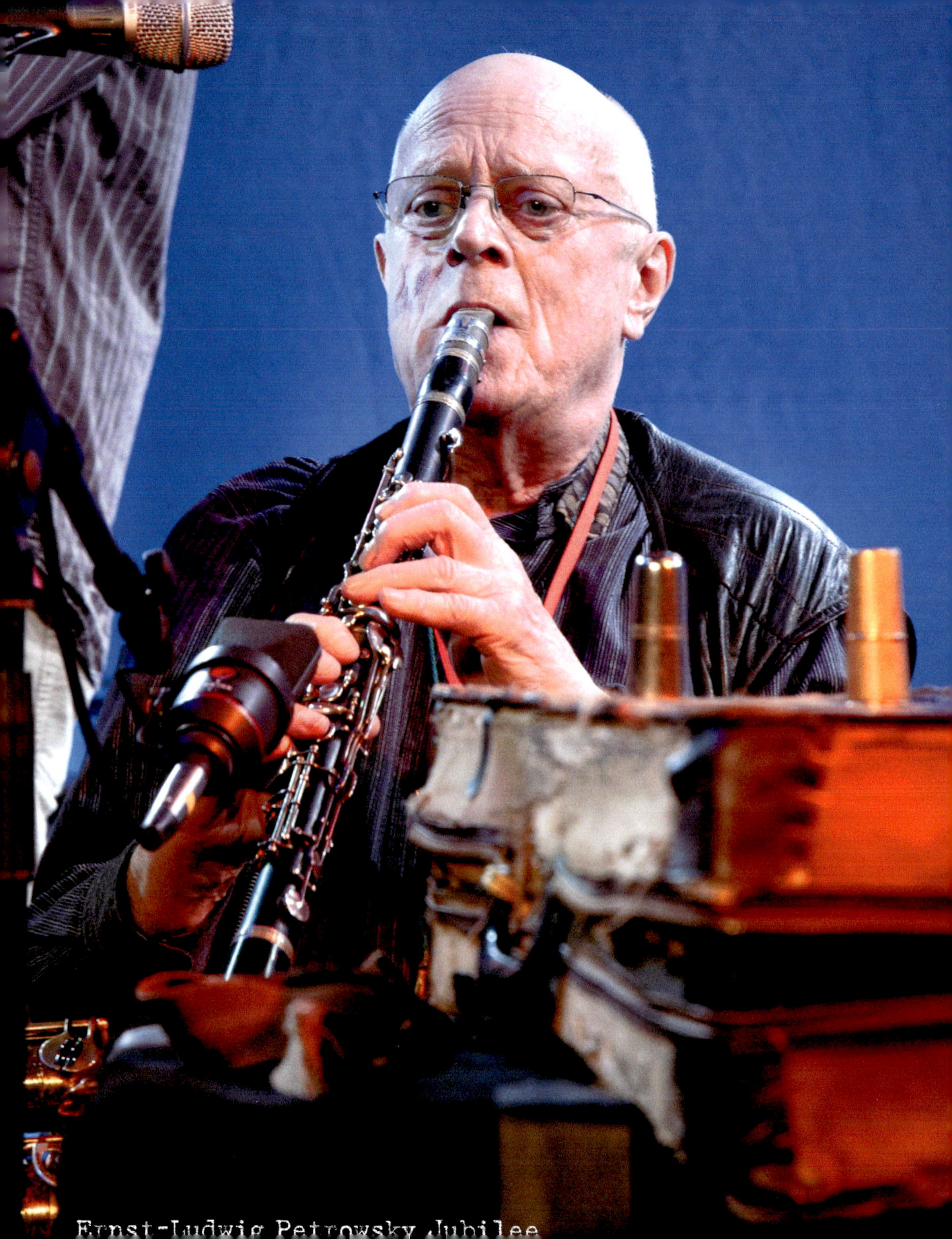

Ernst-Ludwig Petrowsky Jubilee

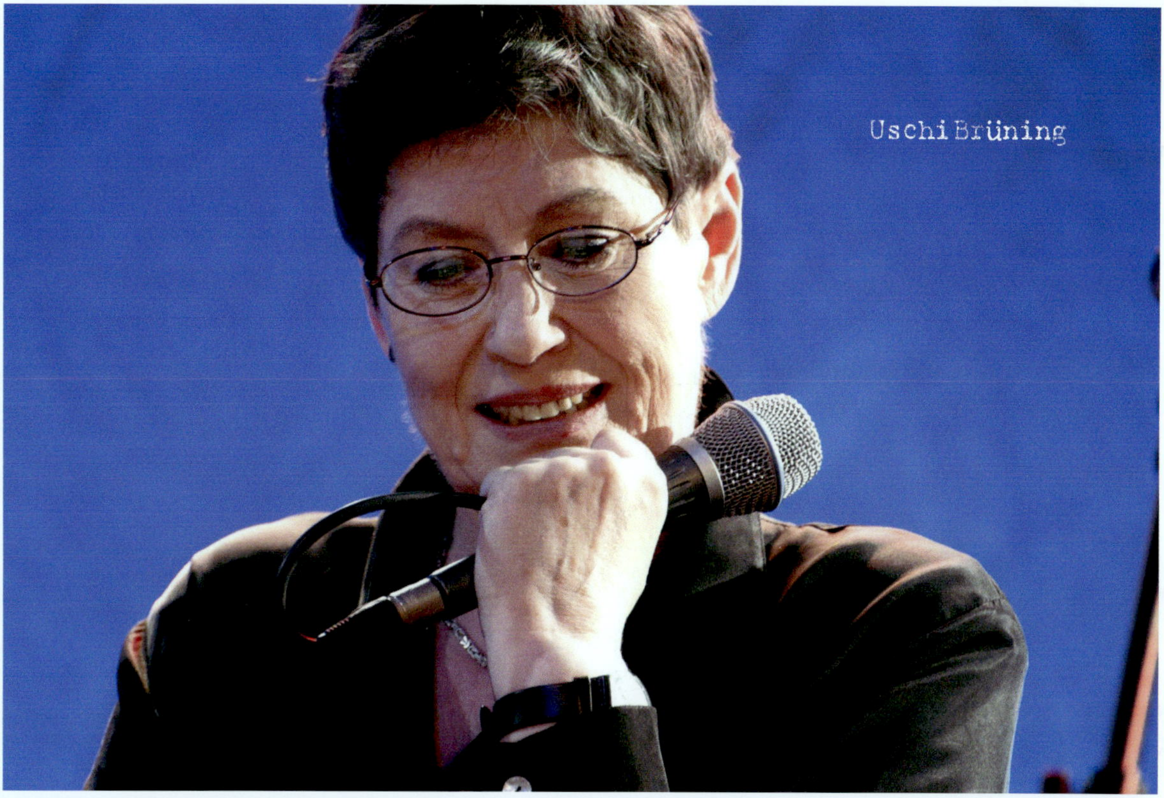

Uschi Brüning

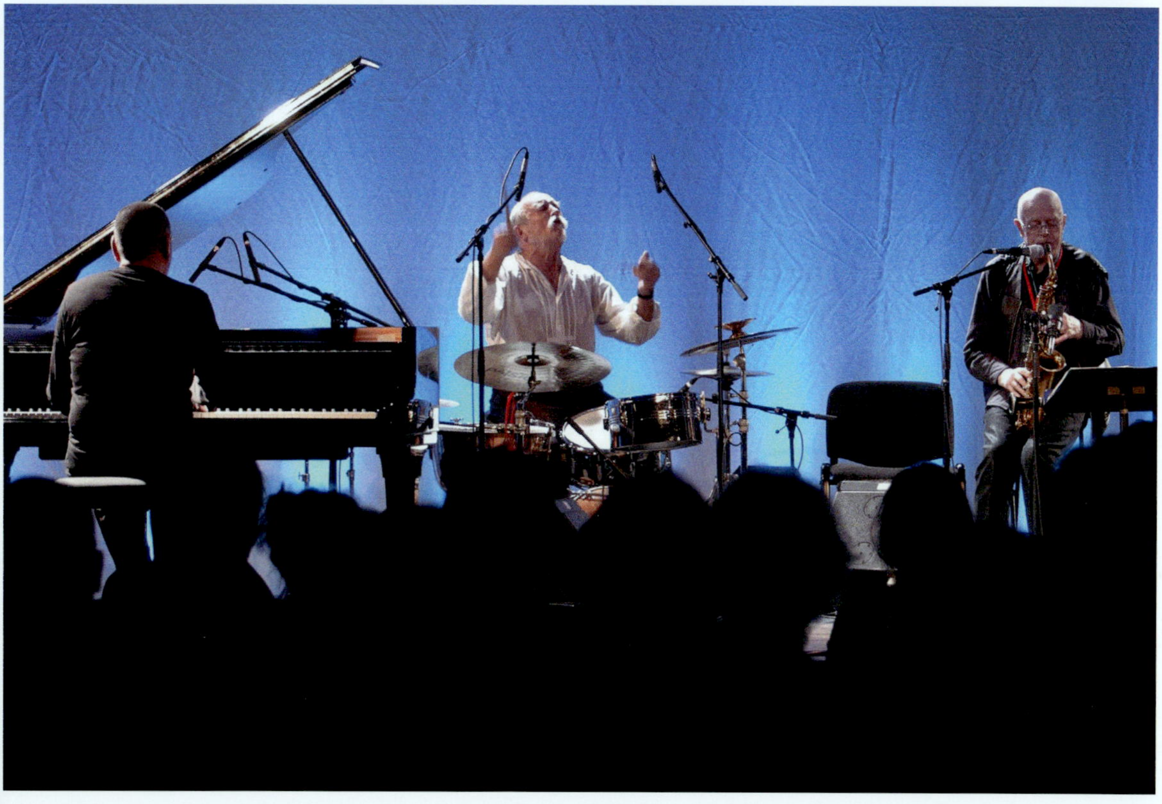

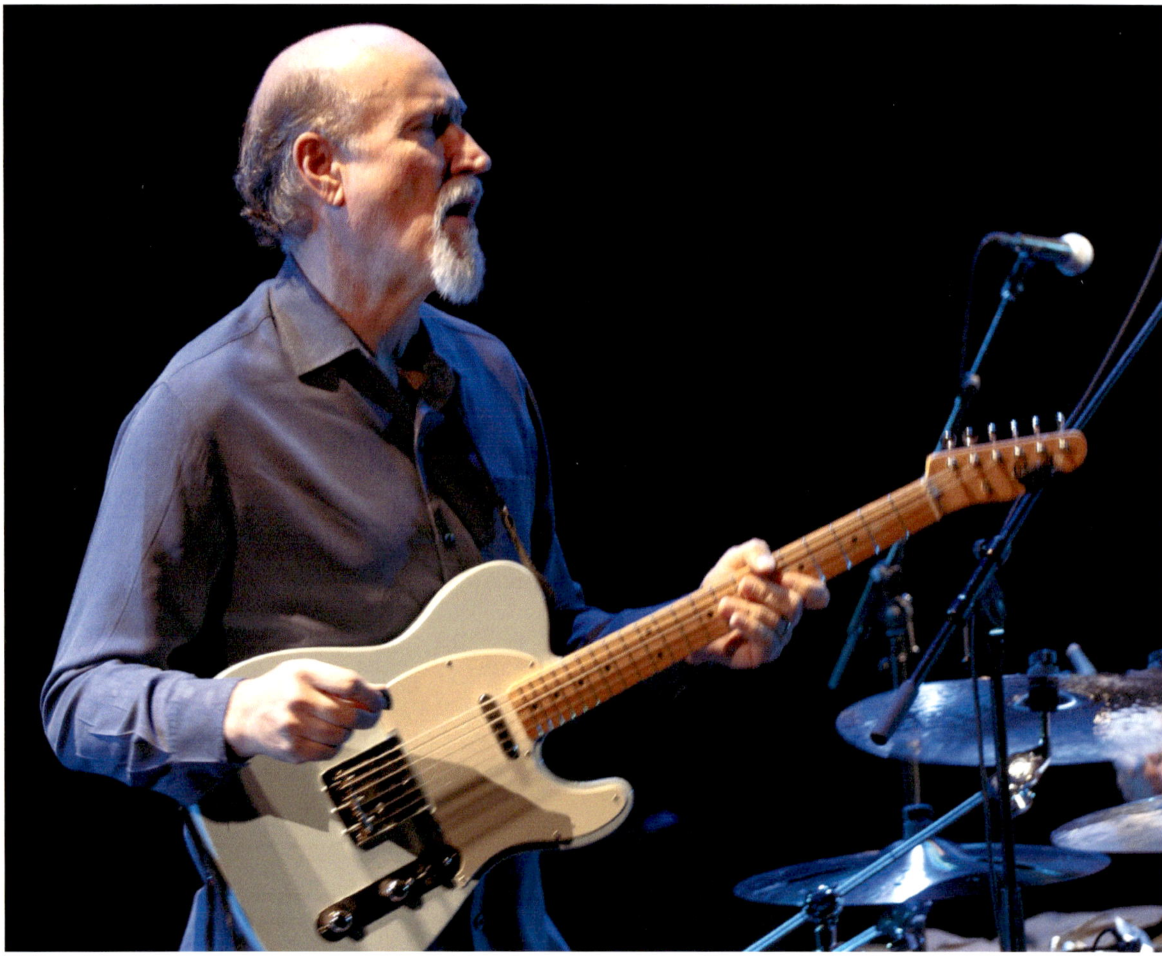

JOHN SCOFIELD ÜBERJAM BAND

John Scofield ha suonato con il suo gruppo Überjam Band. Il chitarrista, a lungo amico e compagno di concerti di Miles Davis, ha dimostrato sul palco che la sua musica non puo' essere delimitata a nessun genere. Con la chitarra riesce a distinguersi sia che suoni Jazz, Blues o Rock.

Haus der Berliner Festspiele
Sala principale

Domenica 3 novembre 2013

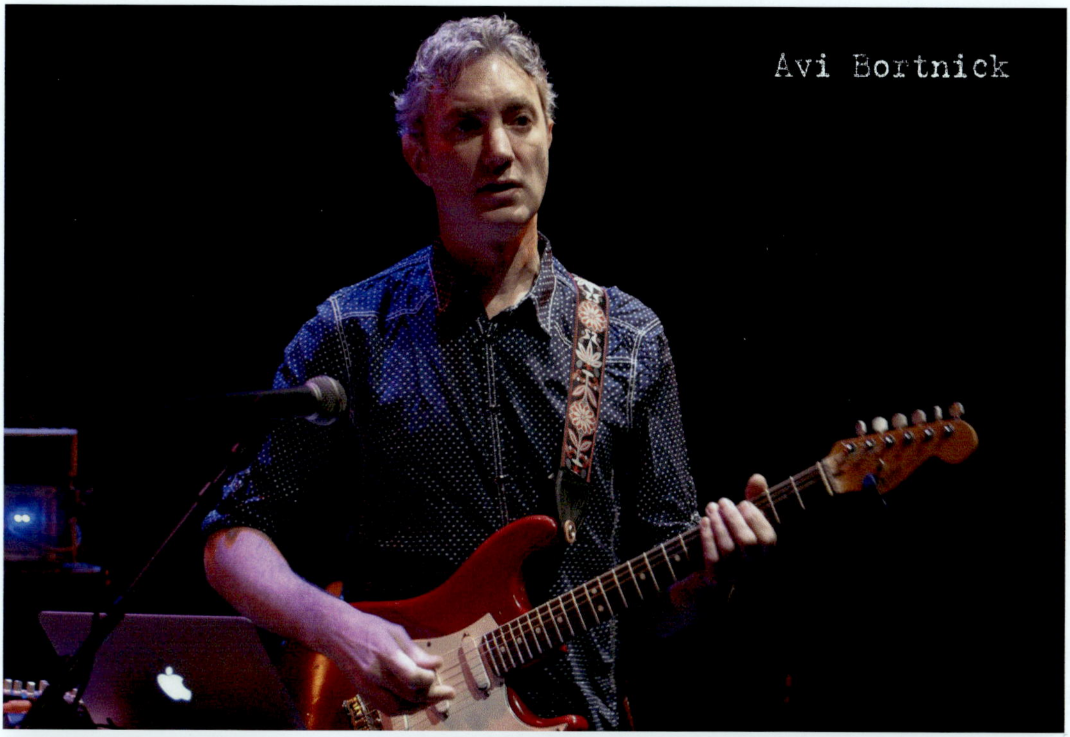
Avi Bortnick

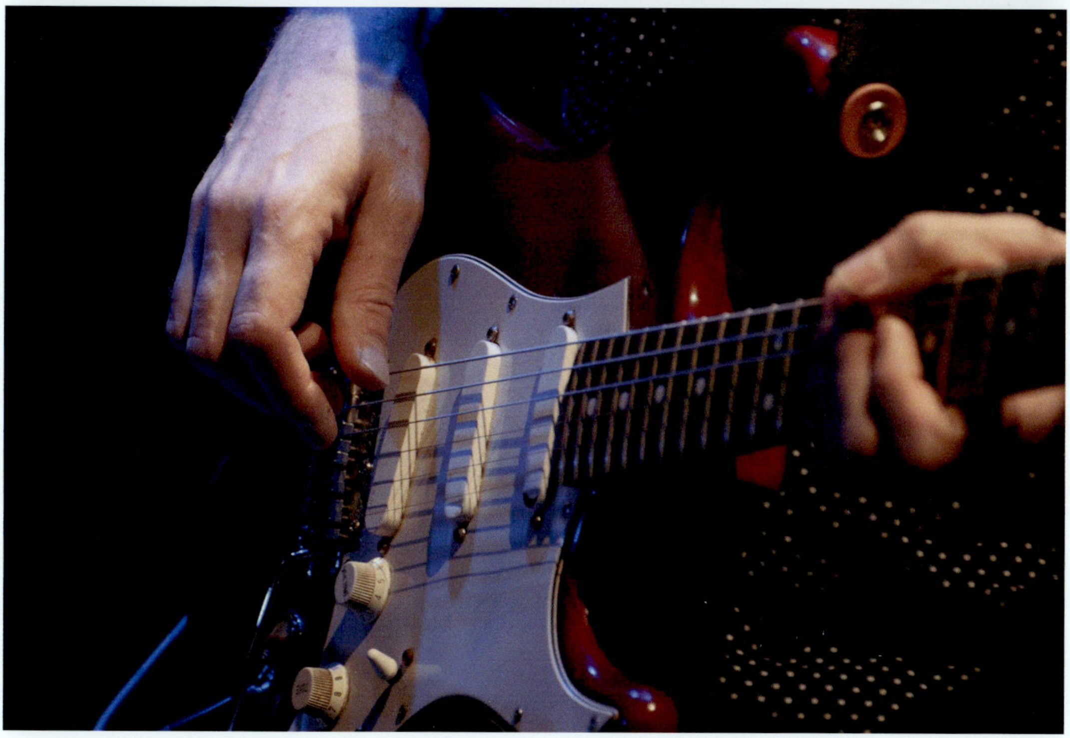

JAZZFEST 2012 FOTOREPORTAGE

Wayne was the only person
that I knew then who
wrote something like Bird
wrote, the only one...

MILES DAVIS

Wayne Shorter e' una vera leggenda vivente del jazz: e' uno dei piu' prolifici musicisti attuali. Ha ricevuto sei Grammy Awards ed e' stato nominato per altri 13. Nel 1997 e' stato premiato con il Jazz Master Award, uno dei piu' importanti riconoscimenti. Nato nel 1933 ha iniziato da ragazzo ad imporsi come musicista. E' stato il cofondatore del gruppo Weather Report.

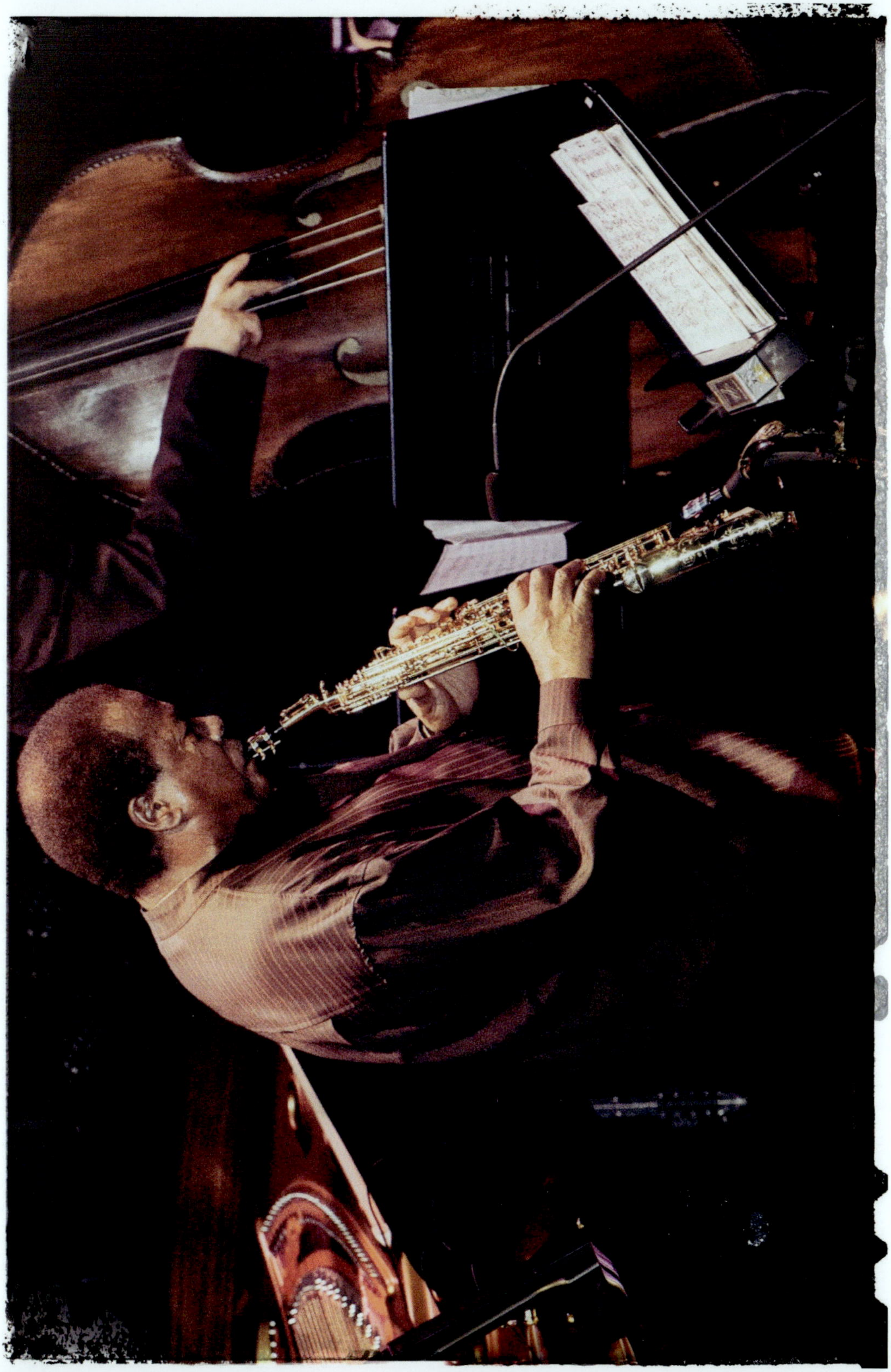

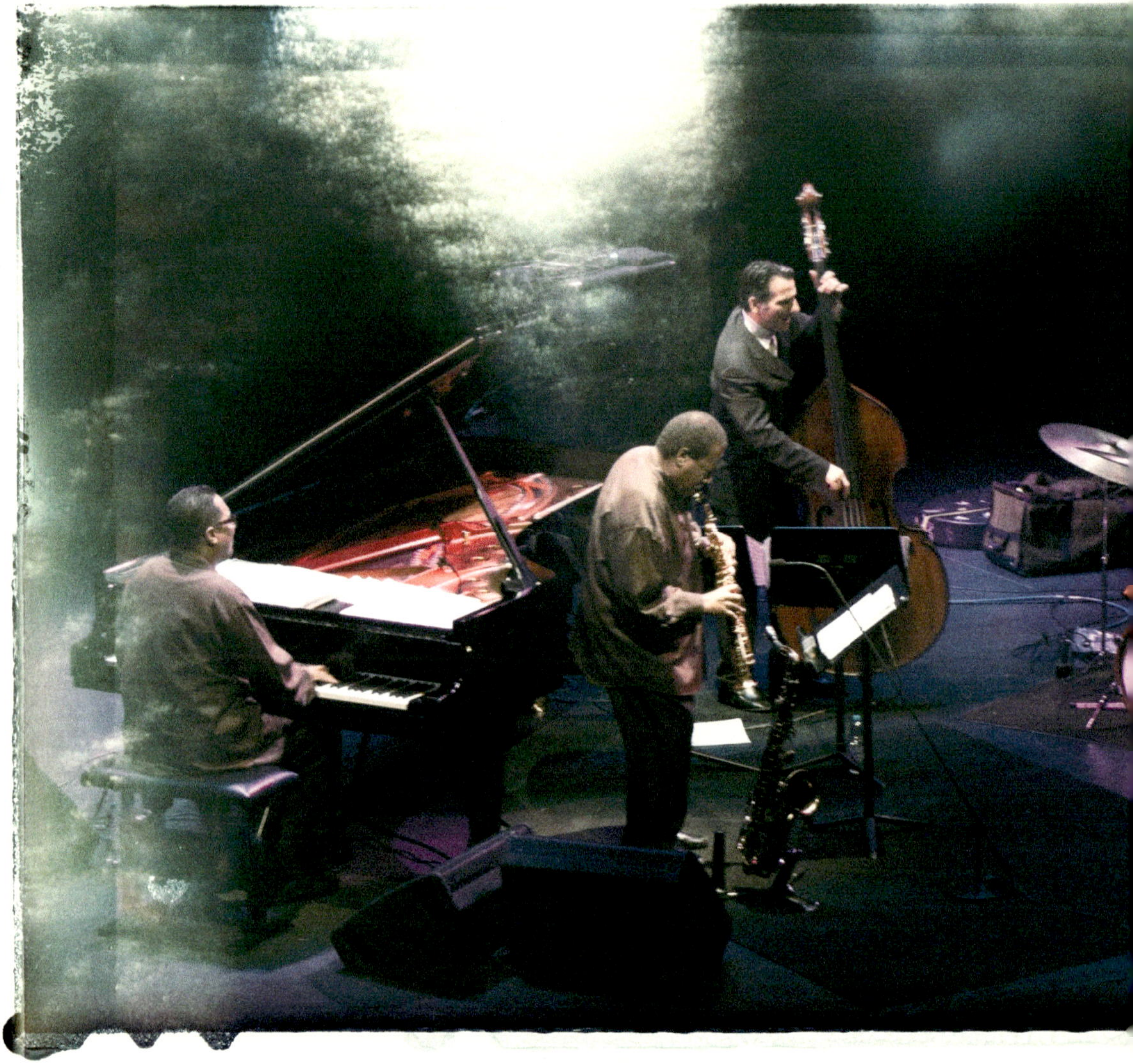

I was in Los Angeles when I got the great news I had been waiting for: Wayne Shorter had left the Jazz Messenger...

... When he finally called I told him to come on out. To make sure he did, I sent that motherfucker a first-class ticket so he could come out in style; that's how bad I wanted him

(MILES DAVIS)

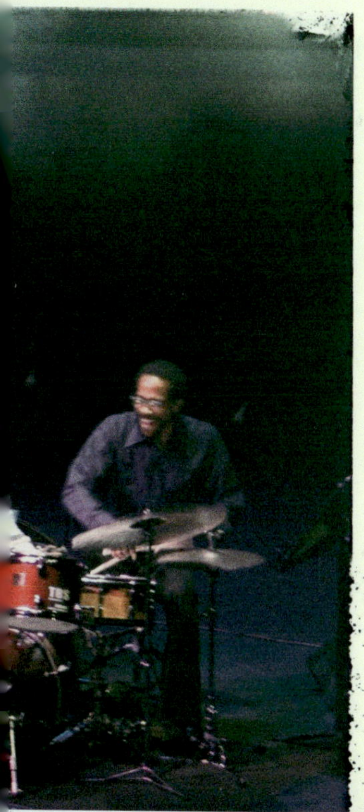

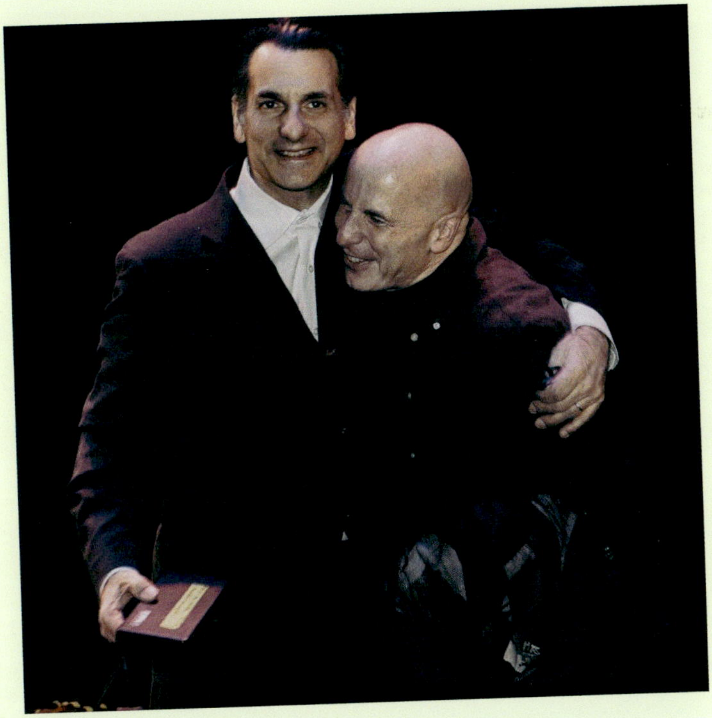

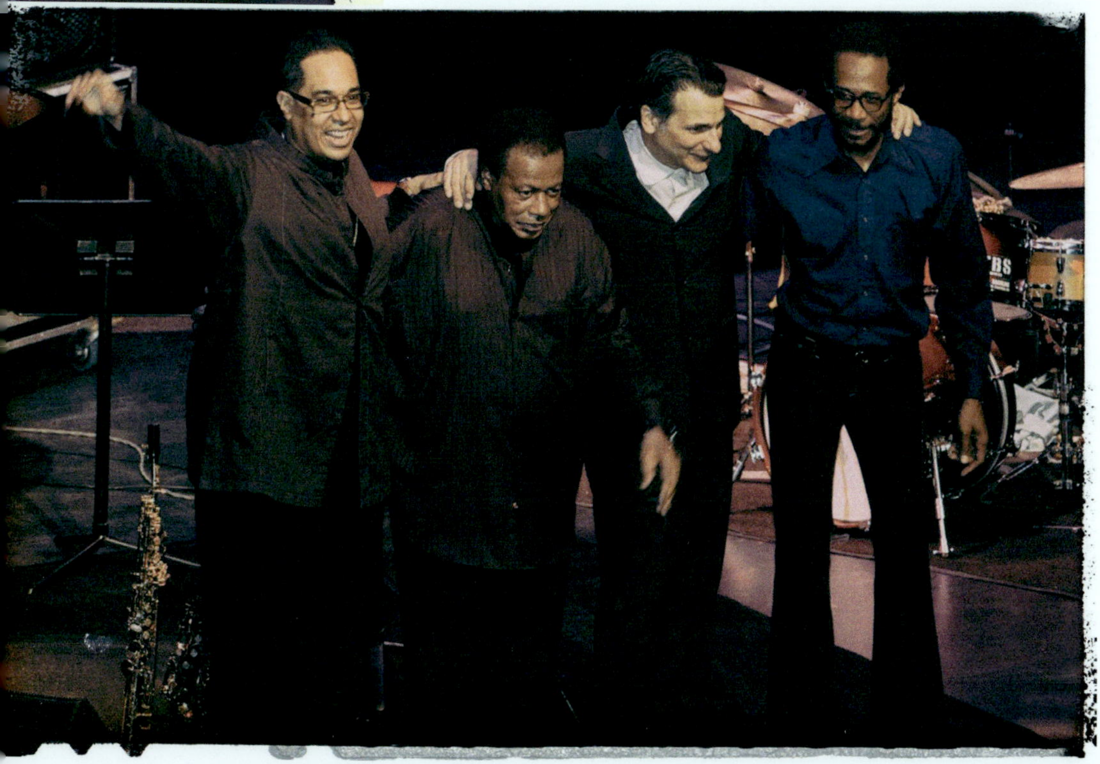

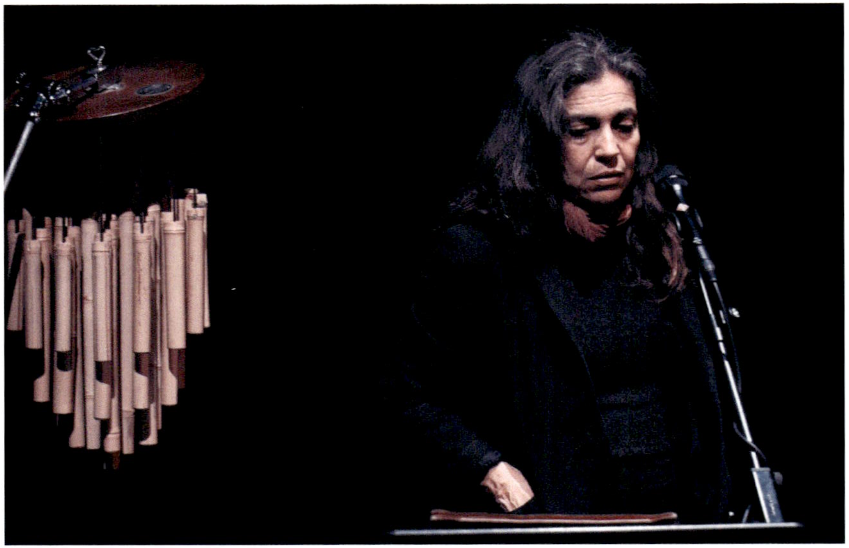

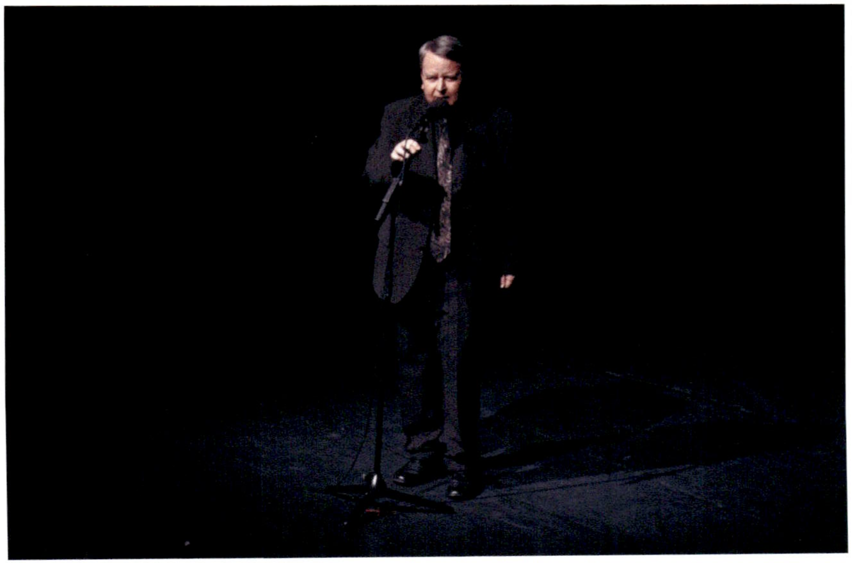

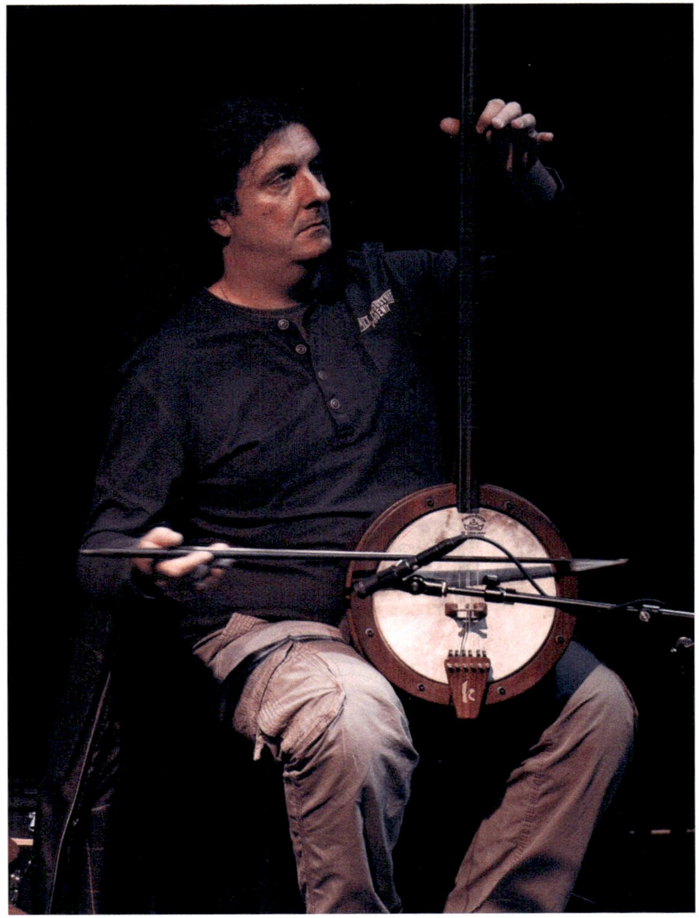

In alto a sinistra: Savina Yannatou. In basso a sinistra: il direttore del festival Bert Noglik. In alto: Evgenios Voulgaris

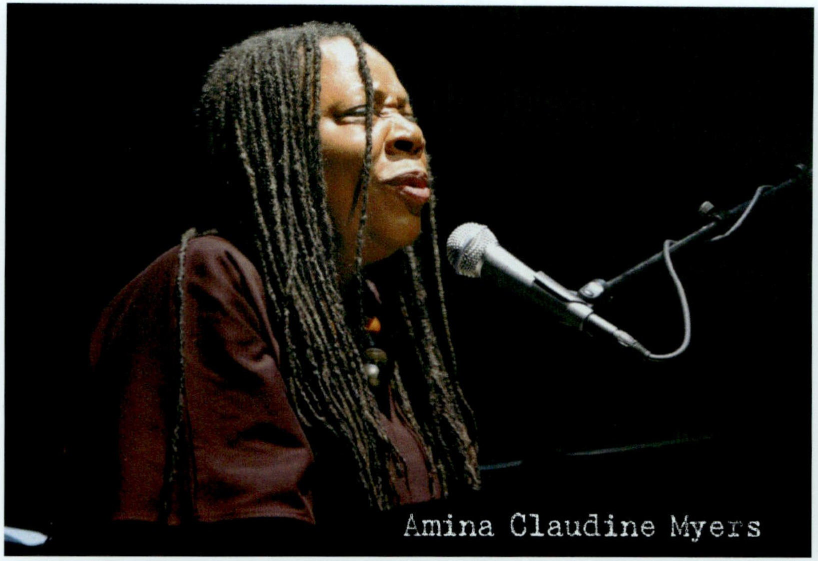

Amina Claudine Myers

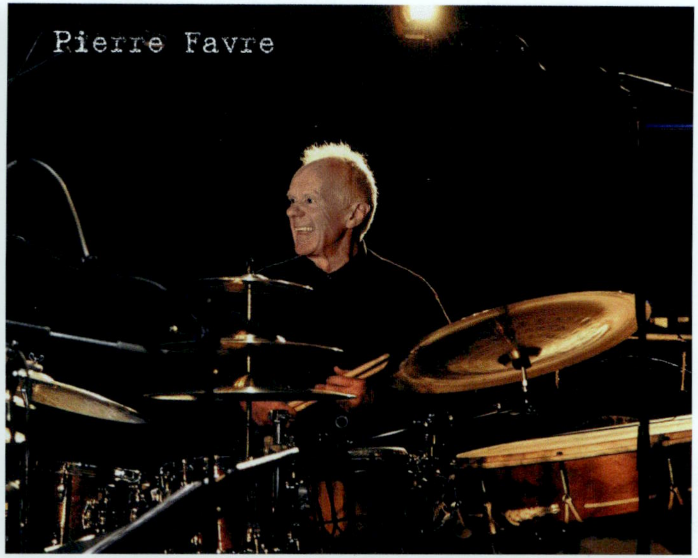

Pierre Favre

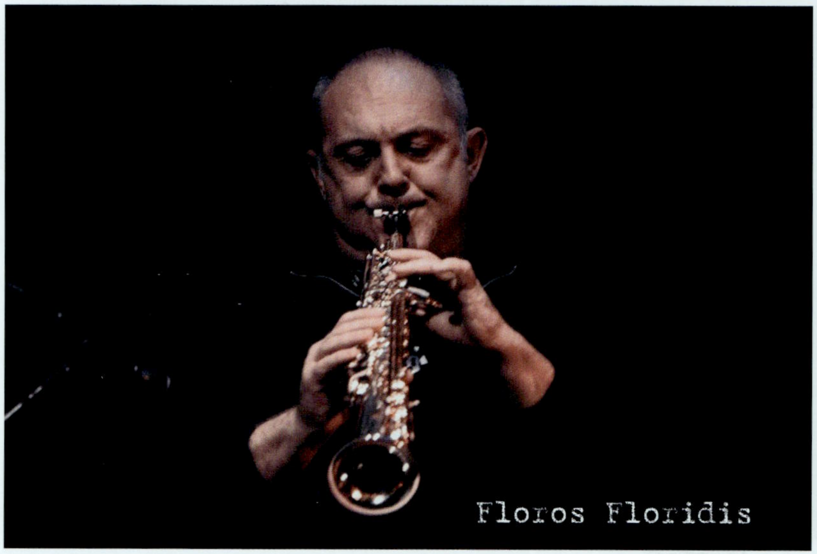

Floros Floridis

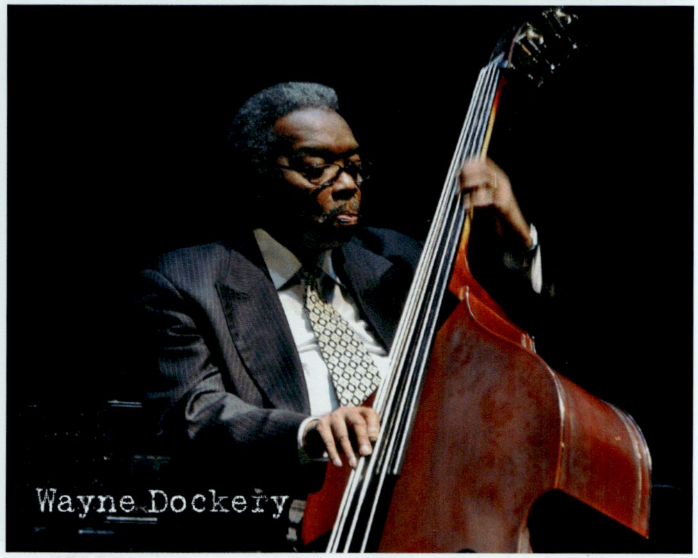

Wayne Dockery

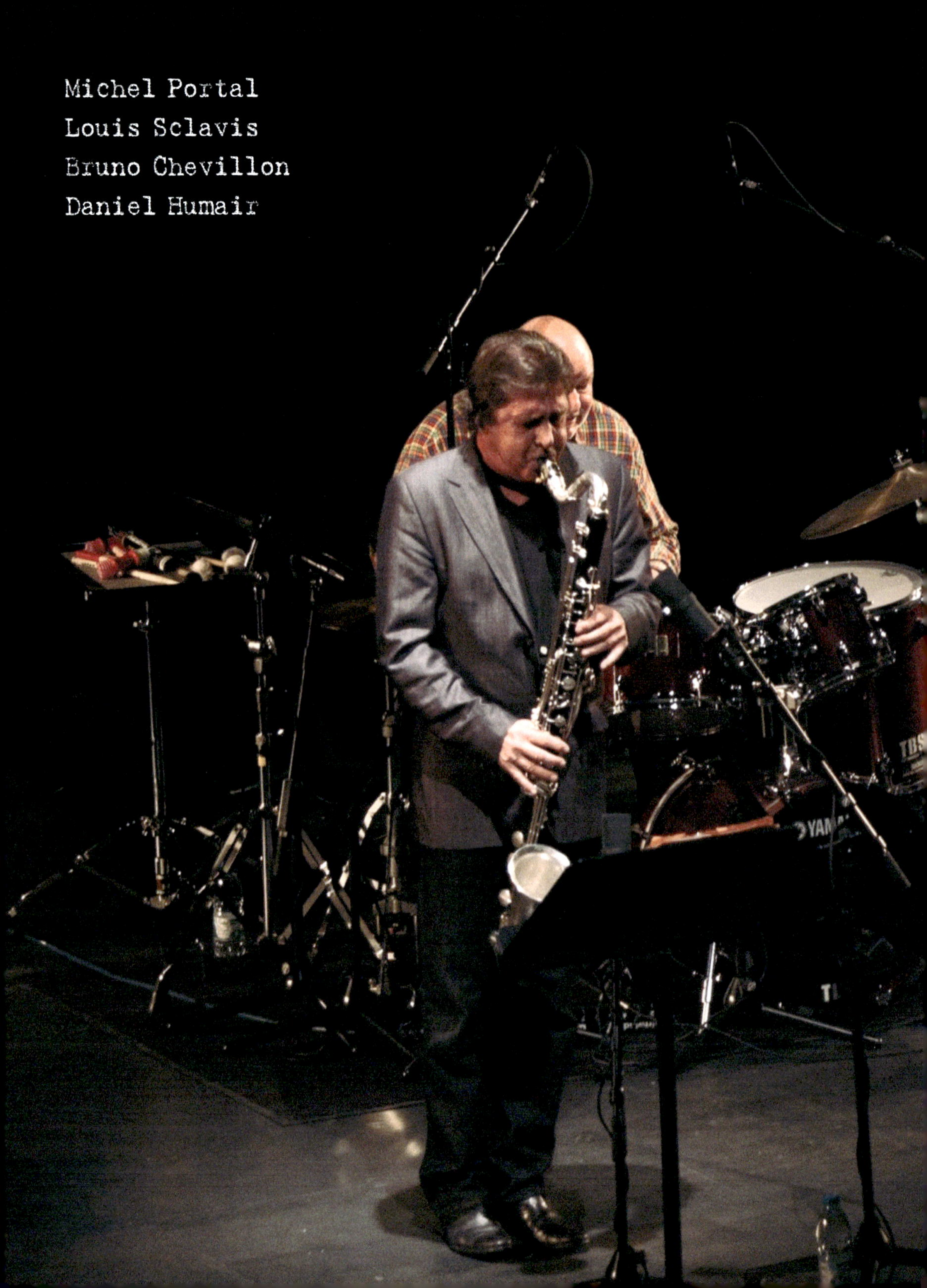
Michel Portal
Louis Sclavis
Bruno Chevillon
Daniel Humair

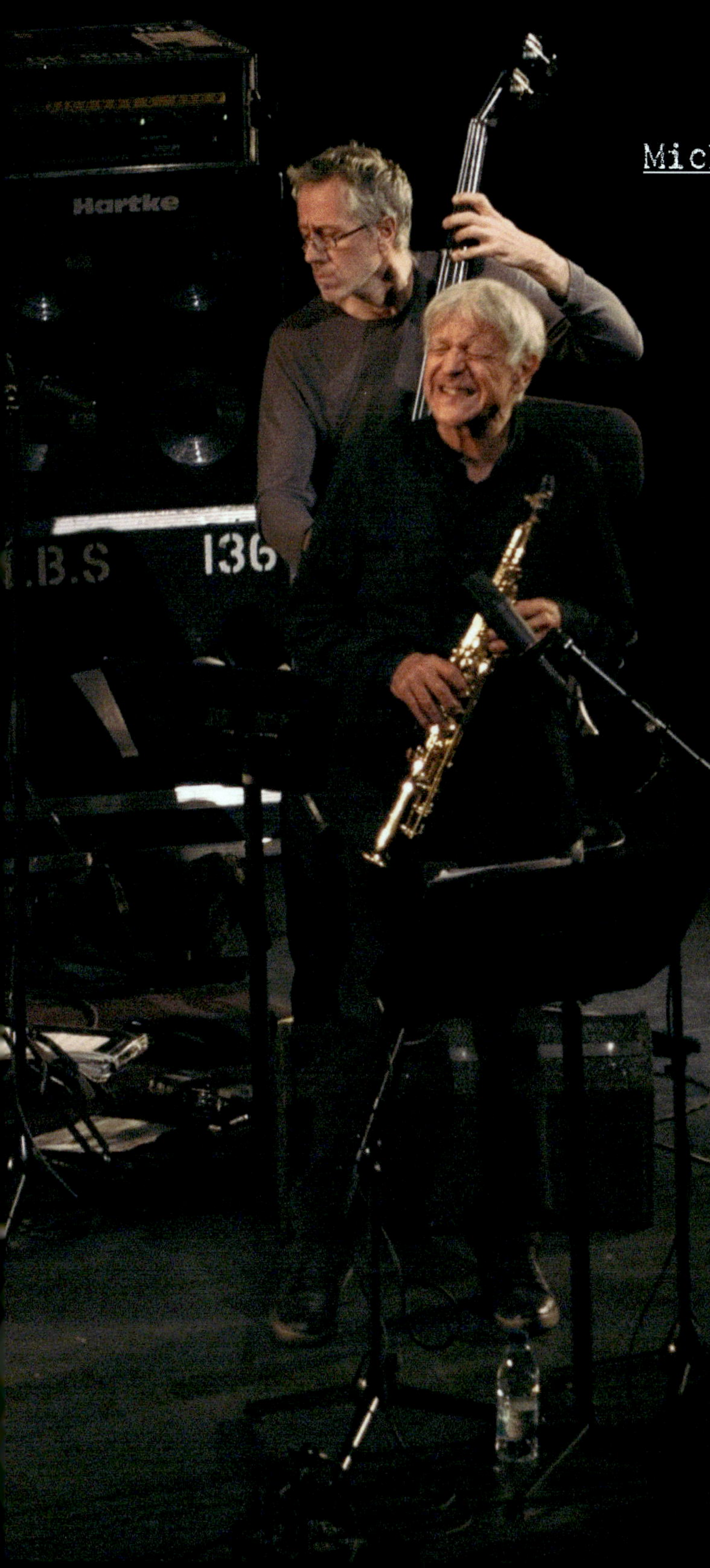

Michel Portal Quartet

Il quartetto di Michel Portal era composto da star musicali francesi come dal musicista e compositore Louis Sclavis; da Daniel Humair, uno degli artisti ad aver partecipato nel 1964 alla prima edizione di JazzFest, batterista che ha suonati con giganti del jazz quali Miles Davis, Chet Baker e Eric Dolphy; da Bruno Chevillon, considerato uno dei migliori contrabbassisti nell'ambito della musica contemporanea

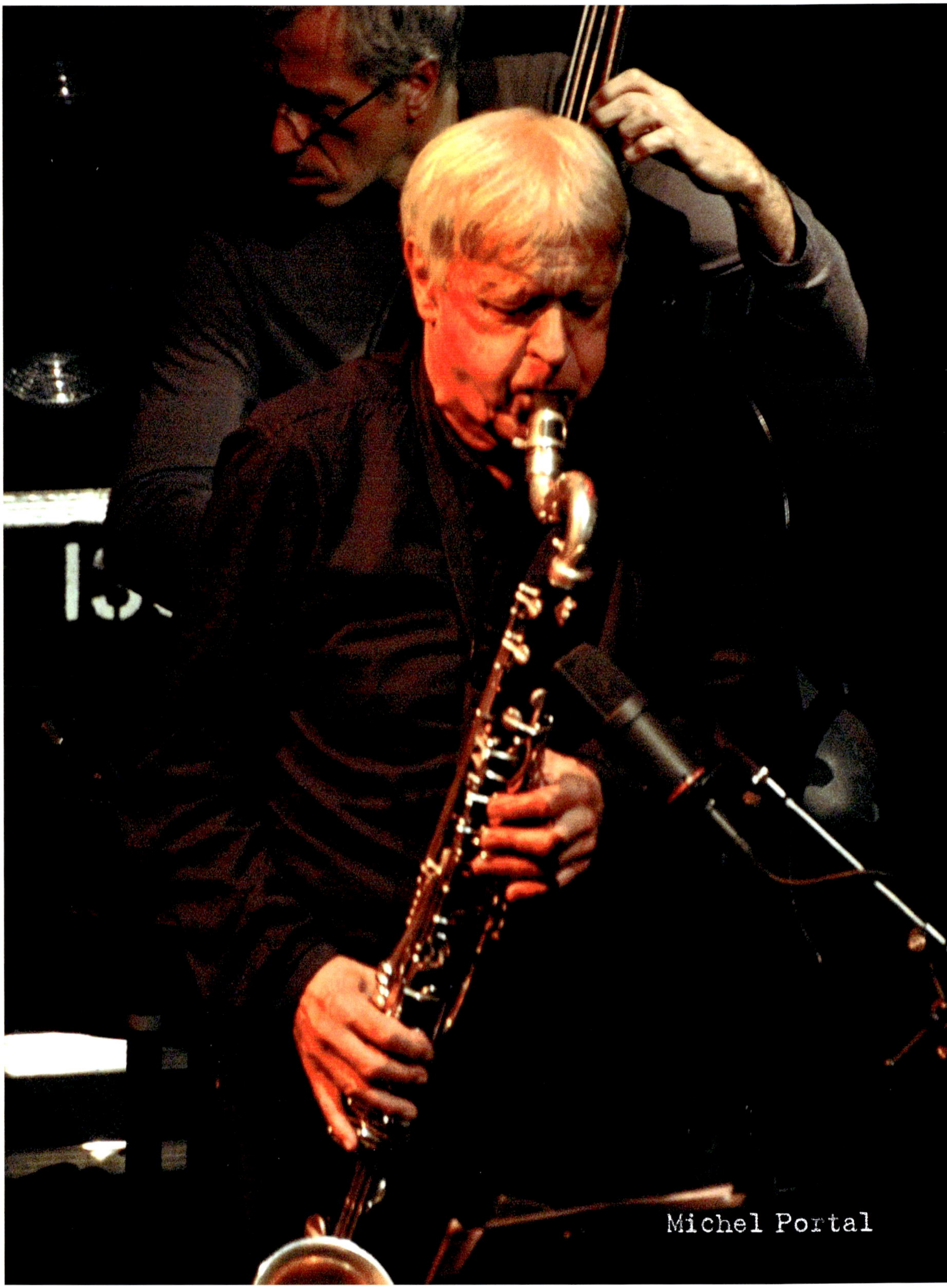

Michel Portal

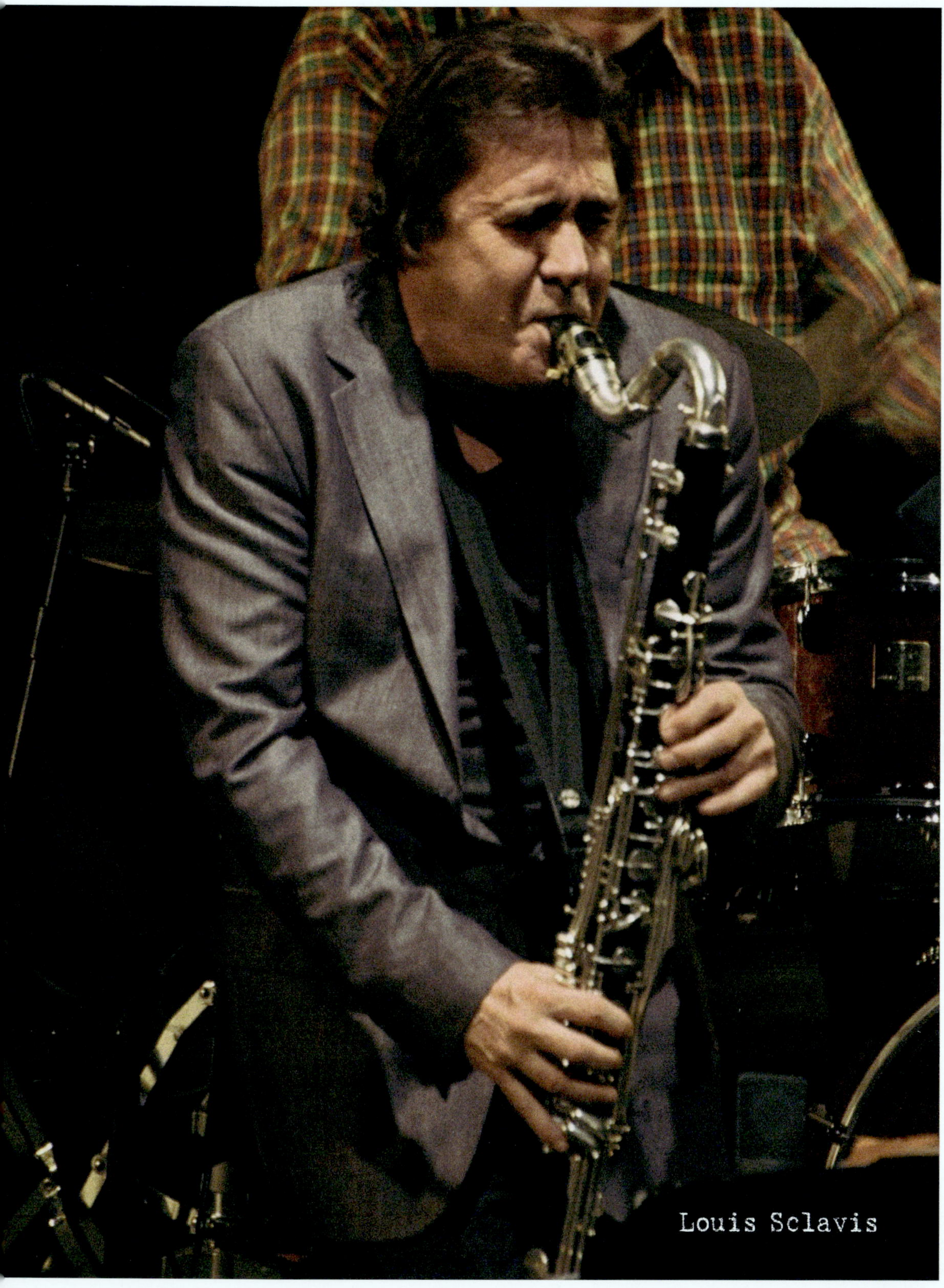

Louis Sclavis

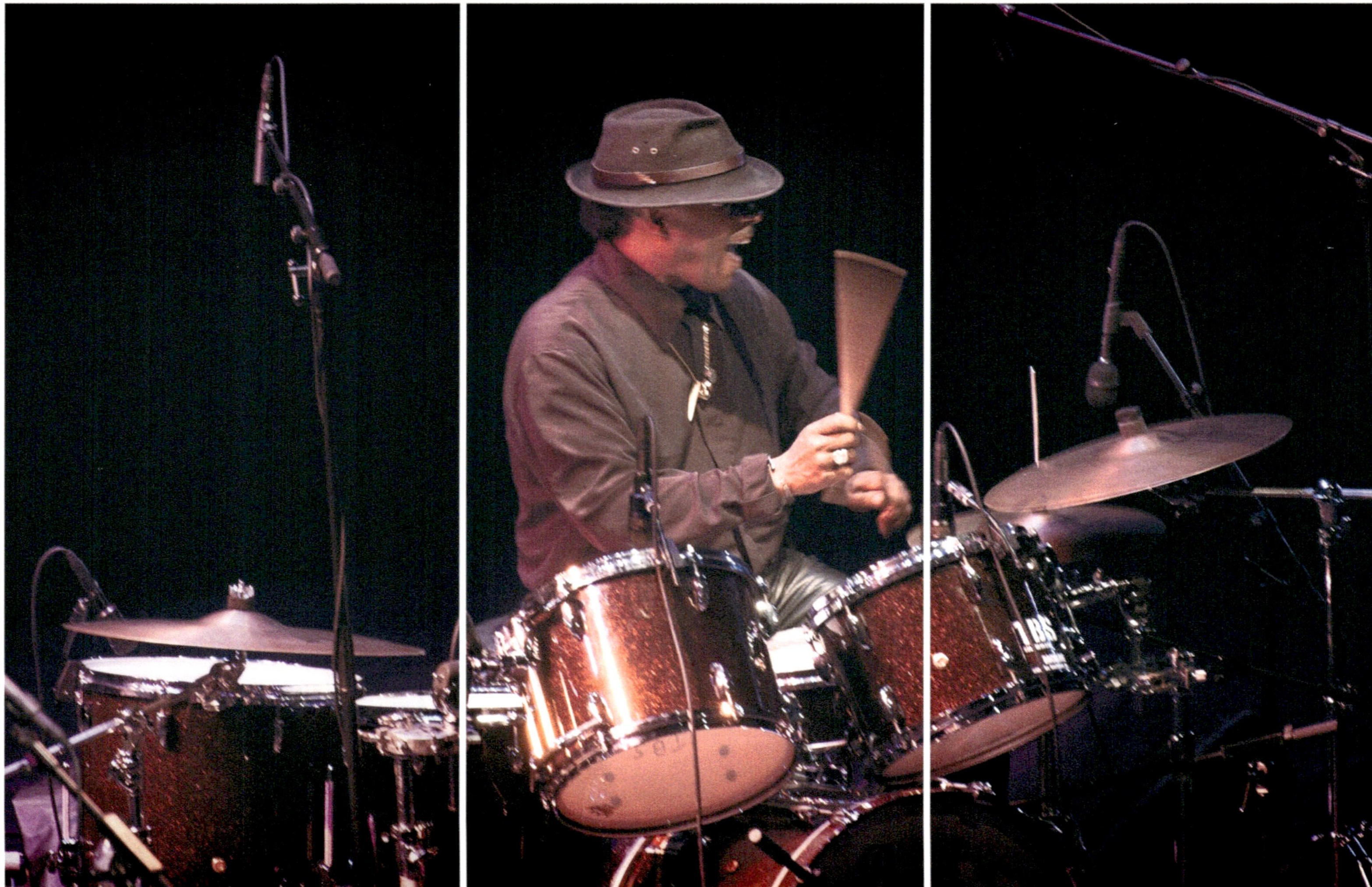

Steve McCraven

La formazione Geri Allen Trio ha ricordato nel loro concerto la figura di Mary Lou Williams, personaggio singolare, per il fatto che era sia mancina che destrimano. Essa e' stata la principale protagonista della florida e leggendaria scena swing a Kansas City nella meta' degli anni '30.
Reggie Workman (in basso a destra): tra i musicisti della leggendaria sessione Live at the Village Vanguard, e' divenuto un importante nome nel mondo jazzistico per aver collaborato con John Coltrane e Art Blakey

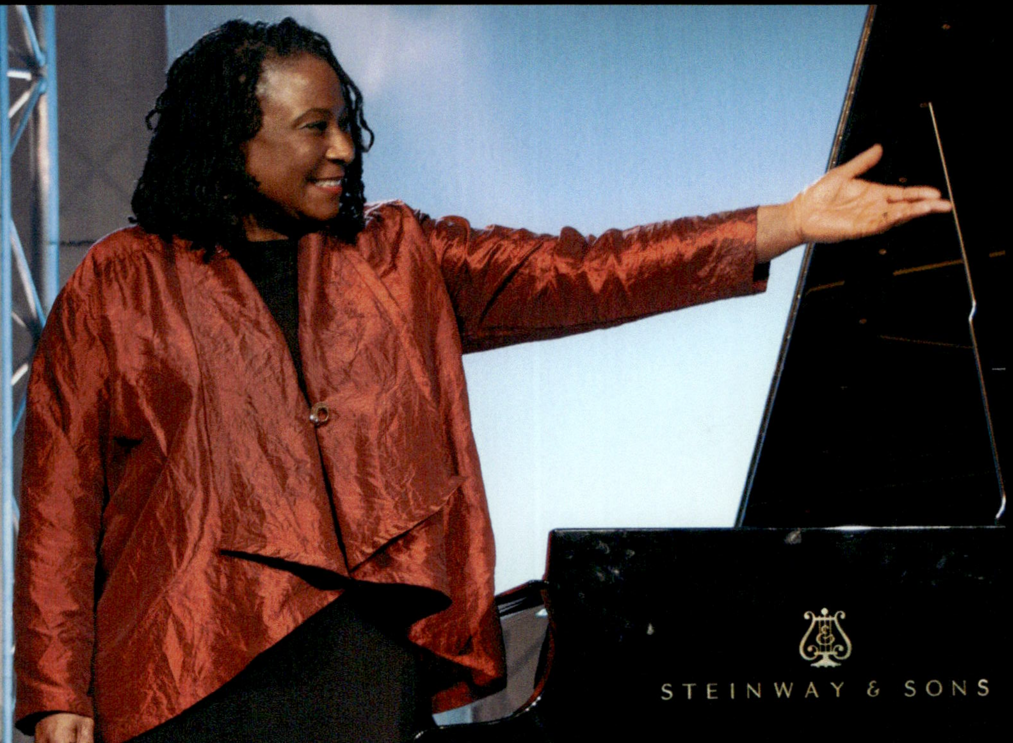

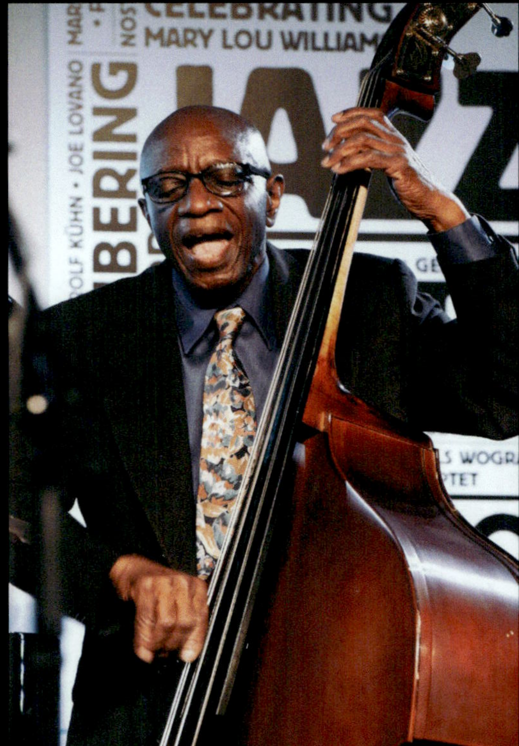

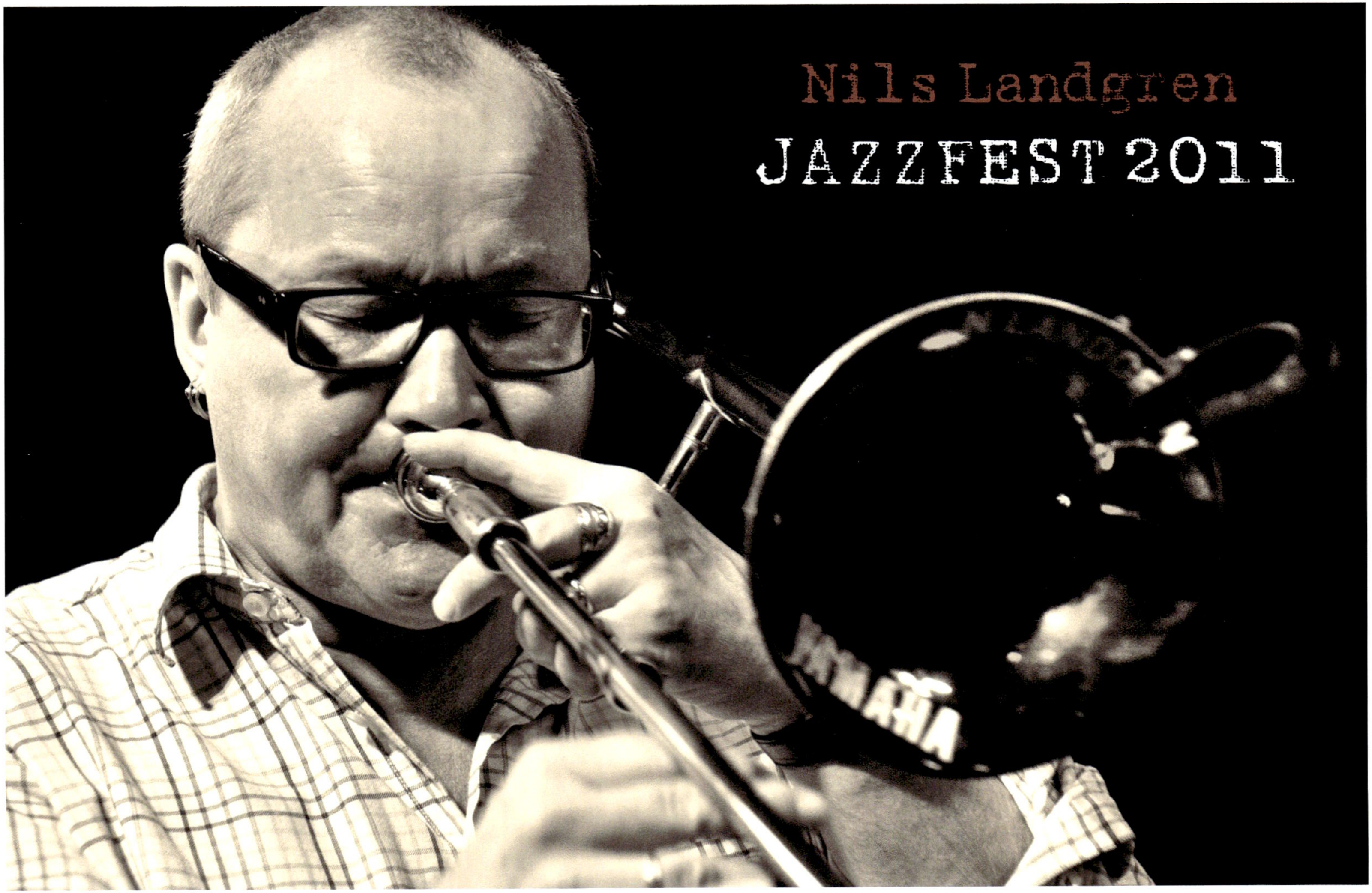
Nils Landgren
JAZZFEST 2011
YAMAHA

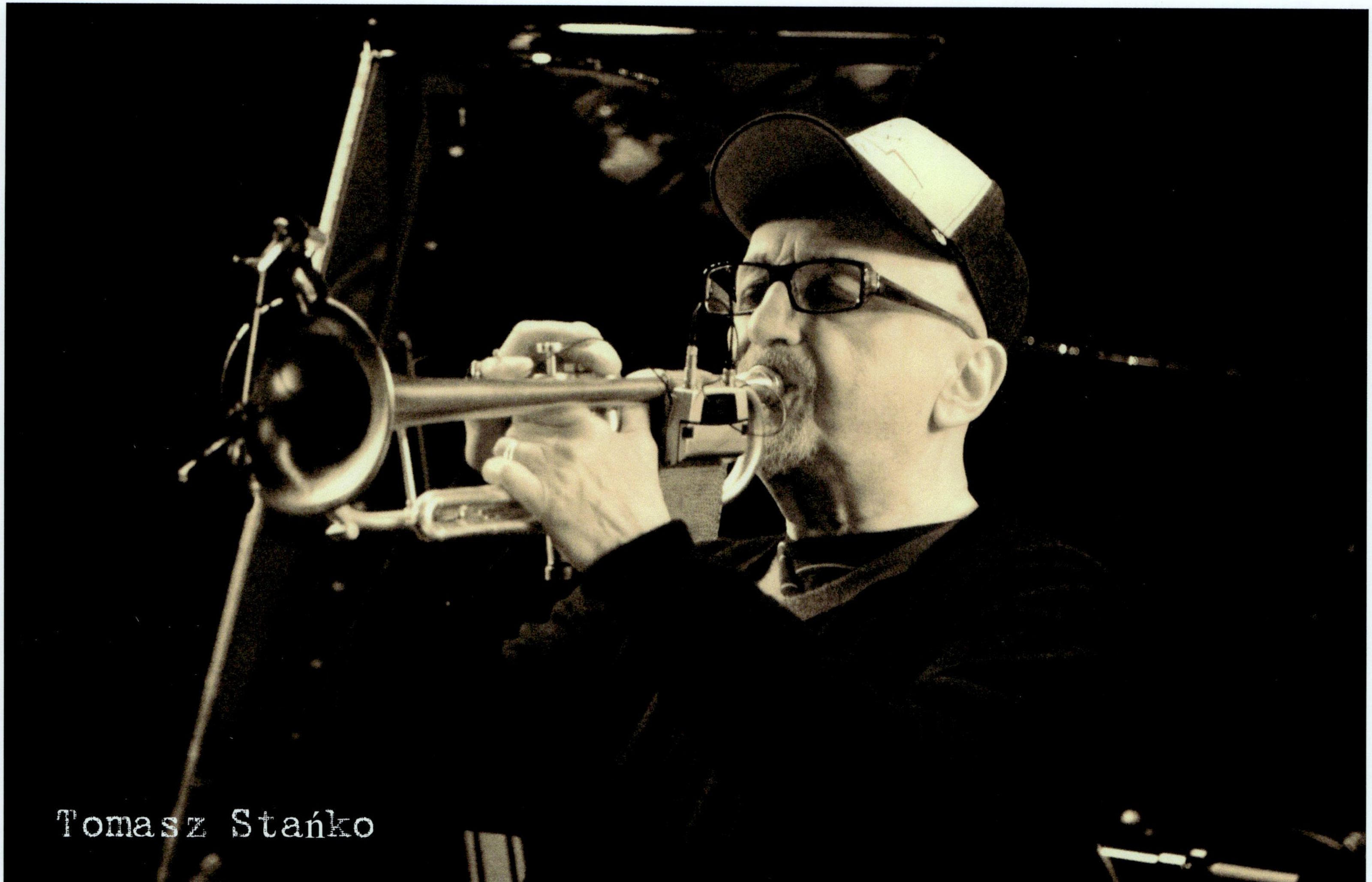
Tomasz Stańko

Dana Hawkins

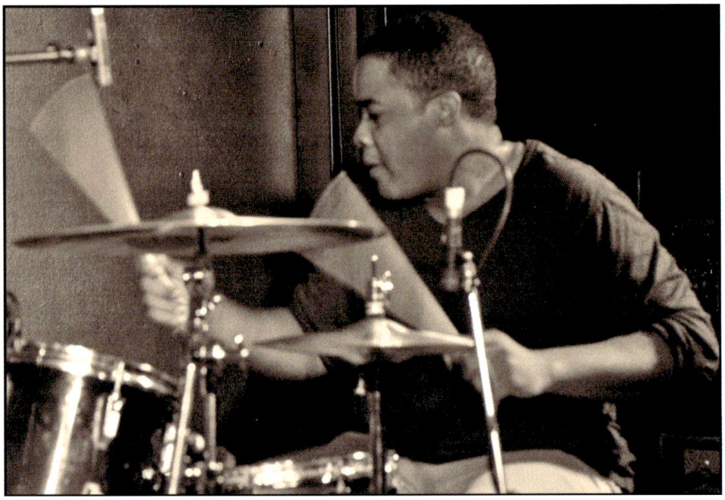

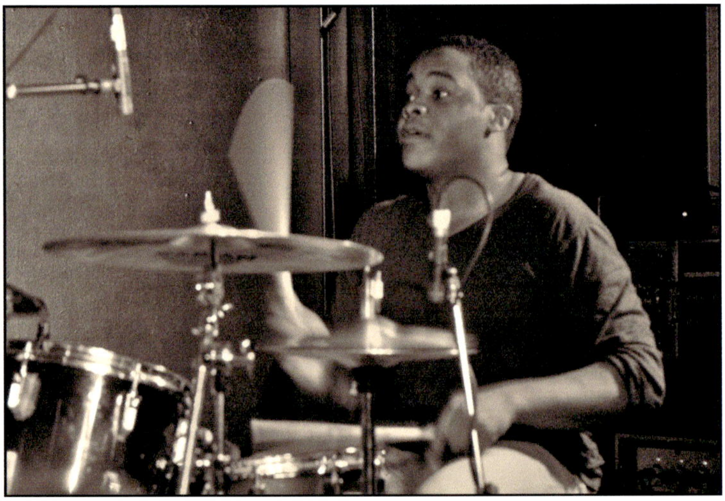

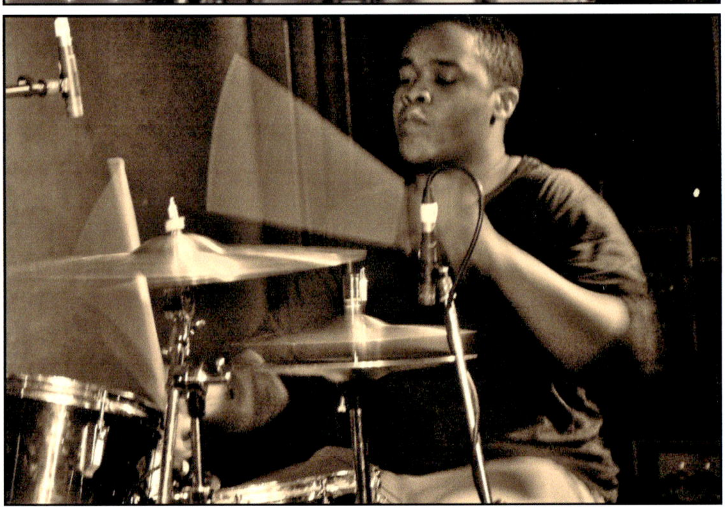

L'edizione del 2011 si e' tenuta tra il 2 e il 6 novembre: e' stata l'ultima da direttore artistico del trombonista svedese Nils Landgren, che ha lasciato dopo anni di ottimo lavoro. Al centro del festival vi e' stato il jazz polacco, dove si sono esibiti i maggiori esponenti: al primo posto sicuramente il trombettista Tomasz Stańko. Altri protagonisti sono stati Leszek Możdżer, Adam Pierończyk, Oleś Brothers, Adam Baldych, Ola Tomaszewska e Vladyslav Sendecki. Naturalmente non sono mancate altre star internazionali di altri Paesi come Richard Galliano o Charles Lloyd. Punto centrale del jazz polacco, trattato dagli artisti durante il festival, e' stata la musica di Krzysztof Komeda, il piu' importante musicista jazz polacco, morto nel 1969, divenuto celebre soprattutto per le sue colonne sonore dei film di Roman Polanski. Il documentario "Komeda - A soundtrack for a life" di Claudia Buthenhoff-Duffy, ha completato l'esauriente programma di questa edizione del festival. Il film, attraverso l'utilizzo di materiali e testimonianze dell'epoca descrive l'interessante vita di Komeda, dalle sue esibizioni nella scena jazz di Cracovia, dove si suonava nelle cantine e nelle abitazioni private, in quanto era vietato suonarlo nei luoghi pubblici durante il periodo di Stalin.

Non hanno certo deluso le aspettative la NDR Bigband & Joe Sample, pianista, compositore e scrittore di testi, che ha piazzato ai primi posti delle vendite, successi come "Street Life". Sample, nato il 1939 a Houston in Texas, pianista gia' a 6 anni durante i ricevimenti di tè che la madre organizzava dopo la funzione religiosa in chiesa, ha presentato al festival il progetto "Children Of The Sun", nel quale descrive la triste condizione dei bambini schiavi. Lui stesso originario di una famiglia di schiavi, impiegata nelle grandi piantagioni del sud degli Stati Uniti, e' divenuto un apprezzato musicista che ha collaborato, tra gli altri con B. B. King, Joe Cocker, Marvin Gaye, Anita Baker, Tina Turner, Eric Clapton.

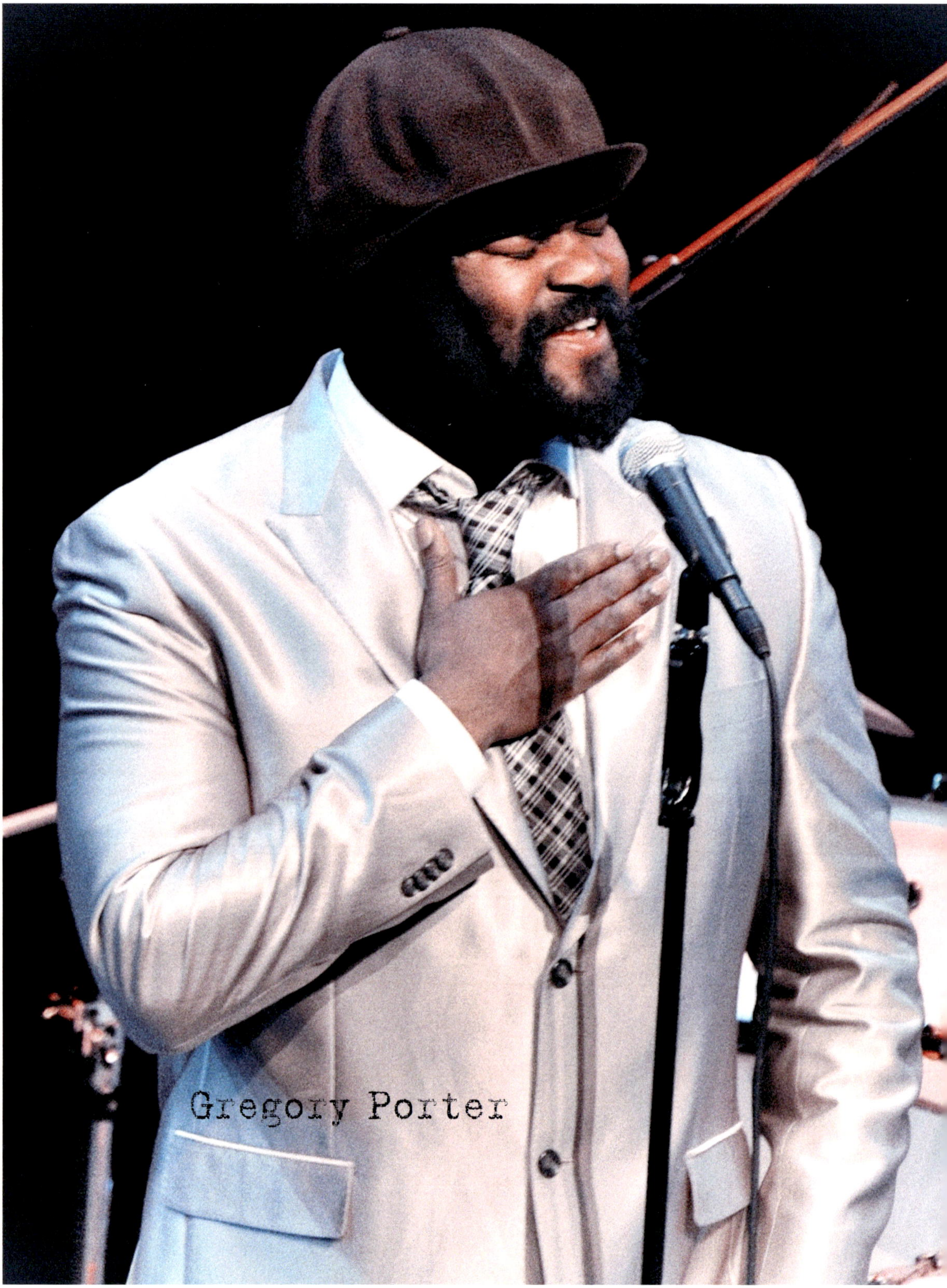

Gregory Porter

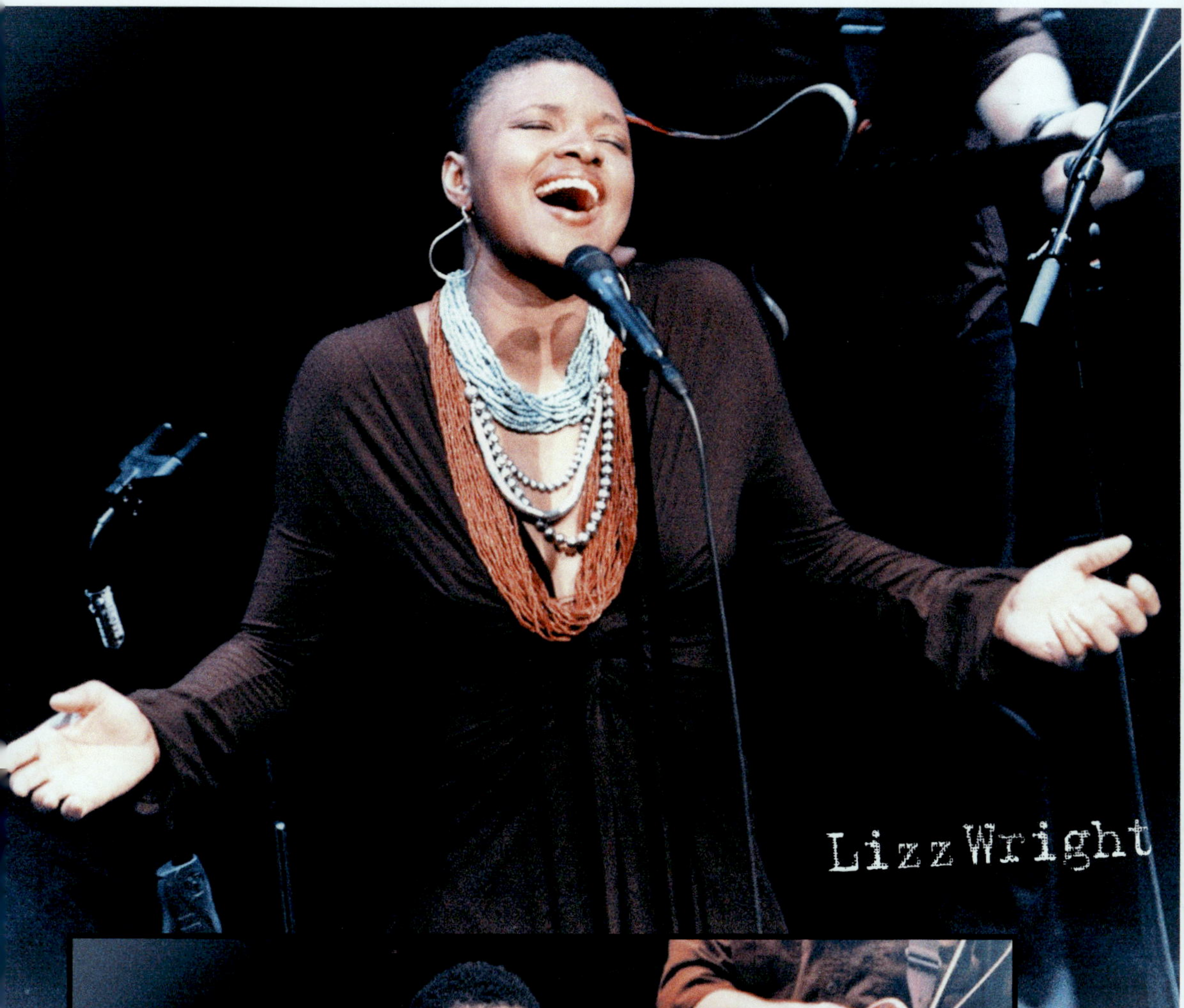
Lizz Wright

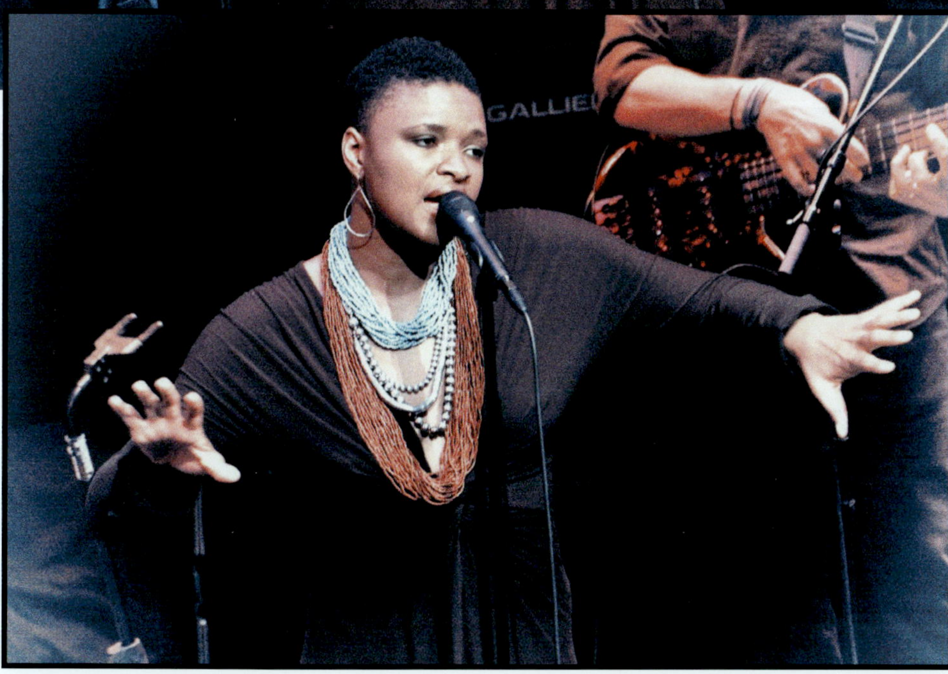

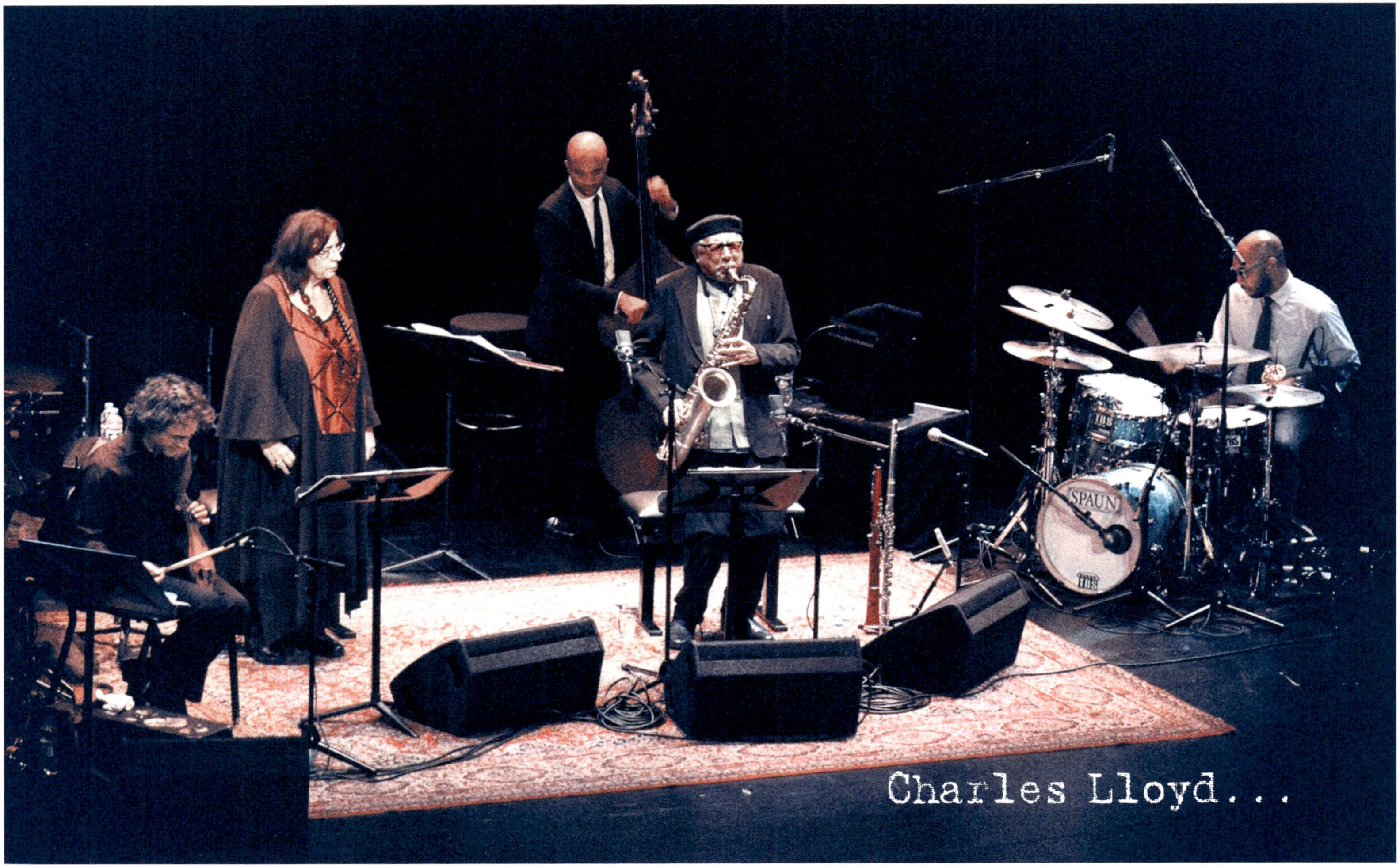

Charles Lloyd, nato il 1938 a Memphis nel Tennessee, e' diventato famoso principalmente come suonatore di flauto e sassofono tenore e grazie alla composizione "Forest Flower". Fa parte della vecchia generazioni di jazzisti: e' cresciuto musicalmente insieme a personalita' quali B. B. King, Keith Jarrett, Jack DeJohnette.

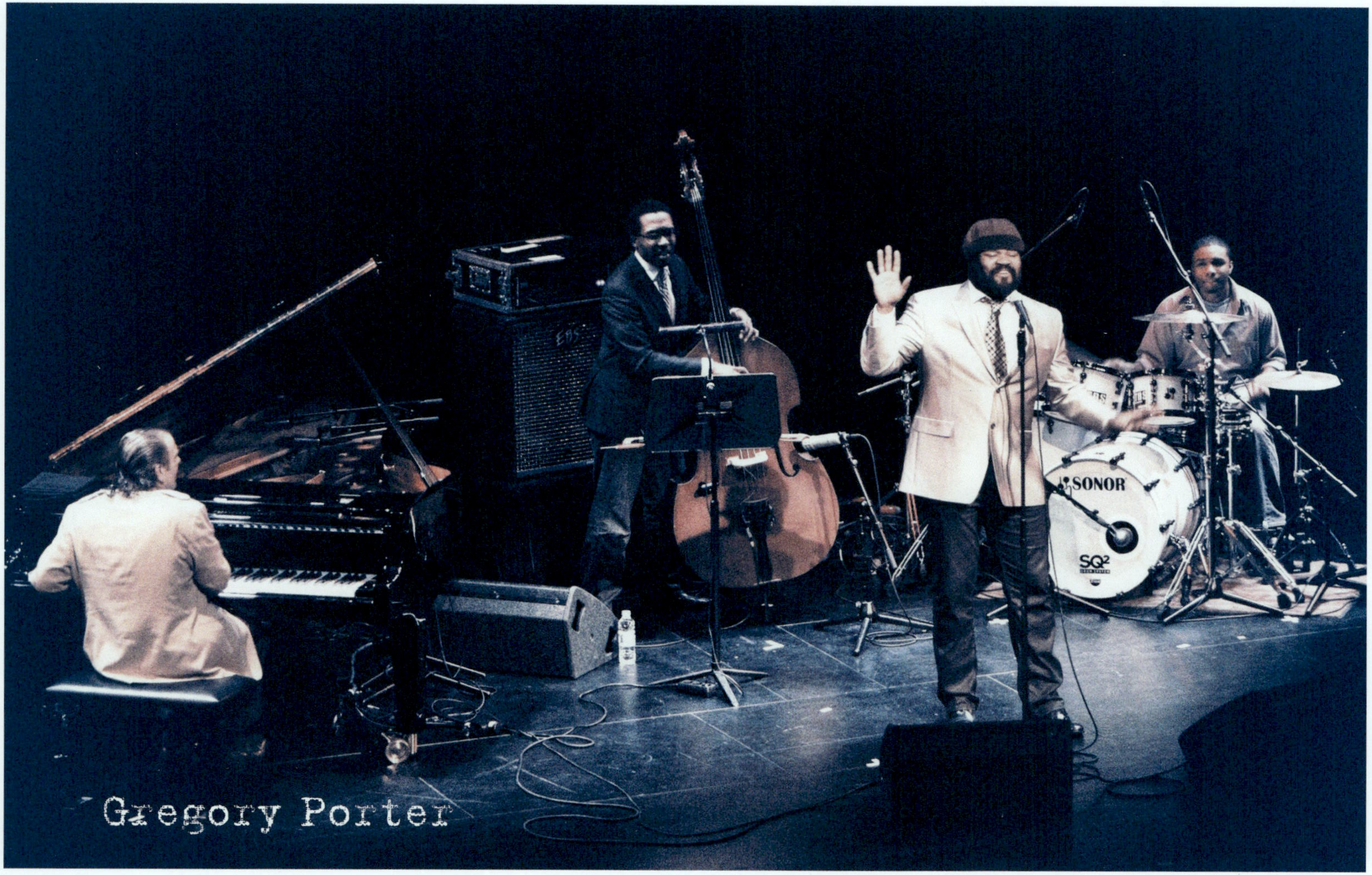

Porter ha incantato e trascinato il pubblico con il suo carisma tipico di Broadway, dove ha lavorato in passato. Nato a Sacramento nella sua musica si riflette la tipica vita del sud degli Stati Uniti impregnata di religione, gospel e blues.

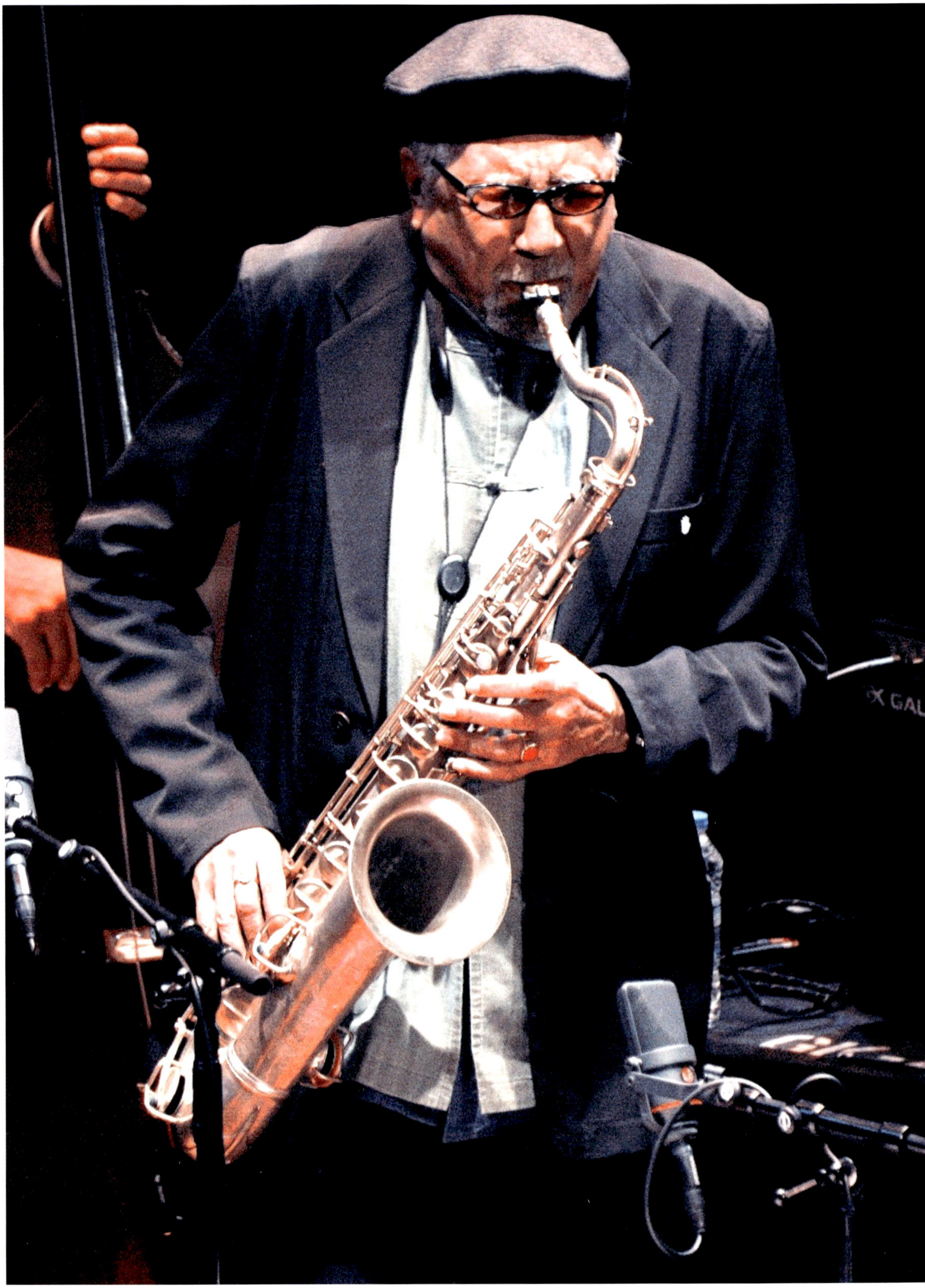

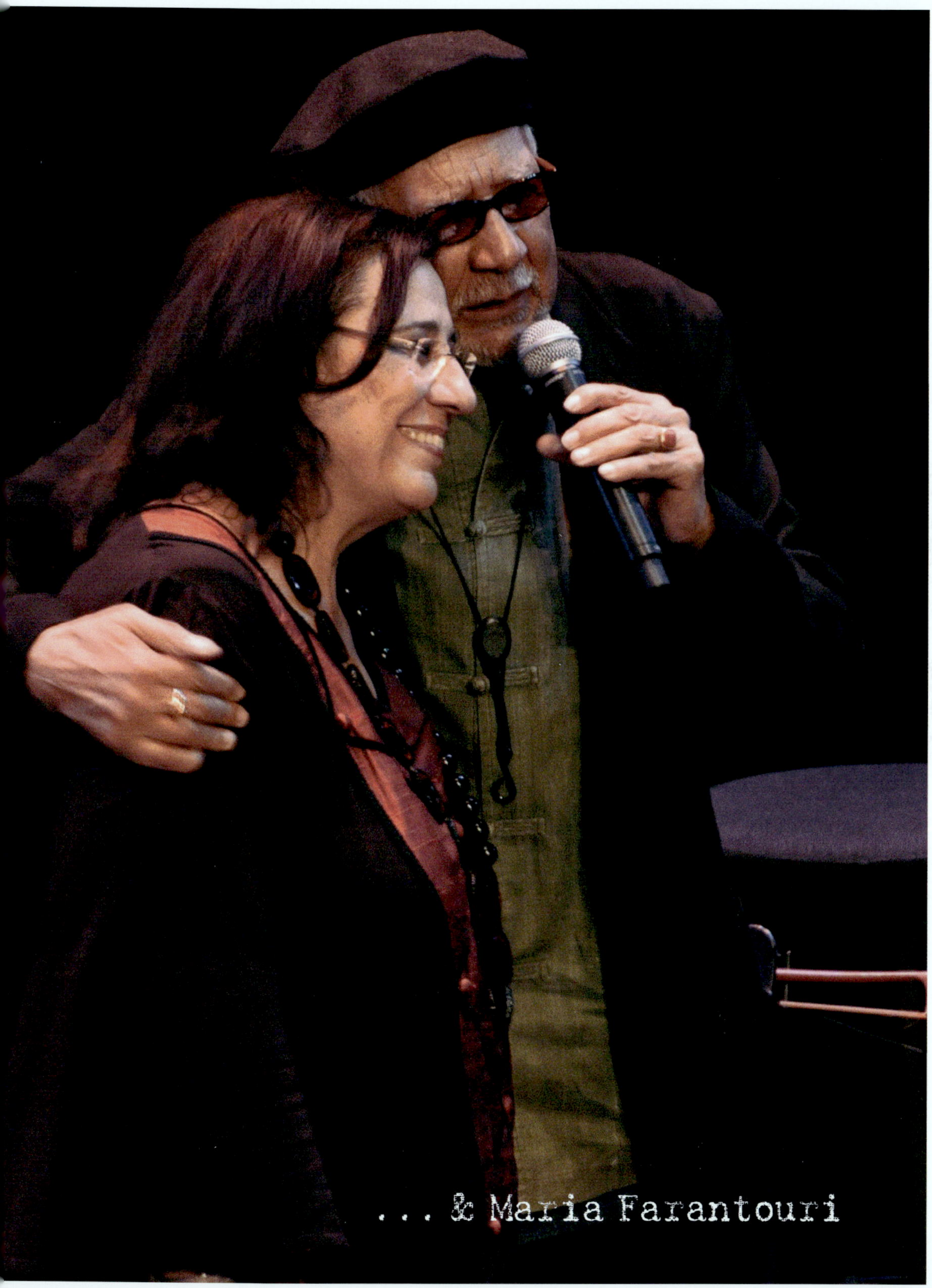

... & Maria Farantouri

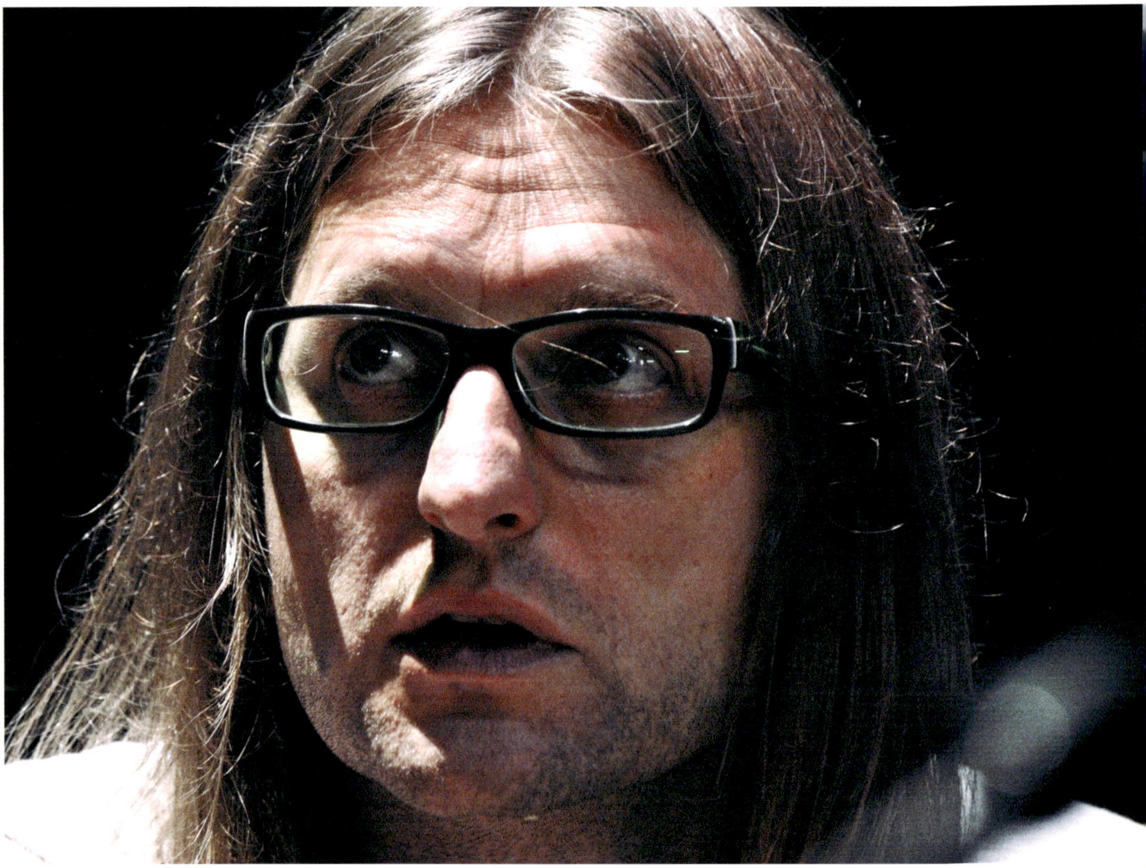

Leszek Możdżer

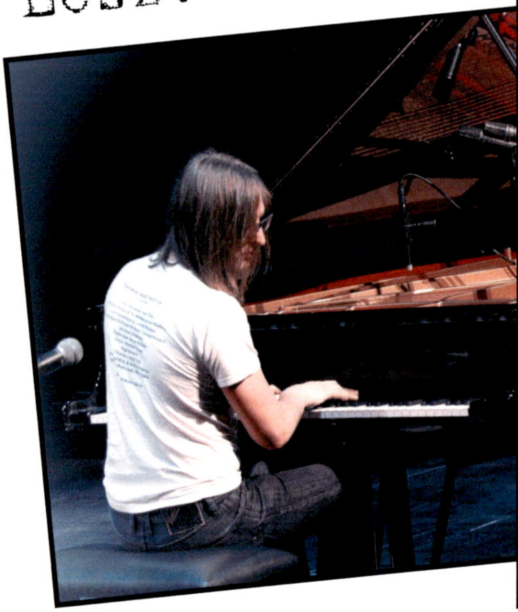

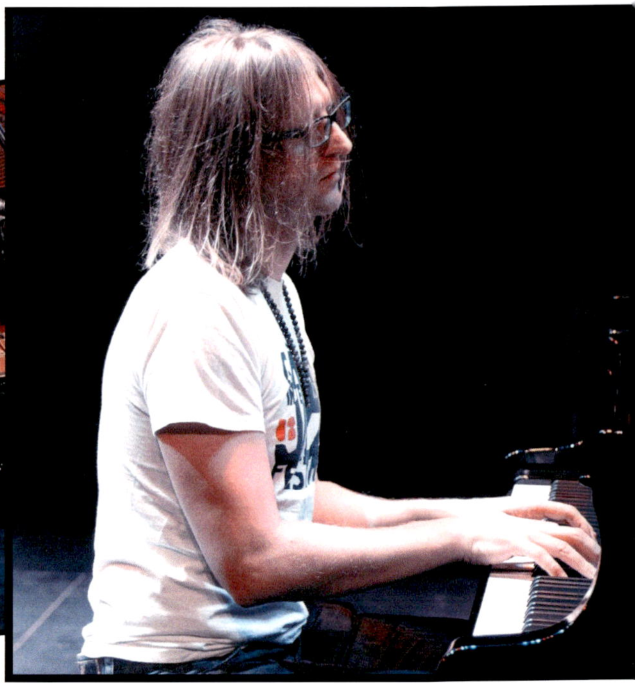

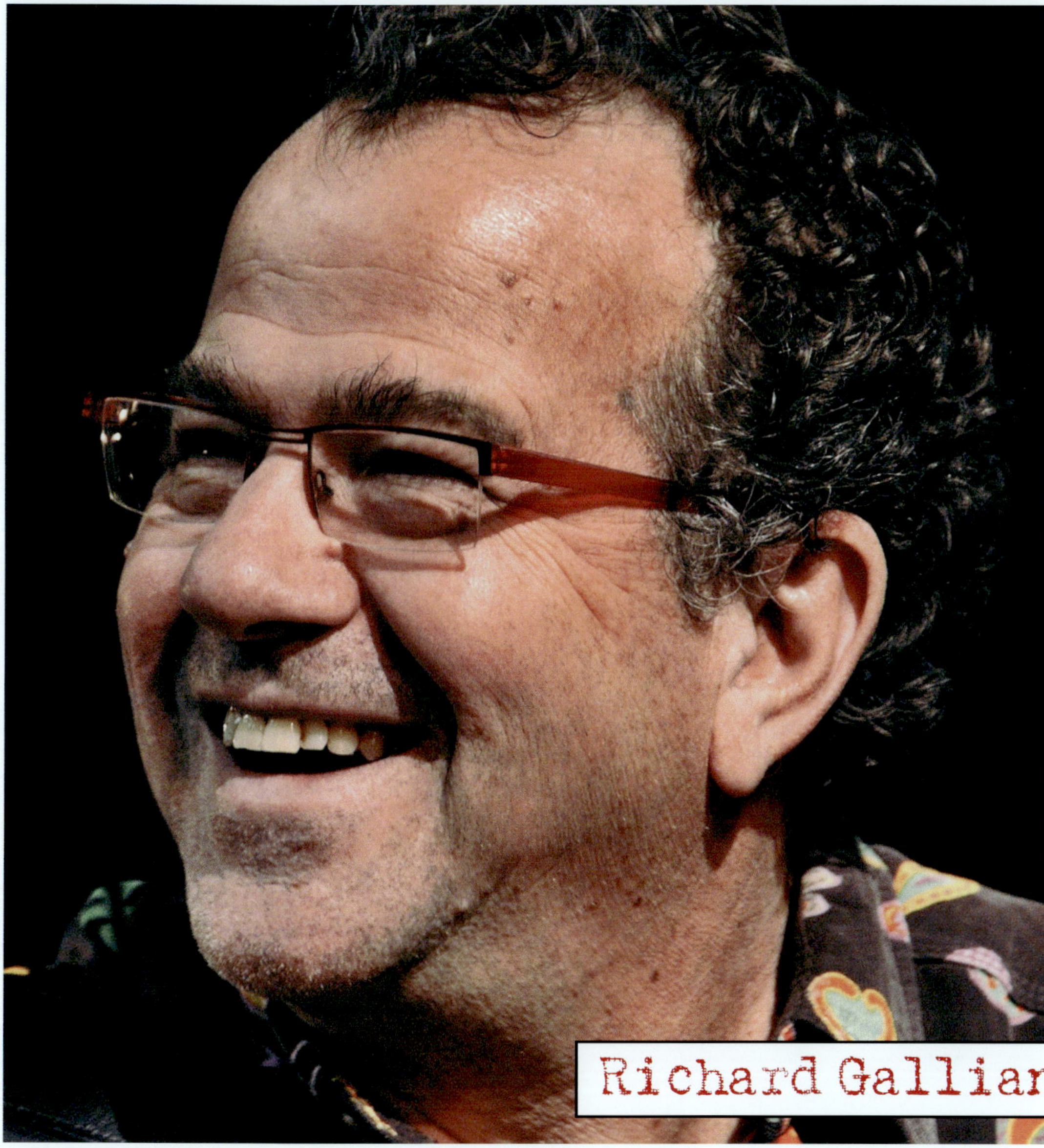

Richard Galliano

Molta attesa c'era per il concerto del gruppo "Richard Galliano - La Strada Quintet" con il suo Tribute to Nino Rota. Galliano, nato nel 1950, di origine italiane, e' un fisarmonicista jazz famoso a livello internazionale. Inizia a suonare precocemente a 4 anni sotto la guida di suo padre Luciano, anche lui fisarmonicista. Durante la sua brilliante carriera, ha collaborato con altri celeberrimi musicisti come Chet Baker. Ad accompagnarlo: il sassofonista e clarinettista John Surman, il trombettista Dave Douglas, il contrabbassista Boris Kozlov e il batterista Clarence Penn.

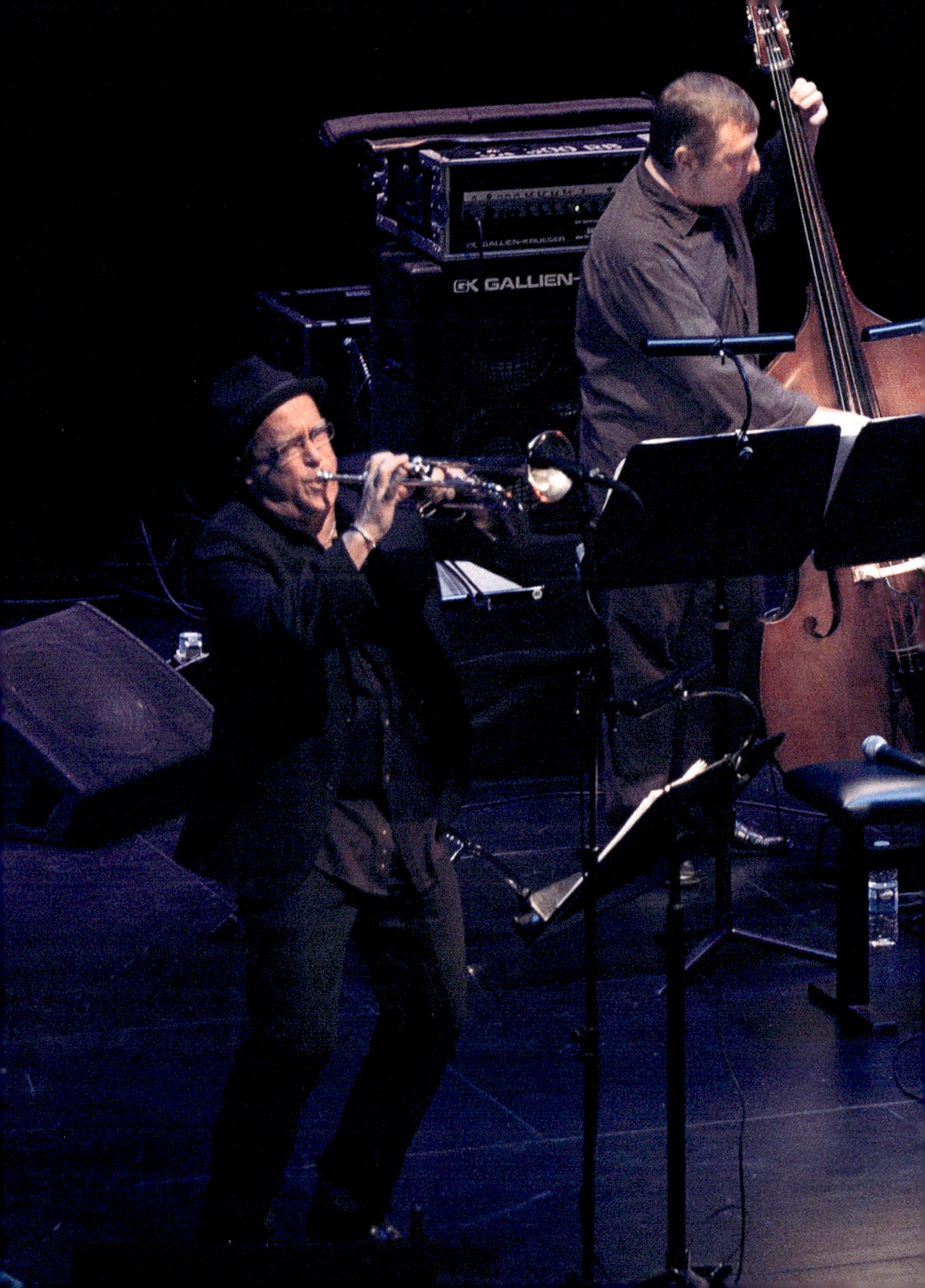
GALLIEN-

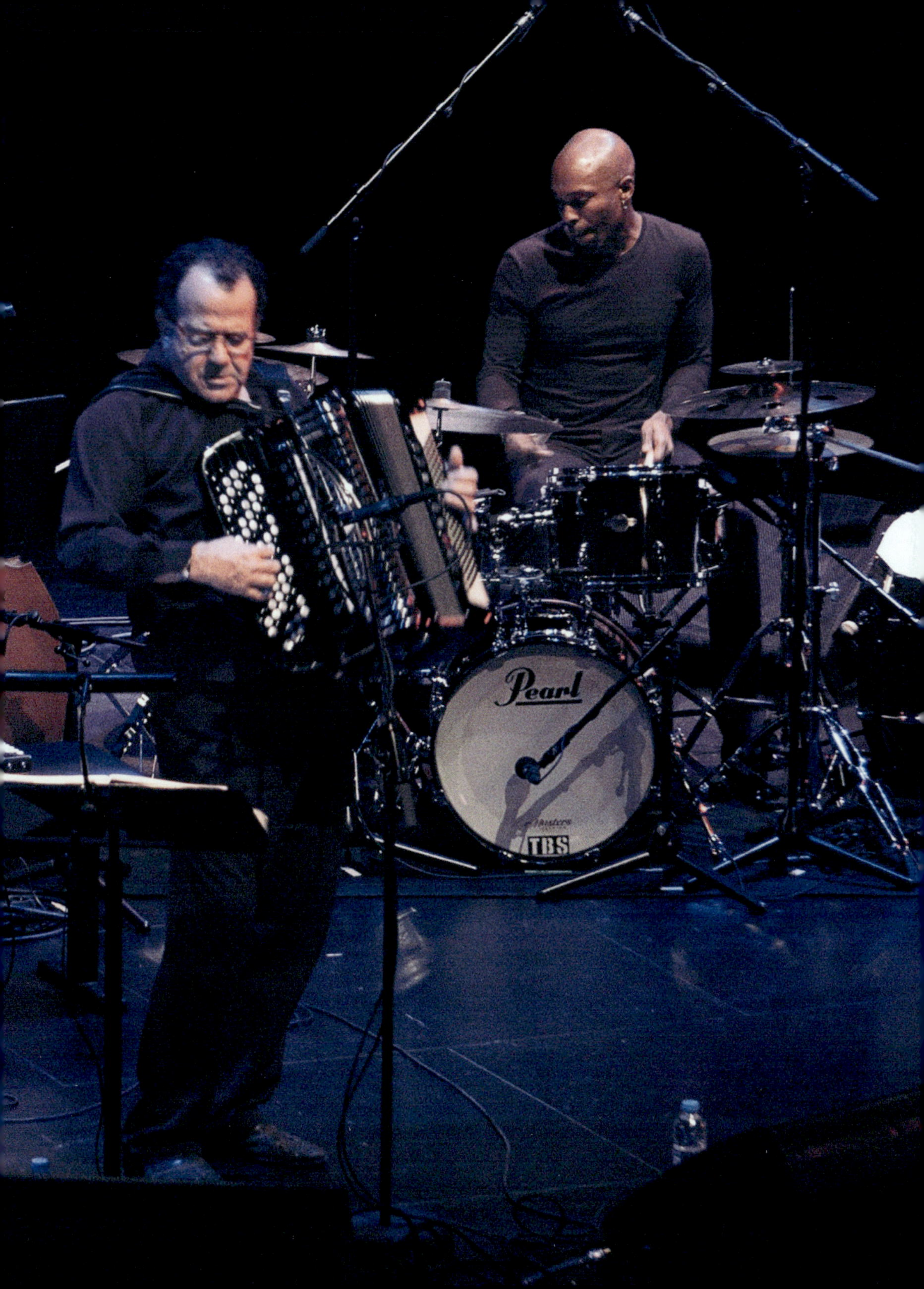
Pearl
TBS

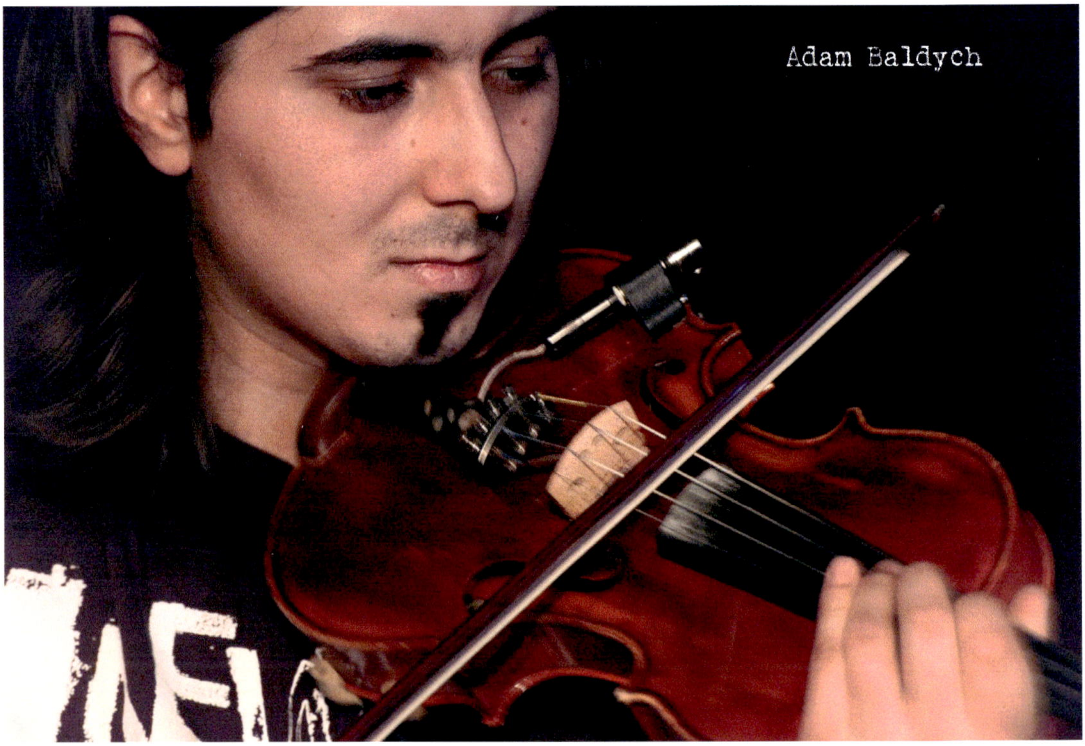

Adam Baldych

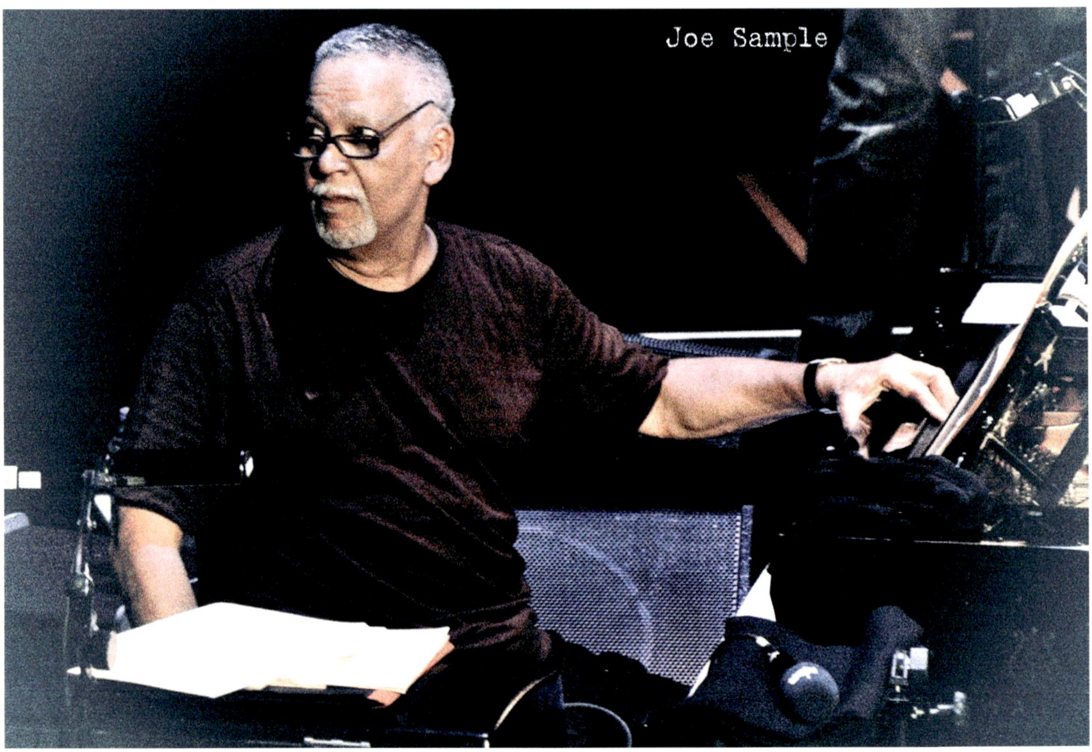

Joe Sample

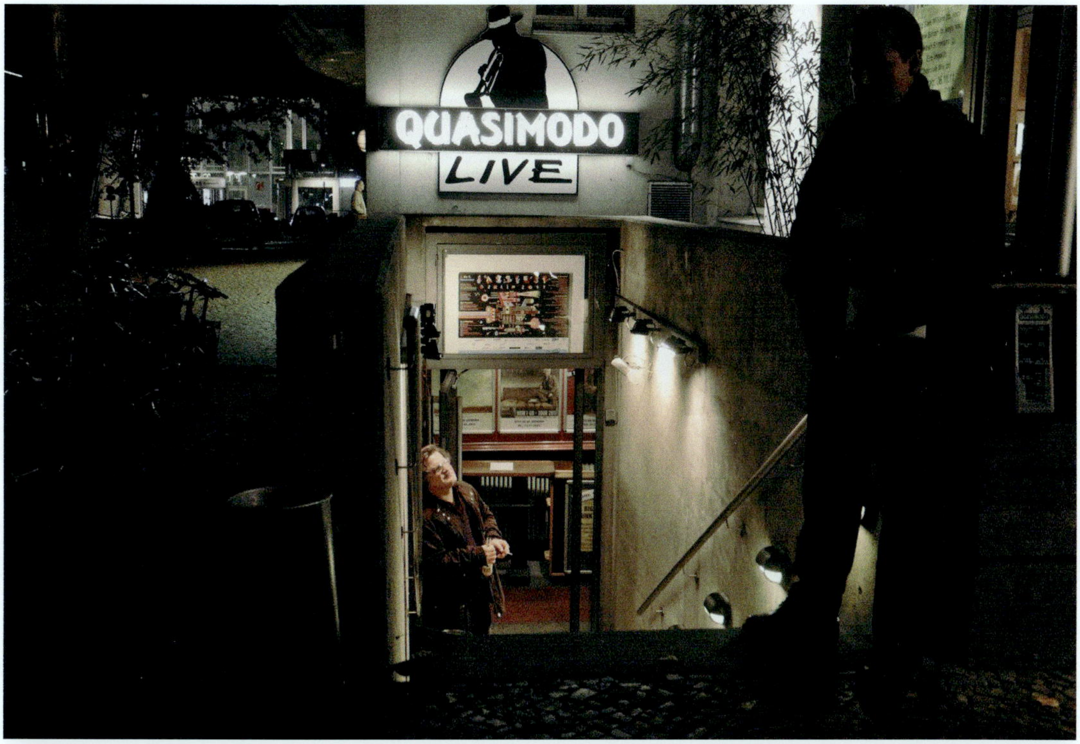
QUASIMODO
LIVE

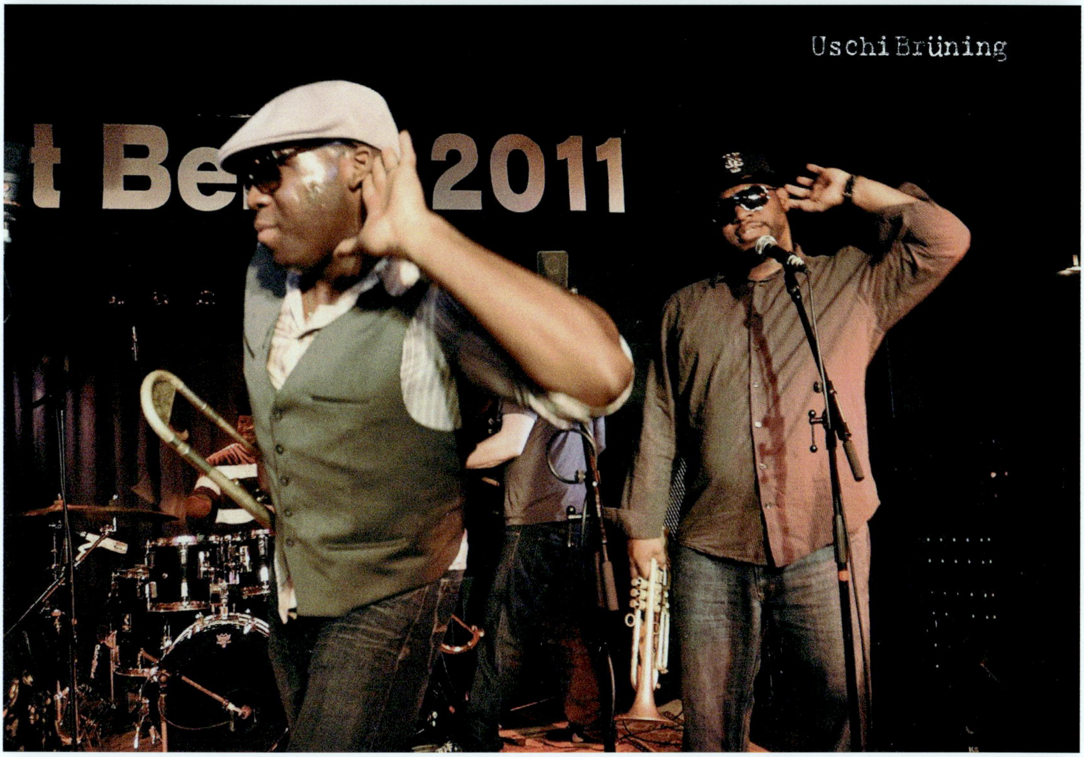
Uschi Brüning
2011

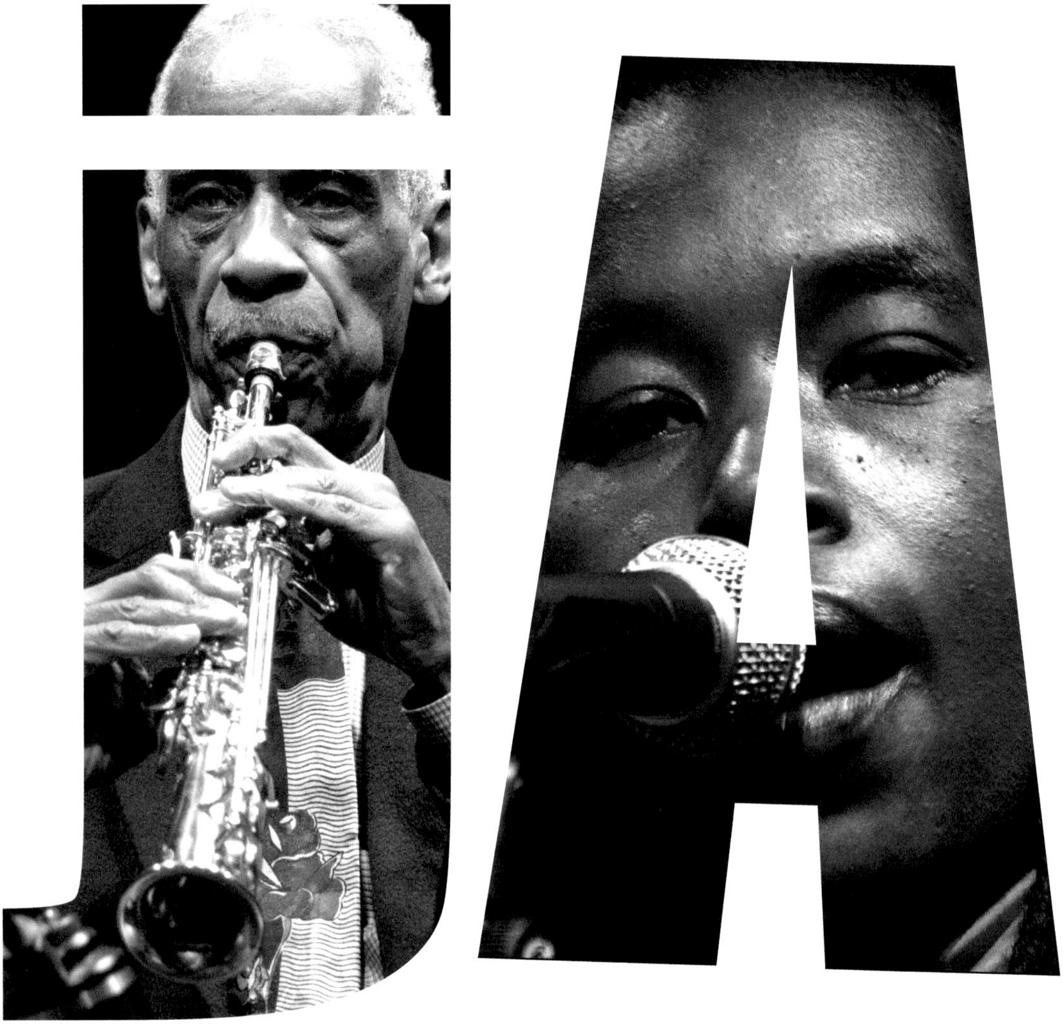

The new book by

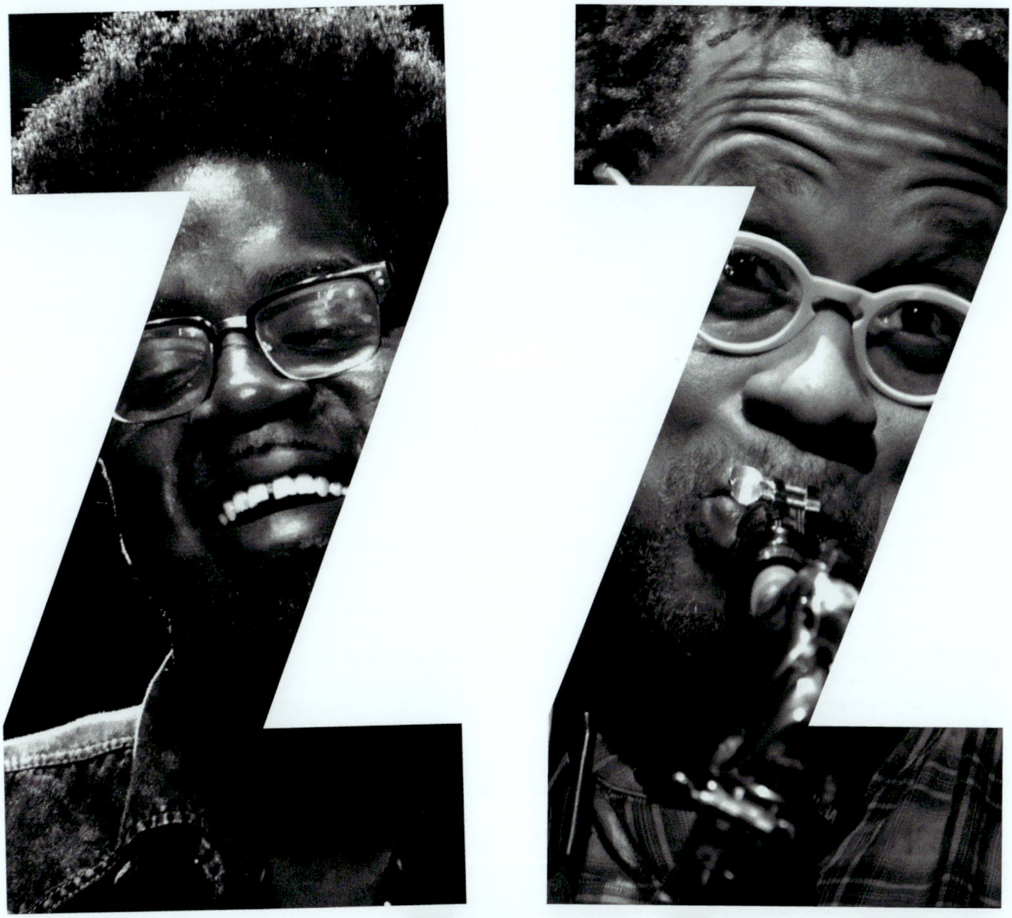

Fest Berlin

EMILIO ESBARDO

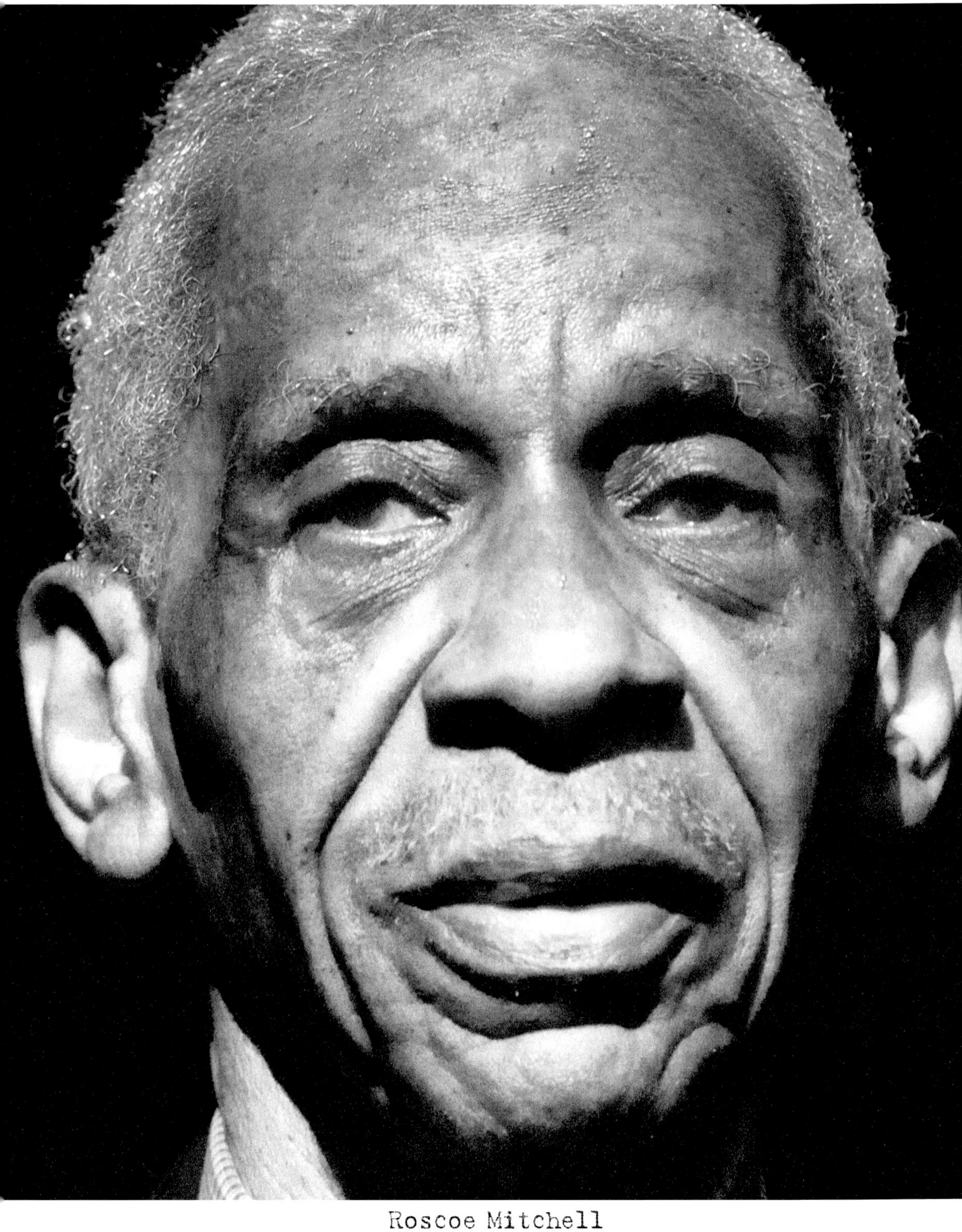

Roscoe Mitchell

«John was eleven years older than I am, and he was older than Wayne (Shorter) and all the other guys as well. So he was an elder figure - a big brother to us" says Shepp, who, like Sanders, was part of a growing list of saxophonists - Albert Ayler, Marion Brown, John Tchicai, Ken McIntyre, Roscoe Mitchell, Frank Lowe, and others - looking to Coltrane as both a musical and personal role model».

Ashley Kahn, *A Love Supreme / The Story of John's Coltrane's Signature Album*, Penguin Books, New York (USA), 2002, pag. 67

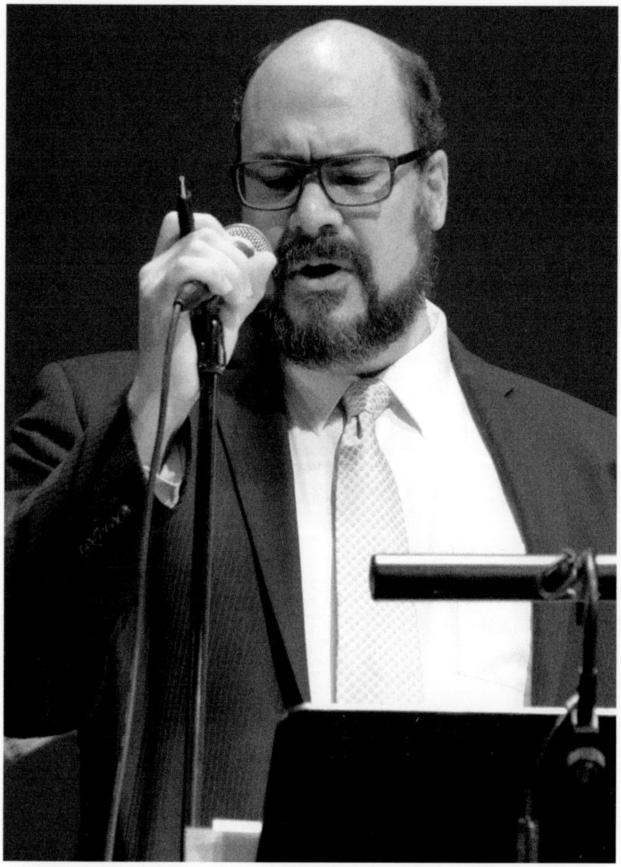

Eric Mingus, figlio di Charles

«I do believe in being spiritual and do believe in spirits. I always have. I believe my mother and father come to visit me. I believe all the musicians that I have known who are now dead do, too. When you work with great musicians, they are always a part of you - people like Max Roach, Sonny Rollins, John Coltrane, Bird, Diz, Jack DeJohnette, Philly Joe. The ones that are dead I miss a lot, especially as I grow older: Monk, Mingus, Freddie Webster, and Fat Girl.» (MILES DAVIS)

Indice dei nomi

A

Abram Inc. 182
Adam Baldych 209, 220
Adam Pierończyk 209
Africa Connection 168, 173
Agnès Desarthe 57, 64
Ahmed Family Hafla Band 89
Airto Moreira 50
Ambrose Akinmusire 35, 54, 55, 114, 119, 120, 136, 137
Aki Takase 88, 90, 141, 143, 148
Alam Nathan 14
Albert Mangelsdorff 141
Alexander Hawkins 35, 80, 95, 103, 118, 136
Alexander von Schlippenbach 99, 102, 141, 143, 146
Alicia Garza 119
Ambrose Akinmusire Quartet 136
Amina Claudine Myers 199
Amiri Baraka 60
Amirtha Kidambi 32, 34, 35, 36, 57
Amirtha Kidambi & Elder Ones 34, 35
Andreas Rokseth 88
Andy Grappy 14
Angelika Niescier 40, 41, 45, 50, 51, 54, 90
Angelika Niescier-sublim 51, 90
Anita Baker 209
Anna-Lena Schnabel 85, 88
Antonin Tri-Hoang 97
Archie Shepp 119, 141, 142, 151, 152, 175
Archie Shepp Quartet 151
Arno Babajanian 127
Art Blakey 205
Art Farmer 68
Arthur Hnatek 127
Arthur Rimbaud 74
Avet Terterian 127
Avi Bortnick 193

B

Bamar Ndoye 36
Barack Obama 119
Barbara Thompson 86
Barney Wilen 55, 64
B. B. King 127, 209, 212
Beatles 99
Bendik Foss 88
Benjamin Dousteyssier 97
Ben Monder 56
Benny Golson 151
Bert Noglik 141, 166, 177, 182, 184, 198
Billy Taylor 119
Bob Brookmeyer 183
Boris Kozlov 217
Bradford Young 14
Brass Mask 152
Brian Morton 99, 102
Bruno Chevillon 200, 201
Bryan Ferry 50
Bud Powell 64
BuJazzO 88

C

Caetano Veloso 50

Carla Bley 86
Carl Morisset 145
Cécile McLorin Salvant 106, 120, 121
Charles Lloyd 103, 104, 127, 170, 209, 212
Charles Mingus 98, 119, 147
Charlie Parker 69
Charlotte Greve 79, 90, 97
Chet Baker 64, 66, 67, 183, 201, 217
Chick Corea 98, 170, 179
Chico Buarque 50
Chris McGregors 136
Christian Brückner 183
Christian Scott 119, 167, 168
Christian Weidner 183
Christine Jensen 56
Clarence Penn 217
Claudia Buthenhoff-Duffy 209
Clifford Brown 68
Code Girl 35
Coleman Hawkins 119
Compagno Wollschon 182
Conny Bauer 170
Conor Chaplin 121
Corrie Dick 121
Corrina Silvester 90
C-Rayz Walz 182
Cymin Samawatie 111, 124

D

Dafnis Prieto 183, 189
Dafnis Prieto Proverb Trio 183
Dag Erik Knedal Andersen 89
Dana Hawkins 208
Daniel Humair 122, 141, 152, 153, 200, 201
Daniel Pantaleo 120
Danilo Gallo 151
Darren Wilson 120
Darryl Hall 144
Dave Douglas 217
Dave Whitford 135
David Bowie 123, 135
David Szlasa 89
Dean Bowman 55
DeJohnette 24, 35, 103, 127, 170, 178, 179, 212
Dennis Hopper 183
Denys Baptiste 149, 150, 153
Dexter Gordon 64
Diana Krall 56
Diwan der Kontinente 111, 125
Dizzy Gillespie 67, 69, 183
Django Reinhardt 64, 136, 141
Donald Harrison 168
Don Byron 6, 170
Don Cherry 137
Dr. Lonnie Smith 47, 55, 56
Dudley Phillips 90
Duke Ellington 19, 67
Dylan Howe 123, 135
Dylan Howe's Subterraneans 135

E

Eduardo Galeano 89
Eivind Lønning 97
Ella Fitzgerald 67, 74, 86, 87
Elliot Galvin 121
Elliott Sharp 147, 149, 153
Émile Parisien 122, 131, 141
Eric Clapton 209
Eric Dolphy 141, 143, 147, 152, 153, 157, 201
Eric Garner 120
Eric Harland 127
Eric Revis 90

Ernst-Ludwig Petrowsky 102, 170, 177, 184, 190
Errol Trotman-Harewood 60
Eubie Blake 13, 19
Eva Klesse 151
Eva Klesse Quartett 151
Eve Risser 97, 98, 100
Evgenios Voulgaris 198

F

Fanny Lasfargues 97
Farrell Sanders 169, 174
Fats Waller 19, 152
Fidel Fourneyron 97
Flora Purim 50
Florian Weber 41, 90
Florian Weber Quintet 90
Floros Floridis 199
Francesco Bearzatti 151, 154
Fransziska Buhre 80
Fraser Hollin 57
Fred Nardin 120
Fred Wesley 172, 182
Friedhelm Schönfeld 177
Fulvio Sigurta 126

G

Gebhard Ullmann 61
Geir Lysne 49
George Clinton 182
George Crowley 89
George Lewis 120
George Russell 119
George Wein 141
George Zimmerman 119
Gerald Clayton 55, 127
Gerald Cleaver 90
Gérard Depardieu 183
Geri Allen 205
Geri Allen Trio 205
German Women Jazz Orchestra 51, 90
Gesu' 99
Get the blessing 151, 152
Gilberto Gil 50
Gil Evans 56, 69
Giorgio Carioti 166
Giovanni Falzone 151, 155
Giovanni Guidi 111, 126
Globe Unity Orchestra 99, 102, 143
Gregor Riddell 88
Gregory Porter 210, 213
Günter Baby Sommer 170, 188

H

Hanna Mubya 14
Hanns Eisler 80
Hans Glawischnig 126
Hans-Jürgen Schaal 5, 147, 153, 166, 168, 184
Harish Raghavan 137
Hedvig Mollestad Trio 152
Heinrich Köbberling 88
Heinz Sauer 54
Henrik Nørstebø 88
Henry Cole 126
Henry Kaiser 94, 103
Herbert Wright 14
Herbie Hancock 55, 170, 179
Heroes Are Gang Leaders 30, 33
Holter 97, 101
HPrizm 36
HR-Bigband 184

I

Ife Ogunjobi 14
Ingrid & Christine Jensen 56

Ingrid Jensen 56
Ingrid Laubrock 43, 50, 89
Isadora Mendez 164, 168
Ivan Lins 50

J

Jack DeJohnette 24, 35, 103, 127, 170, 178, 179, 212
Jack Kerouac 68
James Allsopp 135
James Brandon Lewis 35
James Brown 182
James Gardiner-Bateman 126
James P. Johnson 19
James Reese Europe 12, 13, 15, 17, 19, 20
Jason Moran 7, 9, 10, 12, 14, 139, 152
Jason Yarde 136
Jasper van't Hof 141
Jerome Harris 179
Jimmy Gourley 68
Jimmy Woode 68
Joachim-Ernst Berendt 141
Joachim Kühn 51, 90, 169, 176
João Bosco 50
João Lobo 126
Jochen Berg 150, 151
Joe Bristow 14
Joe Cocker 209
Joe Henderson 55, 169
Joe Sample 209, 220
Joe Sanders 55, 127
Johan Lindvall 88
Johanna Borchert 152, 161
John Akomfrah 14
John Coltrane 36, 102, 103, 147, 149, 169, 174, 205
John Corbett 141
John Edwards 136
John F. Kennedy 149
John Murph 57, 119, 120
John Scofield 170, 192
John Surman 217
Jonathan Kreisberg 55
Jon Voight 183
Jon Wikan 57
Joshua Redman 55, 96
Julia Holter 97, 101
Julia Hülsmann 88, 101
Julien Desprez 97
Julien Herné 122, 131
Julie Tippetts 122
Juliette Gréco 69
Justin Brown 115, 137
Jutta Hipp 86

K

Kaidi Akinnibi 14
Karin Hellqvist 88
Keith Jarrett 127, 212
Keith Tippett 111, 112, 122
Kendrick Scott 55
Kenny Clarke 55, 64, 68
Kenny Wheeler 56
Ketan Bhatti 111
Kieran Mccloud 126
King Crimson 122
Knauer 80, 86, 87
Kokayi 165
Krzysztof Komeda 209
Kurt Elling 151, 159

L

Laura Jurd 121
Laura Jurd's Dinosaur 121
Lavik Larsen 88
Lawrence Leathers 120

Lester Young 64, 66, 168
Leszek Możdżer 209, 216
Liberty Ellman 89
Lionel Hampton 64, 68
Lisbeth Quartett 97
Lizz Wright 211
Louis Armstrong 1, 67, 137
Louis Malle 55, 70
Louis Moholo 35, 111, 116, 122, 136
Louis Moholo Quartet 136
Louis Perdomo 126
Louis Sclavis 200, 201, 203
Lucia Cadotsch 50, 80, 81, 82, 97
Lucia Cadotsch Trio 82

M

Maciek Lasserre 36
Mae Mercer 67
Manfred Schultze 177
Marcel Ravel 27
Marc Muellbauer 88
Marcus Miller 120
Maria Farantouri 215
Maria Schneider 86
Marlene Dietrich 67
Martin France 90
Martin Luther King 7, 13, 119, 138, 140, 143, 147, 149, 150
Marvin Gaye 209
Marvin Sewell 55
Mary Halvorson 35, 50, 89
Mary Lou Williams 86, 205
Matana Roberts 80, 119
Matthew Garrison 103
Matthias Kirch 57
Mattie Mae Thomas 54
Maurice Girodias 67
Max Roach 119
Maynard Ferguson 56
Mebrakh Johnson 14
Mette Henriette 84, 88
Michael Brecker 169
Michael Brown 120
Michael Jackson 69
Michael Naura 182
Michael Riessler 184
Michael Schiefel 80
Michael Wollny 44, 45, 51, 54, 184
Michel Portal 200, 201, 202
Michel Portal Quartet 201
Miguel Zenon 111, 134
Miguel Zenón 126, 132
Miklós Lukács 127
Miles Davis 23, 24, 55, 62, 64, 66, 68, 69, 89, 94, 103, 119, 170, 179, 192, 194, 196, 201
Mônica Vasconcelos 48
Monika Grütters 80
Monika Roscher 182, 187
Monika Roscher Bigband 182
Mostly Other People Do the Killing 152
Muna Blacke 120
Myra Melford 37, 89

N

Naadia Sheriff 90
Nadin Deventer 121
Nasheet Waits 14
NDR Bigband 49, 209
Nikele "Nick" Moyake 136
Nikolaus Neuser 80
Nils Landgren 7, 88, 141, 206,

209
Nina Simone 74, 119
Nino Rota 217
Noble Sissle 19

O

Odd Hannisdal 88
Ola Tomaszewska 209
Oleś Brothers 209
Opal Tometi 119
Orchestre national de jazz 98
Ornette Coleman 102, 152, 157, 169
Ornette et Cetera 170
Oscar Peterson 56
Otis Sandsjö 97

P

Pat Metheny 170, 179
Patrisse Cullors 119
Paul Bley 56
Paul Sikivie 120
Per Zanussi 88
Peter Fairclough 126
Peter Schulze 141
Petter Eldh 97
Pharoah Sanders 169, 171, 174
Philipp Lichterbeck 143, 153
Pierre Charial 184
Pierre Favre 199
Pierre Michelot 55, 64
Police 151, 167, 168

Q

Quincy Jones 68

R

Ralf Schulte-Bahrenberg 141
Ralph Alessi 90
Ralph Wyld 90
Ravi Coltrane 103
Reggie Workman 205
René Urtreger 7, 24, 55, 63, 64, 70, 71
Riccardo Del Fra 183
Richard Foote 126
Richard Galliano 209, 217
Richard Howell 168
Richard Williams 34, 56, 57, 80, 86, 88, 108, 111, 113, 121, 136, 153
Robert De Niro 183
Robert Glasper 119
Robert Wyatt 50
Roman Polanski 209
Ron Miles 89
Rosetta Tharpe 119
Ross Stanley 135
Ruf der Heimat 170

S

Sam Harris 120, 137
Sam Mayne 126
Sam Minaie 127
Sara Schoenbeck 97
Savina Yannatou 198
Schlippenbach 99, 102, 141, 143, 146
Shabaka Hutchings 34, 35, 184, 186
Shakaba and the Ancestors 34
Sherrie Tucker 86
Silke Eberhard 152
Snowy Egret 37, 89
Socratis Sinopoulos 127
Sonny Rollins 64, 119
Sons of Kemet 35, 184
Soweto Kinch 34, 151, 152, 157

Splitter Orchester 120
Stalin 209
Stan Getz 64, 169
Stan Kenton 67
Stefano Bollani 49
Steffen Greiner 121
Stéphane Grappelli 136
Steve Coleman 55
Steve Lehman 34, 36, 57
Steve Lehman & Selebeyione 34
Steve Lodder 50, 135
Steve McCraven 145, 204
Stomu Takeishi 89
Strings 97, 101
Sweet & Sour 141
Sylvain Darrifourcq 97
Sylvaine Hélary 97

T

Tamar Halperin 184
Tarus Mateen 14
Terence Blanchard 119, 120
Terri Lyne Carrington 50
The Ancestors 35
The Bandwagon 152
Thelonious Monk 19, 20, 21, 55, 98, 127, 129, 151, 152
Thelonius Monk 121
Thomas Moran 126
Thomas Oberender 57, 108
Thomas Sayers Ellis 35
Tigran Hamasyan 111, 126, 127, 129
Tom Arthurs 88
Tomasz Stańko 102, 126, 207, 208, 209
Tom Mccredie 126
Tony Paeleman 122, 131
Tyshawn Sorey 28, 37, 38, 52, 57, 59, 89

U

Überjam Band 170, 192
Ulrich Gumpert 146, 150, 151, 152, 170
Uschi Brüning 191, 221

V

Vincent Peirani 54, 111, 122, 131, 141
Vladyslav Sendecki 209

W

Wadada Leo Smith 37, 80, 91, 93, 94, 95, 102, 103
Wadada Leo Smith's Great Lakes Quartet 93
Wayne Dockery 199
Wayne Shorter 24, 55, 194, 196
WDR Big Band 159
W. Eugene Smith 98
Wolfram Knauer 80, 86, 87
Wollny 44, 45, 51, 54, 184
Wood & Steel Trio 80

X

Xavier Breaker 56

Y

Yazz Ahmed 75, 77, 89, 90
Yoann Serra 122, 131
Yves Montand 67

Z

Zeno De Rossi 151
Zentralquartett 170, 177, 184